皮书系列

皮书系列

广视角·全方位·多品种

皮书系列

皮书系列

皮书系列

皮书系列

皮书系列为"十二五"国家重点图书出版规划项目

皮书系列

皮书系列

皮书系列
皮书系列
皮书系列
皮书系列

权威·前沿·原创

皮书系列
皮书系列
皮书系列
皮书系列
皮书系列

餐饮产业蓝皮书

BLUE BOOK OF CATERING INDUSTRY

中国餐饮产业发展报告（2012）

ANNUAL REPORT ON CATERING INDUSTRY DEVELOPMENT OF CHINA (2012)

组织策划／中国烹饪协会　中国社会科学院财经战略研究院
主　　编／杨　柳
执行主编／荆林波

社会科学文献出版社
SOCIAL SCIENCES ACADEMIC PRESS (CHINA)

图书在版编目（CIP）数据

中国餐饮产业发展报告．2012/杨柳，荆林波主编．—北京：社会科学文献出版社，2012.4

（餐饮产业蓝皮书）

ISBN 978 - 7 - 5097 - 3277 - 9

Ⅰ.①中… Ⅱ.①杨… ②荆… Ⅲ.①饮食业 - 经济发展 - 研究报告 - 中国 - 2012 Ⅳ.①F719.3

中国版本图书馆 CIP 数据核字（2012）第 062678 号

餐饮产业蓝皮书

中国餐饮产业发展报告（2012）

组织策划／中国烹饪协会 中国社会科学院财经战略研究院

主 编／杨柳

执行主编／荆林波

出 版 人／谢寿光

出 版 者／社会科学文献出版社

地 址／北京市西城区北三环中路甲 29 号院 3 号楼华龙大厦

邮政编码／100029

责任部门／财经与管理图书事业部 （010）59367226

电子信箱／caijingbu@ssap.cn

项目统筹／恽 薇

责任编辑／陶 璇 许秀江 蔡莎莎 王莉莉

责任校对／林 尧

责任印制／岳 阳

总 经 销／社会科学文献出版社发行部（010）59367081 59367089

读者服务／读者服务中心（010）59367028

印 装／北京季蜂印刷有限公司

开 本／787mm×1092mm 1/16

印 张／25.5

版 次／2012 年 4 月第 1 版

字 数／423 千字

印 次／2012 年 4 月第 1 次印刷

书 号／ISBN 978 - 7 - 5097 - 3277 - 9

定 价／60.00 元

餐饮产业蓝皮书编委会

主要编撰者简介

杨　柳　北京交通大学经济学博士，硕士研究生导师，高级经济师，现任世界中国烹饪联合会会长，宁夏回族自治区旅游局党组书记。在国家一级刊物上发表学术论文若干，主编餐饮管理专业系列教材等多部著作，其中《中国清真饮食文化》获得第二届中国出版政府奖、全国商业科技进步一等奖等多项荣誉。2009 年出版的专著《中国餐饮产业竞争力研究》，获得广泛好评。多年来，杨柳博士主持商务部、科技部、国家食品药品监督管理局、国家旅游局多项研究课题，并多次获得国务院国资委、中华全国妇女联合会、中国财贸轻纺烟草工会及世界厨师联合会等授予的国内、国际权威大奖。

荆林波　经济学博士，博士研究生导师，中国社会科学院财经战略研究院副院长，《财贸经济》副主编。兼任世烹联国际饮食文化研究会秘书长、中国烹饪协会专家委员会副主任、浙江工商大学现代商贸中心研究员、中国市场学会副会长、APEC 电子商务工商联盟专委会主任委员、中国商业经济学会副会长、中国物流学会副会长、全国高等院校贸易经济教学理事会副会长等。享受国务院特殊津贴，是多个部委特聘专家、经贸政策咨询委员会委员。荣获孙冶方经济科学奖、万典武商业经济学奖、中国社会科学院优秀成果奖、全国首届信息化优秀成果奖、中国商业联合会科技进步一等奖、商务部优秀成果二等奖、中国信息学会二等奖等。荣获“中国餐饮 60 年杰出人物”、“中国服务业科技创新人物”与“中国流通 60 年突出贡献人物”等称号。参与多项国家与部委的重大课题研究特别是重要文件的起草，主持国家“十二五”规划子课题。

摘 要

本报告共分五个部分的内容，分别为“产业篇”、“地区篇”、“企业篇”、“专题篇”和“国际及港澳台篇”。

“产业篇”立足于当前餐饮行业的发展现状，通过对宏观形势的分析，探讨“入世”十年来取得的成就，以及阻碍进一步繁荣存在的问题，给出有针对性的建议。其中，科技创新、资本融合、投资策略、产业链延伸等热点话题也是本篇关注的焦点。

“地区篇”凭借对大量的统计数据分析，客观陈述包括北京、上海等直辖市以及辽宁、湖北、浙江等多个省的餐饮情况，同时首次展现新疆清真餐饮产业发展的新概念和新思路，希望对其他地方政府推进餐饮产业化以借鉴和启迪。

“企业篇”侧重于品牌企业的经验介绍。既有老树新枝全聚德、后起之秀青年餐厅，又有多年的餐饮百强企业厦门舒友和具有本土特色的西餐品牌豪享来。

“专题篇”紧跟形势，围绕“贯彻落实十七届六中全会精神，积极推进中国饮食文化的新发展”脉络，系统介绍中餐申请联合国非物质文化遗产的历史责任、走文化创意产业之路的必要性等，另外还全面总结新世纪十年来饮食文化研究的进展。当然，食品安全和餐饮团购也是不容回避的话题。

“国际及港澳台篇”则是“他山之石”。尽管本报告重点围绕中国餐饮业展开，但对美国、法国等发达国家以及我国港澳台地区也不吝笔墨，在做了大量基础工作、掌握基本素材的情况下进行汇总，以飨读者。

摘 要

Abstract

The report has five parts. They are the Industry Analysis, the Regional Analysis, the Examples of Enterprises, the Special Topic and the International Situation.

The Industry Analysis based on the developmental situation of the catering industry. By analyzing the macroeconomic situation, this part tried to discuss the achievements of the catering industry in ten years after china entered the WTO. This part also tried to discuss the problems that hindering the catering industry to be further prosperity. At last, this part tended to give some advices to these problems. This part focused on some hot topics, including the scientific and technological innovation, integration of capital, investment strategy, the extension of industrial chain, and so on.

By analyzing the a large number of statistical data, the Regional Analysis introduced the catering conditions in the municipalities such as Beijing and Shanghai and in the some provinces including Liaoning, Hubei, Zhejiang, etc. For the first time, the Regional Analysis presented the new concepts and new ideas for the development of Muslim catering industry in the Xinjiang province. By this way, it is hoped to give some advices to other local governments to carry on catering industrialization.

The Examples of Enterprises tended to introduce the experiences of brand enterprises. They are Quanjude, youth restaurant, Xiamen Shuyou and Haoxianglai. Quanjude is an innovative firm with a long history. Youth restaurant is a new but excellent firm. Xiamen Shuyou is the one of top 100 firms in the catering industry for many years Haoxianglai is a western brand with characteristics.

The Special Topic followed the trend. Aimed to implement the spirit of the sixth Plenum of the 17th CPC Central Committee and promote Chinese cuisine culture, this part introduced the historical responsibility to apply the United Nations non – material cultural heritage and the necessity to achieve cultural creative industries.

This part also summarized the research progresses in cuisine culture in the ten years of the new century. Of course, food safety and catering group – buying are unavoidable topics.

A Brief Introduction: Western Countries, Hong Kong, Macao and Taiwan is other countries and Hong Kong, Macao and Taiwan's experiences. Although this report focused on China's catering industry, a lot of pages are left for developed countries such as the United States, France and areas such as China's Hong Kong, Macao and Taiwan. Some useful information was presented to readers after a lot of basic works had been done and basic materials had been summarized.

目 录

BⅢ 地区篇

BⅣ 企业篇

BⅤ 专题篇

BⅥ 国际及港澳台篇

BⅦ 附录

CONTENTS

B Ⅲ Regional Analysis

BⅣ Examples of Enterprises

BⅤ Special Topic

BⅥ A Brief Introduction: Western Countries, Hong Kong, Macao and Taiwan

B Ⅶ Appendix

贯彻落实十七届六中全会精神
积极促进中国饮食文化的新发展

（代序）

苏秋成*

党的十七届六中全会研究了深化文化体制改革、推动社会主义文化大发展大繁荣若干重大问题，认为总结我国文化改革发展的丰富实践和宝贵经验，研究部署深化文化体制改革、推动社会主义文化大发展大繁荣，进一步兴起社会主义文化建设新高潮，对夺取全面建设小康社会新胜利、开创中国特色社会主义事业新局面、实现中华民族伟大复兴具有重大而深远的意义。目前，餐饮业内正在学习领会贯彻落实全会精神，研究探讨促进餐饮行业文化大发展大繁荣的重大意义和重要途径。在此形势下，《中国餐饮产业发展报告（2012）》更需要切实把握住时代的脉搏，研究餐饮行业的时代特征。

文化是民族的血脉，是人民的精神家园。在我国五千多年文明发展历程中，各族人民紧密团结、自强不息，共同创造出源远流长、博大精深的中华文化，为中华民族发展壮大提供了强大精神力量，为人类文明进步作出了不可磨灭的重大贡献。中国饮食文化作为中华文化的重要组成部分，历史悠久，博大精深，绚丽多彩。它维系着中华民族的饮食生活，使中华民族得以生存、繁衍与发展。它的每一个环节都包含着科学的与艺术的内容，使中国饮食文化具有深层次的科学性与高层次的艺术性，其丰厚的文化蕴涵也是中华民族文明的一项标志，是全人类的一份宝贵的、丰厚的文化财富。中和之美是中国传统文化的最高审美理想。中国饮食文化丰富而又和谐，多样而又统一，精华是“善在调味，重在营养，美在造型”，带有浓郁中国文化的和谐色彩和宽容性，对当代世界具有重要借鉴和

---

* 苏秋成，中国烹饪协会会长。

启示意义。

饮食与文化有着天然的不可分割的联系，从一定意义上讲，餐饮没有文化就没有魅力。从产业发展的角度看，餐饮产业和饮食文化相互融合，相得益彰，密不可分。如今，文化要素已经渗透到餐饮业发展的全过程和方方面面，传统技艺、食俗、节庆等文化资源日益成为餐饮业发展的基础资源。要充分认识文化大发展大繁荣对餐饮业发展的重要推动作用，推进餐饮产业与饮食文化紧密融合、共同繁荣，这既是经济社会发展的客观要求，也是推动文化大发展大繁荣的必然要求和重要途径。

要实现饮食文化与餐饮业发展的融合，首先要传承和保护传统饮食文化，特别是要加强对餐饮业非物质文化遗产的保护。要不断挖掘、整理、保护、开发和弘扬众多的文化资源，使其不仅能传承下去，也能为餐饮企业品牌树立、持续发展，并进而为社会提供优质的餐饮服务带来巨大的推力。

要实现饮食文化与餐饮业发展的融合，还要大力弘扬改革开放以来餐饮行业形成的一系列新思想新观念新风尚，立足中国餐饮业的实践，创新发展中国饮食文化。中国饮食文化的创新发展不能局限于菜品的创新和厅堂装修改造。一是坚持思想理论创新。我们要准确把握餐饮业发展的实际，及时总结创造的新经验，抓住重大问题，作出新的理论概括。当前理论创新的重点，应当是对行业核心价值体系作出科学概括。笔者认为行业核心价值体系主要包括行业核心价值观、行业使命、共同愿景、餐饮精神、诚信经营和职业道德。这六个方面的内容相互联系、相互贯通、相互促进，是一个有机统一的整体，是餐饮从业人员在长期实践中形成的丰富思想文化成果，是餐饮业发展的重要基础和精神家园。二是坚持文化创新。当前品牌、形象、信誉等文化形态的无形资产日益成为餐饮市场竞争的关键所在，而创意、设计、构思等文化创新日益成为餐饮业价值创造的重要支点。三是促进人才培养模式创新。要坚持尊重劳动、尊重知识、尊重人才、尊重创造，深入实施人才战略，加快培养造就德才兼备、锐意创新、结构合理、规模宏大的人才队伍。

我们还要以更加开阔的视野、更加博大的胸怀对待外来饮食文化，学习借鉴一切有利于我国餐饮业发展的有益经验和优秀成果。与此同时，为了消除国外民众与中国饮食文化和中餐的隔阂和对中国饮食文化和中餐的误解，应加大海外宣传的力度，大力宣传中国饮食文化，推广众多的中餐美食，实现中国饮食文化与外国饮食文化的跨文化交流，为中餐在国外发展创造良好的市场环境，加快实施中餐“走出去”的国家战略。

2012 年，中国烹饪协会专家工作委员会及相关部门要立足餐饮业发展的大局，发挥特色和优势，加强对餐饮业重大问题、热点问题的调查研究，积极开展学术活动，充分发挥决策参谋作用、理论引导作用和智力支撑作用，为行业发展提供全面的业务指导。

2012 年 3 月

总 报 告

General Report

B.1

我国餐饮产业存在的问题与对策建议

——兼论增强我国餐饮产业的文化软实力与资本硬实力

荆林波*

一 我国餐饮产业发展现状[①]

随着我国经济的快速发展，人民生活水平显著提高，生活方式发生很大变化，外出就餐成为大多数人日常生活的一部分，因此餐饮业发展非常迅速，成为第三产业中的重要产业，餐饮业收入连续20年以20%左右的速度增长，是国内发展速度最快的产业，2010年全国餐饮业收入达到17648亿元，同比增长18.1%，占社会消费品零售总额的11.24%，从业人员约2200万人，餐饮网点总数达到400多万个[②]，在拉动消费、扩大就业和带动相关产业发展等方面发挥着

* 荆林波，中国社会科学院财经院副院长，博士生导师。

① 荆林波、依绍华：《我国餐饮产业存在的问题与对策建议》，内部报告，2012年2月。

② 杨柳：《全面促进餐饮业转型升级　大力推动城市科学发展》，杨柳主编《中国餐饮产业发展报告（2011）》，社会科学文献出版社，2011。

重要作用。

餐饮产业作为我国第三产业的传统服务业，改革开放30多年以来实现了跨越式增长，1978年人均餐饮消费不到6元，2010年人均餐饮消费达到近1000元，我国餐饮业经历了起步发展、数量型扩张、规模连锁和品牌提升四个阶段，目前已经基本形成较为完善的餐饮供给体系，培育出一批有规模、有实力，而且具有可持续发展能力的现代化餐饮企业，形成了高、中、低档多种经营模式，建立了餐饮形式齐全的市场体系，并且培养了一批具有现代经营理念的餐饮管理人才，使餐饮业从传统手工服务业向现代生活服务业转型升级。特别是我国餐饮业解决了约2200万人的就业问题，并且日益成为新增就业的重要渠道之一，总而言之，我国餐饮业已经成为我国国民经济中极具影响力的产业之一。

二　我国餐饮产业存在的主要问题

尽管我国餐饮产业确立了政府扶持、协会推进、分类指导的发展原则，但是，由于餐饮业发展非常迅速，而且与人们的生活息息相关，社会各界对餐饮业的关注也愈加突出，因此餐饮业的发展仍然面临许多亟待解决的问题，具体包括以下几个方面。

1. 整体重视程度不够，缺乏餐饮业网点规划

尽管国家出台了《全国餐饮业发展规划纲要（2009～2013）》（以下简称《规划纲要》），明确规定了餐饮业的发展目标和发展原则，指明了发展方向、主要任务以及发展重点，但是《规划纲要》仍然是原则性文件，缺乏实施细则，对地方政府的具体实施过程缺乏有针对性的指导，而且由于受传统观念的影响，地方政府对餐饮业的重视程度普遍不高，往往缺乏全局性考虑和完整的发展规划，即使出台了地方性的餐饮发展规划，也很少出台与之相配套的《餐饮网点发展规划》，从而使餐饮业的发展更多地处于自发性、粗放式状态，普遍缺乏政府引导和规制，导致一方面存在餐饮企业供给不足的现象，另一方面，餐饮企业过度聚集，过度竞争，使一些地方餐饮企业倒闭较多。

2. 缺乏有效跨部门的监督机制，食品安全问题频发有损餐饮业的发展

尽管我国出台了《食品安全法》，但由于缺乏有效的监督机制，近年来我国餐饮业食品安全事件频发，“地沟油”、“化学火锅”等极大损害了餐饮业的形象，也给餐饮业的发展带来不可估量的负面影响。主要原因在于：一是由于相关法律规定较为宽泛、缺乏细节规定，并且部分内容滞后于现实发展，而且缺乏较重的刑罚措施，难以对不法企业及其不法行为产生震慑作用、许多企业在经济利益的驱动下，在食材采购、产品制作等环节主动或被动失控，制造出大量危害消费者健康的食品，在全社会范围造成极为恶劣的影响，严重影响了餐饮业的持续健康发展。二是与食品安全相关的卫生部、国家食品药品监督管理局、商务部等相关管理部门缺乏有效的监督联动机制，尽管上述部委出台了各类加强餐饮服务食品安全监管的文件，但是基本上各管一段，既存在交叉重叠之处，也存在许多监管空白和盲点，尚未形成相互协调的管理体系，使监管难以真正落到实处，从而导致食品安全问题屡管不止。尤其是我国餐饮产业的上游环节——农产品种植、水产品养殖——过程中存在的违规违法问题，全部传递到餐饮环节集中爆发，使得餐饮业要为上游环节背黑锅。

3. 税费负担过重，大多数餐饮企业处于微利时代

近年来，由于食品原材料价格上涨以及人工成本和房租急剧上升，我国餐饮企业利润率逐年下降，尤其是2009年以来，利润率下降高达20%，目前大多数餐饮企业的利润率仅为10%左右，已经从高利润转变为薄利经营。但是餐饮企业还遵循以往的税法规定，从“娱乐业”税目征税，承担较高的税负，比如企业需要按5%缴纳营业税，同时还要缴纳城市维护建设税、教育费附加、企业所得税等10多种税目，各种税收费用占到企业营业收入的7% ~9%，加重了企业负担；此外，餐饮企业还面临着较高的银行卡刷卡手续费费率，一般为2%左右，有些地区高达3%，远远高于同为服务业的百货、超市等商贸零售业，而且刷卡费作为企业收入多缴纳了不合理的营业税及附加费，给企业带来沉重负担。据调查，北京一家年营业收入近6亿元的餐饮企业，每年需支付的刷卡手续费近700万元，占其利润总额的15%左右，同时多缴不合理税金40万元，[①] 导致其盈利能力下降，也使餐饮企业与银行之间的矛盾不断升级。最近几年，各地已经爆发了多起餐饮企业乃至28个地方餐饮协会联合抵制刷卡的事件，造成了较大的影响。

① 中国烹饪协会：《餐饮业刷卡手续费之争的现状、根源与建议》，杨柳主编《中国餐饮产业发展报告（2011）》，社会科学文献出版社，2011。

4. 餐饮企业规模普遍偏小，餐饮产业集中度较低

作为传统服务业，餐饮产业的特点决定了餐饮企业以小规模为主体，并且我国目前餐饮百强企业也仍然规模偏小，2009 年餐饮百强企业总收入为 1249.73 亿元，而麦当劳的同期收入为 232.8 亿美元（约合 1513.2 亿元人民币：按美元与人民币汇率 1∶6.5 计算），比中国百强企业收入之和还高。从资本市场来看，美国 56 家上市餐饮企业的平均营业收入为 5.6 亿美元，排在前 8 位的企业营业收入都超过 23 亿美元（约合 150 亿人民币）①，远远高于我国餐饮企业的收入和规模。从产业集中度来看，我国餐饮产业集中度仅为 7%，而美国则达到 20% 左右，可以看出，我国餐饮产业的整体发展水平相对落后，亟待升级转型，扩大规模，提升实力。

5. 从业人员流动性大、高级管理人才匮乏

由于餐饮业是典型的劳动密集型产业，进入门槛低，操作简单，收入相对稳定，因此吸纳了大量学历较低、缺乏专业技能的劳动力，但是餐饮企业劳动强度大，工资水平较低，社会保障较差，导致员工流动率较高。以浙江为例，2010 年浙江餐饮企业员工年流失率平均为 33.69%，其中一线员工流失率高达 98.8%②。另据资料，餐饮行业中约 40% 的人工作年限在一年以下，达到 5 年以上的只有 14.8%③。与此同时，随着餐饮企业现代化以及企业转型升级的需要，企业对高技能人才需求旺盛，尤其是食品安全、物流配送、工程管理、公共关系等领域需要大量高端管理人才，但是高校人才培养体系以及行业培训机制相对滞后，导致相关领域人才匮乏，同时由于受传统观念影响，许多专业人才对餐饮行业认识存在误区，认为社会地位较低，不愿意进入这一行业，也使企业难以招到合适的人才。

三　促进我国餐饮产业发展的对策建议

餐饮产业作为民生行业，与我们的生活密切相关，国家有关部门应加大扶持

① 荆林波：《做大做强中国餐饮产业》，杨柳主编《中国餐饮产业发展报告（2011）》，社会科学文献出版社，2011。

② 王卫英：《餐饮企业年末用功吃紧　高薪能否抵挡回家的诱惑?》，2011 年 12 月 28 日《金华日报》。

③ 中国财贸轻纺烟草工会：《2010 年餐饮业新生代农民工调查报告》，杨柳主编《中国餐饮产业发展报告（2011）》，社会科学文献出版社，2011。

力度，加强行业引导和监督，在全社会范围内提升餐饮产业地位，增强从业人员的认同感和荣誉感。具体建议如下。

1. 加大餐饮业规划实施力度，尽快出台《餐饮业网点规划》

在餐饮业《规划纲要》的基础上，制定《实施细则》，提高可操作性，并组织相关部门监督执行情况和实施效果；与此同时尽快出台《餐饮业网点规划》，对餐饮网点布局、结构、规模和环境进行科学规划和引导，错位经营，充分体现餐饮业为人民生活需要的服务功能，并将餐饮网点的发展与城市总体发展规划结合起来，实行总体把握，使餐饮网点与整个城市发展协调一致，实现健康发展。

2. 建立跨部门监管联席制度，加大危害公众食品安全的惩处力度

由于食品安全问题关系到国计民生，因此应加大监督和处罚力度。一方面，建立部级监管联席制度，由发改委、商务部、卫生部、食品药品监督管理局、农业部等主管部门组成国家餐饮部级监管联席委员会，对餐饮安全问题进行全面监管，对各类危害人民群众健康的食材、原料以及制成品等制定行业标准，并对违法问题统一行动，实行“谁主管、谁负责”制度，杜绝监管空白，使监督机制由“虚”变“实”。另一方面，在严格执行《食品安全法》的基础上，建议修订相关法律法规，加大对危害公众食品安全行为的惩处力度，将原来以罚没为主的惩罚措施转变为以刑罚为主的惩治措施，对原料制造、销售等制假、制毒食品产业链上的相关企业和人员处以严厉的刑事处罚，使其“制毒”代价远远大于所获不法利益，从而减少和杜绝此类行为，增强人民群众对餐饮行业的安全感和信任感。

3. 降低营业税率和刷卡手续费率，减轻餐饮企业的负担

随着人民生活水平的提高，餐饮消费由高档消费品转变为必需品，同时各类成本上涨大大推高了餐饮企业的经营成本，使餐饮行业成为微利产业。因此，相关行政主管部门应当转变观念，将餐饮产业由高利润行业变更为基础产业，在税收、刷卡消费等方面对餐饮企业实施优惠待遇，可以对餐饮产业实行与文化体育、交通运输等行业同等的待遇，统一实行3%的营业税税率，并且对大众餐饮企业和社区餐饮企业实行特殊政策，在3%营业税率的基础上进一步实行减免；在刷卡手续费费率方面，降低餐饮业普遍实行的2%费率，将餐饮业与零售业的费率统一，均实行0.5%的手续费费率，切实减轻企业负担，增强企业活力。

4. 推动餐饮业升级转型，提升餐饮企业连锁化水平

中餐偏重厨师个人技能的发挥，导致标准化程度较低，也使中餐企业多数停留在手工作坊时代，企业规模普遍偏小，国际化程度不高，因此应加强技术研发，努力推进中餐标准化与科学化，同时通过普及信息技术，在原料采购、产品制作、点菜服务等环节实现标准化、流程化，提高运营效率，减少人为干预，稳定菜品质量，提升企业现代化程度，并在此基础上加强企业连锁化经营，以建设中央厨房为核心，在技术和工艺方面实行专业化和标准化，进而实行连锁化，扩大企业规模，提高产业集中度，扩大中餐企业在国际上的影响力。

5. 加强员工培训，为员工发展提供成长空间

人才是决定餐饮企业核心竞争力的重要因素，而现代餐饮企业的发展要求有高端人才来实施运营和管理，因此必须加快建立人才培育机制。一是充分发挥各级餐饮行业协会功能，由商务部与人力资源和社会保障部共同授权，各级餐饮行业协会根据地方实际需要对餐饮人才组织培训并实行监督。具体办法包括：与大专院校和各类职业培训机构合作，对员工进行岗前培训或在职培训，提高劳动技能和专业化水平；与餐饮企业合作，为企业培养专门人才，实行培训就业一体化，增强餐饮技能培训的实用性和针对性；进行职业技能资格培训，通过组织资格考试进行资格认证，并发放资质证书，培养专业人才。二是制订人才培养计划，为员工提供个人发展和晋升空间，增强员工的归属感。行政管理部门应敦促企业建立健全人才培养机制，包括制订员工职业发展规划，为员工提供教育、医疗等各类社会保障服务，尤其对优秀员工实施人才引入计划，使其愿意从事餐饮行业，并在餐饮行业看到希望和未来，从而为企业持续发展提供智力保障。

四　增强我国餐饮业的文化软实力

党的十七届六中全会审议通过了《中共中央关于深化文化体制改革、推动社会主义文化大发展大繁荣若干重大问题的决定》，提出“加快发展文化产业、推动文化产业成为国民经济支柱性产业”。的确，文化产业日益成为我国经济发展新的增长点，2009 年国务院通过的《文化产业振兴规划》直接把我国文化产业的发展提升到与国家其他支柱产业同等重要的地位。在中央一系列有关政策的推动下，我国文化产业取得了令人瞩目的成就，规模和体量都有大幅度的增长，体制改革也取得了阶段性的进展，但同时也存在一些亟待解决的深层次问题，这里针对当前中国文化产业发展存在的问题提出一些改进思路和对策建议，以期为切实把文化产业发展为支柱产业提供决策参考。

（一）我国文化产业发展目前存在的问题

1. 文化产业规划的实施效果与设定目标之间存在较大差距

2009 年以来，已有 29 个省份出台了文化产业发展规划或纲要，但是大部分规划明显具有两个缺陷：第一，规划或纲要制定前的现状调查和分析不足，造成对本地区的文化产业资源、市场及优劣势等背景内容的认识比较肤浅，直接影响了规划的实际执行效果。第二，规划或纲要的具体内容，对文化产业的基本原则、指导思想和发展目标的论述性内容较多，对文化产业的结构、布局等决定规划质量和可行性的内容相对比较少。部分省份的规划在实施效果的反馈和评价方面不尽如人意，一些城市的文化产业本身的发展与“十一五”规划制定的目标之间存在较大的差距。

2. 体制改革滞后，公益性与经营性界定不清

尽管体制改革取得了阶段性的进展，但仍然存在深入改革的空间。在国有经营性文化资产的管理、监督和运营体制如何改革方面，还存在着不同看法和做法，体制改革尚未迈出实质性步伐。国有文化单位的体制改革相对滞后，配套政策不完善，国有经营性文化事业单位转企改制缺乏动力，改革难度大，导致民营文化经济的快速发展和国有文化经济的平稳增长之间存在着明显的落差。此外，公益性文化事业与经营性文化产业的界定不够清晰，传媒行业的深化改革和体制安排存在问题，集中表现为传媒文化产业集团“事业体制、产业化运营”的二元体制结构缺乏法律依据，以建立现代企业制度为目标的改革战略与事业性质的体质特征之间存在着内在的矛盾，如果得不到调整，改革目标存在着落空的可能。文艺院团、非时政类报刊社和电台、电视台的制播分离改革在实践中常常因为纠缠于公益性与经营性的似是而非的属性界定问题而裹足不前。

3. 统计指标不健全，统计口径不一，年份断层现象严重

文化产业在管理体制上实行多头管理，分有宣传、文化、出版、广电、体育、旅游等部门，缺乏文化产业统计协调机构，导致文化主管部门与统计部门的信息沟通不畅，导致重视文化事业统计、轻视文化产业统计的问题，文化产业统

计涉及部门较多，统计内容和统计标准不统一，统计范围不全面，缺乏基础统计数据的支撑，各部门的统计指标之间不衔接、不配套、不可比，总体上难以形成全面、系统的统计指标体系。

4. 市场化程度低，产业链不完整

受传统体制束缚，我国文化企事业单位普遍对文化市场的重视和调研不够，市场开拓意识不强，营销能力普遍较低，尚未形成与市场经济体制相适应的营销模式，导致文化产品市场化程度低，即使是优质产品也难以形成产业链，产品附加值未能得到有效挖掘。以动漫为例，动漫产业链包含了动漫作品的创意、制作、发行，以及衍生品的开发、生产和销售。目前我国动漫产业普遍存在的问题是各环节企业间尚未建立起良好的共赢经营模式，导致上下游诸多环节不能默契配合，由于主盈利模式不清，全国曾批准设立的20多家动漫基地中只有1家是完整运作的动漫基地，其他20多家由于各种原因，要么做房地产，要么做其他类型的产业园，即使仍有动漫企业留守，也只是产业链上的某个环节而已，完整的产业链无法形成。

5. 投融资渠道不畅，中小文化企业普遍存在融资难的问题

文化企业投融资的问题普遍存在，已经成为制约我国文化产业发展的一大瓶颈，各地文化产业投融资普遍存在两个突出问题。一方面，部分地区非公资本进入文化产业还存在一定障碍，融资渠道不畅，资金来源缺乏体制保障，投资主体单一，各级政府财政紧张，加之金融市场发育不充分，筹资渠道单一，文化产业的发展面临着严重的资金短缺问题。目前国内90%以上的动漫企业都是小规模的民营企业，这些小企业往往无力承担自主开发动漫产品，80%以上的中小动漫企业生存都比较艰难，资金不足是导致动漫企业难以为继的首要原因。另一方面，各地现有的文化基金主要为公益性文化项目提供资助，不具备投资功能和通过市场再造、放大的功能，有限的资金无法对具有良好市场前景的产业项目给予长期的、持续性的扶持。

6. 开发模式亟待转型，可持续发展面临困境

目前文化产业资源开发方面存在着单一性和同构化两个突出问题。一方面，产业功能过于单一。一些省份在文化资源的产业开发方面模式雷同、单一化的现象较为普遍，例如西北地区省份在开发文化资源方面仍然以民俗文化体验和民间工艺品为主，附加值较低。另一方面，产业结构呈现同构化趋势。各地基本都开发文化产业园区、动漫基地、主题公园等，产业集群化发展趋势日益明显。盲目发展、资源浪费、同质化竞争的问题已经出现。全国有几十个城市已开工或准备建设大型动漫主题公园或文化主题公园，不少风景区都拟上马大型实景演出，还有的文化产业项目以文化之名搞房地产开发，不仅存在重复建设、资源浪费的问题，还存在同质化竞争的问题。

（二）促进我国文化产业发展的对策和增强餐饮业文化软实力的建议

1. 促进我国文化产业发展的对策

（1）继续深化文化体制改革。

坚持政府引导、市场运作，着力培育一批骨干文化企业。打破行业垄断和地区封锁，推动企业兼并重组，提高集约化经营水平，促进文化领域资源整合和结构调整。

（2）打造完整的文化产业链。

有关部门应根据各地文化产业发展实际，研究产业“短腿”，加强上下游产业配套和人才配套建设，打造完整的产业链，吸引文化产业集聚。利用资本市场的投融资和结构调整功能，打通并构建文化全产业链。

（3）转变文化产业的开发模式。

要有选择地建立和完善若干个集创意研发、产业孵化、产品交易、人才培训为一体的示范园区，为文化企业提供交易、展示平台，为文化产业规模化、专业化发展创造条件、奠定基础，提升产业集中度和创新能力。

（4）完善文化产业统计指标体系。

加强文化产业统计工作，将文化产业统计纳入国家统计系统的工作重心，尽早完善我国的文化统计指标体系。

（5）建立统一的文化管理部门。

建议通过深化文化体制改革，尽快建立和完善党委领导、政府管理、行业自律、企事业单位依法经营的文化管理体制，统一协调、集中管理，通过成立行业协会来促进行业的自我约束和自我保护。

2. 增强餐饮业文化软实力的建议

我们曾经对中国餐饮产业的发展做过分析，我们认为中国餐饮产业经历了如下发展阶段，初步起步——快速成长——规模化发展——品牌化提升。如今在国际化的时代，中国餐饮业要进一步发展，必须大力弘扬中国传统文化，挖掘中国文化元素，提升中国餐饮产业的核心竞争力，尤其是要加大餐饮文化创意开发。

（1）餐饮创意产业的开发必须始终强调文化的延续性。

以文化丰富创意产业的内涵，以文化提升创意产业的品位，以创意树立文化产业的形象。文化产品的品牌效应提醒我们在开发文化资源时一定要有丰富的文化内涵、崭新的文化创意、深厚的文化底蕴、高尚的文化品位。

（2）建立文化创意产业发展协调机制，打破餐饮企业封闭的产业界限。

成立文化创意产业领导机构，组织由政府、高校、研究机构等相关部门人员组成的跨部门、跨行业的专门小组。在认真调研的基础上，借鉴国际先进经验和做法，结合实际状况，根据已出台的相关政策，按照规划指导、资源整合、政府推动、社会参与、市场运作的原则，制定推进餐饮文化创意产业协调发展的实施意见。

（3）大力推进餐饮企业参与文化创意产业园区建设。

大力发展文化创意产业园区，对增加传统文化产品的附加值，优化文化产业结构，构建文化产业链的形成，提升文化产业发展水平具有重要意义。完善园区的管理和运作机制，扶持餐饮龙头企业，推动产业链的形成，并建立相关的中介服务机构、展示平台和交易平台。通过文化创意园区建设，发挥餐饮龙头企业的带动、示范、集聚、辐射和推动作用。

（4）加快餐饮文化创意产业人才引进和培养。

餐饮文化创意的源泉是人才的创造力、技能与才华。加快发展餐饮文化创意产业，首要的任务就是加快培养、吸引一批富有创新精神、饱含创意理念的文化创意人才。加大投入，对餐饮文化创意产业的优秀人才给予奖励、提供资金支持，重点吸引一批在海外从事文化创意产业的优秀人才，特别是既有浓厚传统文化底蕴，又有宽阔国际视野的海归人才。同时，通过在相关高等院校设立相关专业，大力培养餐饮文化创意产业的设计、策划和制作人才。

（5）加强餐饮文化创意产业的品牌建设。

品牌内涵的人文基础是文化创意、经济社会发展的品牌化趋势，实现品牌与文化创意的完美结合，是餐饮文化创意产业发展所表现出来的一个重要的运行规律。因此，必须树立强烈的餐饮品牌意识，提升品牌经营理念；创造性地进行餐饮品牌策划，准确定位；以创意打造餐饮品牌产品的核心和形式；加强餐饮品牌宣传与保护，确保餐饮品牌的知名度。

五　增强我国餐饮资本硬实力：中国餐饮企业上市如何“止痛”

进入2012年，中国餐饮企业上市问题再次成为焦点。最近值得我们关注的有三件事情。第一件事情是：2012年1月16日，香港交易所网站上挂出《香港交易所登载有关从事餐饮业务的申请人在上市文件中的披露的指引信》（以下简称《指引信》）。此举引起业界对香港交易所对内地餐饮企业赴港上市的关注。第二件事情是：2012年1月30日中国证监会披露的2012年度首次公开发行股票申请终止审查企业名单中，俏江南股份有限公司位列其中。第三件事情是：2012年2月1日，中国证监会的官方网站上发行监管部和创业板发行监管部首次公开发行股票审核工作流程。

首先，为什么香港交易所要发布餐饮企业的《指引信》？这是因为众多内地餐饮企业感觉在内地上市较难，所以，从2011年开始众多餐饮企业开始赴港运作发行，而作为监管部门，及时地发布了此《指引信》。我们首先要对香港交易所的做法叫好，这种政府积极作为的精神值得我们有关部门学习。反观我们内地，往往涉及的事情处于地下阶段，总是朦朦胧胧无法说得清、道得白。香港交易所的《指引信》内容同时适用于拟在香港主板和创业板上市的餐饮企业，《指引信》对在港IPO的餐饮企业披露文件提出了新的要求，分别涉及“供货商、食材来源及其价格”、“同店销售额及桌/座流转率”、“现金管理”、“商标”、“扩充”、“定价政策”，以及“食品安全质量监控及投诉”等七个方面。

第一，“供货商、食材来源及其价格”。香港交易所要求申请上市企业披露食材的来源、价格波动情况以及未来的价格走势，除此之外，还要对供应商的数目、平均合作年数进行公布，特别是，要求餐饮企业必须对供应商的“吃回扣”这一行为作出预防措施。

第二，“同店销售额及桌/座流转率”。香港交易所要求拟IPO餐饮企业公布同一家门店在报告期内的销售额及桌/座流转率的详细变化情况，这两个指标将作为餐厅业务表现的重要指标。同时，餐饮企业须公布每家餐厅的顾客人均销售额及日平均收益并预测新餐厅达到收入平衡的时间。

第三，“现金管理”。香港交易所要求餐饮企业对餐饮企业员工私吞和挪用餐饮企业经营中的现金风险进行防范，并对之前所发生的类似状况进行披露。

第四，“商标”。香港交易所要求餐饮企业对商标的所有权、目前的注册登记情况以及报告期内是否有其他餐厅冒用商标等情况作出详细的披露。

第五，“扩充”。香港交易所对拟上市企业扩充分店网络提出了更高的要求：报告期内公司门店的变动情况以及各门店关闭的具体原因、新门店的选址标准、新开门店如何不导致旧门店的单店利润下降、拟上市企业未来详细的扩充门店计划等。

第六，“定价政策”。香港交易所要求拟上市餐饮企业披露不同门店的定价是否相同。若有不同，则须公布不同定价的详细原因。此外，还需要对企业的定价策略进行详尽的陈述。

第七，“食品安全质量监控及投诉”。香港交易所要求餐饮企业披露食品的安全监控措施，包括原材料采购、半成品储存、烹调、上菜的整个流程。《指引信》还要求餐饮企业披露负责食品安全的高管身份以及从事食品质量安全监控员工的人数、背景等。

除此之外，如果拟上市的餐饮企业有过被监管部门整顿过的记录也需要在招股说明书中详尽披露。当然，《指引信》所要求内容不能凌驾于已出台的相关创业板、主板上市规则之上。

总的来看，这七条要求，可谓直面中国内地餐饮企业运行“之痛”，比如，发票的问题，现金管理问题等。反过来说，也让欲上市的餐饮企业有路可循，而不是盲人摸象。一句话，《指引信》是中国内地餐饮企业赴港上市的最好“止痛药”！

其次，中国内地餐饮企业还能否在内地主板市场上市？

中国证监会公布 IPO 申报企业基本信息情况表，拟在上海主板及中小板上市的有 295 家，其中 50 家在初审中，204 家在落实反馈意见中，41 家已过会，而有 4 家企业终止审查，按照顺序分别是浙江中马汽车变速器股份有限公司、甘肃稀土新材料股份有限公司、湖南华菱线缆股份有限公司和俏江南股份有限公司。

2010 年 3 月，俏江南进行 A 股上市承销招投标工作，最终瑞银证券胜出，成为俏江南上市承销商。2011 年 3 月，瑞银证券正式向证监会提交上市申请，然后60天反馈期过后终被搁置。赶在中国证监会披露信息前一天，俏江南终止审核，给大家留下了无限的想象空间。当然，张兰称俏江南5年内增至500家门店目标不变。

根据《首发管理办法》六十四条，发行人向中国证监会报送的发行申请文件有虚假记载、误导性陈述或者重大遗漏的，发行人不符合发行条件以欺骗手段骗取发行核准的，发行人以不正当手段干扰中国证监会及其发行审核委员会审核工作的，发行人或其董事、监事、高级管理人员的签字、盖章系伪造或者变造的，除依照《证券法》的有关规定处罚外，中国证监会将采取终止审核并在36个月内不受理发行人的股票发行申请的监管措施。终止审核存在两种情况，第一种情况是企业尚未进行整改，中国证监会行使权力进行劝退，这是一种比较被动的终止审核情况；第二种情况是企业知道要达到发行审核标准比较困难，而主动放弃，形成的主动终止审核情况。从目前媒体披露的各种信息来看，我们分析认为，俏江南股份有限公司的终止审核属于企业主动放弃而形成的终止审核。

对于中国的餐饮企业而言，目前全球资本市场共有10家中国餐饮企业实现首发，5家餐饮企业均为境外上市，其中，乡村基在纽交所上市，小肥羊、味千中国、唐宫中国和喜尚控股四家企业在香港上市，还有名轩控股在香港创业板上市。考虑到小肥羊2012年2月1日在香港摘牌，要减少一家企业。而境内上市的有五家与餐饮相关，其中，有三家主营不在餐饮（西安饮食、福成、锦江股份酒店），因此真正的餐饮连锁企业只有全聚德和湘鄂情两家，A股市场一直未成为登陆资本市场的主流渠道，并且，这两家企业都是在深圳证券市场挂牌交易，属于中小板的市场。

根据投中集团数据，2008年至今，共有22家餐饮连锁企业获得注资，其中2008年披露9起案例，2009年和2010年分别披露6起和5起案例，到2011年8月为止，仅披露3起案例，分别为唐宫中国获兰馨亚洲投资、好伦哥获得MRC（MUS Roosevelt Capital Partners）投资，自2011年7月安伯深（Apax Partners）以约2.5亿美元收购自助餐连锁店金钱豹，这也是目前该行业最大规模的单笔投资。①

① 辛华：《连锁风险加大　香港成内地餐饮企业IPO主战场》，2011年8月27日《中国证券报》。

值得注意的事实是，最近几年我国通过率在不断下降。2009 年为 84.92%，2010 年 IPO 通过率为 82.54%，2011 年发审委审核拟上市公司通过率下降到 80%以内，只有 76.81%，共计 265 家通过审核。对餐饮行业而言，在 2009 年湘鄂情上市之后，没有一家餐饮企业在内地主板市场上市。在香港主板市场，2011 年 9 月小南国取消了首发，接着 10 月，金汉斯计划举行上市聆讯前，突然被叫停。因此，我们要问的是：为什么，换言之，中国餐饮企业上市之痛何在呢？

第一，核心问题是我国餐饮企业的内部控制存在短板。这里所说的内部控制包括订单合同、采购管理、仓库管理、前台管理、财务核算等，所有资金进出均要有相应凭证，以保证财务指标的真实性和合法性，而我们在往年的中国餐饮产业蓝皮书中曾经分析过，我国餐饮业的采购要对接的是来自个体户为主的群体，甚至是农民，无法提供发票，而餐饮企业的销售终端面对的成千上万的消费者，不一定都索要发票，而且存在着大量的现金收入。这两点带来的问题就是餐饮企业的成本和收入无法量化，也就是说，餐饮企业的治理不规范，盈利状况无法说明，对投资者无法有足够的保障，很难达到上市公司对内部质量控制和行业标准的要求。按业内的说法，证监会早就将拟上市餐饮企业的年利润标准由 3000 万元提高至 5000 万元，并对上市餐饮企业增长率、净资产、盈利水平提出了更高要求。

第二，其次的问题来自我们餐饮的食品安全与风险控制问题，尤其是最近几年频繁爆发的各种事件，诸如“地沟油”、“死鱼门”、“回锅油”、“勾兑门”和“骨汤门”，连跨国餐饮企业都无法幸免“豆浆门”，何况国内众多民营餐饮企业呢！

第三，相关的问题来自历史欠账。比如，餐饮企业员工的流动性比较大，员工的“四金”保障不健全需要企业补全过去的欠账。比如，餐饮企业要达到上市的相关财务指标，就必须对过去三年的经营状况进行追溯，这就意味着餐饮企业要拿出一大块资金补窟窿，包括补税，这也是有些餐饮企业放慢上市节奏的一个原因。再比如，更多的欠账来自我国餐饮企业的管理者素质。大多数餐饮企业者是从餐饮从业者到管理者，再到老板，如今，要做上市公司的董事长或者总经理，素质的欠缺是非常明显的。更何况，我国餐饮企业的家族化管理痕迹非常严重，这导致大家对餐饮企业总是“心存疑惑”。

第四，已经上市的餐饮企业的业绩不佳，也引发投资者与监管者的不满，对餐饮企业上市前后的“变脸”多有微词。也即是说，能否持续盈利也是大家关注的焦点问题。此外，中国证监会关注定向募投和独立性等问题，这些问题是最近导致通过率低的最主要的原因。

总之，我们认为，餐饮企业练好内功是根本，内功不好，无法止痛。千万不要一门心思想借外力，把污水泼到其他人身上。

最后，中国证监会的新规方向如何？

我们要为中国证监会这次的首次公开叫好。根据规定，中国证监会发行监管部负责主板的发行，首次公开发行股票（简称首发）的审核工作流程为：受理、见面会、问核、反馈会、预先披露、初审会、发审会、封卷、会后事项、核准发行等主要环节，而中国证监会创业板发行监管部首次公开发行股票并在创业板上市（简称创业板首发）的审核工作流程分为受理、反馈会、见面会、问核、预先披露、初审会、发审会、封卷、会后事项审核、核准发行等主要环节。两个部门的审核工作流程都强调分别由不同处室负责，相互配合、相互制约。对每一个发行人的审核决定均通过会议以集体讨论的方式提出意见，避免个人决断。我们的餐饮企业要对新规的导向做到心知肚明，并且要认真应对每个环节。

按照中国证监会发行监管部披露的申报企业信息，有295家企业在排队，天津狗不理集团、广州酒家集团、顺峰饮食酒店管理、净雅食品四家餐饮和食品制造企业排队名次比较靠前，分别列在第四、第五、第七和第十，他们都申请在深圳证券交易所上市，招商证券、广州证券、国信证券、中信证券分别为上述四家企业的保荐券商。有趣的是全聚德和湘鄂情两家企业的承销商均为招商证券。所以，我们对此又多了一份期待。

当然，目前的融资环境并不很好，需要我们特别说明。根据清科数据库统计，2012年1月共有14家中国企业在境内外资本市场完成首发，首发的企业数量仅高于2011年10月的11家，是首发近两年来的最低点。不仅如此，而且，融资规模小，合计融资只有11.36亿美元，平均每家企业仅融资0.81亿美元。相较2011年12月，2012年1月首发个数环比下降56.3%，融资额环比下降85.2%；与2011年同期相比，首发个数同比下降64.1%，融资额同比下降84.5%。考虑到全球经济形势，尤其是金融市场的走势，我们建议相关的餐饮企业要对融资的前景与规模做好充足的心理准备。

产 业 篇

Industry Analysis

B.2
2011 年全国餐饮市场分析

中国烹饪协会

2011 年是“十二五”规划的开局之年，面对复杂多变的国际形势和国内经济运行出现的新情况新问题，在“调结构、保民生、控通胀”的总体调控下，国内经济继续保持平稳较快发展，特别是国内消费市场的繁荣活跃为经济运行提供了强有力的支持。餐饮产业作为刺激消费、扩大内需的重要支撑产业之一，尽管面对的国内外经济运行环境比较复杂，在通货膨胀压力下依然保持着平稳快速增长的态势。2011 年中国餐饮业实现餐饮收入 20635 亿元，同比增长 16.9%，占社会消费品零售总额的比重为 11.2%，对社会消费品零售总额增长的贡献率为 11.10%，远高于 2010 年的贡献率，拉动社会消费品零售总额增长了 1.9 个百分点。

这份餐饮业增长成绩，与其他年份同期相比，并不算突出，但对于中国餐饮业而言，这份成绩却历经磨难，波折不断，一方面是食品价格持续走高、资金成本上升、劳动力成本上升的外部市场环境，另一方面是大型餐饮连锁集团上市受阻、银行卡刷卡费率居高不下、食品安全和诚信危机蔓延、沉疴已久的水电气、税率过高的政策问题。总体来看，2011 年的餐饮业是在微利和焦虑中艰难前行、稳步发展。纵观整个 2011 年，餐饮业在产业转型、结构优化的发展过程中，相比 2010 年，呈现出以下新的特点。

一　2011 年餐饮产业发展与市场运行特点①

1. 产业规模持续扩大，增幅呈现下行趋势

2011 年中国餐饮业顶住了外部经济环境和内部市场竞争的双重压力，产业规模延续了 20 多年来保持两位数增长的态势，产业规模首次突破 2 万亿元的大关，这距离 2006 年突破 1 万亿元营业额仅用了 5 年时间，年均增长 2000 亿元以上。

但是从增长速度来看，已经呈现出下行态势。从近 10 年的数据来看（见图 1），住宿餐饮业零售额增幅一般都高于社会消费品零售总额的增幅，而且两者的增幅差距平均保持在 2～3 个百分点，但自 2009 年以来，两者增幅差距日益缩小，2010 年和 2011 年的餐饮业增幅还略低于社会消费品零售总额，而且从 2011 年的月度数据来看（见图 2），餐饮收入增速仅在 6 月高于社会消费品零售总额的增速，其他月份均低于或与社会消费品零售总额增速相当。这固然与国家统计局将住宿餐饮业零售额改为餐饮收入的统计口径有关，但餐饮产业自身增长动力和潜力的问题值得关注。

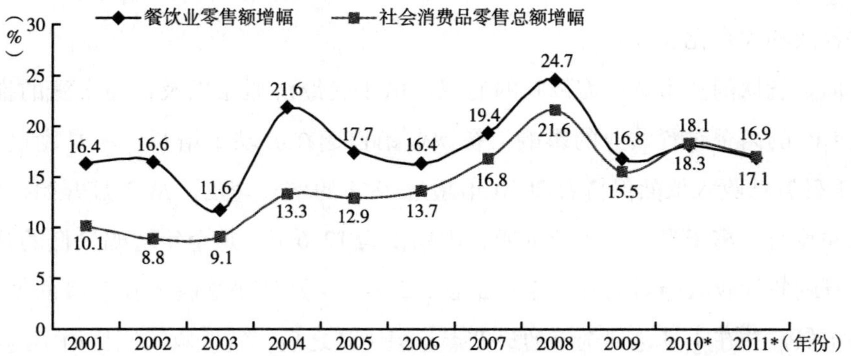

图 1　中国社会消费品零售总额与住宿与餐饮业零售总额增长速度（2001～2011 年）

① 本文图表数据未作特别说明的，均根据国家统计局（http：//www. stats. gov. cn）发布数据整理而成。

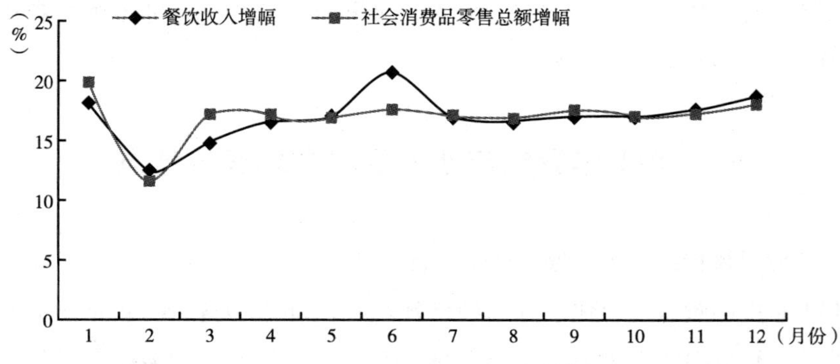

图 2　2011 年餐饮业与社会消费品零售总额月度增长速度

2. 餐饮消费供需两旺，餐饮业波动中增长

根据大众点评网最新发布的《2011 年全国城市生活消费报告》，2011 年全国餐饮类人均消费价格 64 元/次，每周外出就餐 2～3 次成为消费频次的主流，上海和北京成为全国人均餐饮消费最高的前两名城市。从各地统计局和商务委公布的 2011 年数据来看，二三线城市餐饮消费市场更加旺盛，山西晋中人均在外饮食支出达 564.9 元，同比增长了 45.6%；哈尔滨市人均在外饮食支出 1084.4 元，同比增长了 25.9%，增幅居各类服务消费之首。商务、社交活动的增多，在外就餐成为休闲与联络感情的载体，团购、网络等手段的运用，使得外出就餐日益普及和大众化。

但是餐饮消费市场供需两旺的情况，由于受经济通胀以及价格上涨的推动，以及 CPI 的高企对餐饮业的影响，餐饮业销售额在波动中增长。从月度运行来看，1 月餐饮收入依然保持着 2010 年超过 18% 的增长速度，从 2 月开始，餐饮收入并没有受惠于春节市场的刺激，增幅仅为 12.6%，是全年增幅最低的月份，但 2 月的餐饮收入绝对额并非全年最低，3 月、4 月的餐饮收入在 2 月的基础上一路走低，并在 4 月达到全年的最低点。但 4 月之后，餐饮收入同比增幅逐月上涨，并在 2011 年 6 月达到全年的最高峰，但是与此同时高涨的还有食品原材料价格推动下的 CPI，2011 年 7 月，CPI 指数创 36 个月以来的最高峰，在食品原材料价格上涨的拖累下，餐饮收入同比增幅从 6 月份的最高点一路下滑，物价上涨的传导性集中在 8 月爆发，8 月增幅达到下半年的最低点。之后随着各项抑制物价措施的出台以及中秋、“十一” 等节假日消费经济的推动，餐饮收入从 9 月开始，增速和月度收入绝对额都呈现稳步上升态势，并在 2011 年的最后一个月打了一个翻身仗，不仅在增长速度上达到年初 1 月的水平，而且在餐饮收入的绝对额上达到全年的顶峰。

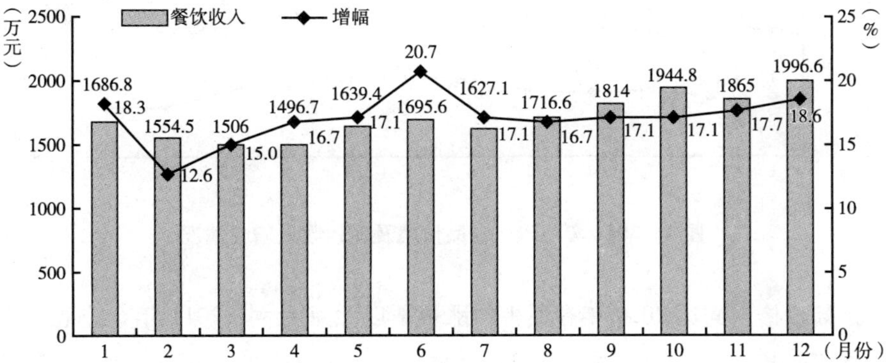

图 3　2011 年全国餐饮收入月度运行情况

3. “三高一低”的局面在全行业蔓延

在 2011 年宏观经济增长势头不足、物价高涨、货币政策趋紧的大环境下，几乎所有的企业都面临着通胀的考验，原材料成本、人工成本、能源成本、运输成本、管理成本……几乎所有的成本都是升势，盈利艰难，利润趋薄。对于餐饮行业而言，在原材料成本、人工成本、房租成本“三高”的压力下，整个行业利润率急剧下滑。

CPI 的上涨始于 2010 年，在原材料不断上涨的环境下，餐饮行业利润率呈现下降趋势，2010 年中国餐饮百强企业的平均利润率仅为 9.12%，远低于金融危机的 2008 年和 2009 年。2011 年前三季度，CPI 继续一路上涨，前三季度 CPI 的涨幅达到 5.69%，第四季度因为各项抑制物价措施的密集出台和初见成效，CPI 才有所回落，12 月 CPI 回落至全年的最低点（4.1%），但这一涨幅水平仍高于 2010 年的水平（3.3%），也无法改变 2011 年 CPI 涨幅破五（5.4%）的局面。

作为 CPI 上涨主要推手的食品价格上涨，不仅推高了餐饮业原材料成本上涨，而且也降低了消费者的外出就餐预期。餐饮业形成了外部涨价，内部提价无望的双重挤压局面，尽管全国各地的餐饮收入在逐月增加，但对照餐饮收入增幅与 CPI 和食品价格增幅，餐饮行业的利润空间已被挤压得所剩无几。

CPI 的高涨也使全国“涨薪”一片，全国各地都在 2012 年年初发布了企业

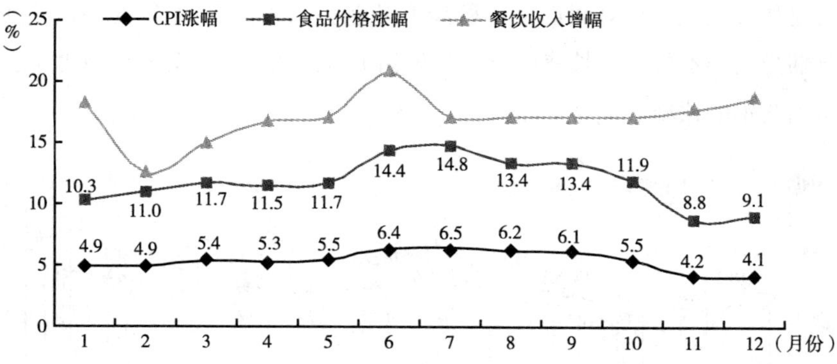

图4　2011年CPI、食品价格及餐饮收入增幅情况

工资指导价格，同比2010年有不少的涨幅。以北京为例，2011年企业职工平均工资涨幅的基准线为10.5%，上限（预警线）为15.5%，下限为5%。但是据商业调查数据，有超过80%的受访者对目前的工资水平不满意，工资的涨幅赶不上物价上涨速度，生活成本日益增加，使得本来在就业前景上不具吸引力的餐饮行业人员流失率加大，企业留人成本无形提高，用工荒用工贵让餐饮业内外焦虑，经营发展阻力加剧。

另一方面，随着2011年国家房地产调控新政逐步落实与趋紧以及各地限购细则出台，全国普通住宅市场走弱，但是商业地产却成为新政的最大受益者。以北京为例，位于朝阳区北苑附近的某商铺项目，售价也从新政前的12000元/平方米，上涨到5月的18000元/平方米，涨幅达到了50%，据不完全统计，一线、二线城市的餐饮企业平均房租涨幅在20%左右。在物价上涨、人力成本上涨、银行加息的压力下，对于依靠人流、商圈提升营业收入的餐饮企业而言，店面租金的上涨无疑是雪上加霜。

4. 二三线城市餐饮消费强劲增长，成为餐饮企业连锁扩张布局重点

按照国家统计局对经济区域的划分，2011年全国限额以上餐饮企业营业额增幅最快的10个省市大多集中在中西部地区，增幅排名前三的省份是安徽（中部）、甘肃（西部）和重庆（西部）。这10个省市除西藏外增幅都超过30%，远高于全国平均增幅（24.8%）。其中西部有5个省市，中部有3个省市，东部和东北部仅有山东和吉林两省。北京、上海、天津等一线城市限额以上餐饮企业营业额的增幅均低于全国平均增幅，广东也仅仅是略高于全国增幅。

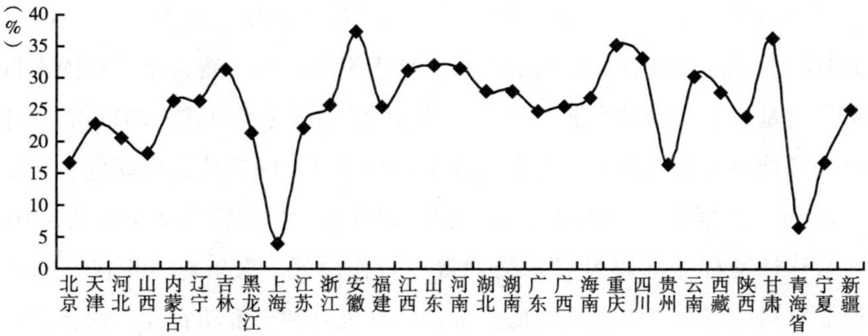

图 5　2011 年全国部分省份限额以上餐饮企业营业额增长速度

而且从 2011 年大型连锁餐饮企业连锁投资布局来看，随着二三线城市的餐饮发展政策环境和市场环境日趋优化，以及内部发展的驱动，越来越多的品牌连锁企业看好二三线餐饮市场。百胜从 2009 年金融危机以来，就开始在中西部二三线城市进行门店拓展，截至目前在肯德基开拓的 500 个城市中，有一半属于中部或内陆城市。呷哺呷哺荣登 2011 年第十届中国成长百强榜亚军，成长速度仅次于电子商务领军企业京东商城，达到了惊人的 745.32%，截至 2011 年底，呷哺呷哺拥有直营餐厅已超过 240 家。这种成长速度得益于两条腿走路的扩张线路，一方面是增加一线城市客流量极大重点区域的门店密度，另一方面是在尚未进驻的非城市中心区、市场还存在空白的二三线城市区域加紧布局。

5. 餐饮经营模式不断创新，多元化整合步伐加快

在 2011 年内忧外困的市场环境下，越来越多的餐饮企业认识到，要突破发展瓶颈，要有效应对内外环境的冲击，必须探索新的发展模式、新的发展路径，加快多元化整合步伐。

一方面，大胆改革，跳脱出既有的经营框架，通过丰富产品线、提供更多服务、重新定位品牌形象，来增强市场竞争力。国际品牌星巴克咖啡在 2011 年 1 月将美人鱼品牌标示中的“STARBUCKS COFFEE”拿掉了，向世人宣告，星巴克已经不局限于咖啡，还会进入茶、饮料、西点等众多领域。与星巴克有同样举动的，还有被快乐蜂收购的宏状元，在其新 LOGO 中去掉了原有“粥”的字样，变身休闲餐厅。另一方面，餐饮企业经营业态的界限也越来越模糊，一贯以中高端餐饮示人的湘鄂情于 2011 年正式进军大众餐饮，推出了“湘鄂情·源”这个人均消费定位 50 元的大众餐饮品牌，并寻求收购连锁快餐品牌。

此外，为了应对餐饮原材料成本的一路上涨的情势，餐饮企业在探索自建原材料基地的基础上，开始大胆尝试“农餐对接”的发展模式，2011 年 9 月在北京举行的餐饮业采购大会上，许多餐饮企业与来自全国各地优质绿色农产品直接对接。11 月，全聚德、呷哺呷哺、湘鄂情等 10 家大型餐饮连锁企业又与 10 家农业专业合作社签订了 2012 年“农餐对接”合作协议。农餐对接不仅有利于从源头保证原材料的安全，极大地降低成本，而且也有利于带动农牧、物流等相关产业的发展。

6. 餐饮“用工荒”、“用工贵”已成常态化，产业转型如箭在弦

自 2010 年以来，整个餐饮行业的用工压力正逐年增加，而且在通货膨胀的压力及国家社会保险及工资制度改革的推动下，餐饮行业平均工资一路看涨，用工荒、用工贵成为行业常态。外延式依靠资源、人工优势的餐饮增长机制受到极大挑战，探寻内涵式有机增长机制，以“创新驱动”取代“要素驱动”的产业转型如箭在弦，成为当务之急。

据不完全统计，2011 年北京、上海、广州等一线城市餐饮企业的用工缺口数量都在 3 万 ~4 万。根据中国人力资源市场信息监测中心对全国以二三线城市为主的 119 个公共就业服务机构的市场供求状况数据分析，从行业需求来看，住宿餐饮业的用工需求比重全年平均在 13%，仅次于制造业和批发零售业；从需求人数来看，住宿餐饮业的需求人数占第三产业全部用人需求的比重平均为 21.97%。在餐饮专业经营管理人才方面，人才匮乏问题更是成为制约企业可持续发展的关键问题。教育部和中国烹饪协会的职业经理人资格测评的数据显示，目前，全国约有中高级职业经理人 8600 人，按每 100 人配备 1 名职业经理人的标准来测算，全国 2000 万从业人员，大约需要 20 万职业经理人，二者的人才缺口超过 19 万，经营管理人才的巨大缺口，严重影响了行业整体水平的提升。

另外，为了贯彻 2010 年 10 月通过、2011 年 7 月 1 日正式施行的《中华人民共和国社会保险法》，各地纷纷出台了有关企业职工、农民工社会保险的相关规定，使得餐饮行业在承担包吃包住包服装的行业隐性成本外，还需要承担为企业缴纳各项社会保险的费用，这再一次增加了企业的劳动力成本。北京人均消费 30 元左右的快餐连锁企业的普通一线员工的工资成本支出大约在 3300 元，远远高于 2011 年北京最低工资标准（1160 元）。从整个餐饮行业的情况来看，餐饮

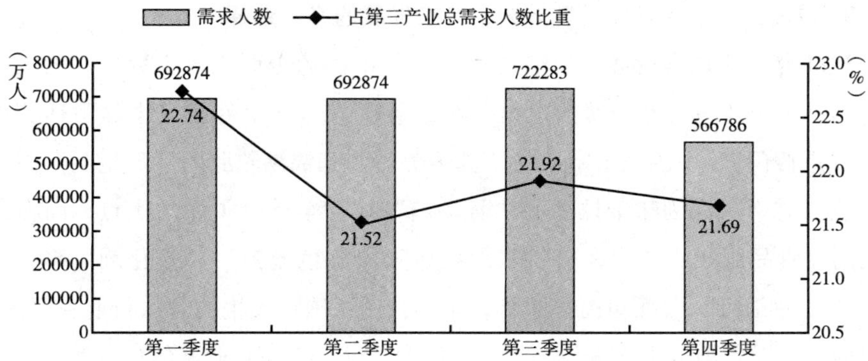

图 6　餐饮行业用工需求情况及占第三产业需求比重

资料来源：根据中国人力资源市场信息监测中心发布的公共就业服务机构市场供求状况的资料整理。

企业为每个员工支出的最低门槛已经超过 3000 元。

7. 餐饮市场资本动作频繁，上市收购并购成为行业焦点

2011 年是餐饮业的资本年，在内忧外困的行业环境下，在风起云涌的市场竞争中，资本的涌动使得 2011 年的餐饮业注定不平凡。2011 年年初是俏江南、净雅、顺峰、狗不理等品牌餐饮企业国内 A 股上市受阻，引来业内外对餐饮企业上市的一番热议；年中迎来唐宫香港成功上市，百胜提出收购小肥羊申请的消息。进入 2011 年下半程，随着 CPI 的高涨，餐饮市场的资本运作也是热火朝天。7 月初，西餐连锁好伦哥获 MUS Roosevelt 投资，7 月底欧洲私募股权投资集团安佰深宣布收购金钱豹酒店餐饮集团；11 月初百胜收购小肥羊尘埃落定，最终中国火锅第一股“小肥羊”成了一只“外国”羊，同月，中式快餐连锁嘉和一品在 2010 年获得第一轮亿元投资后，再次获得云峰基金青睐，完成第二轮融资；收官的 12 月，2011 年中国餐饮市场最终以吉野家借壳香港合兴集团在港上市，内地餐饮连锁名轩控股于 30 日在港创业板上市画上圆满句号。

随着餐饮的工业化、信息化、标准化发展的不断深入，餐饮业的资本运作并没有因为全球经济衰退而减少热度，2011 年的餐饮市场资本运作更是呈现出全新的特点，一方面越来越多的餐饮企业奔港赴美上市，借助市场化的力量推动企业的转型升级和发展壮大，另一方面，外资企业以前所未有的热情投入中国餐饮市场，或收购或并购，充分分享中国经济平稳发展的环境优势，借助中国餐饮本地化的发展平台和品牌优势，多层面地占领中国餐饮市场。

8. 诚信经营成为行业转型升级、持续发展的必然选择

2011 年，中国各行各业深陷各种“门”事件的企业不再少数，一大批行业的知名品牌企业纷纷遭遇诚信危机，在最轰动“门”事件排名中除了达芬奇家具的“造假门”、中国红十字会的“郭美美门”和锦湖轮胎的“质量门”外，餐饮行业“有幸”因为味千拉面的“骨汤门”成为全社会关注的焦点，而在此事件之后，食品行业的“瘦肉精”、“毒豆芽”、“染色馒头”、“塑化剂”事件，餐饮业的“冲兑门”、“死鱼门”事件，更是让关系国计民生的餐饮行业备受煎熬，一方面要应对各项成本上涨带来的经营压力，另一方面行业诚信危机使整个餐饮企业经营业绩受影响。连续发生在大型餐饮连锁企业当中的诚信事件，实则是整个社会诚信缺失在餐饮行业的蔓延，让我们在餐饮行业蓬勃发展的繁荣表象下，看到了行业诚信缺失带来的短期危害和长期隐患。

不管是从整个社会各种诚信“门”事件的高频率曝光和硬手段处理来看，还是从促进社会文明进步、行业健康可持续发展来看，诚信是社会进步的表现，是企业发展之本。随着自身发展壮大的内需驱动与观念提升，在完全竞争状态下的餐饮行业，逐步进入了“大浪淘沙”和“破茧化蝶”的阶段，经营短视，违规牟利的餐饮企业将逐步被市场所淘汰，诚信规范的餐饮企业将逐步成为行业的典范。

9. 行业话语权得到强化，餐饮产业政策环境趋于优化

在 2011 年，在餐饮行业协会、餐饮企业的共同努力下，很多涉及餐饮行业经营发展的相关政策问题取得了重大的突破，行业话语权得到强化。一年来，针对当前餐饮业经营过程中出现的餐饮厨房设计规范、中心厨房卫生许可证、中央厨房和甜品站食品安全监管职责、餐饮业税收减赋、降低银行刷卡费率、餐饮企业上市、餐饮行业商业预付卡的管理等涉及餐饮业生存环境、成本压力、政策歧视、监督管理、餐饮上市等问题，在行业协会的牵头和协调下，得到了国家相关监管部门和行政部门的有效批复和高度重视。特别是年初国家发改委牵头对餐饮业银行卡刷卡费率问题的调研和 9 月全国政协经济委员会对餐饮业负担问题的专题调研。

而且从餐饮行业发展政策环境来看，地方政府越来越重视餐饮产业的地位，出台了相应的促进产业发展的政策意见，极大地优化了产业的发展环境。商务部在《全国餐饮业发展规划纲要（2009 ~2013）》基础上于 2011 年 12 月出台《关于“十二五”期间促进餐饮业科学发展的指导意见》。地方层面上，新疆 2011 年 8 月出台的《自治区餐饮业发展规划（2011～2015）》成为全国第一个省级层面的餐饮业发展专项规划，这对全国其他地方出台餐饮业发展的相关政策起到了很好的示范作用，也再一次提振了餐饮从业者的信心。

10. 中餐烹饪申遗影响力扩大，餐饮文化大繁荣大发展局面初现

随着国家“十二五”规划有关“推动文化大发展大繁荣，提升国家文化软实力”指导意见的深入以及中央“深化文化体制改革”决定的推进，餐饮文化越来越受到国家和地方政府的关注，各地掀起饮食文化建设热，餐饮文化繁荣发展的局面。

2011 年初，中国烹饪协会受文化部委托，作为“中餐传统烹调技艺”申报世界级非物质文化遗产项目的申报主体向联合国教科文组织进行申报，标志着我国烹饪技艺在向世界申遗的道路上迈出了第一步，而且这一举动极大地推动了地方饮食类项目申遗的热情和对中国饮食文化传承与保护的努力。重庆、广州、西安、南京等城市以打造“美食之都”的目标全面推进城市餐饮产业发展和地方饮食文化传承保护；李锦记更是利用企业财力，联合中国烹饪协会和地方行业协会，于 2011 年启动“川菜非物质文化遗产的整体调查研究项目”，推动川菜非遗研究，最大限度地唤起社会各界对川菜非遗的关注和重视。

另外海外中餐推广的渠道进一步拓宽，推广活动的层次进一步提高。2011 年在行业协会的组织下，中华厨艺绝技表演团先后赴海外演出 40 多场；与国新办合作，参与“感知中国”活动，进行海外华人中国美食推广；获得全国汉办批准，将中国烹饪列入孔子学院推广项目，通过孔子学院进行中国烹饪文化的推广与展示，全力打造中国美食成为世界餐饮主流文化。

B.3

在较量中从容成长 在转型中稳步提升

——餐饮业入世十年

中国烹饪协会

历经漫长15年的复关和入世谈判，2001年12月11日，中国正式加入世界贸易组织（WTO）。浮云一别后，流水十年间，入世10年是一段艰辛而辉煌的旅程，这十年，是中国经济开始自我探索并卓有成效的十年，亦是中国经济资本化趋势最显著的十年，还是中国企业家从埋头走路到抬头看路的十年。10年前，中国勇敢地跃入了自由贸易的大海，改变了自己，也影响了世界。入世推动开放，开放引入竞争，竞争倒逼改革，改革激发动力，十年来，这张"入世效应路线图"清晰可辨。对大多数中国企业而言，这十年，有成长，有困惑，有迷茫，也有收获。十年的历练，使我们的企业日益成熟、日益自信、日益强壮，面对即将到来的"十二五"规划期，面对下一个十年，面对中国经济再次走到转型路口，我们有必要回顾过去，也要有信心地展望未来。

餐饮业作为我国第三产业中的一个传统服务性行业，自改革开放以来，在政策上一直是完全放开的，在餐饮经营发展中，多种经济成分活跃，实现市场化经营。随着中国经济的不断深化发展，一直保持着旺盛的发展势头，成为关系国计民生的基础行业和商贸领域的活跃行业。

入世前，在中国商业服务业率先对外资全面开放之前，1987年，外资餐饮品牌肯德基第一家店落户北京前门，1990年，麦当劳在深圳开出中国第一家餐厅，1993年百胜餐饮集团中国事业部在上海成立，之后，越来越多的港澳台、东南亚、欧美餐饮品牌陆续进入内地，中国内地餐饮市场的开放程度不断提高。中国内地餐饮市场内资、民营餐饮企业与外资餐饮企业相融相生、合作竞争的发展格局在入世前业已形成。内资餐饮企业从最初的担忧观望、市场受到冲击，到模仿学习、试图超越，到最后的创新发展、合作共赢；行业发展也在外资进入的推动下从数量发展阶段进入规模化发展和品牌建设阶段。外资餐饮品牌的进入对产业的冲击力是有限的，给中国餐饮业带来的更多是餐饮经营理念、服务质量标准、文化氛围、饮食结构、从业人员素质的提升与改变。某种意义上来说，在入世前，中国餐饮业的发展就一直在践行着开放、包容、合作、共赢的 WTO 精神。中国餐饮业的发展比其他领域更早地明白了一个入世后才能明白的道理：开放才能发展，互利才能共赢。

入世后，随着 WTO 规则的引入，随着商贸服务领域各个行业的开放，随着经济全球化的市场意识、法制精神的深入人心，历经磨砺的餐饮业以更加自信从容的姿态迎接着外资餐饮品牌的进入。入世 10 年来餐饮业的发展更加成熟，保持着持续的高速增长态势，整体水平不断提升，在与外资的较量发展中，中国餐饮业一路稳步前行，逐步壮大了中国餐饮业的产业规模、经济体量；优化了餐饮产业结构；提升了餐饮的经营管理理念；历练了国内餐饮企业的竞争力、抗风险能力；加速了中国餐饮产业的转型升级；提高了中国餐饮业的经营管理水平和从业人员素质；强化了中国餐饮业的市场意识和规则意识；推动了中国餐饮业的国际化和现代化进程。回顾入世 10 年来，餐饮业主要取得了以下几个方面的成就。

一　餐饮产业规模持续扩大，发展速度不断提升，行业集中度进一步加强

在全方位、多层次、宽领域开放的格局下，在开放、竞争、有序的发展环境下，餐饮业获得了长足的发展，数字能清晰地显示出中国餐饮产业的迅猛发展。

十年间，中国餐饮业行业规模持续扩大，中国餐饮业零售额由 2002 年的 5092 亿元跃升至 2011 年的 2 万亿元（预估），连续 10 年保持两位数的高速增长，对消费品市场起到了较大的拉动作用。

十年间，共有 959 个餐饮品牌企业申报中国餐饮百强。他们代表着中国餐饮业的品牌力量，是打造中国餐饮世界品牌的基础。产业竞争力、企业实力明显

增强。

十年间，餐饮产业集中度逐步加强，优势企业在发挥产业化、连锁化优势的同时，也不断地扩大规模和市场占有率，细分市场（如区域、业态）奠定竞争优势，从而提高了整个行业的集中度水平。全国10亿元以上的品牌餐饮企业从2001年的3家增加到2010年36家；限额以上餐饮企业营业额从2003年的896.2亿元增加到2009年的2686.4亿元，营业额增加了2倍，法人企业数量达到20694家。

二　外部市场观念和体制环境深刻转型，餐饮行业环境趋于公平与规范

入世十年，中国人的视野和观念发生了重大变化，开放意识，规则意识、市场意识、竞争意识、法制意识、知识产权观念等日益深入人心，“双赢”、“透明度”、“非歧视”、“公平竞争”这些词成为社会的焦点，不仅提高了中国的文明程度，而且增强了中国发展的内在动力。

特别是中国政府在执政方式和理念方面的改革转型，为中国体制改革和经济发展带来了全新的局面，入世十年来，中国政府修订完善了一系列法律政策，以适应世贸组织规则；大大加快市场化步伐，以提高整个社会经济运行效率；大刀阔斧进行政府体制改革，改进管理方式，提高执政效率，以应对全球竞争；转变执政理念，强化市场意识和全球化意识，以前所未有的深度和广度推进多方位、各领域的改革。

餐饮行业属于改革开放最早、市场化程度最高的行业之一，发展初期主要以市场调节为主，较少有规范性指导和专门的政策扶持，行业发展缺乏公平规范的市场环境。入世后，国家及地方，在经济发展、市场秩序，以及促进民生等层面，都充分认识到餐饮行业的规范化与标准化发展是影响行业发展乃至影响人民群众生活水平的重要问题。特别是在“十一五”规划期间，国家产业政策部门、相关行业监管部门、行业指导部门、地方行政部门针对餐饮行业产业发展、经营制度、质量卫生、市场秩序、食品安全、服务流程、操作标准等方面出台了相应的法规、政策、规范及标准等，为餐饮行业提升产品品质、提高管理水平、优化市场环境、加强行业规范自律、引导行业科学发展起到了非常

重要的作用，餐饮行业的标准化建设也进入了全新阶段，餐饮行业环境逐步优化。

三　餐饮企业经营行为日益成熟，规模化、品牌化成为行业特征

随着中国经济全球化趋势的加快，国际知名品牌企业纷纷进入，它们凭借成功的经验、雄厚的资本、卓越的管理等优势占领中国市场，取得快速和成功的发展。外资、外企的涌入，在冲击中国餐饮市场的同时，也丰富了中国餐饮市场的经营业态、经营品类、服务内容，特别是一些跨国连锁餐饮集团在中国的发展，其先进的管理方式、营销理念、标准体系、人力培训、连锁发展及其保障系统等，为我国餐饮业现代化发展提供了许多可以借鉴的经验，在发展模式、技术开发和标准化运作等方面也为中餐连锁发展提供了积极的示范作用，推动了中国餐饮业的进步发展。

在与外资品牌企业的较量中，我们感到了前所未有的压力，但同时我们也看到了前进的无穷动力。在中国经济稳健发展的宏观背景下，在与外资抗衡、学习、发展的过程中，在外部市场环境与行业内部竞争的不断冲击下，中国餐饮企业逐步壮大、逐步成熟，不断优化经营理念，提高竞争能力和管理水平，不断缩小与外资企业在技术优势、管理优势、规模优势、企业制度优势方面的差距。坚持走集团化、精细化、产业化、信息化的经营发展之路，不断扩大企业竞争的市场半径，一些本土大型餐饮企业集团的市场竞争范围往往横跨多个经济领域，涵盖大中小不同城市圈，在影响力和总体规模上已经与麦当劳、肯德基不相上下，在2009年中国餐饮百强企业中，共有93家连锁餐饮企业，店面扩张范围最广的企业已覆盖了全国400个城市，平均每个企业覆盖城市达37个之多。

而且随着产业转型升级进程的推进，现代化成为国内餐饮企业发展的趋势，用现代技术和经营理念改造传统餐饮业成为主流，目前国内优秀的餐饮企业已经开始整合上下游资源、提炼经营技术、申报餐饮专利、积淀品牌价值。利用标准化设备，建立中心厨房，整合各种优势资源，突破中餐连锁标准化的瓶颈，实现规模化、现代化的生产经营。

四 经济一体化推动中国餐饮市场的全球化进程，扩大中餐的世界影响力

我国加入 WTO，经济一体化明显得到增强，全球化已成为国际资本市场和餐饮市场的发展必然趋势，跨国经营已经成为全球经济最具影响力的经营方式，各国企业占有国际市场的份额成为企业国际竞争力的主要标志。大量的外资、外企进入我国，不同饮食习惯和文化背景的外国人汇聚于我国，为我国餐饮业发展提供更大空间，将国外先进的管理经验、科学的运作模式和经营理念等更深地融入我国餐饮企业，从而进一步推动了中国餐饮市场全球化的进程。目前位居全球 500 强品牌的餐饮企业已先后进入中国市场，为中国餐饮产业的发展注入了新的活力和动力，而且随着中国国力增强，国际影响力的扩大，中华文化辐射范围的拓展，中式餐饮“走出去”的步伐日益加快。据统计，2009 年度中国餐饮百强企业中，全聚德、内蒙古小肥羊、江苏大娘水饺、重庆陶然居、成都谭鱼头等 13 家企业已在海外开设了 40 家门店。

另外，在经济一体化的推动下，中餐的世界影响力逐渐增强，已经从过去那种自发的历史积累状态、华裔移民的个体传播的“群众路线”上升为通过国家层面、行业协会层面去有组织、有主题地推动中餐的交流与传播。过去很长的时间里，中餐在全球的交流与传播是通过中餐厨师在全球流动完成的，在国外提供中餐服务是很多华裔的职业选择，据统计全球中餐馆已逾 20 万家。厦门大学人文学院周宁教授认为，中餐是世界上以大规模渗透方式而非依靠国家战略推广的最成功菜系，并且还在不同的地方不断进行着本土化改造。这个观点很好地形容了中餐在全球的传播成绩。

而现在中餐的传播成效和传播速度将随着对外开放的深入、文化交流内容和形式的多元化而得到加强，2010 年 8 月，国务院新闻办公室启动国家形象宣传片的拍摄活动，标志着中国已开始多管齐下、全方位地向国际展示“软实力”。有着深厚海外推广基础的中华饮食文化交流，将会成为国家展现“软实力”的重要环节。2010 年，中国烹饪协会和世界中国烹饪联合会在联合国教科文总部——巴黎举办的“中国美食节”获得了巨大反响，以中餐为载体很好地展示了中国文化和中国的影响力。可以说，这是通过国家层面、行业协会层面在全球

推广中餐文化的一次成功尝试。

站在入世十年的门槛上，我们有理由自豪，入世带动了我国产业发展，推动了我国技术进步，促进了市场竞争，推动了体制改革，培养了高素质人才。但我们更需要警醒，因为，挑战就在眼前。从餐饮行业的发展现状及未来趋势来看，餐饮业的发展在未来依然存在着以下难题：①全球经济危机带来消费者信心下滑，旅游餐饮需求减少，预计未来3年高端餐饮消费降低；②中外餐饮企业竞争加剧。与国外餐饮相比，国内餐饮企业面临的经营和发展压力也将日益加大；③融资扩张成了国内餐饮业的发展新模式，随着未来经济的回暖，将有更多的规模餐饮企业谋求上市；④餐饮业全面进入“微利时代”，传统的管理、经营模式遭遇严峻挑战，向精细化、流程化、连锁规模化经营转型之路任重道远；⑤企业正规经营及跨区域发展，面临营业税税收增加等现实困难；⑥食品安全标准的国际化，为餐饮服务食品安全提出了更多的要求和挑战；⑦餐饮人才供应不足，餐饮教育科研滞后，行业人员素质不高。劳动力价格上升，人员流动性大，使得餐饮企业未来人才短缺的问题更加严峻。

而且从外部竞争环境及最近几年的外资发展动向来看，外资侵入的势头愈来愈强烈，侵入的领域和范围愈来愈广泛，愈来愈接近中国经济的核心和关系国计民生的产业。百胜成功收购中国火锅第一股小肥羊，使中国餐饮百强榜单上少了一个与百胜抗衡的内资企业，收购行为一方面表明外资看好未来中国餐饮市场的前景，但另一方面也让我们看到外资蚕食本土餐饮企业、中小餐饮企业生存空间越来越窄。据《南方日报》报道，从上游种子种植、面粉加工到中游食品制造，跨国公司正在加速并购中国食品企业。仅2010年以来就有徐福记、太太乐、银鹭、小肥羊、全兴集团、味事达等多家中国知名食品企业，被可口可乐、百事可乐、法国达能集团、美国百胜餐饮、瑞士雀巢集团等跨国公司收购或并购。与此同时，不少在华外资企业还加快独资脚步，不断从原来与中方的合资企业中回购股权。越来越多的迹象表明，中国人的“胃”，正在被外资所掌控，中国人的餐桌，也留下了越来越多的外国品牌的影子。

随着世界经济不确定性的增加，我国经济的发展仍会面临很多挑战。担忧也好，较量也好，全球化的趋势不可挡，外资企业在华也将日益扩大发展。在“十二五”的开局之年，中国政府响亮地喊出“做强做优、培育具有国际竞争力的世界一流企业”的时代强音，这不仅为中国企业的发展树立了目标，也表明了政府对中国企业的信心以及中国对入世后经济发展的信心。因此，当前我们能做的只能是苦练内功，兼收并蓄，加快培育、挖掘、发挥企业创新能力，增强企业品牌的竞争力，优化企业经营方式和管理水平，加速产业的转型升级。十年磨一剑，经历过入世10年风雨的中国企业，将不惧未来任何的困难险阻。

B.4

餐饮企业科技创新情况调查分析报告

中国烹饪协会

随着社会科学水平的飞速提高，餐饮业对科技创新以及信息化运用重要性的认识逐渐提升，现代科学技术的出现与应用，推动了餐饮业不断进行产业升级，使餐饮业实现了传统与现代的融合。目前，科学技术运用已经渗透到原料采购、点餐、绩效考核、客户关系管理等多个环节。根据《国家科学技术奖励条例》及其实施细则，科技部颁布的《社会力量设立科学技术奖管理办法》的规定，经国家科学技术奖励工作办公室批准，中国烹饪协会特设立中餐科技进步奖，在2010年首次的评定中，有超过100家优质餐饮企业在中餐科技创新、技术应用、理论建设等方面取得了较大突破。

为了进一步发挥行业协会反映诉求、提供服务的职能，增强餐饮企业科技创新意识，提高科技创新在餐饮行业的运用，践行“十二五”规划中依靠科技力量加快经济发展方式的转变的战略要求，提升餐饮产业的综合实力。中国烹饪协会专家工作委员会于2011年7月中旬对餐饮企业开展了以科技进步、科技创新为主题的问卷调查。问卷主要侧重于调查餐饮企业对科技创新的意愿和动力、餐饮企业科技创新的主要领域以及餐饮企业在科技创新方面存在的难题和亟待解决的问题等。问卷调查工作历时1个月，发放问卷300份，回收有效问卷269份，问卷有效率90%。具体调研结果如下。

一　被调查餐饮企业基本情况

问卷显示，被调查企业以私营企业为主，比例高达83.3%，企业成立年限大部分集中在5~15年，约占到受访企业的79.1%，其中以5年以下的新兴餐饮企业为多，比例为37.5%。私营企业的自主经营性和新兴餐饮企业对现代信息化的接受程度将在很大程度上影响到餐饮企业科技创新的意愿和动力。

从经营业态来看，餐馆酒楼、快餐送餐和火锅依然是主流，其中受访的餐馆酒楼企业最多，比例接近于40%。经营模式上主要以在某一城市多门店连锁经营为主，比例为39.27%，其次为跨区域的多门店连锁经营，比例为26.69%，单店经营和多业态、跨区域的集团经营的企业为数不多。成熟业态加上连锁化发展的大趋势将从内部驱动餐饮企业将科技创新作为企业持续发展的新增长点。

从人才储备来看，有62.5%的受访餐饮企业员工人数在5000人以下，超过5000人的大型餐饮集团比例约为11.5%。在学历构成上，以大专及以下学历的人员为主，比例高达71.7%，本科学历比例约为23.6%，硕士及以上学历仅占4.7%。人员学历层次偏低在某种程度上会影响餐饮企业科技创新意识的提升以及科技创新成果在餐饮企业的运用和推广。

二 餐饮企业科技创新情况分析

（一）餐饮企业科技创新意愿

问卷显示（见图1），超过70%的受访餐饮企业设立了专门的研发部门或者有专职研发人员，其中设立有研发部门的餐饮企业比例接近40%，研发部门人员组成基本在10人以下，此外有33.3%的餐饮企业虽然没有设立研发部门，但有专职研发人员。这说明随着社会进步、消费需求的不断升级，餐饮企业现代化管理意识日益增强，对企业菜品或产品的研发和创新有强烈的需求和不断提升的

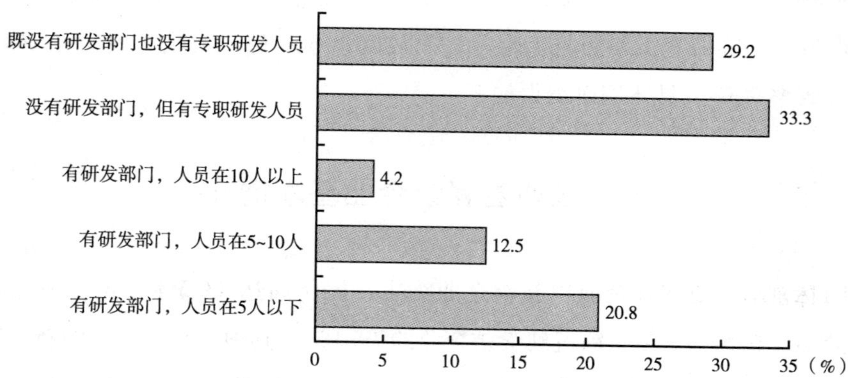

图1 企业是否设立专门的研发部或者有专职研发人员

动力，这种需求和动力将极大地推动行业的发展与进步。当然我们也看到还有接近30%的餐饮企业在研发与创新方面尚是空白一片，有可能是企业经营者认识不到位也有可能是受外部环境制约，需要进一步的研究。

（二）餐饮企业科技创新的组织形式

尽管并非所有的餐饮企业都设立有专职研发部门或专职人员，但技术创新和应用是每个行业发展过程中必不可少的环节。餐饮行业，从菜品烹饪、餐厅服务、后台管理、运营管理等各个层面都需要随着社会的进步不断地创新和发展，引进新技术、新理念和新应用。从问卷调查结果来看（见图2），在科技创新实践方面，有一半的餐饮企业倾向于“自主研发”，有25%的企业会“直接购买现有成熟的技术专利或产品”，另外还有25%的企业会以引进第三方的方式进行技术或产品的研发创新。不管选择何种方式，主要是根据企业发展的实际、科技创新成本产出以及需要技术创新的领域来进行取舍。

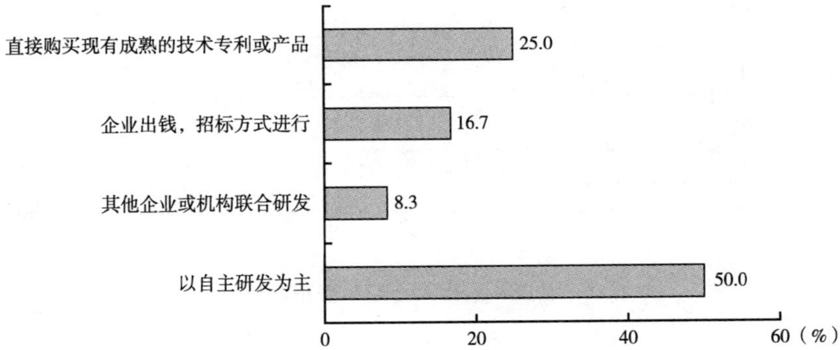

图2　企业科技创新的主要方式

进一步分析以“自主研发”方式进行科技创新的餐饮企业发现，这些企业，都制定了完善的科技创新鼓励和奖励制度，有的企业甚至将科技创新作为员工绩效考核和奖励表彰的重要依据。有37.5%的企业会“以企业任务计划的形式落实到具体部门或者具体人员，并予以考核”，有超过45%的企业“鼓励企业全员科技创新，并对有创新思路、创新行为、创新成果的部门或个人予以不同程度的奖励”，另外有超过15%的企业每年会划拨专门的科技创新和运用的专项经费，以推动企业的技术改造和效率提升。

（三）餐饮企业科技创新的成本投入

从科技创新的成本投入来看，尽管餐饮企业有科技创新的良好意愿和动力，但科技创新的成本投入比例不仅相对于其他行业偏低，而且从餐饮各项成本费用占比来看，所占比例也相对较少。调查问卷显示（见图3），有75%的受访企业每年科技研发投入费用占企业成本费用的比重低于1%，接近50%的企业科研投入费用比重在0.5%至1%之间，仅有不超过10%的受访企业科研投入费用比重在2%以上。而且从主观意愿上来看（见图4），有70.9%的受访企业决策者认为每年用于科技创新的费用支出能控制在50万元以内是比较合理的，也是企业所能接受的。能接受每年科研费用支出超过100万的企业不超过10%。

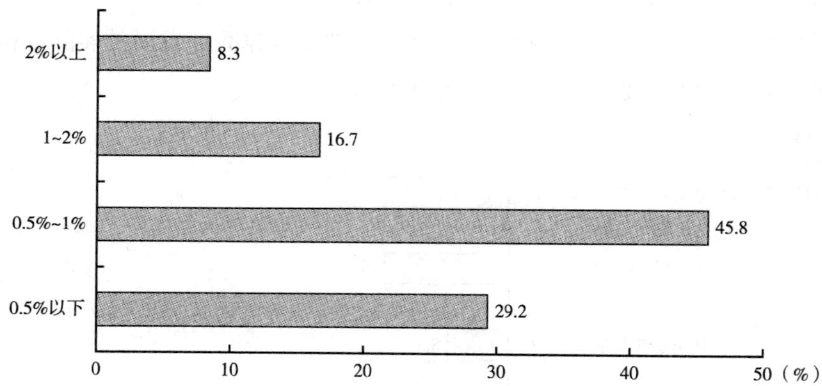

图3　企业科研投入占成本费用的比重

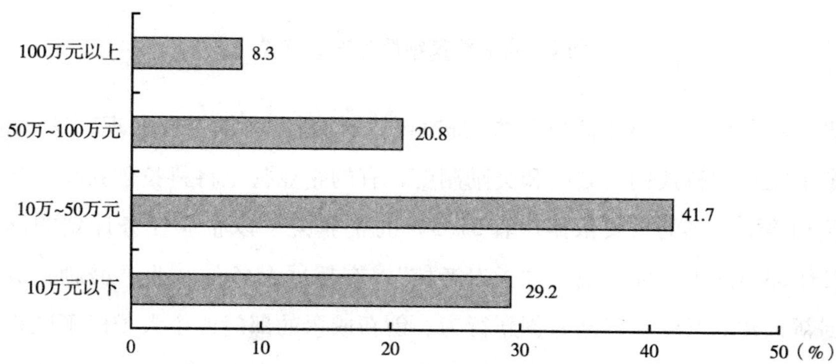

图4　企业愿意在科研创新上的投入

在科研投入上的“小手笔”在某种程度上会影响到科研成果的开发运用程度和科技创新的效果和影响力，也不利于餐饮行业技术化和科学化水平的提升。当然餐饮企业在科研投入上的捉襟见肘，在某种程度上也反映出宏观政策层面和资金支持力度上存在的欠缺。

（四）餐饮企业科技创新的实践领域和关注领域

不同企业由于发展阶段和经营模式的差异，在科技创新的领域各有不同，总体来看，目前餐饮企业的科技创新实践主要集中在菜品研发、厨房设备改造、信息化提升和点菜收银及财务系统（见图5）。从类型来看，目前餐饮企业的科技创新实践更多地体现在与企业生产、销售密切相关的运营层面，即体现在“物”的效率提升与改进、企业战略和企业软环境、管理思路等方面，目前科技创新的实践非常少。值得关注的是随着国家食品安全监管力度加强和健康营养的饮食观念深入，企业越来越重视菜品的食品安全自我管理与检测，并有意识地从健康营养地角度去进行菜品研究。这一点在餐饮企业所关注的科技创新领域中表现得尤为明显。

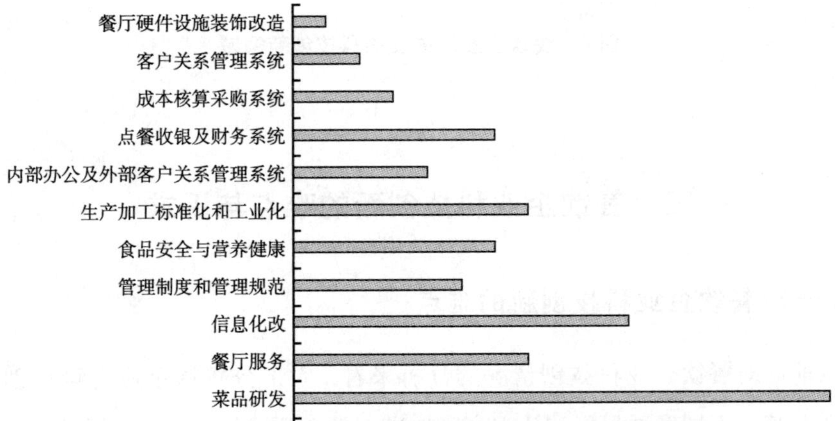

图5　餐饮企业科技创新实践活动涉及的相关领域

从餐饮企业所关注的科技创新领域来看，越来越多的餐饮企业将科技创新关注点放在节能环保以及食品安全与健康营养等方面。问卷显示（见图6）有接近40%的受访企业认为以上两方面的创新对企业发展最重要。虽然总体来看，对于大多数企业而言，依然认为“生产加工过程的效率提升创新”是最重要的，毕竟这方面的创新直接与企业的销售收入挂钩，是科技创新成果见效最快的领域，因此问卷中有24.1%的受访企业选择了这一方面的创新。但是从重要性排序来看，紧随其后的就是节能环保与食品安全健康营养问题，这充分说明随着餐饮业的深入发展，餐饮企业的社会责任意识、自律意识和诚信意识日益增强，不仅关注企业个体发展，更能从大局出发，关注社会环境保护问题、社会公众健康安全问题，并将此作为企业立足和竞争之本，有利于引导餐饮企业的竞争领域和经营导向逐步向更高层次的科技竞争和可持续科学发展转变。

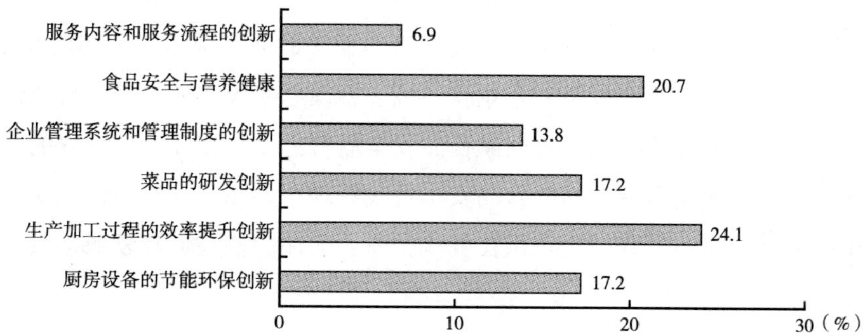

图6　餐饮企业最关注的科技创新领域

三　餐饮企业科技创新的难点与诉求

（一）餐饮企业科技创新的难点

从前面对餐饮企业科技创情况的分析来看，大部分餐饮企业有科技创新意愿，也在基于不同发展目标和认识高度推进着各个领域的科技创新活动。但在问卷调查过程中，我们也发现餐饮企业由于行业发展特征、内部管理以及外部政策等原因，在科技创新方面存在着很多的制约，影响了餐饮行业科技成果的创造，减缓了技术进步在餐饮行业的推广运用。

问卷显示（见图7），从内部来看，尽管企业决策层缺乏创新意识并不是影响企业科技创新和科技进步的主要因素，但内部“缺乏人才”导致的“企业创新能力不强”（两者比例合计高达28.2%）不仅成为所有制约因素中比例最高的一项，而且成为制约企业科技创新与进步最核心的因素，而且人才的问题与“缺乏资金”也导致企业在创新问题上顾虑重重，鉴于风险考虑，创新动力不足（比例为25.0%）。从外部来看，“缺乏政策的扶持和引导”和“知识产权保护不力”也是制约餐饮企业科技创新的关键因素。政策的扶持和引导与整个行业地位密切相关，知识产权保护问题在餐饮企业的菜品创新领域表现得尤为突出。

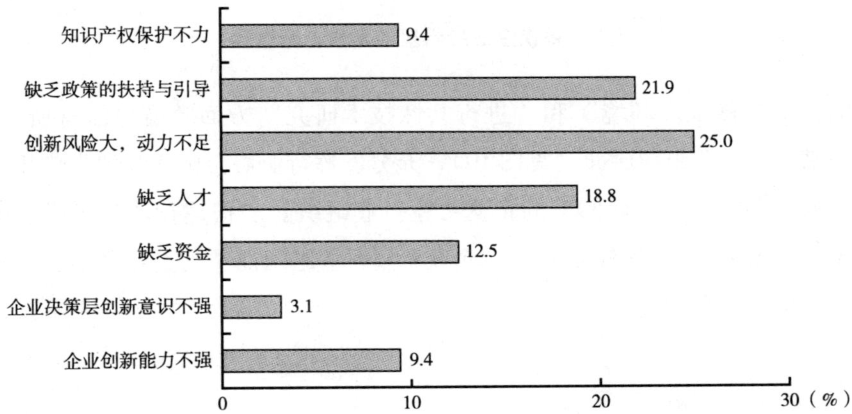

图7　制约餐饮企业科技创新与进步的主要因素

（二）餐饮企业在科技创新方面对政府和行业组织的诉求

尽管目前餐饮企业科技创新主要靠自主研发，但从目前餐饮企业自身的素质水平以及科技创新的领域来看，绝大部分餐饮企业更希望能借助政府力量，从外部获得技术和资金支持，从而开拓科技创新的深度和广度。问卷显示，有超过40%的企业最希望的科技创新途径是“政府组织力量，协同创新”。另外有25%的受访企业希望“从外部获取技术”，即使是自主创新，也希望能加大资金的投入。

进一步研究企业在科技创新方面的诉求，我们发现，在政府层面（见图9），有45.8%的企业希望政府能“加强对科技创新的政策支持力度”，另外有超过30%的企业希望政府能重点扶持科技创新项目和科技创新的先进企业，通过树立典型，营造行业的科技创新的良好氛围和积极环境，另外餐饮企业希望在“建立

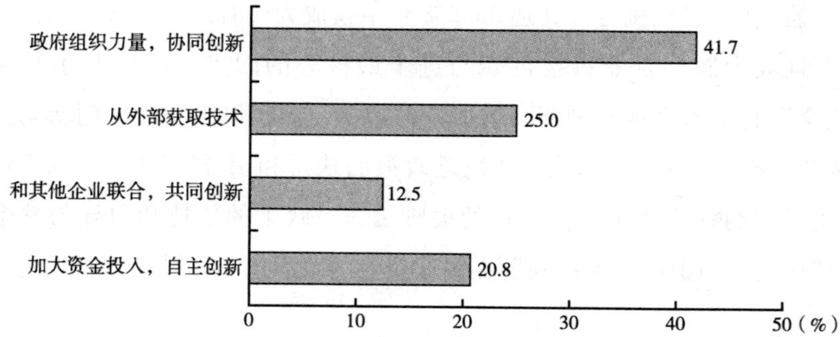

图 8　餐饮企业最希望的科技创新途径

良好的技术转移推广环境”和“进行共性技术研究”方面政府也能有所作为、有所举措。在行业组织层面（见图 10），充分发挥行业协会桥梁和纽带作用成为餐饮企业的共同心声，有 50% 的企业希望行业组织能“搭建行业技术进步的信息和技术交流平台”，另外有 25% 的企业希望行业组织能“促进产学研合作，引领建立产学研联合体”。

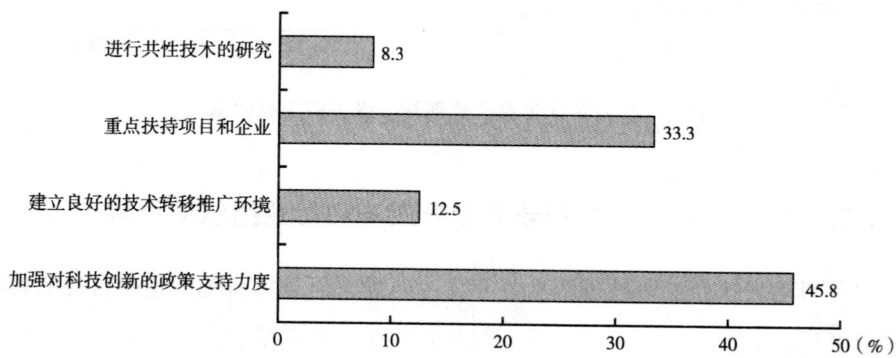

图 9　科技创新政府应该做的工作

对于餐饮行业而言，目前的科技创新和技术进步运用尚处于起步阶段，亟待政府和行业组织从政策、技术、外部环境、信息渠道等诸多方面提供帮助和支持，以提升整个行业创新进步意识，推动整个行业的科技创新水平，从而增强整个行业的综合实力和产业贡献能力。

此外，中烹协专家工作委员会为了做好第二届中餐科技进步奖的评定工作，吸引了更多的有科技创新项目的餐饮企业和单位参与中餐科技进步奖评定，使企

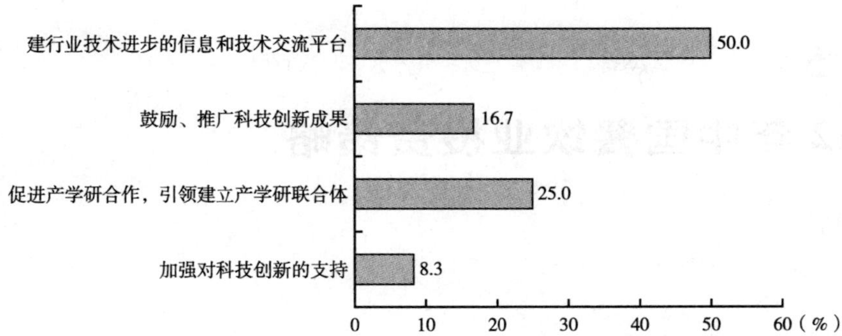

图 10　科技创新行业协会应该做的工作

业的科技创新成果受到更多的关注，获得与更多的同行交流分享的机会。在问卷中，我们调查了受访餐饮企业对首次中餐科技进步奖评定工作的评价以及参与第二届中餐科技进步奖的意向。结果显示，有超过 80% 的受访企业认为，中餐科技进步奖评定活动是对餐饮企业科技创新成果的认可和鼓励，有利于餐饮企业信息和技术的交流，对于科技创新成果的推广有着重要的积极意义。此外有接近 40% 的餐饮企业表示将参加 2012 年的中餐科技进步奖的申报，超过 10% 的餐饮企业表示为了能够在评定中取得好的名次，真正代表企业水平，将继续完善现有的科技创新成果，争取参加明年的申报工作。

B.5
2012 年中国餐饮业投资策略

王 福*

一 餐饮行业投资行业分析

（一）餐饮业概述

在如今可以投资的各行各业中，餐饮业最大的特点便是年代久远，领域广阔。从时间维度看，中国餐饮业历史可追溯到殷商时代，并缓慢发展至现代从未中断。从空间维度看，国内每个省份都会有其标志性的餐饮种类。而国外，凡是有华人探索过的地方，就可以发现中餐馆的痕迹。孙中山先生在其《建国方略》一书中说："我中国近代文明进化，事事皆落人之后，惟饮食一道之进步，至今尚为各国所不及。"直至现在，说中国对全世界最大的贡献为中餐亦不为过。

经过上千年的演变，餐饮业发展至今，大致可以分为四类：传统正餐类、快餐小吃类、休闲餐饮类、其他餐饮类（见图 1）。

（二）餐饮业投资特点

现代餐饮业不但具有餐饮业本身的一些特点，结合新的国际形势，还有一些新的投资特点，这在投资餐饮业时必须要密切关注。

1. 稳定性强

在大的行业分类中，餐饮业属于旅游行业，而旅游行业又属于消费类产业。消费类的行业具有典型的"抗周期性"，因此避免了短期的大起大落，是长期投资最优的几个行业之一。所谓"强极则辱，情深不寿"，大部分周期行业虽然都

---

* 王福，中国社会科学院财经院服务经济与餐饮产业研究中心特聘青年研究员，中国社会科学院研究生院工商管理研究生。

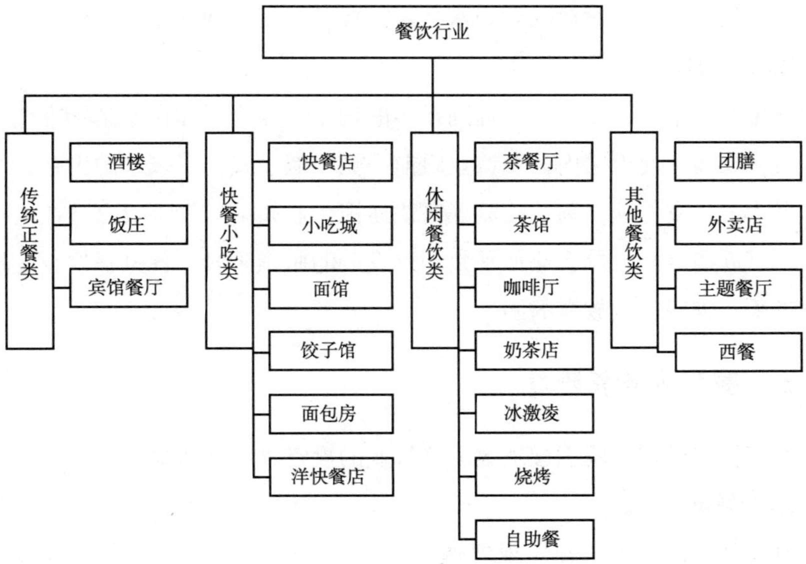

图1　餐饮业分类示意

经历了辉煌，但终归会再次沉寂在历史的长河中。然而餐饮行业正是由于其不愠不火的稳健发展，才没有重蹈周期行业的覆辙，即使经过几千年的发展，对活跃市场依然有着不可替代的重要作用。

2. 地域性强

餐饮业是最具有地域性的行业之一。中国饮食号称八大菜系，各地区均有自己的特色菜系，其他地区的菜系则很难融入其中。从一个行业的发展角度看，地域性是一把双刃剑。一个地区的餐饮业初始阶段，地域性会是外界难以入侵的壁垒，对行业起到了很好的保护作用。一旦该地区的餐饮业进入高速发展阶段，地域性反过来会制约其继续高速发展的势头，成为其扩张的壁垒。比如之前比较流行的重庆火锅，在重庆市内流行得非常快，重庆外部的菜系很难对其形成威胁，但当重庆火锅要继续发展走出重庆的时候，其头上“重庆”这两个字，就是对他最大的掣肘。

3. 时间性强

餐饮业有着典型的时间性。大部分餐馆一天只赚两次钱，即午饭和晚饭钱，而一年中，包括节假日几乎天天都要营业。较少的经营时间，为了维持利润率就必然要求在有限的时间内爆发出尽可能多的能量，这就对餐馆的管理提出了很高的要求。而我国大部分餐馆的管理水平还比较差，很难做到张弛有度。

4. 标准化趋势

标准化恐怕是近几年餐饮业提到最多的词了。麦当劳和肯德基标准化连锁模式在国内的成功，使得国内的餐饮业眼前一亮，似乎找到了未来的出路，纷纷效仿之。真功夫、乡村基、马兰拉面等餐饮连锁企业如雨后春笋般出现在老百姓的视野中，但近期这些餐饮企业似乎都到了发展的瓶颈阶段，各家餐饮企业均出现利润率降低、发展速度放缓的困局。

（三）餐饮业投资环境

一个行业的投资环境直接决定了该行业的投资收益和风险。

1. 政治环境

为国人瞩目的“十二五”规划提出“要加快形成消费、投资、出口协调拉动经济增长的新局面”，这个提法和以往强调投资、出口形成了鲜明的对比。GDP 的降速与经济转型都需要加大内需，由此带动的增加国民收入的各种政策都会对餐饮业形成长期的利好。因此，餐饮业的政治大环境比较好。

唯一需要警惕的是出现越来越频繁的食品问题，这很可能导致比较严厉的餐饮业政策出台，使餐饮行业整体增加监管成本。

2. 经济环境

据不完全统计，自改革开放以来，GDP 的年化增长率为 9% 左右。中国烹饪协会提供的资料显示，自改革开放以来，全国餐饮业零售额每年增幅都在两位数以上。也有数据表明，餐饮业年平均增长率在 20% 左右，远远超过 GDP 的增长率。预计未来五年 GDP 依然会维持 8.5% 以上的增长率，因此餐饮业的经济环境比较友好。

3. 社会环境

餐饮业恐怕是中国人最喜欢的行业之一。请客吃饭更是中国人最基本的社交方式，每逢过节也是流行外出就餐。因此中国人可以拒绝其他一切行业，唯独不会拒绝餐饮业。因此餐饮业的社会环境相当的好。

4. 技术环境

随着互联网尤其是网络销售的热潮兴起，餐饮业同其他行业一样，正在面临着一轮技术革新，然而，餐饮业似乎和其他大部分行业不同，成功的餐饮企业并不是提高其最核心的菜品制作技术，而是依靠新的科技提升其管理水平。餐饮业的技术环境日新月异，能在最短时间内应用新技术的餐饮企业，会更有投资价值。

（四）餐饮业投资趋势

对于餐饮业投资领域来说，无论是自己开一家餐馆，还是进行餐饮业一级市场股权投资，或是购买二级市场股票，在挑选具体要投资的公司之前，先要对餐饮业的发展趋势有比较详尽的了解，才能够做到跟随趋势，与时俱进。对于餐饮业将来的发展方向，尤其是和投资相关的发展方向，可按照餐饮业的投资特点分类一一分析。下面以中国烹饪协会公布的餐饮业百强企业为样本，进行餐饮企业各方面特点的趋势分析。

1. 稳定性趋势

餐饮业的强稳定性已经介绍过，那么将来餐饮业是否会继续保持稳定的发展呢？表 1 是“十一五”期间餐饮业的表现。

表 1　“十一五”期间（2006 ~ 2010 年）中国住宿餐饮业发展状况

年份	住宿餐饮业零售额(亿元)	住宿餐饮业零售额同比增长(%)	占全社会消费品零售总额比例(%)	状况说明
2006	10345.5	17.0	13.5	首次突破 10000 亿元,新增 1000 亿元
2007	12352.0	19.4	13.9	新增 2000 亿元
2008	15404.0	24.7	14.2	新增 3000 亿元
2009	17998.0	16.8	14.4	新增 2500 亿元
2010	21000	16.7	13.4	新增 3000 亿元

注：为保证数据的一致性，根据历年住宿餐饮业零售额的同比增幅，预估 2010 年住宿餐饮业零售额为 21000 亿元。

从上表可以明确看出，餐饮业自身的零售额在逐渐增高，但其同比增长率和占全社会消费品零售总额比率非常稳定。相对于 1980 年代的轻工业、1990 年代的重工业、2000 年代的信息产业的过度炒作，餐饮业的超稳定需求决定了其不可能成为一个周期性行业，也就不会出现业绩大涨大跌的现象，同时对于挑选公司也就提出了更高的要求。

从上图可以看出，虽然餐饮业自身比较稳定并且竞争不强，但其一直保持比 GDP 略高的增长速度发展，为将来的大规模重组并购奠定了良好的基础。

2. 集中度趋势

餐饮业总体虽然表现得很稳定，但其内部并不稳定（见图2）。

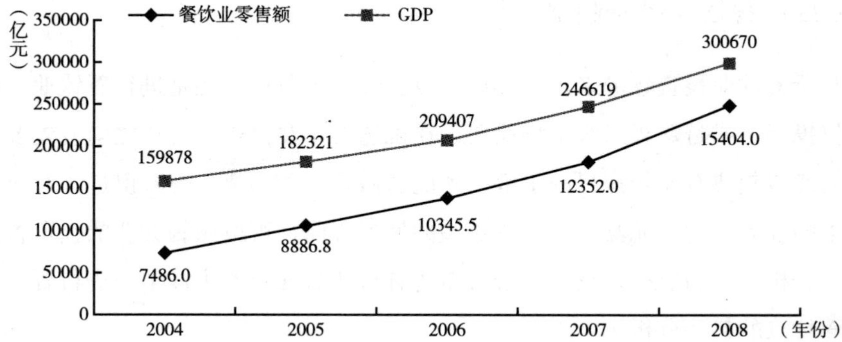

图2　2004～2008年餐饮业与GDP的关系

从图3可以看出，餐饮业百强占餐饮营业额的比重在2008年金融危机中下跌幅度较大。原因很明显，由于百强企业中部分企业与资本有密切接触，那么资本市场必然对其影响会比较大，在资产下跌的过程中，这些和资本相关的企业营业额下跌副度也被放大。随后的几年中百强营业额占比逐渐上升，回归了原有的趋势，金融危机的负面影响已经消除，高门槛造成的高利润率开始发挥正面影响。因此不难得出结论，餐饮行业的集中度会依旧按照趋势发展，龙头企业利用资本市场继续扩大规模，提高行业进入门槛以维持高于行业的利润率水平（图4）。

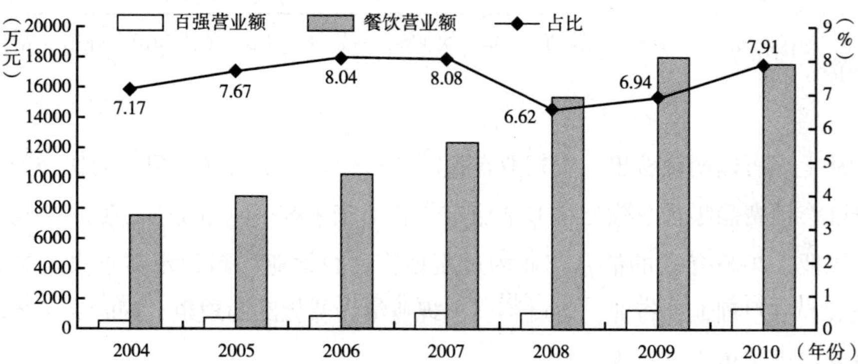

图3　2004～2010年餐饮百强企业营业占全社会住宿餐饮业营业额的比重

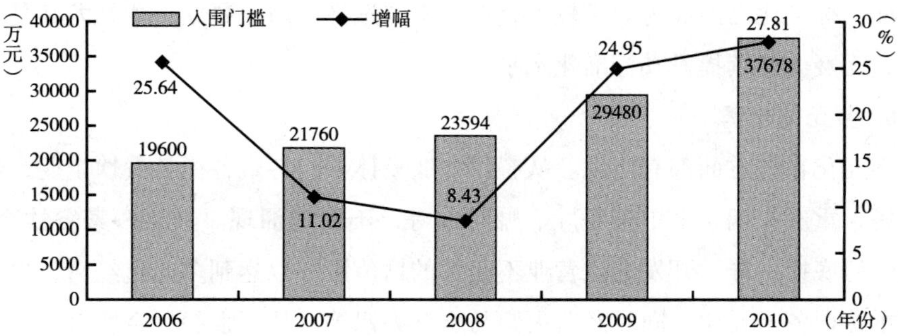

图 4　2006～2010 年餐饮百强企业入围门槛比较

3. 地域性趋势

行业的地域性既是一个行业内企业成长的温床，也是其继续发展的壁垒，只有突破自身地域限制的企业，才能做大做强。从餐饮业百强榜单来看，在 2009 年餐饮百强企业中，仅有 7 家企业没有进行连锁化经营，大部分企业都将连锁经营作为企业经营的策略之一。93 家连锁企业中，店面扩张范围最广的企业已覆盖全国 400 个城市，平均每个连锁企业覆盖城市达 37 个。以上数据表明，餐饮企业跨地域的趋势不会变。

4. 时间性趋势

典型的餐饮企业，营业时间固定在午饭、晚饭时间，营业时间同其他行业相比较短。因此成功的餐饮企业或者可以在固定的时间里爆发出最大的营业收入，或者有效地延长其营业时间，这在快餐业表现得尤为突出。由于管理水平比较低，国内大部分企业仍然把注意力集中在如何限定营业时间里的最大化收入，而无法成功地依靠延长营业时间来获得更高的收入。从麦当劳、肯德基的经营来看，依靠完善的管理，延长营业时间可以使非固定营业时间的边际收益为正，同时获得无形的广告收益。因此，可以成功延长营业时间的餐饮企业会更有投资价值。

5. 标准化趋势

标准化是一个比较广泛的含义。厨师、菜品、企业的标志、形象、管理等一切均可以进行标准化处理。从百强餐饮企业可以看出，餐饮企业正在进行由传统的菜品、名厨向企业自身品牌的转变，逐渐建立有自身特点的企业标志和形象，与私募、风投越来越紧密的联系则表明餐饮企业越来越重视引进战略投资者以提升自身管理水平。随着餐饮企业规模的逐渐增大，对整个管理水平的要求成指数级上涨，标准化已经成为规模较大企业的不二选择。因此餐饮企业，尤其是连锁企业，无疑会继续提升其标准化水平。

6. 多元化趋势

多元化在各方面都有体现。从餐饮行业整体看，各式各样的餐饮企业，如西式快餐、重庆火锅、下午茶餐厅、咖啡馆等，不断地涌现。具体一家餐饮企业，可以像海底捞一样，开发和主营业不相关的增值服务以达到多元化经营，也可以将其主营业务多元化，同时经营火锅与麻辣香锅等。从百强餐饮企业来看，存在各种多元化趋势。

对投资来说，最重要的是企业的成长性和利润率。综合以上6点餐饮业的投资特点和趋势，可以看出餐饮业是比较稳定的行业，同时餐饮企业正面临更加激烈的竞争，经过一系列的并购重组后，企业规模差距变大，集中度变高导致进入壁垒变高，最终形成龙头企业的垄断。对于餐饮企业而言，趋势则是逐渐去掉其自身的地域性以便于跨区域扩张。延长营业时间、走连锁模式并进行标准化管理，多元化经营都会在一定程度上提高利润率并带来强烈的成长性预期，并最终得到资本市场的关注。

7. 业态趋势

改革开放后，在和国外餐饮文化碰撞后，中国餐饮业也从单一的个体型餐馆发展成为中餐、西餐、快餐、火锅、主题餐厅等多种业态并存的形态。从2007～2010年与资本市场有亲密接触的企业可看出餐饮业态分布。

从下表可以看出，有风险投资涉及的餐饮企业中，88%为连锁企业，可以看出只有连锁的模式得到了资本市场的青睐。从主营业务上看，风险投资对于正餐、快餐、咖啡、火锅等现代餐饮业均有涉及。

表2　2007～2010年获得风险投资的部分餐饮企业一览

被投企业	餐饮业态	投资公司	投资时间	投资金额(百万美元)
净雅餐饮	正餐连锁	深圳创新投	2010年1月	未披露
吴地人家	正餐连锁	凯达创投	2009年9月	7.32
金谷园	团膳	松禾资本	2009年6月	1.76
老娘舅	快餐连锁	复星集团	2009年3月	8.19
避风塘	休闲餐饮连锁	今日资本	2009年	未披露

续表

被投企业	餐饮业态	投资公司	投资时间	投资金额(百万美元)
唇齿香浓	多品牌餐饮集团	未知	2009 年	43.92
俏江南	正餐连锁	鼎晖/中金投资	2008 年 12 月	43.85
东方菜根香	火锅连锁	中美桥梁资本	2008 年 10 月	5632
一茶一坐	休闲餐饮连锁	IDG/纪源资本/橡树投资	2008 年 9 月	未披露
百富烤霸	快餐连锁	深圳创新投	2008 年 9 月	8.78
两岸咖啡	咖啡连锁	高盛/华生资本	2008 年 4 月	30
好伦哥	休闲餐饮连锁	德诚盛景	2008 年 2 月	未披露
迪欧餐饮	咖啡连锁	凯雷	2007 年 12 月	21
乡村基	快餐连锁	红杉/海纳亚洲	2007 年 11 月	20
真功夫	快餐连锁	今日资本/联动投资	2007 年 10 月	40
巴贝拉	休闲餐饮连锁	凯雷	2007 年 7 月	未披露
重庆小天鹅	火锅连锁	红杉/海纳亚洲	2007 年 6 月	未披露

资料来源：清科数据库，www.zero2ipo.com.cn，2010 年 4 月。

二 餐饮行业投资现状分析

（一）餐饮业一级市场整体表现

从清科的数据可以看出，餐饮业在 2008 年的表现相当突出，这显然和 2008 年的金融危机密切相关。客观地说，餐饮业自身在这一年并没有优异的成绩，是其他周期性行业在金融危机中表现太差，反衬出餐饮业稳定性这个优点。2009 ~ 2011 年上半年餐饮行业投资的表现相当惨淡，资本市场远离餐饮行业的原因会在后面的投资风险中具体阐述。

（二）餐饮业明星企业

1. 一级市场：俏江南

为何盈利稳定的餐饮业在资本市场遭遇冷淡？这要从俏江南与鼎辉说开来去。

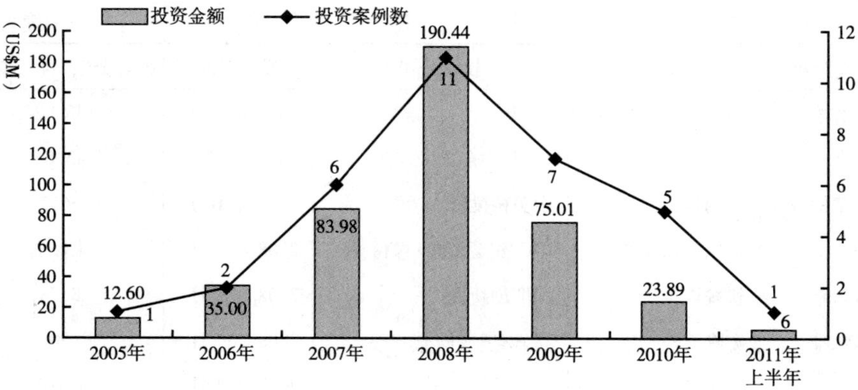

图 5　2005～2011 年上半年餐饮业投资金额和投资案例数

俏江南由张兰于 2000 年创办，经过 11 年的发展，已经成为高档中餐的代表，而张兰自身创业的故事更为中国餐饮企业家所学习。张兰曾经向媒体表示要将俏江南开遍全球各地，有着相当高的目标，同时她也意识到管理的重要性，多次表示不做家族企业并尝试引进职业管理人。然而，2011 年 6 月 13 日，其子汪小菲正式成为俏江南 CEO，至此俏江南职业管理的尝试宣告失败，俏江南正式成为家族管理企业。

而鼎辉与俏江南的亲密接触则始于 2008 年 12 月。金融危机过后，作为现金流最充裕行业之一的餐饮企业，俏江南依然出现了现金流问题。2008 年 12 月，俏江南曾公开宣布，向鼎晖投资和中金公司出让 10% 股份，融资 3 亿元。事实证明中金后来并没有参与，而鼎辉主导的则是“私奔”的王功权。而这之后，俏江南顺理成章地开始为之后的上市积极准备并最终于 2011 年 3 月向中国证监会提交上市申请。

本来是皆大欢喜的一次“婚姻”，却因为中国证监会的上市否决而迅速崩裂。张兰事后向媒体公开表示：“引进他们（鼎晖）是俏江南最大的失误，毫无意义。民营企业家交学费呗。”“他们什么也没给我们带来，那么少的钱稀释了那么大股份。”张兰说她早就想清退这笔投资，但鼎辉要求翻倍回报，双方没有谈拢。这个事件也被称为“学费门”。

至此，“学费门”整体轮廓已经基本清晰，名义上俏江南需要鼎辉带来新的管理理念与方式，鼎辉通过控股俏江南以实现其与企业共同成长并最终实现资本增值的目的，双方你来我往，实现双赢。然而双方自 2008 年底开始的为期两年的蜜月期在中国证监会一纸否决下迅速破裂，从张兰事后的言语中可以看出，恐怕这次合作互相帮助的成本较少，利益的成分更多。

此次“学费门”孰对孰错很难辨清，但双方都有值得反省的地方。俏江南应该反省自身财务状况不明、收入与成本无法计量等比较敏感的管理问题，着重打造高端餐饮，而忽略了中低端餐饮才是未来趋势的问题，牢牢把握控制权而不愿分享股权的家族企业问题等。而鼎辉急功近利的表现，也表现出资本市场的浮躁之风，餐饮企业在寻求资本市场的合作伙伴之时，要慎之又慎。同时，俏江南上市被否亦不仅仅是俏江南自身的原因，毕竟跟随其后的净雅、顺峰等高端餐饮企业上市均被否，说明整个餐饮行业与资金市场的对接出现了系统性问题，对于高档中餐馆本身是否适合进行标准化连锁经营，也打上了一个问号。

总体来看，餐饮行业与资本市场对接困难更应在行业自身找原因。

第一，餐饮业管理者仍旧难以摆脱个体思维，不愿引进战略投资者以分享股权，导致无法借助外力进一步提升自身的管理水平。

第二，餐饮业从业人员整体素质水平依旧较低，很难从内部找到充足的人才进行培养，只能从外部引入。

第三，餐饮业普遍不具备透明的财务状况，使得资本市场难以和企业真正融为一体。

第四，餐饮业发票问题，使得成本和收入无法计量，导致外界无法对其盈利水平和价值进行合理的评估。

第五，餐饮业作为轻资产类型的行业，本身就是中国证监会的重点监察对象，导致上市困难，最终使得投资餐饮业的资本失去了退出途径。

2. 二级市场：湘鄂情、全聚德

任何行业，包括餐饮业，在二级市场上的投资逻辑与一级市场的投资逻辑是完全不同的。由于一级市场资本的运作路径是对企业注资、同企业共同成长、退出企业这样的循环，一级市场资本主要是寻找可以最终上市的企业，因此一级市场资本更加注重企业已经取得的成果是否满足过会的标准。而二级市场投资者对企业已经取得的成果并不感兴趣，因为上市时的股价已经完全反映了该企业的估值水平，因此他们更加看重的是企业的未来的成长性和业绩增长。

已经上市的餐饮企业，只有湘鄂情和全聚德。这两家企业都是国内中高端正餐的翘楚，经营模式却大相径庭，下面分别介绍这两家公司在二级市场的表现和投资策略。

（1）全聚德。

全聚德作为中国餐饮第一品牌，中国人尤其是北京人都比较了解，基本状况就不做过多介绍了。先从全聚德的经营看起。

从表3可以清晰地看出，全聚德主营业务80%收入来自于餐饮业，而其全部收入的79%来自于北京地区。由此可以判断全聚德在上市融得大量资金的情况下，并没有进行快速的扩张，而是稳扎稳打，以北京为据点逐步地向其他省份扩张。考虑到烤鸭为其核心技术，保密性是第一位的，因此预期管理层不会允许加盟连锁的方式扩张，只会进行直营方式扩张，扩张速度比较慢，成长性有限。

表3　全聚德2011年中期主营业务构成

【2. 主营构成分析】

【2011年中期概况】

项目名称	营业收入（万元）	营业利润（万元）	毛利率(%)	占主营业务收入比例(%)
餐饮(行业)	64640.97	38195.72	59.09	80.50
商品销售(行业)	13032.68	4825.35	37.03	16.23
其他业务(补充)(行业)	2624.35	2453.64	93.49	3.27
合计(行业)	80298.00	45474.61	56.63	100.00
北京(地区)	63594.38	—	—	79.20
上海(地区)	1001.63	—	—	1.25
重庆(地区)	718.66	—	—	0.89
长春(地区)	785.69	—	—	0.98
青岛(地区)	710.74	—	—	0.89
哈尔滨(地区)	191.38	—	—	0.24
郑州(地区)	412.51	—	—	0.51
新疆(地区)	9612.58	—	—	11.97
杭州(地区)	646.10	—	—	0.80
其他(补充)(地区)	2624.33	—	—	3.27
合计(地区)	80298.00	—	—	100.00

从表4可以看出，全聚德虽然依靠财务杠杆使得净利润增长率逐渐上扬，但净资产收益率依然保持稳定的13%左右。对于二级市场的投资者来说，全聚德每年会固定进行一次分红，每10股派4～5元（税后）股息，年化收益率1.5%，低于一年定期存款利率。

表 4　全聚德 2008～2011 年主要财务指标

【主要财务指标】

指标 \ 日期	2011 年 9 月 30 日	2010 年 12 月 31 日	2009 年 12 月 31 日	2008 年 12 月 31 日
净利润(万元)	10224. 21	10028. 57	8444. 11	7565. 13
净利润增长率(%)	26. 52	18. 76	11. 61	17. 62
净资产收益率(%)	13. 12	13. 41	11. 74	10. 86
资产负债比率(%)	38. 06	34. 52	27. 58	30. 81
净利润现金含量(%)	261. 01	185. 51	232. 52	157. 97

从图 6 可以看出，全聚德股价一直围绕指数波动，其价格中枢很稳定。综合以上数据，全聚德是一个发展缓慢、成长性低、拥有稳定现金流的上市企业，其估值根据 DCF 现金流折现法合理价格为 30～32 元。预计 2011～2013 年 EPS 分别为 0. 82、0. 97、1. 08 元，对应的市盈率分别为 32 倍、29 倍和 25 倍。

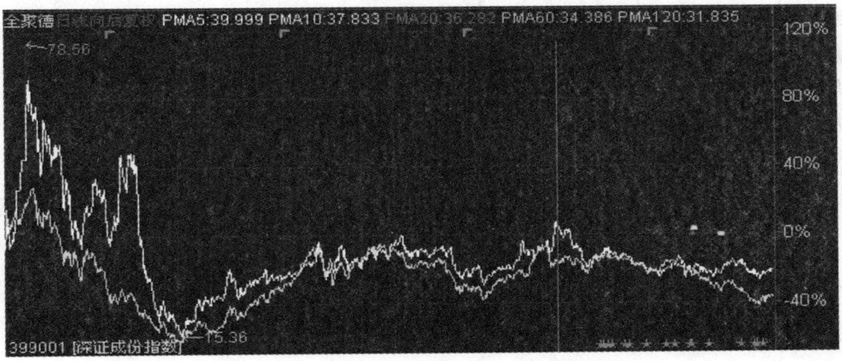

图 6　全聚德上市后股价与深成指对比

资料来源：Wind 数据。

总体来说，全聚德的高资本回报率、中等程度分红、股价稳定等特征更适合社保、基金等战略机构投资者介入以享受稳定的分红收益，而不适合个人投资者。

（2）湘鄂情。

如果说全聚德是一个迟暮的老人，那湘鄂情无疑是一个朝气蓬勃的年轻人。

从表 5 可以看出，相对于全聚德，湘鄂情更专注于餐饮业，同时在全国扩张地也更为迅猛。全聚德 2011 年新增四家直营店，而湘鄂情新增门店 9 家，老店翻修 10 家。连锁加盟模式的威力初步显现，公司管理层已经意识到。加盟店的拓展是为了实施公司以品牌经营为核心的发展战略，进行品牌延伸的手段。其激情澎湃的扩张热情使我们几乎能够看到未来的成长性。

表 5　湘鄂情主营业务构成

【2. 主营构成分析】
【2011 年中期概况】

项目名称	营业收入（万元）	营业利润（万元）	毛利率（%）	占主营业务收入比例(%)
餐饮服务(行业)	60088.49	40890.25	68.05	99.27
商标许可及加盟服务(行业)	269.14	269.14	100.00	0.44
合计(行业)	60532.04	41283.32	68.20	100.00
餐饮服务(产品)	60088.49	40890.25	68.05	99.27
商标许可及加盟服务(产品)	269.14	269.14	100.00	0.44
合计(产品)	60532.04	41283.32	68.20	100.00
北京地区(地区)	39899.49	—	—	65.91
湖北地区(地区)	4880.49	—	—	8.06
湖南地区(地区)	4374.01	—	—	7.23
上海地区(地区)	3039.99	—	—	5.02
山西地区(地区)	1284.09	—	—	2.12
其他地区(地区)	6610.41	—	—	10.92
其他(补充)(地区)	443.56	—	—	0.73
合计(地区)	60532.04	—	—	100.00

从表 6 可以看出，湘鄂情有着更高的净利润增长率和更低的净资产收益率，这是典型的处于扩张期企业的特征。

表 6　湘鄂情主要财务指标

【主要财务指标】

指标 \ 日期	2011 年 9 月 30 日	2010 年 12 月 31 日	2009 年 12 月 31 日	2008 年 12 月 31 日
净利润(万元)	7591.08	5802.22	7673.07	6379.63
净利润增长率(%)	30.63	-24.38	20.27	9.03
净资产收益率(%)	6.29	4.97	6.58	24.76
资产负债比率(%)	25.82	16.15	12.01	36.35
净利润现金含量(%)	207.57	206.06	184.70	190.97

从图 7 可以看出，虽然湘鄂情股价围绕深成指数上下波动，但其振幅明显比全聚德要大不少，当然这也意味着有较高的风险。

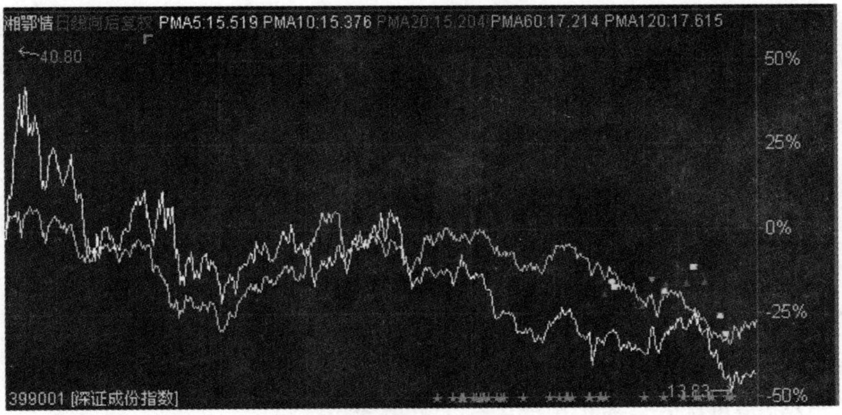

图 7　湘鄂情上市后股价与深成指对比

资料来源：Wind 数据。

总体来看，湘鄂情有着低分红、低资本回报、高利润率和股价波动大等特点，未来不确定也比较大，不适合机构投资者介入，更适合愿意承担风险并享受股价增长的个人投资者进行投资。

3. 香港市场：小肥羊

百胜餐饮集团 2012 年 2 月 1 日宣布，集团收购小肥羊的交易顺利完成，小肥羊将于 2 月 2 日起正式在香港联交所除牌，百胜集团正式全面接手小肥羊的营运。百胜方面表示，将对小肥羊的营运和管理进行全面梳理，适时进行相关整合工作，并确保整合工作不影响小肥羊对顾客的服务品质。至此，再讨论小肥羊二级市场的投资策略已经没有意义，唯一值得做的事情，就是对小肥羊进行总结。

小肥羊是中国最大的中式餐饮连锁企业，创立于 1999 年。2008 年 6 月，小肥羊在香港联交所主板上市，成为港交所第一家内地餐饮连锁上市企业。2009 年 3 月，百胜成为小肥羊第二大股东。当时，百胜方面明确表示只是参股小肥羊，并承诺不会参与小肥羊的日常管理事务。然而 7 个月后，百胜又一次巨资出手增持，其 27.3% 的持股比例逼近小肥羊创始人及管理团队的股份。2011 年 4 月 26 日，当天小肥羊公告称，百胜正式提出收购其余下股权。2011 年 11 月，这起收购案获商务部批准。

从这起并购案我们多多少少可以发现，百胜刚开始并没有摆出一副“我要吞掉你”的架势，而是试探性的参股，之后看清形势后，才持续的进行增持，最终达到全盘收购的目的。这场收购的结果是，百胜集团进一步巩固在中国餐饮业的霸主地位，在战略上进一步完成其在中国市场多元化的构想，同时小肥羊的管理层也通过这场收购完成其价值的最大化，可谓真正的双赢。

国内的餐饮企业和资本则基本不会有这种耐心。或许只有餐饮企业真正地认识到资本市场的重要性，同时资本市场也意识到通过餐饮企业可以切实得到资本增值的时候，才会形成真正的合作，而不仅仅是利益共同体。

4. 海外市场：乡村基

2010 年 9 月 28 日，乡村基成为纽交所迎来的第一家中国（乃至亚洲）餐饮公司。这也是重庆餐饮界走出的第一个上市公司。

厨师出身的李红，完全不像北上广的创业家们那样汲汲于炒作创业概念，而是一步一个脚印地往前走。事实上，乡村基的确是一家十足的慢公司，1996 ~ 2007 年 10 年间仅仅开设了 9 家直营店。甚至 2007 年，当资本主动找到李红时，她很疑惑地反问："我们不需要钱，资本能给我带来什么?"。这个打动她的答案是，做好标准化和流程。

"什么是餐饮行业的本质？我觉得不是容易被复制，而是'好吃'。"通过现场制作的方式来最大限度地保证美味和新鲜，这是乡村基和其他中式快餐的区别。"我们做了十几年，一直采取 On - site 模式（现场制作）。米饭、面条、米线所需的蒸、煮、炖、炒都在现场完成，中央厨房只做些粗加工。现场每次做出几份或者几十份，放在店里的保鲜槽里，现做现卖。"

在乡村基，每个细分产品都实现了非常严格的流程化，以一碗米饭为例，"从最初的选米、验收、洗米、浸泡、攥、蒸，蒸完了再焖……一碗饭就有 9 个流程。正是因为这些严格的标准化和流程化，李红最终实现了为离家在外的城市人提供便宜可口的香浓米饭的愿望。乡村基一般的店每天接待 1000 多人，有些店接待 3000 多人，平均每天每个台子要翻 16 次。虽然单客消费只有十几块钱，但每天多余的人流就是多赚的钱，因为房租和人员成本是固定的。

当初红杉资本投资乡村基，除了看上中式快餐这一商业模式的未来前景，更有其背后团队超强的执行力，这从其流程化标准化上可见一斑。为什么团队如此有执行力？2007 年，当李红被动接触资本之时，她已然意识到团队执行力到了一定瓶颈，而最后之所以接受 VC 进入乡村基，也是考虑到团队执行力。"公司需要长远发展。上市能够让公司未来目标更清晰，也能实现长远发展战略。因为只有不断成长的公司，员工才能发展，而只有在一个成长平台上，职业经理人才能有不断晋升的通道，一步一步完成其职业生涯的设计，最后成为公司内拥有期权的员工。”

从乡村基可以看出，中餐只要找到现场烹制和标准化之间的平衡点，一样可以成功地进行流程化、规模化发展，走出自己的连锁道路。

三 餐饮行业投资风险分析

中国餐饮业的投资环境良好，因此并无明确的环境风险，更多是行业风险。下面分别从餐饮业的原材料风险、客户需求风险、竞争风险、其他风险四方面分析中国餐饮业。

（一）餐饮业原材料风险

餐饮业的原材料风险主要体现在农产品价格的不断上涨。近几年中国CPI一直在4%以上，“豆你玩”、“蒜你狠”、“盐王爷”等农产品炒作使得农产品价格飙升，直接造成餐饮业购买原材料的价格成本上升，进一步造成营业利润率的下降。有些餐饮企业为了解决原材料问题尝试进入农产品领域以控制原材料价格，可惜成功者寥寥无几，这应归咎于餐饮企业自身规模过小，试图控制比自己规模更大的农产品企业必然力不从心。令人担忧的是，大部分餐饮企业并不能像农产品加工企业那样，通过农产品期货对冲波动较大的农产品价格，只能采取被动接受的方式。能否预测农产品的价格波动周期，无疑对餐饮企业管理人员是个较大的考验，也是整个行业面临的较大风险。

（二）餐饮业客户需求风险

改革开放以来，在国外快餐文化的冲击下，中国餐饮业已不是传统的餐饮业，人们的饮食口味转换得越来越快，尤其是青年人，对传统的小吃忠诚度很低，这就造成了极低的转换成本。然而，相对于客户快速的口味转换需求，餐饮企业自身的菜品转换则会缓慢、艰难得多。一旦企业追逐热点后，比如现在的火锅，消费者逐渐对火锅失去兴趣的话，那么届时转换主营菜品的可能性很低，几乎相当于宣告失败。

（三）餐饮业竞争风险

在餐饮业投资趋势中已经介绍过，餐饮业现在集中度比较低，而其发展趋势则是集中度越来越高，竞争逐渐激烈，最终依靠大量的并购重组形成餐饮业旗舰企业。因此，现阶段进入餐饮企业，可能会遇到菜品、业态、形象、管理、资本市场等全方位的竞争，稍有不慎就可能被兼并，前功尽弃。

（四）餐饮业其他风险

餐饮业现在面临的主要是风险是重菜品、厨师，而轻管理、资本的管理风险。近几年无数的实例已经证明，餐饮业若想做大、做强，必须要走标准化连锁道路，而这就需要一整套的管理体系，而不仅仅是简单地对一家店的拷贝。管理的难度随着规模的加大成指数级上涨，很多有前途的餐饮企业都是失败在扩张的道路上，尤为可惜。

另外，值得一提的是近期频繁出现的“勾兑门”，地沟油等食品安全问题可能会使脆弱的餐饮行业在扩张的路上雪上加霜，这无疑会加大投资者的担忧。

最后，餐饮业的管理风险不进体现在规模管理上，还体现在细节管理上。最明显的就是餐饮业发票制度不健全导致的收入、成本无法明确确认，这对餐饮业的管理层来说，加大了自身操纵利润的空间，但对战略投资者来说，不确定的盈利能力只会加大担忧并最终不敢与之合作。

四　餐饮行业投资策略

（一）餐饮业的行业投资策略

几千年来，餐饮业依靠其无比稳定的收益率，在国民经济中一直占有一席之地，这一特点任何时候也不会改变。因此餐饮业整体上讲具有比较好的投资前景。从实体店角度看，近期的投资机会依然围绕在标准化连锁、多元化、规模化这几个因素不变。

餐饮业最近几年令人眼前一亮的只有2008年的逆周期表现，而预计近几年不会再次出现金融危机，因此餐饮业行业性整体机会很难在短期出现，但拥有愿意与资本市场紧密接触、提升自身管理水平、有强烈把企业做大做强的管理层的企业，依然是值得投资的。

（二）餐饮业的业态投资策略

对于餐饮业业态的投资机会，资本市场看中的无疑是利润率与成长性。

从图 8 可以看出，以中国烹饪协会公布的百强餐饮企业为样本，利润和收入增长率最高的业态为快餐送餐，餐馆酒楼和休闲餐饮不相伯仲，西餐和火锅虽然营业收入增长率低，但利润增长率却位列前三名。

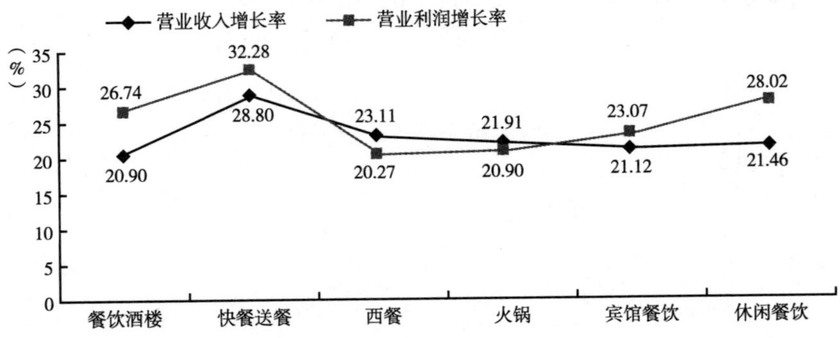

图 8　百强餐饮企业收入与利润增长率

之前提到过百强企业中 93% 的企业为连锁企业，而连锁这种模式本身就代表着成长性，因此以上几种业态均是高利润增长率与高成长性结合的代表，具有较高的投资价值。

（三）餐饮业企业投资策略

对于具体的企业，在进行投资时有以下策略。

1. 中餐优于西餐

虽然西餐在中国大受欢迎，而且西餐无以比拟的优势是其最大限度地突破了地域性限制，在中国各大省市畅通无阻地扩张，这是任何一家中餐企业都梦寐以求的状态。但西餐在中国餐饮业所占的份额依然不超过 1%，总量过小，且多面对比较高端的消费阶层，成长性有限，在将来激烈的竞争下，其高利润增长率也较难长期维持，因此投资价值不高。

2. 拥有优秀的管理层

从餐饮百强企业来看，成功的餐饮企业都或多或少都有较长的营业时间、地域性低、多元化、标准化、连锁经营等特点，而每一个特点，没有优秀的管理层都无法实现。同样，优秀的管理层可以保证企业有健全的管理机制，透明的财务制度，以及未来发展的明确规划。

3. 主动与资本市场接触

仅仅拥有优秀的管理层并不足以扩大企业的规模，从无数其他行业的经验来看，迅速的扩张不可能离开资本市场的助力。因此只有企业的管理层意识到资本市场的重要性，餐饮企业才有可能出现质的飞跃。

B.6

旅游业与餐饮产业的相关性分析

依绍华　聂新伟*

一　旅游业与餐饮业之间的联动关系

（一）中国旅游业发展现状及趋势

改革开放以来，旅游业发展迅速，先后经历了发育、发展、跳跃式迈进三个阶段，产业规模不断扩大，旅游总收入年均增长13.6%，高于同期国内生产总值8%左右的年均增长率，旅游直接就业达到1350万人，旅游消费对社会消费的贡献超过10%，成为国民经济中的重要产业，目前已经成为国民经济中的"战略性支柱产业"。

随着旅游产业地位日益提高，对国民经济的贡献和作用不断增强，形成了联系紧密的产业集群，使得中国旅游及旅行投资规模大幅度提升，占中国投资总额的比重不断加快提升。截至2010年底，全国纳入星级饭店统计管理系统的星级饭店达到13991家，其中星级饭店11779家，拥有固定资产4546.77亿元；全国纳入统计范围的旅行社达到22784家，旅行社资产总额达到666.14亿元；各类旅游景区超过25000个。

在产业发展方面，2010年我国旅游总收入达到1.57万亿元人民币，共接待入境旅游者1.34亿人次，较上年增长5.8%，成为全球第三大入境旅游接待国；国际旅游收入达到458.14亿美元，较上年增长15.5%，位于全球前列。在国内旅游方面，旅游作为一种新的生活方式已为大多人所接受，2010年，国内旅游接待人数达21.03亿人次，比上年增长10.6%，市场规模位居世界第一位，国内

* 依绍华，中国社科院财经院流通研究室副主任，副研究员，中国烹饪协会专家委员会委员；聂新伟，中国社会科学院研究生院研究生。

旅游总收入12579.77亿元，较上年增长23.5%，成为拉动内需的新亮点。与此同时，我国公民出境旅游市场继续加速增长，旅游目的地不断增加。2010年中国出境旅游人数达到5738.65万人次，较上年同比增长20.4%，是亚洲地区第一大客源输出市场，而且中国公民出境旅游目的地也在迅速增加，2010年新增出境旅游目的地国家7个。

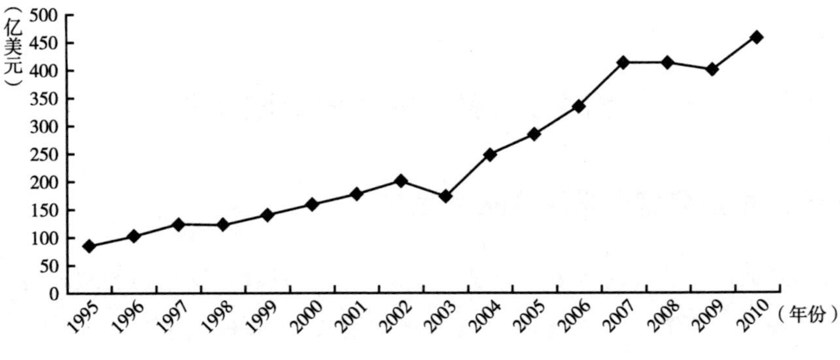

图1　1995~2010年我国年度旅游总收入

资料来源：根据中国统计年鉴（1995~2011）整理得出。

近年来，随着国家整体实力增强、人民生活水平普遍提高，在互利共赢开放战略的引导下，加上奥运会、世界博览会等重大事件的叠加影响，我国旅游业的竞争实力获得进一步提升。“十二五”时期，我国旅游业进入大众化全面发展阶段，面临更加有利的发展环境和发展条件，在科学分析形势的基础上，抢抓战略机遇，转变发展方式，以市场化为导向，提升产业发展的综合素质，全面发展国内旅游，积极发展入境旅游，有序发展出境旅游，加速推进我国旅游业在大众旅游新阶段又好又快地发展。具体目标是，到2015年①，实现旅游业总收入达到2.5万亿元，年均增长率为10%；国内旅游人数达到33亿人次，年均增长10%；入境旅游人数达到1.5亿人次，年均增长3%，旅游外汇收入将达到580亿美元，年均增长率为5%；出境旅游人数将达到8800万人次，年均增长率为9%；旅游业新增就业人数达到1650万人，每年新增旅游就业60万人。旅游业增加值占全

① 具体指标参考《中华人民共和国旅游业“十二五”发展规划纲要》。

国 GDP 的比重将提高到 4.5%，占服务业增加值的比重达到 12%，旅游消费占居民消费总量的比例达到 10%。

同时，在旅游行业管理、旅游企业管理、旅游景区开发以及旅游人才培训等旅游供给方面提升层次，并且在旅游法制方面更加完善，为产业发展提供更加和谐的宏观环境，使旅游企业经营更加规范，实现旅游业作为国民经济的战略性支柱产业和人民群众满意的现代服务业的发展目标，把我国建设成为世界旅游强国。

（二）餐饮产业发展现状

随着我国经济的快速发展，人民生活水平显著提高，生活方式发生很大变化，外出就餐成为大多数人日常生活的一部分，餐饮业发展非常迅速，成为第三产业中的重要产业，餐饮业收入连续 20 年以 20% 左右的速度增长，是国内发展速度最快的产业，2010 年全国餐饮业收入达到 17648 亿元，同比增长 18.1%，占社会消费品零售总额的 11.24%，从业人员约 2200 万人，餐饮网点总数达到 400 多万①，在拉动消费、扩大就业和带动相关产业发展等方面发挥着重要作用。

餐饮业作为我国第三产业的传统服务业，改革开放 30 多年实现了跨越式增长，1978 年人均餐饮消费不到 6 元，2010 年人均餐饮消费达到近 1000 元，经历了起步、数量型扩张、规模连锁发展和品牌提升战略四个阶段，目前已经基本形成较为完善的餐饮供给体系，成长起一批有规模、有实力、而且具有可持续发展能力的现代化餐饮企业，形成了高、中、低档多种经营模式，建立了餐饮形式齐全的市场体系，并培养了一批具有现代经营理念的餐饮管理人才，使餐饮业从传统手工服务业向现代生活服务业转型升级，成为国民经济中极具影响力的产业。

（三）旅游业与餐饮业之间的关联关系

众所周知，旅游与餐饮之间联系紧密，二者都属于与人民生活密切相关的民

---

① 杨柳：《全面促进餐饮业转型升级　大力推动城市科学发展》，杨柳主编《中国餐饮产业发展报告（2011）》，社会科学文献出版社，2011。

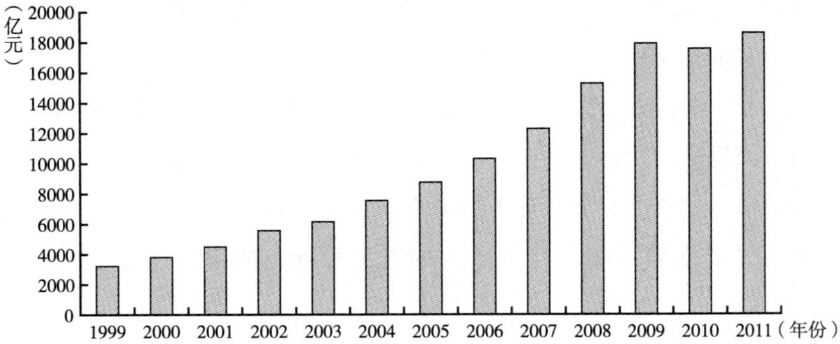

图2 1999～2011年住宿和餐饮业零售总额

注：2009年之前（包括2009）数据为住宿和餐饮业零售总额。2010年和2011年数据为餐饮业收入额，其中2011年数据为1～11月累加额。

资料来源：根据中国统计年鉴（1999～2011）整理得出。

生产业，一个是在满足温饱后的较高层次的精神需求，一个则属于人们的生存需要范畴，但是社会经济发展到一定程度后的升级产物——家务劳动社会化。这两个产业的迅速发展都是社会发达程度和生活水平提高综合作用的结果，也是社会文明程度与文化繁荣的重要标志。具体来看：

（1）餐饮是旅游六要素之一，“食、住、行、游、购、娱”共同构成旅游业六大要素，其中食居于首位，可见其重要地位。而且旅游业中的“食”是游客在出游过程中的所有饮食需要，完全依赖于餐饮业的供给水平，因此餐饮业的发达程度在某种程度上决定了旅游业的发展水平。如果餐饮在卫生、烹饪水平等方面无法满足游客需要，就会大大降低游客对旅游过程的满意度，影响游客对旅游目的地的评价，进而会影响到旅游业的整体发展。

（2）旅游业拉动餐饮业的收入。餐饮业是随着社会生产力水平的提高而逐步发展起来的，餐饮消费则是人们在满足基本生存需要基础上的消费活动。当收入增加，人们将会支付更高价值的产品和服务，相应地在餐饮消费中，其质量和档次也会有很大提高。以西方发达国家为例，收入水平越高，恩格尔系数越低，餐饮支出则越高。而旅游业也是在满足基本生存需要的基础上用于满足精神需要的消费，因此在餐饮业的服务对象中，有相当大比例是服务于旅游者，旅游业的蓬勃发展在增加了餐饮业的收入，旅游者的饮食需求和偏好引导着餐饮企业的发展方向，增加了收入，提高了餐饮产业的发展水平。

二　投入产出理论模型

投入产出法主要研究国民经济中各部门相互关系，将国民经济的所有行业进行分类，划分为若干不同部门，根据某一时期每个部门产品在各个部门的流动和最终去向，编制该时期的投入产出表。根据投入产出表可以研究国民经济各部门之间的比例关系、依赖程度以及某一部门生产变动对其他部门乃至整个经济产生的影响。

在标准的投入产出表中，横向表示的是各部门生产活动的结果，包括中间消耗和最终使用两部分，两者之和为总产出。纵向表示的是各部门生产活动的要素，包括中间投入和初始投入（即增加值），两者之和为总投入。总投入等于总产出。

1. 在标准的投入产出模型中，以总产出的结构为分析基础时，总产出应等于中间产出加最终需求，即

$$\sum_{j=1}^{n} x_{ij} + y_i = X_i \qquad (i = 1,2,\cdots,n)$$

写成矩阵形式，即：

$$X = TE + Y = AX + Y$$

因此

$$X = (I - A)^{-1} Y$$

其中，X 是总产出向量，T 是中间产品流量矩阵，E 是每个分量都等于 1 的列向量，Y 是最终需求列向量，$A = T\hat{X}^{-1}$ 是中间投入系数矩阵，$\hat{X}$ 是以各部门总产出为主对角线元素的对角矩阵，I 是单位矩阵。

A 被假定为在短期内固定不变，Y 被假定为外生变量，X 被假定为内生变量，当 Y 有一个增量 ΔY 时，X 的增量 $\Delta X =（I - A）^{-1}\Delta Y$，因此标准的投入产出模型可称作以需求为动力的模型。

令 $B =（I - A）^{-1}$，则 B 可称作投入逆矩阵或列昂惕夫逆矩阵。B 中的第 i 行第 j 列元素 $b_{ij} = \partial X_i / \partial Y_j$ 的经济含义是：部门 j 的最终需求增加一个单位，需要部

门 i 增加的总产量。B 中第 j 列所有元素之和 $\sum_{i=1}^{n} b_{ij}$ 的经济含义是部门 j 增加一个单位最终需求，拉动整个经济增加的总产出。

2. 在标准的投入产出模型中，以总投入的构成作为分析的基础时，总投入应等于中间投入加初始投入，即：

$$X^t = E^t T + V = X^t \vec{A} + V$$

因此

$$X^t = V(I - \vec{A})^{-1}$$

其中，t 代表转置，V 是增加值的行向量，$\vec{A} = \hat{X}^{-1} T$ 是中间产出系数矩阵。

$\vec{A}$ 被假定为在短时期内固定不变，V 被假定为外生变量，X 被假定为内生变量。当 V 有一个增量 ΔV 时，X 的增量 $\Delta X = \Delta V\ (I - \vec{A})^{-1}$。因此这种投入产出模型可称作以供给为动力的模型。

令 $\vec{B} = (I - \vec{A})^{-1}$，则 $\vec{B}$ 可称作产出逆矩阵，$\vec{B}$ 中的第 i 行第 j 列元素 $\vec{b}_{ij} = \partial X_j / \partial V_i$ 的经济含义是：部门 i 的初始投入增加一个单位，能使部门 j 增加的总产值。

$\vec{B}$ 中第 i 行的元素之和 $\sum_{j=1}^{n} \vec{b}_{ij}$ 是部门 i 的初始投入增加一个单位，能使整个经济系统增加的总产值（n 个 j 部门增加的产值之和），称之为单位增加值贡献系数。

通过 $V_i \cdot \sum_{j=1}^{n} \vec{b}_{ij}$ 算出部门 j 初始投入（即增加值）产生的国民经济总产值（V_i 为 i 部门的初始投入，等于增加值），从而算出其对总产值的贡献率或对总产值增量（年增长值）的拉动作用。

3. 引入直接消耗系数和完全消耗系数

（1）直接消耗系数

也称为投入系数，是指在生产经营过程中第 j 产品（产业）部门的单位总产出所直接消耗的第 i 产品部门货物或服务的价值量，一般用 a_{ij} 表示，其定义是：每生产单位 j 产品需要消耗 i 产品的数量。

直接消耗系数的计算公式是：

$$a_{ij} = \frac{q_{ij}}{Q_j} \quad (i, j = 1, 2, \cdots, n)$$

根据投入产出定义，则总产出为

$$\sum_{j=1}^{n} a_{ij}Q_j + y_i = Q_i \quad (i = 1,2,\cdots,n)$$

上式写成矩阵形式，即：

$$AQ + Y = Q$$

进而得出，

$$Y = (I - A)Q$$

其中，I 是单位矩阵，在矩阵（$I - A$）中，主对角线上各元素，表示各类产品扣除自身消耗后的净产出比重。上式建立了总产品与最终产品之间的联系，在已知各类产品的总产量情况下，可计算出各类产品用于最终产品的数量。

（2）完全消耗系数

一般来说，任何产品在生产过程中，除了各种直接消耗关系外（直接联系），还有各种间接消耗关系（间接联系）。完全消耗系数是这种包括所有直接、间接联系的全面反映。其定义为，每生产单位 j 种（部门）最终产品要直接、各种间接消耗（即完全消耗）i 种（部门）产品的数量。一般用 b_{ij} 来表示，用 B 来表示完全消耗系数矩阵。

$$b_{ij} = a_{ij} + \sum b_{ik}a_{kj} \quad (k = 1,2,n)$$

式中，b_{ij} 即单位最终产品 j 对 i 产品的完全消耗，a_{ij} 即单位最终产品 j 对 i 产品的直接消耗，$\sum b_{ik}\, a_{kj}$ 即单位最终产品 j 对 i 产品的间接消耗。

$$B + I = (I - A)^{-1}$$
$$\therefore B = (I - A)^{-1} - I$$

三　计算结果

根据国家统计局公布的 2007 年《投入产出表》，细化出旅游业和餐饮业两个部门的流量表，在流量表的基础上，计算两个产业之间的完全消耗系数。具体结果如下：

表 1　旅游业和餐饮业两部门流量表

单位：万元

投入＼产出		中间使用			最终使用	
		餐饮业	旅游业	中间使用合计	最终消费	资本形成总额
中间投入	餐饮业	316438.49	2222316.52	59003247.31	56557087.2	0
	旅游业	25394.13	1222956.14	5253519.588	10314669.9	0
	中间投入合计	76233315.6	11093542.2	5528151509	716912000	455650000
增加值	增加值合计	43761942.4	5138743.55	2660438111		
总投入		119995258.	16232285.8	8188589620		

投入＼产出		最终使用		进　口	其　他	总产出
		出　口	最终使用合计			
中间投入	餐饮业	2849979.2	59407066.4	2025087.02	3610031.414	119995258.1
	旅游业	1368720	11683389.9	972560.470	267936.8119	16232285.84
	中间投入合计	309425112	148	269439573	6041502	3134305017
增加值	增加值合计					
总投入						

资料来源：根据国家统计局 2007 年投入产出基本流量表计算所得。

我们知道，投入产出表由四个象限构成。在流量表中，主要体现第Ⅰ、Ⅱ、Ⅲ象限。

第Ⅰ象限，反映按购买者价格计算的中间消耗：行表示产品，表明每个产业部门的产品提供给各个产业部门作为生产消耗使用的数量，称为中间产品或中间使用，行的总计反映产业部门的中间消耗；列表示产业，它表明每个产品部门在生产过程中消耗各个产业部门的产品数量，称为中间投入或中间消耗。

第Ⅱ象限，反映按购买者价格计算的最终使用（最终产品的规模和结构），包括最终消费支出、资本形成总额（固定资产形成、库存增加）、净出口的结构和最终产品的产业部门结构。行表示产品，列表示各使用类别，总计行反映各使用类别的最终使用。

第Ⅲ象限主要反映按购买者价格计算的增加值或最初投入构成，包括劳动者报酬、生产税净额、固定资产折旧和营业盈余。主要反映各部门增加值分配或最初投入构成情况。行表示总增加值/GDP 构成，列表示产出类型。

第Ⅰ、Ⅱ象限连接在一起，通过各横行反映各产业部门的产品分配和使用去向；

第Ⅰ、Ⅲ象限连接在一起，各纵行反映各产业部门在生产中的投入和来源，也反映生产过程的价值形成。

本文主要采用表中第Ⅰ、Ⅲ象限连接在一起的数据，进行计算完全消耗系数

$$中间产品 + 最终产品 = 总产品$$

写成矩阵形式

$$X = TE + Y = AX + Y$$
$$X = (I - A)^{-1}Y$$

而 $BY = AX$

左边 BY 表示从最终产品角度求得的中间产品消耗量，右边 AX 表示从总产量角度求得的中间产品消耗量。

因此，得到

$$B(I - A) = A$$

即

$$B = A(I - A) - I$$

结合流量表，按照上述推导过程，得出餐饮业和旅游业的完全消耗系数，如下：

表 2　两部门完全消耗系数

	餐饮业	旅游业		餐饮业	旅游业
餐饮业	0.010859	0.16201	旅游业	0.00069788	0.082397

由于餐饮业和旅游业在投入产出表中并未位于主对角线上，因此上表中的系数反映了两个产业之间的相关性，0.16201 表示每 1 元餐饮业 GDP 中旅游业的贡献率，0.00069788 则是 1 元旅游业 GDP 中的餐饮业贡献率。

四　结论与建议

根据上述计算结果，可以看出，旅游业对餐饮业的拉动作用，远远大于餐饮

业对旅游业的贡献。这一点从两个产业不同的收入构成也可以分析出来，在餐饮业中，消费者人群主要是当地普通消费者、外来人员、商务应酬以及旅游者，而旅游者在餐饮企业的服务人群中占有相当比例，因此旅游业对拉动餐饮业增长方面作用显著；而旅游业中，餐饮只是食、住、行、游、购、娱六要素中的一个，而且旅游者在交通、住宿、游乐方面的花费比重要远远高于餐饮消费，因此餐饮业对旅游业的拉动效应相对较小。

我国是一个饮食大国，中华美食闻名于世。随着人民生活水平提高，人们对餐饮需求越来越旺盛，要求也越来越高，不仅强调口味，更加重视营养吸收和科学饮食，因此餐饮产业作为面向终端消费者的生活性服务业，在迅速发展的同时，应重视与上下游产业的结合，一是与位于前端农业、农产品加工业以及各种食材处理等协同发展，从源头控制目前全社会广泛关注的食品安全问题；二是与清洁消毒以及厨卫设备产业紧密结合，不断引进现代技术，提升餐饮企业竞争实力；三是与旅游休闲等服务对象产业加强合作，形成协同发展，不断探索服务对象的需求变化，进而提供相应的餐饮食品，更好地满足需要，提升企业效益，比如可以推出“美食游”、“烹饪节”等活动来吸引游客，不仅提供美食，更要展示美食理念、健康理念，提高人们的鉴赏水平，传递美食文化信息，使人们更多的品味文化，扩大餐饮在旅游消费中的比重，从而使餐饮从“吃”境界上升到文化层面，提高餐饮产业的整体发展水平。

B.7
2011年火锅业发展报告

中国烹饪协会

2011年火锅业跌宕起伏，历经物价上涨、人员短缺、舆论危机事件频发等考验，但在“十二五”规划“推动服务业的大力发展”的大背景下，餐饮经济获得了飞速发展，火锅行业的发展成就同样让人瞩目，在相关政策和社会舆论的影响下，火锅行业的产业结构、管理水平、经营理念获得了全面提升，并且保持着平稳快速发展的态势，对消费品市场起到了较大的拉动作用。

一　火锅行业发展环境分析

（一）经济环境

2011年是“十二五”开局之年，纵观全年发展情况，国内经济发展在“保民生，抑物价”的总体调控下，尽管面对的国内外经济运行环境比较复杂，通货膨胀率逐月走高，但中国经济依然保持着强劲动力，国内生产总值实现471564亿元，比上年增长9.2%，保持了平稳较快发展。鼓励和引导民间投资、促进消费、收入分配改革力度加大等政策正在发挥作用，加之国内市场潜力巨大，总体看经济持续增长的势头较为强劲。

2011年全国餐饮收入实现20635亿元，同比增长16.9%，占社会消费品零售总额的比重11.34%。这份餐饮业增长的成绩，与其他年份相比，并不算突出，但对于中国餐饮业而言，这份成绩却历经磨难。在食品价格持续走高、资金成本上升、劳动力成本上升的市场环境下，餐饮业在微利和焦虑中艰难前行，稳步发展。

（二）政策环境

“十二五”规划建议中明确要求“十二五”期间“加快发展服务业”，把推动服务业大发展作为产业结构优化升级的战略重点，建立公平、规范、透明的市场准入标准，探索适合新型服务业态发展的市场管理办法，调整税费和土地、水、电等要素价格政策，营造有利于服务业发展的政策和体制环境。大力发展生产性服务业和生活性服务业，积极发展旅游业。拓展服务业新领域，发展新业态，培育新热点，推进规模化、品牌化、网络化经营。推动特大城市形成以服务经济为主的产业结构。

商务部在《关于"十二五"期间促进餐饮业科学发展的指导意见》中强调，要以科学发展观为指导，坚持以人为本，在传承、创新的基础上，大力发展品牌化餐饮、绿色餐饮和节约型餐饮，统筹城乡餐饮发展，拓展现代经营方式，提高产业集聚度，逐步形成各类餐饮业态互为补充、相互渗透，高、中、低档餐饮协调发展，中外餐饮相互融合，区域餐饮特色鲜明，大众化餐饮较为普及的现代化餐饮发展新格局。并且明确将：提高餐饮规范化水平；优化餐饮业发展结构；推动餐饮规模化发展；实施早餐示范工程；大力发展节约型餐饮；回收利用餐厨垃圾；加强饮食安全工作；提升餐饮品牌化水平；积极推动中华餐饮文化"走出去"等九项内容，列为"十二五"期间餐饮业的重点工作任务。

（三）舆论环境

舆论作为一定社会范围里不同群体意见的集合，集中反映了不同公众对社会重大事件、重要政策的认知和态度。餐饮服务环节是终端消费环境，经过农业、畜牧业、养殖业、食品加工业等相关产业食品风险的不断累积叠加，餐饮服务食品安全风险大大增加。2011 年"火锅老油"、"勾兑骨汤"、"鲜榨果汁"等问题以及数家火锅品牌企业的负面新闻几度将火锅推到风口浪尖，引起媒体及社会公众的广泛关注，也引起政府有关部门的高度重视。

从火锅底料、汤料，到火锅用油、涮品，多年来关于火锅的食品安全话题从未间断过，火锅餐饮业是在被关注的环境下成长的，能够生存与发展的火锅企业是自觉维护安全经营的火锅企业。由于诸多原因，仍有火锅企业在安全经营上触礁，客观地讲，无论有意无意，主动被动超越食品安全底线，都要付出轻则赔偿经济损失，重则企业淘汰出局的惨重代价。安全经营是火锅业界同仁时刻保有的共识。整个行业层出不穷的食品安全问题会导致政府机关与社会舆论更加关注食品安全，更加强化食品安全监督与管理。

二 火锅行业发展趋势

（一）产业链整合加速

火锅企业之间的竞争是链式竞争，火锅企业要通过“从田间到餐桌”的整合来彰显产业经营的整体优势，并用产业经营锁定胜势。

1. 上游原料基地成型

作为上游资源配置，原料基地对火锅企业连锁经营起着至关重要的作用。目前，内蒙古、四川、山东、河北等地的农牧业已面向全国火锅餐饮市场，构成了火锅业态常用原料、调料、燃料的生产、加工、销售基地。

2. 中游加工环节成型

中国火锅业态有实力的火锅企业中游加工环节已成型，在底料、小料、涮品关键环节能保障下游连锁经营店铺运营，并形成靠出品保证下游经营，靠规模激活上游建设，从而实现火锅企业产销纵向价值链运作。

3. 下游销售环节成型

连锁店铺是产业链条销售终端，在微利经营的背景下，要靠广泛布点与科学布局，才能通过一定数量的终端销售实现火锅企业的经营获利，提升连锁店铺终端销售能力。

（二）人力资源问题日益突出

招工难、员工流失率高已经逐渐成为行业常态化的普遍问题。中国人力资源市场信息监测中心对全国109个城市的公共服务机构就业市场供求信息的统计分析表明，2011年全国劳动力供给大于需求，但部分地区和部分行业需求存在很大缺口，缺工问题主要体现在结构性短缺，服务行业表现尤为明显。面对CPI的高涨，特别是食品类价格的上涨，生活成本日益增加，使得本来在就业前景上不具吸引力的餐饮行业人员流失率加大，全国“涨薪”一片，企业留人成本无形中提高。用工荒、用工贵让火锅业内外交困，经营发展阻力加剧。

另一方面，为了贯彻2011年7月1日正式施行的《中华人民共和国社会保险法》，各地纷纷出台了有关企业职工、农民工社会保险的相关规定，再一次增加了企业的劳动力成本。我们以一家北京的火锅连锁企业为例来计算一名普通一线员工的成本支出。该企业一线员工最低工资为1700元，按此标准为员工缴纳5险，企业负担部分大约是900元，加上餐饮行业的包吃包住包服装的负担（约700元），该企业为每个员工的实际支出大约是3300元，远远高于2011年北京最低工资标准（1160元）。从整个餐饮行业的情况来看，餐饮企业为每个正规员工支出的最低门槛已经超过3000元。

（三）品牌优势日趋明显

火锅企业的生存与发展越来越依靠品牌经营，火锅市场份额也越来越向品牌企业转移，火锅企业依靠品牌经营是行业发展大势。火锅业态既是快速发展，又是竞争激烈的业态。在激烈的市场竞争中，没有品牌难生存，这对没有规模、没有体量、没有品牌的火锅企业来讲是不容乐观的。

21世纪的今天，中国火锅业态已形成一批地方知名品牌与著名品牌，在全国也形成了有影响力的火锅品牌。客观地讲，品牌火锅企业已培育、建立、完善了品牌资产、品牌价值。从顾客消费引导来看，品牌是一种区分、一种信誉、一种保障。品牌已超越产品，成为顾客选择并愿意支付更高价格购买的内涵。中国火锅众多知名企业已经完成了从产品品牌到服务品牌，再到企业品牌的升级。品牌火锅企业有强大的溢价能力，这种溢价能力源于品牌火锅企业具有的品牌知名度、认知度、美誉度指标，这种议价能力源于品牌火锅企业背后所秉承的品质、品格、品位，这种溢价能力源于对品牌资产的培育。

（四）资本经营促进产业升级

如今更多火锅企业开始放弃前几年的加盟扩张模式而转向企业内控力更强的自营发展模式。自营扩张对资金的强烈要求再次催化了火锅与资本市场的紧密合作。同时，在国际金融危机的影响下，能够称得上一枝独秀、持续成长的餐饮产业，特别是在标准化、规模化存在先天优势的火锅业，已经成为风投公司、PE基金、国际资本投资的新热点。纵观世界五百强企业，没有一家不是通过资本经营超速发展的，没有一家是靠企业利润滚动发展的，对渴求快速发展的火锅企业来讲，资本经营是快速与超速发展的加速器，能帮助火锅企业实现做强与做大的愿望。无论出于何种投资动机，目前多种资本流向我国火锅市场是不争的事实，这对寻求发展却自身资本不足的火锅企业来讲，既迎来了运用外来资本实现自我发展的最好时机，又为火锅企业实现发展目标带来了动力。但是资本经营毕竟有很大风险，火锅企业只有做好资本经营与后资本经营的准备，才能应对资本经营风险。

（五）信息化推广结合信息化营销

随着信息化技术的发展，网络团购、微博营销、社交网站推广等新兴的网络营销模式一出现，就在行业内火暴起来，成为热门促销新模式。与此同时，餐厅的信息化水平得到快速发展，通过电子菜单、电子点餐，从点餐到菜单，到数据统计、分析，正在逐步实现电子信息化管理，有效解决了成本问题，同时大大提高了菜品出品速度和节省了人力成本，中小餐厅也引入数字化的科技产品来辅助运营。火锅市场新兴消费人群 80 后、90 后已成为 2011 年流行火锅企业的重要目标，火锅企业在经营业态上会更加注重他们的需求和他们的生活习惯，网络，手机、3G、互联网、短信这些代表时尚、科技的元素已成为现在火锅企业营销推广宣传的主打方向，同时也受到这部分人的消费跟踪。

三　火锅行业健康发展的几点建议

1. 要正视安全经营

食品安全是关系民生的大事，是人民群众健康和生命安全的重要保障，近年来一些餐饮企业出现了食品安全问题，不仅影响了人民群众的身心健康，也影响了服务形象，切实保障餐饮服务安全和人们的身体健康，加强企业治理，推动行业持续健康发展，是中国火锅企业的第一大要务，安全经营在于防患于未然，当前应着力做好以下工作：

（1）深入贯彻国家有关部门有关餐饮服务食品安全的要求，推进餐饮企业诚信体系建设，确保餐饮服务安全。

（2）加强采购管理，食品原料、食品添加剂以及食品相关产品相关的进货记录，提高采购管理信息化水平。

（3）认真执行国家有关规定，控制食品添加剂的使用范围和使用量，严禁使用口水油和多次使用的食用油。

（4）建立健全餐饮的操作规程和质量控制体系，提倡6S管理，完善岗位责任制，将卫生和质量管理贯彻到原材料的采购、加工制作、运输、储藏、餐具清洗等各个环节，确保不采用和使用变质有害的食品原料。

（5）加强标准体系建设，提高规范化发展水平。针对火锅业经营管理中的薄弱环节，及时修订有关标准，使其在规范服务行为、保障食品安全方面发挥切实作用。

2. 要注重创新经营

创新经营是推动中国火锅企业持续生存与发展的动力源泉，是决定火锅企业竞争优势的关键。中国火锅企业所处的生存环境、竞争环境、市场环境、时代环境要求火锅企业应以创新求生存、求进步、求发展、求长久。

火锅企业创新可应用管理创新、产品创新、经营模式创新、营销方式创新和特色创新等策略。对火锅企业来讲，无论创新经营有多么艰难，都应坚持不懈地将创新经营之路走到底，在管理上，不断更新精确管理体系，优化企业组织机构；在产品上，跳出火锅业态用材局限，并将火锅业与中餐业、西餐业相结合，融合新式服务理念；在经营上，拓展服务领域，向上下游延伸，创新经营模式，多元化发展；在营销方式上，充分发挥人员营销、绿色营销、体验营销、公共关系营销、网络营销、数据库营销等多种营销方式；在特色上，培育创造自身特有的差异化文化底蕴，培育忠诚客户，增强企业的影响力与发展动力。

3. 要明确区隔经营

火锅业态持续繁荣势必会引发激烈的市场竞争，当市场竞争从有序竞争向无序竞争转化时，火锅企业要开发与众不同的市场，实现企业之间的经营区隔，有了区隔企业之间才能共存与共赢。有品牌影响力的火锅企业都有明确的市场定位，在相互区隔、相互包容、相互补充的前提下发展。这是市场细分的体现，能规避企业间的恶性竞争实现良性循环。火锅市场被区隔是既定的事实，任何没有理解市场区隔经营概念的火锅企业，必然会遭遇同质竞争。就像拳击运动员，轻量级没有注意控制体重，达到了重量级的标准，开始减体重的结果是自己的肌肉乳酸酶低于以前的储存，缺少爆发力，成绩必然下降，反过来说不降体重，选择参与重量级竞争，只能是垫底的。没有市场区隔经营，火锅企业将难以生存与发展。火锅企业要做的就是不断地推动市场区隔经营。

B.8
中国快餐业发展对策分析

杨铭铎　张良胤*

通过对中国快餐业的研究进展[1]、中国快餐业现状[2]、中国快餐业发展阶段性[3]的分析，和对影响我国限额以上快餐企业发展的相关因素的预测[4]，找出了影响快餐企业发展的制约因素。本文在此基础上，针对中国快餐业存在的问题，提出相应对策，以期对中国快餐企业的发展有所指导。

我曾在世纪之交对中国快餐业发展进行了回顾、展望并提出了对策[5]。当时提出的“十化”，即“模式多样化、规模效益化、资本国际化、市场全球化、竞争激烈化、设备专门化、工艺科学化、生产标准化、利润合理化、管理现代化”，从行业和企业两个角度预测了中国快餐业的发展趋势，并从“科研导入，教育先行；政府扶持，协会推进；突出重点，分类指导；规模适当，提高质量；引进外资，加速发展”五个方面提出了对策。快餐业在经历了十余年的发展后，这些对策仍然适用。

目前，中国快餐业整体上处于成长期，部分地区已进入“黄金期”，行业规模逐渐扩大，整体竞争力提高。但从我国快餐业现状和竞争态势的分析可以看到，虽然中国快餐总体上发展迅速，但目前仍存在很多问题，主要表现在：

第一，标准化生产过程中，很多企业产品样式趋同，缺乏创新；

第二，中国仍未出现像肯德基、麦当劳那样的国际品牌快餐企业，国内知名品牌快餐企业的数量也极少；

第三，专业的、有经验的专业管理人才数量缺乏，管理人员素质不高；

第四，部分快餐企业管理方法不够科学；

---

* 杨铭铎，哈尔滨商业大学中式快餐研究发展中心博士后科研基地主任，黑龙江省科学技术协会副主席，中国烹饪协会专家工作委员会副主任。教授，博士生导师，国务院特殊津贴专家。长期从事餐饮经济理论研究和教学。张良胤，硕士，北京牛魔王餐饮连锁有限公司。

第五，大多数快餐企业经营仍以家庭为单位，单店经营为主，规模效益低，缺乏竞争力；

第六，国内快餐业发展速度虽然很快，但国外的市场占有率极低；

第七，产品与当地饮食文化结合不紧密，缺少文化性；

第八，行业发展过程中仍然存在一些制约快餐企业发展的问题，需要政府和行业协会指导。

本文在此基础上，针对以上问题，从长远、整体的角度，为促进中国快餐业健康、稳定发展提供相应对策。

一　加强以技术管理与美学设计为核心的产品创新

创新是人类特有的认识能力和实践能力，是人类主观能动性的高级表现形式，是推动民族进步和社会发展的不竭动力。近代以来，人类文明进步所取得的丰硕成果，主要得益于科学发现、技术创新和工程技术的不断进步，得益于科学技术应用于生产实践中形成的先进生产力，得益于近代启蒙运动所带来的人们思想观念的巨大解放。可以这样说，人类社会从低级到高级、从简单到复杂、从原始到现代的进化历程，就是一个不断创新的过程。不同民族发展的速度有快有慢，发展的阶段有先有后，发展的水平有高有低，究其原因，民族创新能力的大小是一个主要因素。

2006 年 1 月 9 日国家主席胡锦涛在全国科技大会上宣布中国未来 15 年科技发展的目标：2020 年建成创新型国家，使科技发展成为经济社会发展的有力支撑。创新是一个国家或民族前进的不竭动力，对于一个行业来说，不断进行产品创新，不仅能够更好地加深产品对消费者的吸引程度，而且还能够更好地提高行业的竞争能力。

（一）加强技术管理

产品创新的主要内容就是进行产品的优势设计，主要包括功能原理优势设计、实用化优势设计和商品化优势设计。而拥有先进技术是进行产品优势设计、进行产品创新的关键问题。现代快餐越来越倾向于标准化生产，标准化生产的结果是大部分快餐企业的产品无论从价格还是口感上都是趋同的，那么哪个企业能够率先研发出新品种的产品，哪个企业就会更好更快地占领市场。

由于标准化的生产方式，现在快餐产品的创新越来越注重技术，以前的一些小快餐店在产品中间挖个洞，撒上点芝麻，换个名字就变成了另一种产品的创新方式已经不再适用。由于现代化的生产不仅涉及烹饪工艺，还涉及生产设备，因此，快餐产品的设计不仅要注重烹饪工艺，还要考虑新产品是否适合生产设备的生产条件，这就要有懂得烹饪工艺和机械制造的人员共同参与，必要时甚至还需要专业院校的配合，组建专业的研发团队。肯德基是国际知名快餐企业，本身就拥有自己的培训学校，拥有大量研发人才，因此，肯德基便能够根据不同季节不定期推出新品以满足不同消费者的消费需求，对年轻消费者，尤其是喜欢追求新奇产品的消费者有很大吸引力。

（二）注重美学设计

“饮食美”是指人类在饮食活动中运用饮食科学客观规律，为达到营养、享受与社交的目的，所产生的那种营养与卫生、感官性状俱佳的食品及其饮食过程所呈现的美[6]。在快餐品种日益丰富，产品创新日渐困难的情况下，对原有的产品从美学方面进行改进，也会达到增加销售量的目的。饮食美主要可以从“质美”、“味美”、“触美”、“嗅美”、“色美”、“形美”、“器美”、“境美”、“序美”、“趣美”十个方面进行考量。而由于“质美”、“味美”、“触美”、“嗅美”好坏是受到原材料质量或厨师技术的影响，“器美”即对盛器的选择，而快餐产品种类较少，一般不涉及“序美”问题，“趣美”主要取决于用餐者的感知，创新对这几项的影响不大，因此这里主要从视觉的感知“色美”、“形美”、“境美”三个方面来探讨。

1. 注重产品色彩的把握

通常，赏心悦目的颜色常是引人愉悦的形式先导，引人产生美好的情感，给人以美的享受，进而增强人的食欲。色美的创新主要应从两个方面入手：

（1）注重色彩的调配。在设计菜品的时候要注意调和色、对比色、同类色的搭配和运用，让菜品呈现出更加吸引消费者的视觉美；

（2）主色调的确定。食品色调不仅分为暖调、冷调，还分为亮调、暗调、中间调。暖色调主要表现喜庆、热烈而冷色调主要表现为清秀、淡雅、柔和、宁静。

确定好产品的主色调并结合各种配色之间的配比能够使产品更加吸引消费者，加深消费者对企业产品的印象，提高消费者的忠诚度。

2. 注重产品形态的把握

形态的创新主要体现在以下两个方面：

（1）利用好自然形态。保留原来本身的形态，只需与特定餐具配合，放正放稳，尽可能显示出形体的特点。这是快餐制作中常用的方法，但利用一定的制作手法会给消费者带来不一样的感觉。

（2）充分开发具有象征意义的象形形态产品。模拟花卉、动物、建筑等。其中冷菜的雕刻和果盘的摆放以象形形态居多，将食物或果盘雕刻出或摆出各种有象征意义的动物的形象，例如鲤鱼、凤凰等，含有富贵、吉祥等意义，能提高人们的饮食兴致。

3. 注重就餐环境的把握

优美的就餐环境，在就餐前就能起到“未成曲调先有情”、“未尝美味先得意”的作用，而且它将伴随就餐者的饮食过程始终，直接影响就餐过程中就餐者的情绪，给人以美的享受。店内独特的装修风格、悦耳动听的背景音乐、清洁明快的餐饮环境、笑容可掬的服务态度，这些都会给消费者带来不一样的用餐享受。

二　强化以品牌定位与提升知名度为着眼点的品牌建设

著名市场营销专家菲利普·科特勒[7]博士对品牌的定义是：“品牌是一个名称、名词、符号或设计，或者是它们的组合，其目的是识别某个销售者或某群销售者的产品或劳务，并使之同竞争对手的产品和劳务区别开来。”品牌是能够给拥有者带来溢价、产生增值的一种无形的资产，品牌更代表着一个企业的形象，也是一个企业区别于竞争对手的主要标志。一个优秀的品牌的塑造不仅要有过硬的产品、优质的服务、良好的形象，还要有自身的企业文化和优质的管理作保证。台湾 IT 行业教父施振荣先生认为：品牌价值 = 品牌定位 × 品牌知名度。品牌价值的提升应从以下两个方面入手：

（一）进行品牌定位，确定核心价值

核心价值用以规定企业的基本观念和存在的原因，是企业长久不变的东西。核心价值是一个组织的最基本和持久的信念，具有内在性，被组织内的成员所看重，独立于环境、竞争要求和管理时尚，它直接影响着企业的经营活动和发展前景。企业只有找准自己的定位，确立了核心价值，才能有针对性地开发出企业的核心竞争优势和核心产品，才有可能在激烈的市场竞争中取胜。

确定核心价值，品牌定位是关键。品牌定位就是在市场定位的基础上，根据不同的文化内涵及个性，形成不同的品牌价值。品牌价值一般包含三个方面：一是功能性价值，从产品实体角度提炼核心价值，是产品自身蕴涵价值的体现；二是精神或情感价值，向消费者传达某种精神或情感，加深企业在消费者心目中的印象；三是自我实现价值，个人价值在品牌上得以实现。

企业要想创立好的品牌，产品质量是基础，过硬的产品质量是企业创名牌的保证；要准确进行市场定位，确定企业产品面向高端市场还是中低端市场；要完善销售和价格管理；采取合适的营销策略；加强服务管理，使消费者满意，使品牌深入人心。

（二）采取合理措施，提升品牌知名度

提升品牌知名度的方法有以下几种：

1. 应用新闻事件

由于新闻事件本身具有强大的新闻效应，不仅在各大媒体广而告之，而且也是人们乐于在茶余饭后谈论的话题，尤其是能够震撼人心的大事件。如果在灾难性事件发生时，企业能适时伸出援手，会极大提高企业在消费者心目中的形象。

2. 有效的公关赞助活动

很多体育赛事，尤其是一些大型的体育赛事，会受到国内外广泛关注，有的甚至超过黄金时段电视剧的关注程度。适当赞助一些大型体育赛事或其他活动，可以有效提升企业的品牌知名度和影响力。

3. 发挥名人效用

消费者对名人的喜好往往会爱屋及乌使消费者关注该明星所代言的产品，请

名人打广告、做宣传往往会起到意想不到的效果。

4. 品牌的统一形象设计

品牌的统一形象设计有利于消费者对品牌的记忆，能较快地获得认知，并且品牌形象统一有利于消费者的正确理解，避免产生无益的理解。麦当劳的金黄“M”字母形象让消费者不用近前，只要看见这个形象便可知此处有麦当劳。

5. 恰当的企业宣传语

恰当的企业宣传语能够让消费者更加深刻地记住企业和产品。肯德基家乡鸡餐馆——“大自然奉送的绝妙佳品”、太平洋饼干公司——“你会把最后一粒面包屑也放进嘴里”都会增加消费者的消费欲望。

6. 适当规模的广告宣传

广告宣传是产品促销和加深产品在消费者心中印象的有效方法，适度的媒体广告和店内促销活动都可以增加企业对消费者的吸引力，从而提升企业品牌知名度。

三 建立以人才激励与人力资源管理为重点的人才培养体系

人才是在某一方面有才能或本领的人，人才对于企业或行业来说非常重要。企业要创新，要快速发展，要用科学的方法进行管理，必然要有具备扎实专业素质的人才。但目前中国快餐业人力资源方面仍存在一些问题，一是专业餐饮管理人才缺乏；二是缺少有效的激励机制和科学的人力资源管理体系。只有加强人力资源管理，提高管理者的素质，提升行业科技水平，才能有效促进中国快餐业的发展。要解决中国快餐业人才缺乏的问题，应从以下几个方面入手：

（一）增加培训机构数量，加大人员培训力度

人才培训是提高人员素质的最基本的途径，人才培训主要分为专业学校和培训机构培训、行业内或其他行业的经验丰富的管理人员的培训、公司内部培训等。

专业院校和培训机构培训是提高相关人员知识水平的主要途径。但目前开设快餐方向的高校数量较少，仅有哈尔滨商业大学和四川烹饪高等专科学校两所高

校，毕业人员并不能满足市场需求。随着快餐在人们生活中重要性的加深，快餐教育理应被我国教育界所重视，国家应加大快餐教学的投入力度。

行业内及其他相关行业高层管理人员的培训主要就是通过听相关人员的讲座，学习其科学的管理经验和管理方法，以提升自身的管理水平。学习他人成功的经验，可以更快地缩短与成功企业之间的差距。

企业内部的培训主要是针对企业员工和基层管理人员，就企业在日常运营过程中所遇到的问题、采用的新的管理方法以及所引进的新的计算机程序软件等方面进行培训，更好地提升基层操作人员的素质。

（二）建立有效的快餐人才激励机制

激励以有效实现个人和组织目标为目的，激励效果的大小直接影响着相关人员的办事热情。马斯洛的需求层次理论指出每个人有五个层次需求，其中既包括物质的需求也包括友谊、关心、尊重、自我实现等方面的精神需求。双因素理论也指出：人的工作满意度来自于工作责任、工作价值等精神需求。所以，员工在更高层次上的激励除物质奖励外，还需要精神的奖励。如果一个人参加培训后，他便有机会找到更好的工作或者得到更快的提升，那么他便会主动去接受培训；相反，如果他接受培训以后，处境与现在相比不会有什么改善，那他便不会去接受培训，即便这种培训是免费的。这便是激励的效果。建立有效的激励机制，给高素质人才以更大的展示自身能力的机会，只有让他们有更广阔的发展空间和物质上的满足，才能促使相关人员不断提高自身素质。

（三）要建立科学的人力资源管理体系

1. 企业和高校应建立起一体化的对接平台。相关高校采取订单式的培养手段，为企业定向培养快餐专业毕业生，或为企业在职人员提供知识和技能方面的培训，以提高快餐业从业人员的素质。

2. 相关部门应建立起快餐专业人才库，从快餐专业培训学校毕业的毕业生以及在行业中有一定经验和影响力的人物应该被记录在人才库当中。很多企业在招聘工作中过于被动，直到真的出现空缺以后才开始着手招聘，结果导致岗位空缺时间过长，而如果建立起快餐专业的人才库，将这些人员的基本资料，从业时间、工作经验、担任职位、擅长什么等相关信息在人才库中标出，用人单位便会有目的地将适合本公司职位的人挑出，这不仅给企业带来了方便，而且还能够使人力资源得到有效利用，避免一些“千里马”没有“伯乐”发现而被埋没的情况发生。

四　健全以优质管理与服务为宗旨的现代企业管理制度

企业管理是对企业的生产经营活动进行计划、组织、指挥、监督和调节等一系列职能的总称。管理是一个系统工程，管理的触角涉及每个岗位、每件事、每个动作，企业的竞争是资本竞争、产品竞争、技术竞争、人才竞争、管理竞争，但任何一个企业都离不开管理，管理决定成败。虽然不少具有一定规模的快餐企业建立起一套完善的企业管理制度，但仍然有许多快餐企业在管理上存在问题，例如：权力所属关系模糊、制度不健全、设施设备管理不到位、服务水平低下等。

（一）实现所有权与经营权有效分离

多数中小快餐企业的所有者和经营者往往是同一人，但该管理者往往有经商之道却缺乏现代企业的管理经验，或由于事务繁忙而忽略了企业管理。聘请有管理经验的专业企业管理人员进行管理无疑能够有效提高企业管理的整体水平。但所有权与经营权分离的过程中常会出现一些问题，例如：由于管理者不是企业的拥有者，工作积极性不高；管理者在管理过程中出现贪污浪费的问题等。针对这些问题，企业拥有者应该建立起一套完善的激励机制和财务管理系统，以保证企业管理者和所有者的利益，实现所有权和经营权的有效分离。

（二）建立健全完善的企业制度

要建立起完善的企业制度，企业应该做到：一是结合企业文化，只有与企业文化相结合的企业制度才能更有效地规范员工行为。二是与企业发展的阶段性相适应。在成立初期，企业制度应倾向于帮助企业更好地开拓市场，而在占有一定市场份额以后，企业制度也应做出相应的调整，要更多地偏向于企业管理。三是要与企业资源相适应，企业制度应不断促进企业资源的完善。四是服务于员工，只有保障员工利益的企业制度才能得到员工拥护，才能更好地调动员工的积极性。五是共同制定，共同制定的企业制度才能得到大家的拥护。六是实时更新，制度应与企业的发展、市场竞争情况相适应。

（三）加强设施设备管理

越来越多的快餐企业采用标准化生产方式进行生产，设备投入在企业的成本中占有很大的比例，合理利用设备，加强设备管理，延长设备的使用寿命，能够为企业增加更多的效益。要做好设备的管理，一是要加强对操作人员的培训和管理，做到科学合理地使用设备。要严格按照设备型号、性能、用途使用，不能随意指挥改变该设备的使用功能；二是要狠抓设备的维护和保养，对设备应定期维护和检查，发现问题及时处理；三是配备专门的检查和维修人员，做到出现故障能够及时排除。

（四）加强服务管理

加强服务管理应做到：一是树立服务意识。坚持顾客是上帝的宗旨，全心全意为顾客提供最优质的服务。即使遇到喜欢挑毛病的顾客，也应态度和蔼。二是服务督导管理。对员工的服务质量进行督导检查并采取一定的奖惩措施，能够促使员工自觉地提高服务质量。三是注重对员工的教育培训。不定期地对员工组织教育培训，既能提高员工的服务质量，又能够增强员工对企业的归属感，让员工更好地为企业服务。

五　推广以连锁和集团化为主要形式的企业规模经营模式

目前我国绝大多数快餐企业仍然以单店经营为主，另有部分快餐企业虽然采用规模经营的方式，但无论从店面规模上还是连锁店数量上看规模仍然较小，竞争力不强。产品的低价位与设备的高投入的矛盾决定着快餐业必须采取规模经营。规模经营主要包括连锁经营和集团化经营两个方面。

企业要实现规模化经营，一是要积极稳妥地推进。企业应做好前期的准备工作。在选定合适的产品和目标市场的基础上，对企业的资金情况、人员情况、市场前景等因素进行综合分析，对采取规模经营的优势和可能带来的风险进行充分论证，进而选择适合企业自身的经营模式。二是要把发展规模经营与企业品牌化紧密结合起来。发展规模经营不仅要有强大的资金实力作保证，还要有较高的无形资产。无形资产是获得名牌企业的基本特征。而对快餐产品的精选提炼，软件的全面、稳定、提高，更是打造快餐企业集团品牌的关键。品牌化的快餐企业集团和连锁企业展示了快餐企业更加恒久、旺盛的生命，能更好地推进企业规模经营的进程。三是要把发展规模经营与导入 CIS 结合起来。规模经营要求有统一的企业名称、统一的规章制度等，导入 CIS 企业识别系统，可以让整个企业集团或连锁企业有明确的经营意识、经营指导思想、规范的操作、统一的经营管理方法及统一的企业精神，能够更好地指导企业的经营行为，提高企业知名度，为企业带来更多的经济效益。四是加强对高素质人才的开发和培育。人才缺乏是困扰和制约快餐企业发展的最重要因素。建立人才培养机制，形成人才成长梯队，是形成快餐企业集团旺盛战斗力，充满朝气活力的根本保证。建立自己的培训基地或将企业人才送往专业高校接受培训是提高企业人员素质的重要途径。

快餐企业规模经营是选择连锁经营还是选择集团化经营，前提是搞清连锁经营和集团化经营的区别。

二者的不同点[8]：一是企业形象共享程度不同。集团化经营一般只要求统一的企业名称、规章制度等，并不要求有统一的店堂布局、陈列和统一的店铺装潢设计，而连锁化经营则都要求统一。二是经营管理模式不同。连锁经营采取统一的经营模式，而快餐企业集团鼓励各成员企业发展多种经营，通过优势互补，实现利润最大化，不可能采取统一的管理模式。三是成员企业的关系地位不同。快餐企业集团的各成员企业之间是一种横向关系，以资本为纽带，每个成员企业是独立的法人；快餐连锁企业的总部与各店铺之间则是一种纵向关系，以销售为纽带，下属分店不一定是独立法人。四是管理方式和经营自主权不同。连锁经营分店与总部之间联系紧密，脱离总部，分店铺无法独立运营；快餐集团成员可以自由参加和退出集团，某个成员的退出对其他成员企业并无实质影响。五是经营形式不同。二者除有共同的经营形式——特许经营外，还有不同的经营形式。快餐连锁经营的经营形式有正规连锁、自由连锁和特许连锁；快餐集团化的经营形式有直接经营、租赁经营、合同经营和特许经营。六是自身实现条件和内部构成不同。在自身实现条件上，快餐集团化经营要比连锁经营要求高，它要求企业在资金、技术和实力方面都要达到一定的程度。内部构成上，集团化经营不一定设置配送中心，而连锁经营必须设立统一的配送中心。七是组织结构不同。快餐企业集团多为跨行业、跨地区、多功能、系列化的企业联合体，快餐连锁企业则以多店铺的铺面式经营为主。

二者的相同点：一是组织形式相同，快餐企业集团与连锁企业都属于经济联合体；二是经营目的相同，都是为了扩大经营规模，追求规模效益；三是发展趋势相同，二者都可以发展跨地区、跨国经营，组建大型国际联合集团。

快餐企业应该根据自身特点和发展阶段选择合适的规模化经营模式，也可以将二者结合起来，如采用连锁集团化、集团连锁化的经营模式。

六　推行以国际化理念和经营模式为主要内容的国际化战略

经济全球化的进程和趋势使得企业在经营时不再仅仅面对一个局部市场而是面对着一个全球一体化的市场，面临着世界范围内的竞争。西式快餐企业早已在40多年前便采用了国际化战略，西式快餐店已遍布世界多数国家。西式快餐进入我国，不仅丰富了中国的餐饮市场，为中国人民带来了全新的饮食体验，同时也加剧了中国餐饮市场上竞争的激烈程度。中国餐饮历史悠久，品种丰富，口味多变，烹饪方法众多，中餐对海外的消费者无疑有着巨大的吸引力。在中国快餐业迅速发展的今天，中国快餐业生产技术已逐渐成熟，市场竞争的激烈程度也日益加深，中国快餐企业已经具备了实施国际化战略的条件。中国本土快餐走出国门，不仅有利于缓解国内餐饮市场的竞争压力，还有利于企业利用其他国家丰富的资源和廉价的劳动力，实现资源的优化配置，攫取国际市场的无限商机，有利于企业实现规模化经营。

（一）要确定正确的国际化经营理念

面对经济一体化的趋势和日益激烈的国内餐饮市场竞争环境，中国快餐企业应在立足国内市场的同时更好地研究国外快餐企业发展经验和形势，从企业运作、人才培养和行业规则等方面积极借鉴国际成功理念和模式，先在思路上与国际接轨，这是走向国际化的前提[9]。走国际化道路的快餐企业应该要求所有的管理人员要用开放的思维考虑问题，用超前的市场意识预测市场。企业所有技术创新、管理手段、市场开发、资本运作、品牌塑造都着眼于国际背景，在国际化的领先理念、超前视野下开展各项工作。同时也应对国际化进程中可能存在的困难有清楚的认识，要以坚定的信念应对国际化进程。

（二）要确定合理的投资模式

我国企业国际化的途径主要有三种，即出口模式、对外直接投资和合资并购。由于快餐食品价格较低且食品类商品保质期较短，不适合国际贸易，因此出口模式对于快餐企业来说并不适合。对外直接投资对中国的快餐企业来说是一种比较适合的投资方式，规模较大的中国快餐企业在资金充足的情况下，通过对国际市场的考察，可以在其他餐饮业较发达、资源丰富的国家投资建厂，不仅能够为该国家带来一种全新的饮食享受，而且还能够利用当地丰富的资源开展生产活动，增加企业收益。合资并购是企业资产重组的最常用的方式，它能够直接利用被并购企业的厂房、生产技术以及设备投入生产，并且还能够利用被并购企业以前的品牌影响力及客户资源进行销售。企业并购正是利用经济系统的非均衡性在时间、空间、供需结构上产生的落差，发掘其中的利润，最终实现企业超常规发展的。但由于合资并购的方式需要投入大量资金，扩大的企业规模要求更大的市场占有率，因此也存在较大风险。国内外不乏因兼并收购后救不活别人而把自己拖垮的案例。快餐企业在采取国际化战略的时候应选择合理的投资方式。

（三）制定国际化的企业规范和管理机制

企业一旦有国际化的企业定位，企业在发展过程中就应在企业规范制定和企业战略设计时以国际化发展为指导，当企业发展到一定规模时，在机构、人员配制、公司经营、渠道建立、服务网络等方面要进行全球化布局，企业的管理人员和技术、市场人员都应该按照国际化标准进行招聘，将国际化理念融入企业文化当中，并适时结合自身的特点和国外餐饮市场的发展程度，同时结合国外当地的法律条件和当地对餐饮业发展提供的政策环境等，选择在合适的国家和地区投资发展。

（四）要有国际化的运营机制和发展模式

它主要包括四个方面内容，一是以创新为灵魂，即注重持续不断的自主创新。创新不仅仅是技术的创新，更包括理念、管理、市场等全方位的持续、不断的创新。二是以技术为核心，即注重运用自己最熟悉也是最成熟的技术，打造企业的核心竞争力，做自己最熟悉的产业和环节，注重在最合适的时机，运用最合适的技术将具有最合适性价比的产品推向最合适的市场。三是以市场为先导，就是注重以市场为先导的技术和管理，运用的技术必须是切合市场需求的技术，运用的管理必须是适应市场运作规定的管理。四是以资本为后盾，也就是注重资本的运作，始终为企业的长远发展服务，从根本上保障所有投资者的利益，并且是保障所有投资者的长远利益，而绝非短期效益。

七　完善以中国餐饮文化与企业文化为主体的文化建设

对于餐饮业来说，文化既包括行业文化（即餐饮文化）又包括企业文化。餐饮文化是人们在利用、改造自然和社会的实践中所创造的有关饮食的物质成果和精神成果的总和。它是在特定的社会民族文化的氛围中长期积淀形成的饮食思想、饮食心理、饮食习惯、饮食哲学、烹饪艺术等[9]；企业文化是一个企业的灵魂，主要包括企业的经营哲学、价值观念、企业精神、企业道德、团体意识、企业形象、企业制度等，企业文化对于企业战略的制定有着举足轻重的作用。加强快餐文化管理，促进快餐行业发展，应从以下几个方面着手：

（一）深入挖掘中国餐饮文化

中华民族历史悠久，文化源远流长，餐饮文化更是博大精深，享誉全球。现代中国快餐应该不断挖掘中华饮食精髓，推陈出新。

1. 从中国历史入手，挖掘五帝、夏、商、周、秦、汉、三国、魏晋、南北朝、隋、唐、五代、宋、辽、金、元、明、清、中华民国到现在，各个历史时期的饮食文化，为现代快餐注入淳厚的历史记忆，不断进行改良创新[10]。例如：中国现在市面上比较常见的云南过桥米线就有着一段美丽凄惨的爱情故事，让人们在记住这个故事的同时也记住了过桥米线。

2. 从全国56个民族入手，开发具有民族特色的快餐产品。维吾尔族的马奶酒、手抓羊肉；朝鲜族的冷面、狗肉、泡菜；蒙古族的烤全羊、奶豆腐都是当地特色食品，将其中一些可以速食的产品作为快餐产品在全国推广，例如：冷面、狗肉拌饭等，不仅能够让全国人民了解这些民族，还能使消费者品尝到各种口味的食品。在产品中加入文化的特征，能够在消费者在品尝美味的同时感受到一种文化的气息，不仅令消费者得到精神上的享受，还能够让消费者对产品有更深刻的认识。

（二）加强企业文化建设

加强企业文化建设，首先，应该建设企业良好的物质文化，包括营造良好的品质文化、塑造良好的企业形象和优化劳动环境等。物质文化是企业外在的东西，是企业给予消费者留下的印象，企业形象及企业环境的好坏直接影响着消费者的就餐感觉。其次，应塑造企业行为制度文化，包括塑造企业家的行为规范，培育企业英雄人物以及构建员工行为规范。企业家及企业英雄人物的行为是否规范，素质是否合格，不仅影响着企业战略目标的选择和执行，而且还能对企业员工的行为产生影响。再次，要培育企业管理制度文化，包括完善企业领导体制；选择、构建精简、合理、有效的组织结构或模式；建立、完善企业的管理制度。企业管理也是企业经营活动的一个重要方面，企业管理的好坏关系到企业能否长期合理、有序、健康发展。只有企业定位准确、制度健全、核心价值观明确，企业才能健康发展。最后，要培育企业的精神文化，包括培育正确的核心价值观；树立科学的企业经营哲学；培育、完善企业精神；培育高尚的企业道德情操以及树立企业的高尚风尚。企业的精神文化对企业的经营活动起指导作用，告诉企业管理人员和企业员工该做什么和不该做什么，应该怎样做，指导企业规范、合理、有序经营。

八　发挥以政府主导、行业协会相协调为机制的保障作用

政府是执行国家权力，进行政治统治并管理社会公共事务的国家行政机关，其职能主要包括政治职能、经济职能、文化职能和社会职能。行业协会是介于政府、企业之间，商品生产者与经营者之间，并为其服务、咨询、沟通、监督、公正、自律、协调的社会中介组织，是政府与企业的桥梁和纽带。中国烹饪协会是中国各地餐饮行业协会的管理机构，其职能可以概括为“提供服务、反映

诉求、规范行为”。鉴于目前中国快餐业发展速度快，市场竞争激烈的特点，为保证市场稳定、有序发展，各管理部门充分发挥指导和协调作用就显得尤为重要。

（一）制定好快餐业发展规划、标准法规和规范

政府及有关部门制定的《中国快餐业发展纲要》、《全国餐饮业发展规划纲要（2009～2013）》、《中华人民共和国食品安全法》、《流通领域食品经营管理办法》、《商业特许经营管理条例》等法律法规已经对中国快餐业的发展起到了极大的规范和促进作用，政府的相关部门还应对这些已有的法律法规进行不断的修订和完善并对法律尚未明确规定但有可能引起劳动纠纷或影响行业发展的部分进行适时的补充，以便促进快餐业更好地发展。

（二）协调银行和企业的关系，解决中小快餐企业资金难题

由于银行本身观念上的原因以及一些中小快餐企业存在管理和制度不规范的现实，导致很多中小快餐企业融资难，中小企业贷款手续复杂，资金问题成为制约广大中小企业发展的重要问题。政府应设立一些专门为中小企业提供贷款的金融机构或对中小企业的贷款行为提供政策上的支持，让广大中小企业可以顺利申请到贷款以解决资金压力。

（三）采取相应措施，保证快餐市场协调发展

中国地区之间经济的差异导致了各地之间生活水平和消费观念的不同，快餐在全国各地的发展速度也各不相同。在北京及东部沿海地区等一些经济发达的城市和地区，人们生活节奏较快，对快餐的需求量相对较大，而中西部一些经济欠发达地区以及很多中小城市和地区，由于经济条件或城市规模的影响，大部分人下班后会选择回家吃饭，这些地区快餐业发展则较为缓慢。对于那些快餐业发展迅速、市场竞争激烈的地区，为了更好地维护当地快餐市场秩序、避免过度竞争，行业协会应协助有关部门采取一些措施来控制餐饮企业数量的迅速扩张。例如，严把质量关，不定期对部分企业经营情况进行抽查，对质量不合格及环境不达标的企业强制其停业整顿或勒令其关闭；提高企业进入的最低注册资金数量等。而对于快餐业发展尚不完善的地区，则应在政策

上给予其一定优惠，鼓励企业的发展，如降低税率、银行为企业提供低息贷款等。

（四）维护行业内企业利益，促进行业快速发展

行业协会应在政府的政策的指导下维护好行业内企业利益、维护好行业发展秩序，以促进本行业更好更快发展。行业协会要促进行业更快发展，应不定期地组织各种会议、增加各企业之间的经验交流；对企业的生产技术、发展情况给予一定的指导；不定期地报道行业的发展动态；为广大企业介绍本行业国外最新的发展情况及技术信息；行业协会还应积极为本行业申请政策方面的优惠和支持，让广大企业得到更多实惠。

（五）协调行业之间的关系

每个行业都不是孤立存在的，都与其他行业有着或多或少的联系。餐饮业的原材料来自农业、渔业、畜牧业等行业，而餐饮企业所用的生产设备由制造业生产加工而来。在日常的生产活动中，若上游行业的原材料价格上涨，可能会直接影响到下游行业企业成本的增加，下游企业往往提出反对意见。在这种情况下，国内某个企业的力量往往非常单薄，甚至不同的企业存在不同的立场，这时行业协会作为国内企业的代言人，应从行业的整体利益出发，从战略上协调本行业与上下游行业的关系和利益，让本行业的企业得到更多的实惠。

总之，中国快餐业产生至今，总体发展趋势良好，适应了社会发展要求，快餐业得以持续发展，市场稳步增长。虽然中国快餐市场上尚存在一些问题，但广大快餐企业定会采取适当措施积极应对。中国快餐业的“黄金期”在中国部分发达地区已经到来[3]，中国快餐业的未来将更加美好。

参考文献

［1］杨铭铎、张良胤：《中国快餐业的研究进展》，《食品科学》2009 年第 23 期。

［2］杨铭铎、张良胤：《对中国快餐业发展现状的分析》，《商业经济》2010 年第 4 期。

［3］杨铭铎、张良胤：《中国快餐业发展的阶段性分析》，《商业时代》2010 年第 1

期，第 28 ~ 29 页。

[4] 杨铭铎、张良胤：《中国快餐业发展趋势预测》，《商业时代》2010 年第 8 期。

[5] 杨铭铎：《回顾、展望与对策——论面向 21 世纪的中国快餐业》，《商业研究》2001 年第 4 期，第 144 ~ 147 页。

[6] 杨铭铎：《饮食美学及其餐饮产品创新》，科学出版社，2008，第 43 页。

[7] 菲利浦·科特勒：《营销管理》，上海人民出版社，2003，第 10 页。

[8] 杨铭铎：《从连锁和集团化的异同析现代餐饮企业集团化的战略选择》，《哈尔滨商业大学学报》（社会科学版）2007 年第 2 期，第 105 ~ 108 页。

[9] 杨铭铎：《餐饮企业管理研究（上册）——餐饮企业战略》，高等教育出版社，2007，第 146 ~ 159 页。

[10] 杨柳：《中国餐饮产业竞争力研究》，北京交通大学博士论文，2007，第 11 页。

B.9

餐饮企业与金融资本的融合

赵京桥*

餐饮企业与金融资本的合作是传统服务业与现代金融融合的重要领域，对于推动餐饮业实现产业化、标准化、连锁化和现代化具有重要意义。本文拟探讨传统餐饮企业如何更好地与金融资本合作。

一　餐饮业成为金融资本关注焦点

创业投资（VC）在进入21世纪后，开始关注我国餐饮领域的投资机会，并在2005~2011年达成了诸多投资协议。据公开资料显示，7年间，共计达成了37个餐饮企业创业投资协议，其中2007、2008和2009年为投资高峰（如图1，附表1）。

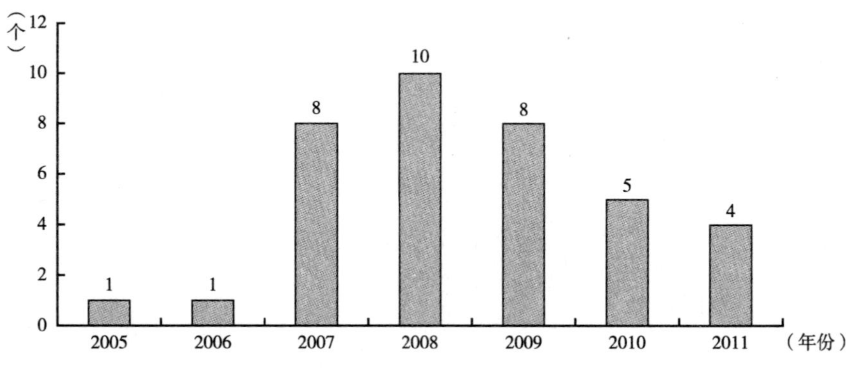

图1　已公开的餐饮业创业投资项目

资料来源：根据公开资料的整理。

* 赵京桥，中国社会科学院财政与贸易经济研究所信息服务与电子商务研究室助理研究员，服务经济与餐饮产业研究中心副主任。

除了已公开的数据外，《中国餐饮连锁企业发展战略趋势调查》显示，目前处于资本运作阶段的餐饮连锁企业中，6% 的餐饮连锁企业已引入资金或准备上市，有 72% 的企业已与多家投行洽谈，越来越多的创业投资或私募股权投资基金继续寻找新的餐饮连锁项目。

餐饮业之所以能够引起创业投资的重点关注，主要包括宏观政策、产业规模、产业增长、产业潜力、产业集中度和企业能力这 6 大因素（如图 2）：

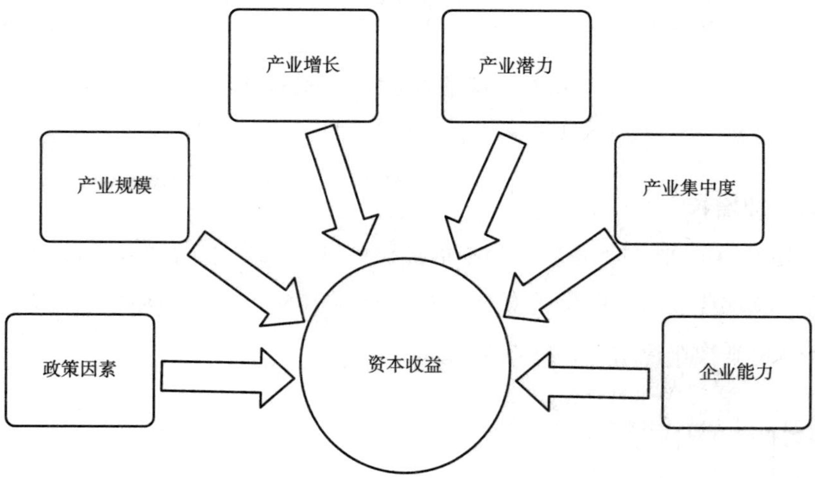

图 2　餐饮业对创业资本的吸引力

1. 宏观政策因素

我国宏观经济工作重点在“十一五”期间出现重大调整，扩大内需，刺激消费在金融危机后成为政策重点；国家“十二五”规划和中央经济工作会也都把内需作为未来中国经济增长的主要动力，要发挥消费拉动经济增长的重大作用，解决经济增长动力失衡问题，“十二五”规划提出：“要加快形成消费、投资、出口协调拉动经济增长的新局面”，首次将“消费”放在“投资”之前，这些均构成支撑消费行业发展的长期政策利好。

2. 产业规模

餐饮业规模继在 2006 年突破万亿大关，2008 年突破 1.5 万亿关口后，2011 年全国餐饮收入突破 2 万亿元大关，总额高达 20543.3 亿元，同比增长率为 16.9%，占社会消费品零售总额的 11.34%。

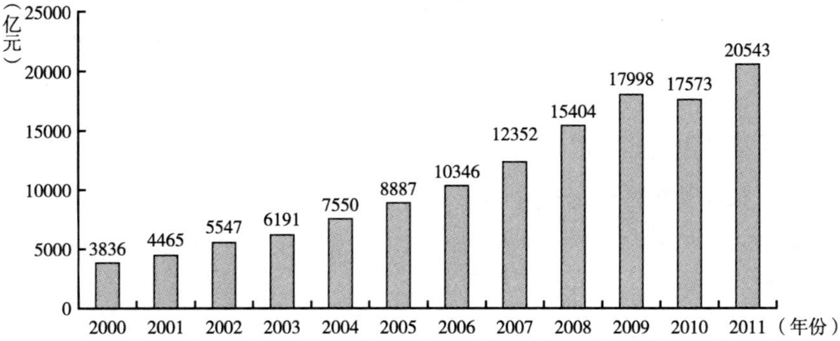

图3　中国餐饮业规模增长情况

资料来源：国家统计局，www. stats. gov. cn/。

3. 产业增长

自1991年以来，全国餐饮业零售额保持两位数以上的增幅；进入21世纪后，我国餐饮业收入继续保持高速增长，都在16%以上，即使在金融危机时期也同样保持平稳快速增长，抗周期能力很强。

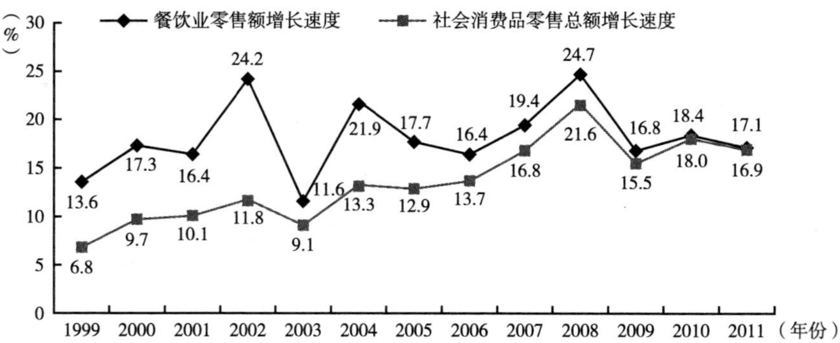

图4　中国社会消费品零售总额与餐饮业名义增长速度：1999～2011

资料来源：国家统计局，www. stats. gov. cn/。

4. 产业潜力

首先我国拥有13亿人口的餐饮消费市场，随着我国经济发展，城市化进程的推进，社会化餐饮需求将会有稳定的增长和巨大的市场空间；其次，当前我国区域经济发展不平衡，中西部地区仍然拥有广阔的开发潜力；中国文化在全球的传播也会推动中餐在全球的传播；专业化餐饮需求将会随着餐饮产业细分的深入和消费者需求多样化而呈现出大量市场机会，比如孕妇餐饮、老年餐饮等等。

5. 产业集中度

我国餐饮业产业集中度低。据中国烹饪协会发布的《2010 年中国餐饮百强经营情况分析报告》显示，2010 年我国餐饮百强企业营业额为 1395.84 亿元，同比增长 11.69%，占全年社会餐饮收入的比重为 7.91%。餐饮业低集中度将会带来更多发展和并购机会，特别是拥有扩张实力的餐饮企业。

6. 餐饮企业能力

经过长期的发展、积淀，我国餐饮企业能力得到了大幅提高，出现了一批优秀的品牌餐饮企业，其餐饮标准化、信息化、工业化水平，使其具备了规模连锁的能力，更为重要的是，餐饮业培养了一批具有创新精神的餐饮企业家。

尽管存在以上 6 大长期利好因素，但短期来看，特别是 2011 年中，由于餐饮业存在的食品安全风险、财务规范问题等原因，金融资本对于餐饮企业的投资趋于谨慎，2011 年达成的投资协议仅有 4 个，而且除了唐宫在香港上市外，其他 IPO 申请都被推延或者主动暂停。

二　餐饮业与金融资本合作的经验教训

餐饮业作为传统的服务业在利用现代金融方面还是初学者。对于现代金融的使用，餐饮企业家之间也存在很多分歧，有些坚决抵制创业投资，有些则积极寻求资金的进入。金融资本是一把双刃剑，对于餐饮企业来说，它既是“糖”又是“狼”，一方面，金融资本可以为餐饮业发展提供资金支持，但是如果对财务风险缺乏控制，很容易因为资金问题而陷入困境，另一方面，金融资本进入会倒逼餐饮企业管理现代化，提升自身的竞争力。所以说，对于金融资本，关键在于掌握其规律，控制风险，使其更好地为企业服务。

从已有的餐饮企业与金融资本合作的情况来看，有不少经验教训值得学习。

（一）餐饮企业与风险投资的合作：俏江南与鼎晖投资的摩擦

2008 年，俏江南与鼎晖投资达成协议，引入 2 亿元人民币的创业投资，鼎晖拥有俏江南约 10% 的股权。而在 2011 年，俏江南创始人张兰评价这笔交易时认为，“引进他们（鼎辉）是俏江南最大的失误，毫无意义”，“他们什么也没给我们带来，那么少的钱稀释了那么大股份。”这是在证监会搁置俏江南等餐饮企业上市计划之后，两方摩擦的集中爆发。

一家优秀的餐饮企业与知名的创业投资基金的合作项目，在合作3年后，却得到了企业创始人如此的评价，实际上反映了俏江南在引入创业投资前并没有做好充分的战略思考，做出了错误的决策，从而导致了在项目合作过程中产生多种分歧，尤其是在企业发展目标和战略，企业管理理念以及企业文化等方面。

俏江南与鼎晖投资之间的摩擦还反映了一个普遍存在的企业估值问题。餐饮业的产业发展不像高科技和互联网产业具有瞬间爆发力，所以在对企业进行估值时往往比科技企业低。而且在不同的宏观经济环境下，未来的预期现金流就会不同，资金成本也会不同，所折现的现值也会出现较大差异。俏江南在2008年金融危机爆发的时期引入创业投资，所以在当时的宏观经济环境下，对企业未来发展预期会更加悲观，而且资金成本也会更高，企业的估值也会下降。

（二）餐饮企业与资本市场门槛：产业风险集中爆发，上市步伐缓慢

一方面，火锅底料、地沟油、味千拉面事件等新闻事件的集中爆发，充分凸显了当前餐饮业的食品安全风险；另一方面，餐饮业存在的现金交易导致的财务规范问题，使得餐饮业管理规范程度和透明度遭到质疑。这一系列问题使得监管层重新考虑餐饮企业上市问题，导致诸多餐饮企业上市搁浅。

2011年上半年，已经向我国证监会递交上市申请的顺峰集团、老字号“狗不理”、俏江南和净雅全部被搁置；9月，小南国发布公告，以市况欠佳为由，搁置上市计划；10月，金汉斯在赴港聆讯前一天紧急叫停IPO。资本市场对于餐饮企业的质疑导致5家餐饮企业搁置上市计划。。

餐饮企业上市搁置不仅仅对其自身的经营发展带来巨大影响，而且使得风险投资对餐饮产业的投资态度降到了低点。2011年在国内风险投资项目增长的情况下，餐饮业据公开资料仅仅4家企业获得了投资。

在我国餐饮企业上市受阻，融资困难的同时，跨国餐饮集团利用资本市场不断地通过收购的方式快速布局中国市场，如肯德基已经把战略重点转移到中国，

并通过资本运作收购了小肥羊涉足火锅全产业链，而菲律宾餐饮集团快乐蜂也收购了永和大王和宏状元两个知名连锁品牌成功进入中国市场。相比这些跨国餐饮企业，我国餐饮企业资本运作能力相差很远，需要尽快提高。

所以上市搁置时间越长将越不利于我国餐饮企业做大做强。我国拟上市餐饮企业要积极与资本市场沟通，提高企业内控水平，加快完善企业连锁标准化体系。

（三）餐饮企业与财务风险控制：福记食品（HK：1175）清盘事件

2009 年 10 月 19 日，福记食品控股有限公司（HK：1175）以保护公司的资产和以公司的全体债权人利益为目的，向香港特别行政区高等法院提出清盘呈请，震惊国内业界人士。在 2004 年上市后，福记食品服务乘香港股市牛市之势，最高涨至 29.2 元港币，成为在香港上市的明星餐饮企业，而仅上市 5 年便呈请清盘，而且是在国内生产经营基本正常情况下，不得不令市场投资人大跌眼镜。

从福记食品上市后的融资记录可以看到，在 2005 年 10 月，福记食品通过摩根大通（J. P. Morgan）发行了 6.2 亿港元的可转股债券，由于 2006 年正值香港股市牛市期间，福记食品股价涨幅超过了可转股债券的换股价，于是 6.2 亿港元的债务通过换股成为股权，之后福记食品又于 2006 年 11 月再通过瑞银与美国纽约银行梅隆公司订立了 10 亿港元零息可转债，2009 年 11 月 9 日到期，于 2007 年通过花旗与 Capita Trust Company Limited 订立了 15 亿元人民币零息可转债，2010 年 10 月 18 日到期，港元结算。① 由于处于股市牛市，这两笔债券的换股价较高。但是在 2007 年年底爆发的全球金融海啸使得全球股市崩盘，进入熊市，福记食品最低跌至 3 港元以下，至今也未能达到换股价，同时福记食品在金融海啸中也未能实现业绩的大幅增长，于是这两笔可转股债券成为名副其实的债务，一下子把福记食品的资金链给剪断了。

从图 5 和 6 可以看到，福记食品服务的融资成本在 2006 年后迅速上升，2007 年资本负债比率迅速跃至 72.4%，2008 年更是高达 90.4%，已经隐藏着较

---

① 引自新华网：《福记危机路线：扩张 - 借债 - 金融风暴》，http：//www.ce.cn/cysc/sp/subject/2009/fj/index.shtml。

大的财务风险。资本市场既给福记食品的发展提供了大量资金支持，同时也给其带来了较高的财务风险，可谓是成也萧何，败也萧何。

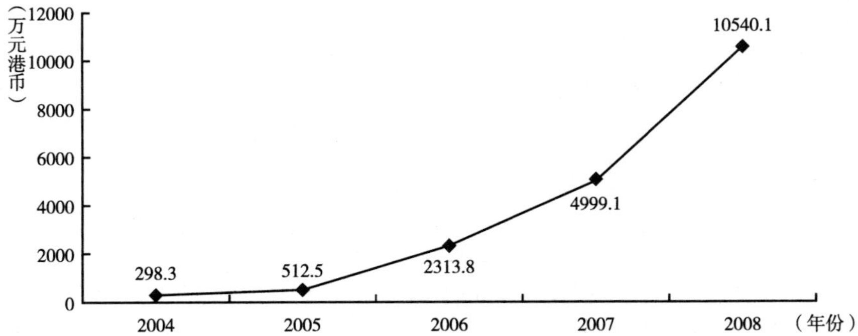

图5　福记食品服务上市融资成本

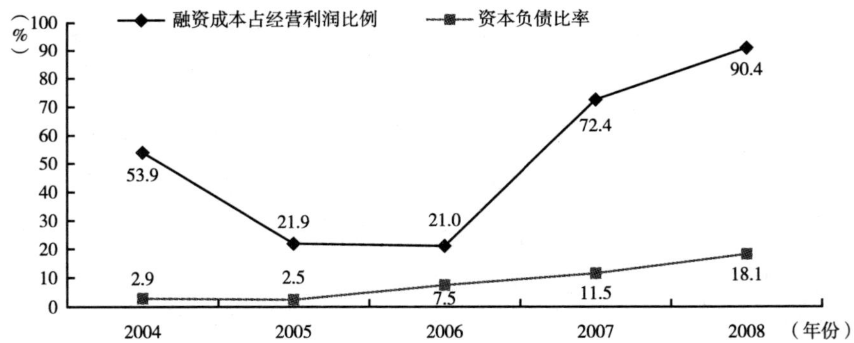

图6　福记食品融资成本占经营利润比例和资本负债比率

（四）经验与教训

以上餐饮企业在与金融资本合作时产生的摩擦、遇到的挑战和存在的风险是具有典型性的，其经验和教训对于未来餐饮企业在选择与金融资本合作时具有借鉴意义。

1. 餐饮企业在选择与创业投资合作时，要明确企业自身的战略需求，要与金融资本在发展目标、管理理念、企业文化方面进行充分的沟通。

2. 餐饮企业在引入外部投资者时，一定要提高企业管理现代化水平，加强内部控制，这样才能获得投资者的信任。

3. 资本是逐利的，这条原则在任何时候都不会改变，在享受规模资金带来的迅速发展的同时，也要提高风险意识，福记食品清盘事件给中国餐饮企业敲响了警钟。对于中国上市餐饮企业来说，在资本市场摸爬滚打，仍需要进一步引进金融、财务人才，对资金杠杆、金融工具的运用需要加强财务风险控制等方面的管理。

三　餐饮企业与金融资本的融合

餐饮企业与金融资本的融合是指餐饮企业能够科学地利用金融资本为自身的战略发展服务。

尽管当前餐饮企业与金融资本的合作仍存在种种障碍，但长期来看，餐饮企业与金融资本的融合是产业的重要发展趋势。餐饮企业与金融资本的融合是我国餐饮企业实现全球知名餐饮企业的重要路径；是餐饮业从传统服务业向现代服务业转变的必然趋势；也是中国作为餐饮大国走向世界的必要条件。

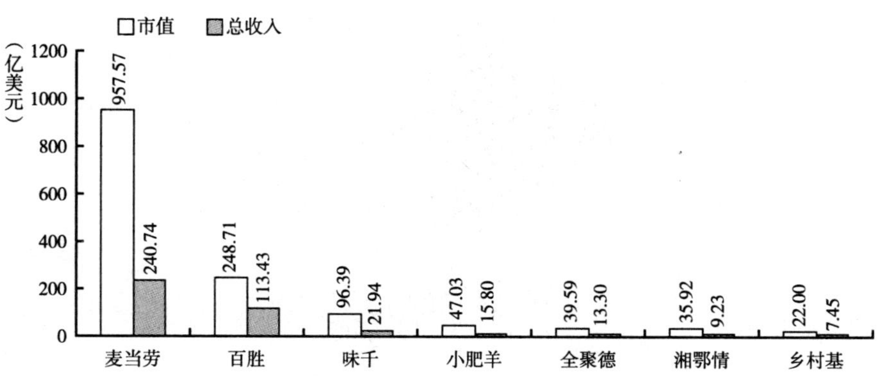

图 7　我国上市餐饮企业与麦当劳的市值与总收入

注：市值以 2011 年 10 月 27 日收盘价计算。

从我国上市餐饮企业与世界知名上市餐饮企业相比，无论在市值还是总收入水平上还相差很远，即使麦当劳用美元为单位衡量也依然超过味千拉面市值近10 倍。所以我国餐饮产业与金融资本融合的道路任重而道远。

对于餐饮企业来说，与金融资本的融合是发展的重要机遇，同时也意味着要面临管理的变革。最大的变革就是餐饮企业将从私人公司转为公共公司，管理从非透明转向透明和合规。因此餐饮企业在准备引入创业投资时必须要做好充分的准备，主要有以下五个方面：

（一）要有主人翁精神

尽管餐饮业是传统行业，创业投资往往具有现代管理理念，并不意味着投资方在合作中要处于主导地位。餐饮企业要立足于企业自身发展，金融只是企业发展所依赖的重要工具。

（二）明确企业定位

不同的餐饮业态具有不同的特点和发展路径，餐饮企业在与金融资本合作前要明确自身企业定位。从 2005 ~ 2011 年创业投资的投资业态来看：快餐、休闲餐饮、火锅是主要投资对象，相比于其他餐饮业态更具有快速复制能力。而通过连锁实现快速复制是创业投资所青睐的重要特点。

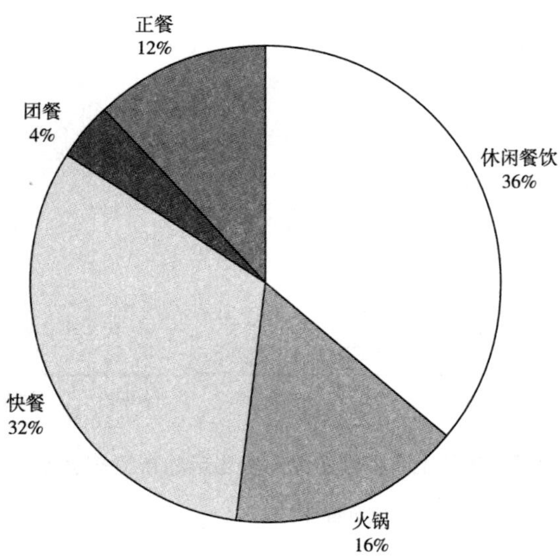

图 8　2005 ~ 2011 年获创业投资餐饮企业业态分布

（三）制定企业发展战略

对于权益类融资来说，与负债类融资最大的区别就是权益类融资看重企业的未来。因此一个长远的具有可行性的企业发展战略对于创业投资非常重要。要制定企业发展目标，完善企业商业模式，建立现代企业管理制度，

（四）了解企业发展战略对创业投资的诉求

了解企业发展战略对创业投资的诉求对于成功引入创业投资者非常关键。创业投资对企业发展战略的支撑最为直接的就是资金支持。

从餐饮业自身特点来看，餐饮企业往往拥有比较充裕的现金流，因此通过自有资金或者合伙实现扩张是餐饮业最为普遍的融资方式，而这两种融资方式也具有资金量少，积累慢等特点。对于以较快速度实现连锁复制，规模化经营的餐饮企业来说，创业融资和上市融资是获取规模资金的重要渠道。从乡村基的发展来看，从成立到获得创业投资前，仅仅通过内源性融资开设了9家门店，而在获得创业投资后，门店扩张速度迅速加快，三年新设门店122家，并最终成功登陆纽交所。

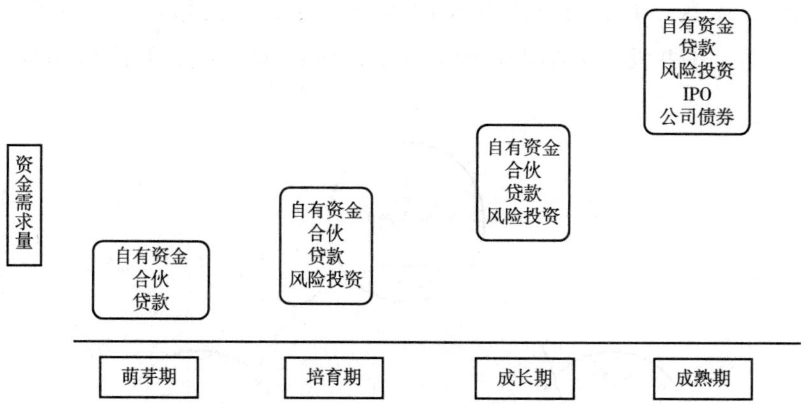

图9　餐饮企业不同发展阶段的融资渠道

但是同样也存在不少餐饮企业在实现规模的快速扩张后，最终因连锁管理失控而收缩规模甚至失败的案例。因此餐饮企业在通过融资实现规模扩张前，必须要加强自身的能力建设，一方面是自身专业能力建设，如烹饪技术研发，菜品研发等等，另一方是连锁管理能力的建设，包括标准化能力、工业化能力、信息化能力和服务能力（如图11）。连锁管理能力的建设将决定规模扩张的成败。从图12可以看到，连锁管理能力与企业连锁规模呈现阶段性上升趋势：在连锁管理

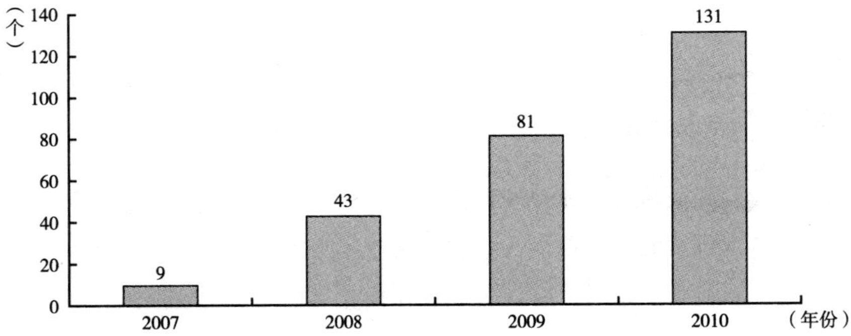

图 10　乡村基在获得创业投资后的快速门店扩张

能力形成期，规模扩张往往较慢，而在连锁管理能力成熟期，企业可以实现快速扩张；在规模达到一定瓶颈后，又需要建设新的管理能力。连锁管理能力与企业连锁规模的这种关系可以在味千拉面的扩张路径上得到印证（如图 13）。味千拉面在上市后实现了快速扩张，但在 2009 年减缓了扩张步伐，加强内部管理，注重门店经营效益，年平均单店营业额提升至 499 万港币，在营业额只增长 18.71%，毛利率并没有大幅提升的情况下，净利润大幅提升了 43.48%；2010

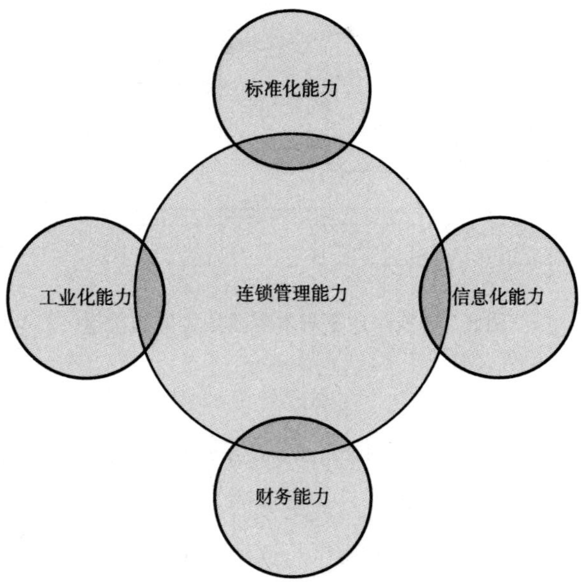

图 11　连锁管理能力

年，味千拉面开始重新走上快速扩张道路，并同时注重扩张的质量，全年新开门店 110 家。

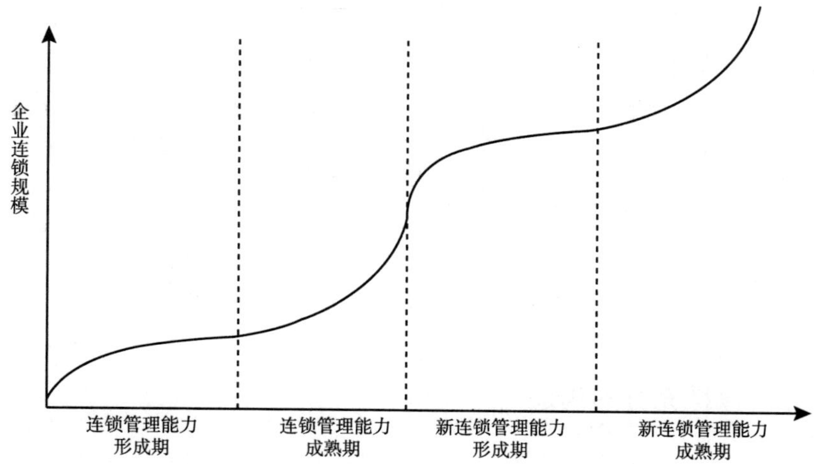

图 12　连锁管理能力与企业连锁规模的关系

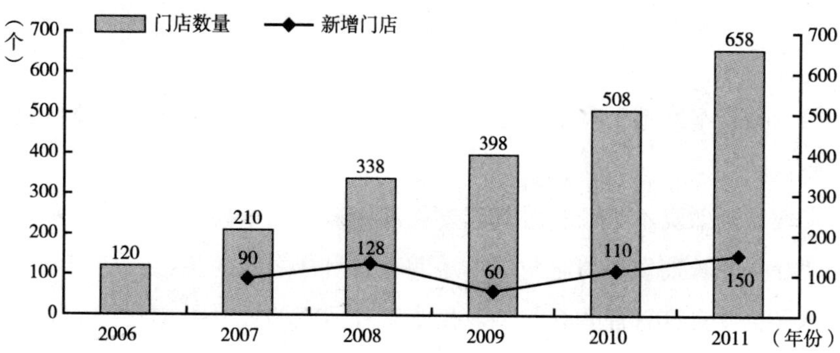

图 13　味千拉面扩张路径

综上，尽管资金是创业投资给予企业发展战略的最大支撑，但是餐饮企业对于资金的使用不应首先考虑规模，而是要审视自身的企业能力是否可以支撑规模扩张，能力建设要比规模扩张更为重要。

餐饮企业对于金融资本的诉求不应仅仅限于融资需求，还可以通过引进战略投资者以提升企业现代化管理水平，或者利用投资人在全国和全球网络资源，实施企业的外部扩张战略。

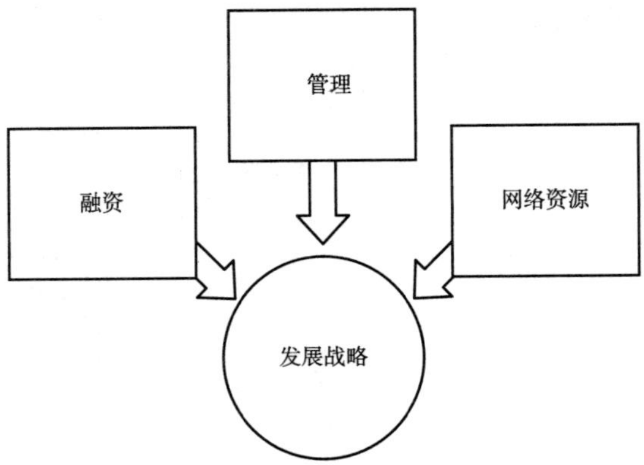

图 14 创业投资对餐饮企业发展战略的主要支撑

（五）保持充分的沟通

最后一点就是餐饮企业要与金融资本保持充分的沟通，充分展示企业的价值，并沟通企业自身发展需求，寻找认同企业发展战略的创业投资人。

四 结束语

利用金融资本并不是餐饮企业发展的唯一路径，但是是餐饮企业更快更好发展的重要路径。

要实现与金融资本的顺利融合就要处理好以下四个关系：

处理好企业长期发展战略与资本短期赢利目标之间的关系；

处理好企业自有管理体系与创业投资管理体系的关系；

处理好快速扩张与连锁管理能力之间的关系；

处理好快速扩张与财务能力之间的关系。

附表 1 已公开的风险投资在中国餐饮企业主要项目：2005～2011 年

时间	投资机构	金额	餐饮类型	餐饮企业
2005 年底	顶新集团，SIG，IDG，沈南鹏，东元集团	1260 万美元	休闲餐饮	一茶一坐
2006 年 8 月	3i 与普凯基金	2500 万美元	火锅	小肥羊
2007 年 1 月	寰慧投资(GGV)	1068 万美元	休闲餐饮	一茶一坐
2007 年 6 月	红杉、海纳亚洲创投基金 SAI	2500 万美元	火锅	重庆小天鹅火锅

续附表

时间	投资机构	金额	餐饮类型	餐饮企业
2007 年 7 月	凯雷	超过 1 亿人民币	休闲餐饮	巴贝拉
2007 年 10 月	今日资本、联动投资	3 亿人民币	快餐	真功夫
2007 年 10 月	晨兴创投	1200 万美元	快餐	丽华快餐
2007 年 11 月	红杉、海纳亚洲创投基金 SAI	2000 万美元	快餐	乡村基
2007 年 12 月	凯雷亚洲增长基金	2100 万美元	休闲餐饮	迪欧餐饮集团
2007 年 12 月	中美桥梁资本	5632 万美元	火锅	重庆东方莱根香
2008 年 1 月	长安创新北京投资咨询有限公司	5000 万人民币	西餐	亚洲蕉叶饮食集团有限公司
2008 年 2 月	德诚盛景	不详	休闲餐饮	北京好伦哥
2008 年 4 月	华生资本	3000 万美元	休闲餐饮	浙江两岸食品连锁有限公司
2008 年 4 月	IDG 技术创业基金	500 万人民币	火锅	重庆奇火锅
2008 年 8 月	快乐蜂	5550 万美元	快餐	宏状元
2008 年 9 月	橡树资本	2300 万美元	休闲餐饮	一茶一坐
2008 年 9 月	深圳创新投资	10 亿元人民币	烧烤	百富烤霸
2008 年 11 月	英联控股	5000 万美元	火锅	呷哺呷哺
2008 年 12 月	鼎晖投资	2 亿元人民币	正餐	俏江南
2008 年 12 月	鑫华投资	3000 万元人民币	快餐	红高粱
2009 年	今日资本	不详	休闲餐饮	避风塘餐饮
2009 年 2 月	美亚投资	3000 万元人民币	快餐	上海盛记一品锅贴
2009 年 3 月	乐澳投资	不详	休闲餐饮	伊诺咖啡
2009 年 3 月	上海复星平耀	1000 万美元	快餐	浙江老娘舅餐饮有限公司
2009 年 5 月	不详	3 亿元人民币	综合	上海唇齿香浓餐饮管理有限公司
2009 年 6 月	智基创投	不详	休闲餐饮	喜来公社
2009 年 6 月	松禾资本	176 万美元	团餐	金谷园
2009 年 9 月	凯达创投	5000 万人民币	正餐	吴地人家
2010 年 1 月	深圳创新投、昆吾九鼎投资等	不详	正餐	净雅餐饮
2010 年 1 月	复星普润	不详	正餐	望湘园
2010 年 2 月	中科招商	不详	休闲餐饮	绿茵阁
2010 年 10 月	红杉、涌铧资本	1 亿元人民币	快餐	嘉和一品
2010 年 11 月	天图创投	6000 万人民币	食品连锁	周黑鸭
2011 年上半年	兰馨亚洲	600 万美元	正餐	唐宫
2011 年 6 月	MUS Roosevelt Capital Partners	不详	西餐	好伦哥
2011 年 7 月	安佰深	2.5 亿美元	自助餐	金钱豹
2011 年 10 月	启明创投、和通投资和三井物产环球投资	2000 万美元	休闲餐饮	心品印象餐饮管理有限公司

B.10

餐饮企业产业链延伸与创新方式研究

程小敏*

餐饮企业在逐步壮大、逐步成熟的过程中，在外部市场环境与行业内部竞争的不断冲击下，尽管不同的餐饮企业所处发展阶段各异，但整合优势与创新思路却是餐饮企业发展的共识。有的餐饮企业力争企业的规模化扩张，有的餐饮企业致力于企业的标准化建设，有的餐饮企业专注于企业的信息化管理，有的餐饮企业着眼于企业的品牌化提升。结合对近几年上榜的百强餐饮企业的跟踪研究来看，当前大多数已经做大做强的中国餐饮企业基本上走的都是一条规模扩张、品牌建设到相关产业开发、上下游产业链打造的路径，只是由于所处发展阶段或者企业经营战略的差异，呈现出“准备出发”、“刚刚上路”或者“稳健前行”的不同“奔跑”位置上，不管“奔跑”过程如何精彩纷呈，但最终的目的地只有一个那就是产业化，形成基于产业链的产业集群。这一点在商务部出台的《全国餐饮业发展规划纲要（2009～2013）》中也有体现。

在当前国家“十二五”经济战略调整的规划思路指导下，在行业集中度提高、产业转型升级步伐加快的背景下，随着餐饮业连锁化、品牌化经营的深入，面对内部经营成本的压力和外部竞争形势的加剧，打造产业链，延伸产业长度，创新产业深度将成为餐饮企业发展的未来导向。而且从餐饮企业发展和行业提升来看，延伸产业链不仅有利于巩固现有的竞争优势，降低成本，最大化规模经济的积极效应，而且从产业链延伸的通常思路来看，一般是以核心业务或者优势能力为延伸原点的，在延伸产业链的过程中，实现了优势组合，提高了企业应对外部风险的能力，使企业真正立于不败之地。最为重要的优势在于，产业链延伸的

---

* 程小敏，管理学硕士；中国烹饪协会行业发展部副主任，主要从事企业经营管理研究、餐饮市场数据统计分析和餐饮企业案例分析。

每一处触角都是资源，随着产业链的延伸与优化，企业将掌握更多的资源话语权，具备更强大的市场控制能力，这将是任何一个企业都梦寐以求的能力和优势，特别是对于像餐饮行业这样处于国民经济产业链条相对下游的行业而言更是尤为重要。

产业链是一个包含价值链、企业链、供需链和空间链4个维度的概念，对于餐饮业这样需要从传统服务业模式向现代服务业模式转型、产业关联性较强、民生需求刚性的服务行业而言，产业链更多地体现在价值链、供需链、企业链3个维度上。

从目前餐饮行业的实际情况来看，已经有部分餐饮企业在这3个维度的产业链延伸上有所尝试、有所收获。以2010年度中国餐饮百强企业数据来分析，我们发现餐馆酒楼、火锅、快餐三大主流业态的上榜餐饮企业（共有84家）中，实行了“多业态、跨区域的集团经营”的企业有34家，比例约占到40.4%，“跨区域多门店连锁经营”的企业有45家，比例约占到53.6%。在这些连锁化、多元化、跨区域发展的餐饮企业中，有接近一半的餐饮企业在餐饮领域外开辟了新的赢利增长点，围绕着挖掘顾客需求、丰富产品供给的供需链，提升企业品牌分量的价值链和强化企业市场控制能力的企业链的全面产业链延伸创新活动，随着企业的发展与深化，逐步明晰化，分工明确、互为补充的多领域、多层次的产业体系已初见端倪，企业的着眼点不仅仅局限于餐饮市场份额，企业的竞争半径和经营范围开始在上下游以及左右关联产业中进行扩展与试探，并与现有业务优势形成互利互补的局面。梳理总结这些餐饮企业在产业链延伸的经营思路和发展动向（具体内容见后表），我们发现目前餐饮企业在产业链上的延伸创新主要体现在以下3个方面：

一　基于产品线的产业链延伸与创新

这是当前大部分餐饮企业在产业链延伸中比较常用的一种方式，以产品经营或者说以顾客需求为基点，以企业利润最大化为目标，延伸产品的深度和宽度，沿着餐饮这一核心产品和服务向餐饮业的上下游延伸，而且在延伸领域和延伸节点的选择上更多地是以巩固并扩大现有的餐饮竞争优势为目的。譬如最常见的，建立餐饮企业核心菜品所需要原材料的生产基地，或者将核心菜品或产品的烹饪或加工技术应用到更广泛的市场需求中，而不仅仅局限于餐饮就餐，如半成品加工、菜品烹饪转化为工业化食品加工等，这种类型的延伸是当前大部分餐饮企业创新产业链的最主流的做法，当前在这方面做得最有成效的企业是重庆德庄、内蒙古小肥羊。当然产品线的产业链延伸上，也有个别企业走的是一条另辟蹊径之路，当大多数餐饮关注原材料、关注物流配送、关注食品加工等上游产业时，有的企业将视角放在了餐饮的下游产业，例如天水雅居根据企业餐厅的文化定位，在江西景德镇建立餐具厂，虽然目前餐具仅供企业连锁门店内部使用，但这种定制化带来的个性化和特色化是未来餐饮竞争优势的一种重要体现，也是一种全新的产业视角。而且从长期来看，餐饮业深化发展的更高层面在于产品之外的管理和文化，这些领域都将成为餐饮产业向下深化的开拓点，虽然目前餐饮业的产业延伸尚未触及或者已触及但影响力很小，这将是未来餐饮业的发展趋势。

在基于产品线的产业链延伸中还有一种特殊的情况，那就是从餐饮业的上游起步，从专长于某种特定的餐饮原材料进而发展成为以某种菜品特色或者依托原有领域的竞争优势来发展餐饮业，并成为餐饮行业的知名品牌企业，如倪氏海泰海鲜、肥西老母鸡餐饮和千喜鹤餐饮。倪氏海泰以海鲜及农产品种植、养殖和加工起家，进而发展成为业内知名的海鲜类餐饮企业，并且依托原材料的品质和物流保证，在餐饮市场占据一定的竞争优势；肥西老母鸡以养殖生态土鸡起家，并将生态鸡在原材料品质、市场口碑、原料来源渠道、物流配送上的优势运用到肥西老母鸡快餐连锁店，并将连锁店从安徽开到上海，店面数量接近100家；而千喜鹤则是把肉类养殖屠宰加工的优势运用到团餐送餐领域，成为团膳领域的领军企业。

二　基于品牌内涵的产业链延伸与创新

品牌延伸是把具备深刻内涵的品牌名称和标识用于新产品之上的经营策略。其目的是产业链内部精细化运作，也可以是在不同产业链之间的业务扩展。目前一些餐饮企业在产业链的延伸上走的是一条精耕细作的发展路径，以核心品牌和核心业态为支撑，通过品牌内涵和外延的重新设计包装，通过对餐饮各业态在消费需求本质的挖掘，将核心品牌以合理贴切的方式移植到新的产品中，并且新的产品与原有核心产品互为补充，从而将品牌的知名度和影响力扩张到更广泛的领域。例如餐饮上市公司湘鄂情不仅拥有中高端餐饮品牌“湘鄂情”，而且发挥企业在中式正餐上的管理和人才优势，培育了定位于中低端的“湘鄂情·源”、定位于高端宴请的“菁英会”以及专业宴会品牌“晶殿”。另外颇受大众消费青睐的眉州东坡酒楼，也将连锁门店的扩张与品牌的多样化相结合，目前拥有“眉州东坡酒楼”、“王家渡火锅”、“眉州小吃”、眉州私家厨房“四大品牌。

在基于品牌的产业链延伸手段上，除了企业自我培育外，还可以采取相对稳健、投资回报更快的合作或者收购的方式。例如中餐连锁企业小南国，每一次扩展企业经营范围，每一次的产业链延伸，都意味着一个新品牌的加入或创立。在小南国企业的发展历程中，每一次大事件都与一个新的品牌有关，从与满记甜品合作开拓国内市场到创立“小南”日式烧烤、“麺加”日式拉面、“小南国大味来”中餐外送，每一次在餐饮市场的扩张都以全新的品牌面孔出现，最近2年更是将经营范围从小餐饮扩张到大休闲，推出了汤河源SPA和海之源SPA两个水疗养生品牌。与其他同类型餐饮企业相比，小南国已经把品牌挖掘到极致了，现在对于小南国而言，如何整合这些品牌形象，优化各品牌的优势是企业管理和产业链整合的关键。

三 基于企业战略的产业链延伸与创新

基于企业战略的产业链延伸与创新是企业多元化发展思路的一种综合体现，当企业从日常经营管理升华到企业品牌提升乃至战略发展层面时，企业行为在追求价值最大化的同时，更加注重企业长远的未来规划，会根据不同的战略意图考量而在产业链内外进行业务的扩张。这种扩张可能是产业上下游的扩展，也可能是把原先互不相关的行业、产品、服务联系起来，用于满足市场需求和开发新的市场空间。

这种产业链延伸的目的在于通过多元化经营，最大化企业的竞争优势并尽可能分散企业的发展风险。基于战略的企业产业链延伸不仅能为传统的产业链带来新鲜内容，而且有助于提升产业的综合素质和综合实力。譬如陶然居、青岛良友还有德庄，除了在传统的产品线上进行产业链延伸，还将产业链直接指向餐饮行业最核心的人才培训，采取与当地职业技术学校合作办学或者专门自行创立的方式进行餐饮的职业培训，既为本企业量身订制人才，而且也将企业的品牌和管理理念进行了有效输出。

另外还有一些企业不再局限于餐饮产品线链条限制，而是跳出餐饮来经营餐饮，从大产业的角度去延伸产业链，将与餐饮依存度很高或者没有关联的旅游、休闲娱乐、餐饮文化、食疗养生乃至商业地产纳入企业经营的范围，使餐饮不再局限于“吃”与“喝”，而成为一种新兴体验经济内涵的综合服务产业。如重庆三剑客（武陵山珍、奇火锅、巴将军）打造的集旅游休闲、养生文化和餐饮体验的南山美食街。陶然居打造的集观光休闲、生态餐饮、园林文化、人才培训等功能为一体的大型生态农业项目——“中国重庆陶然居建设社会主义新农村示范基地”。更有如武汉湖锦、重庆小天鹅、净雅在商业地产方面的开拓。

在基于企业战略的产业链延伸中，除了实业形式的产业扩张外，也有少部分企业将企业的管理经验和管理优势上升为产业优势。如麦广帆餐饮策划管理集团，企业最初是由中山海港大酒楼发展而成，从餐饮经营管理，广开餐饮连锁门店发展到如今成为主要从事餐饮投资策划、饮食顾问管理的餐饮策划管理集团。企业的业务核心不仅在于餐饮投资及酒楼管理，而且还包括餐饮管理经验输出、业务咨询及顾问管理服务等，在将企业产业链条向下游延伸的同时，将企业未来的战略布局进行了部署，最为重要的是后者带来的业绩增长与品牌提升将更有利于企业的持续化和科学化发展，使企业逐步转型成为集餐饮实务与餐饮管理服务于一体的综合性的新型产业公司。

总的来看，随着企业经营规模扩大，经营的风险随之加大。为了控制经营风险，企业必须努力控制产业链的上下游，或控制上游供应商乃至原材料基地，或控制下游经销商乃至终端消费者。如果某一企业仅仅将力气花在研发或者产业的某一方面，而不重视产业链相应环节的完善，就会导致中间力量薄弱，产业失去支撑，形成所谓的“哑铃型企业”。故产业链延伸的实质是依靠企业的竞争战略，创造整合的动力，打造产业价值链，从产业链整体运行效率中谋求更大的市场势力和更多的利润来源。因此从长远发展来看，餐饮企业非常有必要根据自身发展需要进行产业链的延伸。

但通过梳理相关企业的情况来看，目前餐饮业的产业链延伸还比较初级。以产品导向的上下游产业链延伸的较多。从现代企业发展规律来看，产品线延伸是基础，品牌延伸是目标，而实现泛业态的产业延伸则是最高境界。尽管目前进行产业链延伸的餐饮企业大多是具有一定实力和市场影响力的餐饮企业集团，产业链的延伸已经为企业带来了丰厚的经济或者市场效益，但需要注意的是，餐饮企业在产业链延伸时，能否抓住关键环节，每一个延伸产业或者业态是否构成或者有构成企业优势资源或价值的事实或者潜能，是餐饮企业在进行产业延伸时需要重点考虑的问题，而且在延伸过程中，所需要的物力资源和人力资源是否能到位、是否储备完善将成为影响企业产业链延伸长度和深度的关键因素。

表1　餐饮企业产业链延伸情况梳理

企业名称	上游					下游					相关产业	
	原辅料生产或养殖	物流送餐配送	食品/调味料加工	人才培训	商业地产	餐厅设计装修	餐饮项目投资策划	餐饮管理咨询	餐饮文化与养生	餐具及厨具生产	住宿	旅游娱乐
内蒙古小肥羊餐饮连锁有限公司	■		■									
中国全聚德(集团)股份有限公司	■		■									
重庆陶然居饮食文化(集团)股份有限公司	■	■	■	■	■							■
重庆德庄实业(集团)有限公司	■	■	■	■					■			
重庆市毛哥食品开发有限公司	■		■	■							■	
小南国(集团)有限公司											■	■
上海杏花楼(集团)股份有限公司		■	■								■	
深圳市麦广帆餐饮策划管理有限公司							■	■				
狗不理集团股份有限公司	■		■									
净雅食品股份有限公司					■				■		■	
浙江向阳渔港集团股份有限公司		■										
上海丰收日(集团)有限公司			■								■	
青岛良友饮食股份有限公司			■	■							■	
武汉艳阳天商贸发展有限公司											■	
武汉湖锦酒楼发展有限公司					■						■	
大娘水饺餐饮集团股份有限公司			■									
浙江五芳斋实业股份有限公司		■	■									
重庆巴将军饮食文化发展有限公司	■		■						■			■
重庆市武陵山珍经济技术开发有限公司	■		■						■			■
重庆小天鹅投资控股(集团)有限公司			■	■	■						■	■
安徽梦都集团					■						■	■
江苏天水雅居餐饮管理有限公司	■									■		
北京千喜鹤餐饮管理有限公司(团餐)	■	■	■									
合肥肥西老母鸡餐饮有限责任公司	■		■									■
倪氏海泰集团	■	■	■		■						■	

地 区 篇

Regional Analysis

B.11 2011 年北京市餐饮产业发展报告

黄 月*

一 北京地区餐饮产业运行分析

（一）“十一五”期间北京地区餐饮产业运行分析

1. 在全国餐饮产业中，北京市场发展态势良好，占据重要地位

“十一五”以来，随着我国经济的稳步发展，全国餐饮业维持了稳定、持续的发展态势。根据对限额以上餐饮业营业额的统计，营业额逐年攀升，2010年为3195.1亿元，相比2006年的1573.6亿元几乎翻了一番，平均年增长率达到20.91%。在全国餐饮市场蓬勃发展的同时，北京地区的餐饮产业呈现出更为强劲的增长态势，限额以上企业营业额由2006年的168.9亿元上升至2010年的394.7亿元，年均增长率22.15%，五年内市场规模扩大了1.34倍。

* 黄月，中国社会科学院财经院服务经济与餐饮产业研究中心特聘青年研究员，中国社会科学院研究生院工商管理研究生。

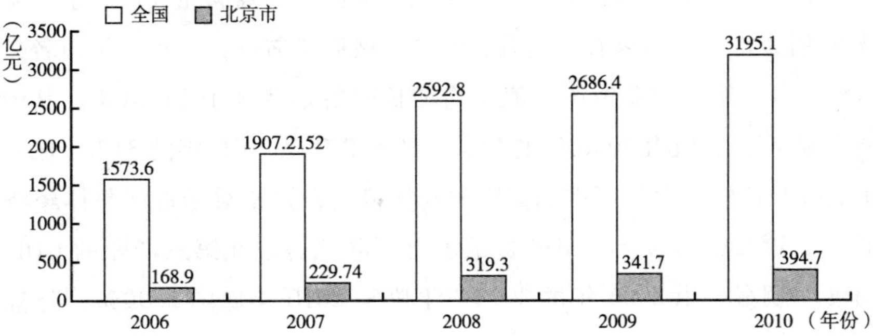

图 1　全国及北京市限额以上餐饮业营业额

注：限额以上餐饮业企业是指年主营业务收入 200 万元以上的餐饮业法人企业。
资料来源：国家统计局。

在全国一级行政区（除港、澳、台外）的比较中，北京市限额以上餐饮企业的营业总额在 2006 年位于全国第 3 位，2007 年超过上海市上升至第 2 位，成为仅次于广东省的全国最大的餐饮市场。在随后的 3 年里，北京市场销售额不断上升，保持并扩大了对上海市场的领先地位，并逐步与广东市场的销售份额相接近，2006～2010 年五年内对全国餐饮业营业额的年均贡献度为 12.03%。

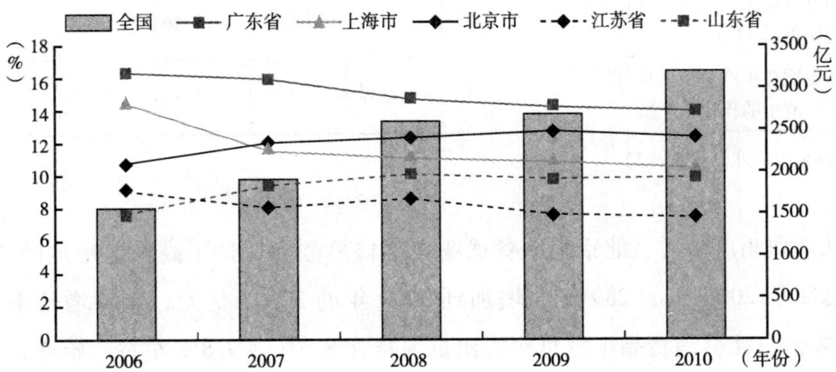

图 2　全国限额以上餐饮业营业额贡献度前 5 位地区占全国限额以上餐饮业营业总额比例比较

资料来源：国家统计局。

2. 在北京地区各行业发展中，餐饮产业发展平稳，产值贡献度有所下降

“十一五”期间是北京发展历史上极为重要的时期。2008 年奥运会、2009

年新中国成立六十周年庆祝活动等一系列重大活动的圆满完成使北京的城市知名度与吸引力得到前所未有的提升，经济发展稳步前进，五年内年均名义 GDP 增长 15.23%，第三产业生产总值年均增长率更是达到了 17.01%。其中，住宿和餐饮业生产总值由 2006 年的 218.4 亿元上升至 2010 年的 317.3 亿元，年均增长率 12.10%，保持了平稳健康的发展势头；但相对于地区整体经济发展增长而言，增长较为缓慢，GDP 贡献度有下降趋势，在第三产业的 GDP 份额中下降更为明显，由 2006 年的 3.74% 下降至 2010 年底的 2.99%，降幅达到 20%。

表 1　2006～2010 年北京市地区、第三产业、住宿和餐饮业生产总值变化情况

单位：亿元，%

对比指标 \ 年份	2006	2007	2008	2009	2010	五年年均
地区生产总值①	8117.8	9846.8	11115.0	12153.0	14113.6	11069.24
第三产业生产总值②	5837.6	7236.1	8375.8	9179.2	10600.8	8245.9
住宿和餐饮业生产总值③	218.4	245.0	274.4	262.5	317.3	263.52
地区生产总值增长率	16.48	21.30	12.88	9.34	16.13	15.23
第三产业生产总值增长率	20.26	23.96	15.75	9.59	15.49	17.01
住宿和餐饮业生产总值增长率	19.80	12.18	12.00	-4.34	20.88	12.10
住宿和餐饮业生产总值占地区生产总值中的比重③/①	2.69	2.49	2.47	2.16	2.25	—
住宿和餐饮业生产总值占地区第三产业生产总值中的比重③/②	3.74	3.39	3.28	2.86	2.99	—

资料来源：北京市统计局。

从消费角度来看，北京地区餐饮业在零售总额上保持了高速、稳定的增长，零售总额从 2006 年的 289 亿元增加到 2009 年的 503.7 亿元，年均增长率达到 17.35%，占社会消费品零售总额的比重保持在 8.7%～9.8% 左右，始终是民生消费支出的重要组成部分。

从经济景气调查来看，北京地区餐饮业发展情况与整体经济基本相吻合。企业景气指数显示，住宿和餐饮企业所处宏观环境状况良好，“十一五”期间只有 2009 年 1 季度该指数下降至 100 临界值以下，为 97.4。另一方面，反映企业决策者对本行业发展预期的企业家信心指数波动则较为剧烈，五年间振幅接近 100 点；但与地区整体行业的企业家信心指数的发展趋势是一致的，并且在大部分情

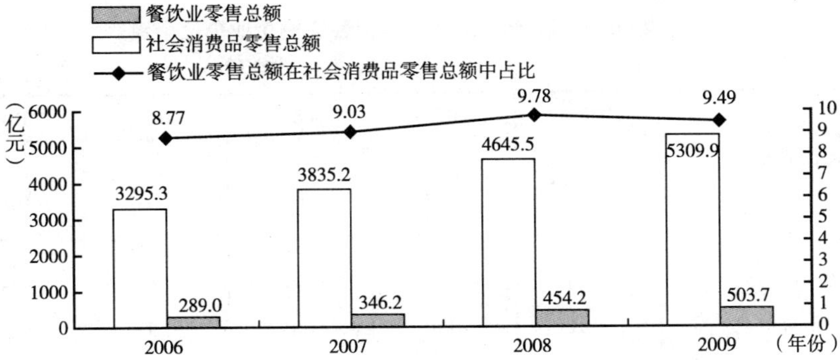

图 3　北京餐饮业零售总额与社会消费品零售总额的变化情况：2006～2009 年

注：2010 年起，社会消费品零售额统计取消行业分组，故餐饮业零售总额数据截止到 2009 年。

资料来源：北京市统计局。

况下，住宿和餐饮业企业家的信心指数要高于平均水平，表现出业内经营者对行业发展的乐观态度。

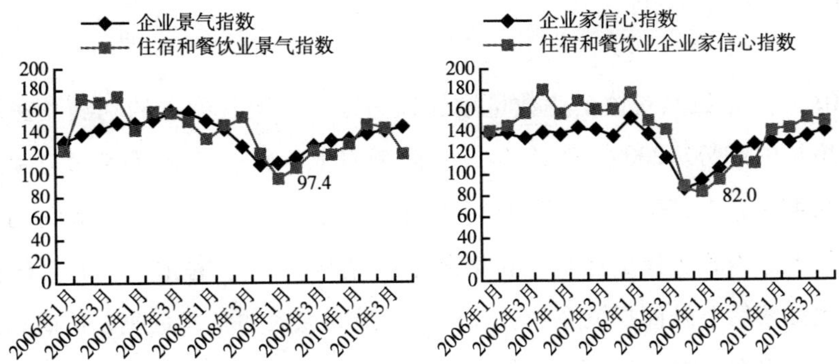

图 4、5　北京企业及住宿和餐饮业景气指数、企业家及住宿和餐饮业企业家信心指数

资料来源：北京市统计局。

3. 北京餐饮行业整体规模稳步扩张，企业间利润水平差距巨大

如下表所示，北京地区限额以上餐饮企业数量在 2006～2008 年呈现明显增长趋势，2008 年末共有限额以上餐饮企业超过 2000 家，其后数量变动趋于平稳。按登记类型划分，内资企业在数量上始终占据绝对地位，比重超过 90%，以私营和有限责任公司类型为主体结构。

表 2　2006～2010 年北京限额以上餐饮业企业单位个数

单位：个

	2006 年	2007 年	2008 年	2009 年	2010 年
按登记注册类型分					
内　资	1154	1515	1997	2094	1987
国　有	49	45	45	43	38
集　体	60	56	58	57	52
股份合作	101	110	85	97	79
联　营	3	4	4	2	2
有限责任公司	215	292	509	500	494
股份有限公司	17	14	79	62	53
私　营	709	994	1217	1331	1268
其　他		0		2	1
港澳台商投资	43	49	68	70	68
外商投资	64	83	106	100	82
合　计	1261	1647	2171	2264	2137

资料来源：北京市统计局。

2008 年后，虽然餐饮企业数量增长较为缓慢，但其创造的利润总额却呈现出迅猛增长的态势。2009、2010 年北京限额以上餐饮企业名义利润总额增长分别为 110.42%、41.90%。然而值得关注的是，各注册类型餐饮企业间的赢利情况差距巨大。内资企业虽然在单位数量上占据 90% 以上的比重，但总体利润水平一直大幅落后于外商投资企业。其中数量最为庞大的私营企业，长期总体处于亏损状态，仅在 2010 年实现利润 1811 万元，平均到每家企业不足 1 万元。但另一方面，股份有限公司类型企业，虽然在各类内资企业中数量增长缓慢，利润成果却一直较为良好，赢利水平逐年稳步提升，2010 年末总共实现利润 27086 万元，平均每家企业赢利 511 万元。

经营利润的巨大差异同样出现在餐饮产业的进一步细分行业调查统计中。数据显示，北京餐饮市场中经营正餐的企业数量占 90% 左右，快餐企业占比不足 10%；但 2006～2010 年期间，快餐企业平均利润水平一直大幅高于正餐企业，在 2008 年餐饮市场乃至整体经济环境都不乐观的情况下利润总额仍然实现增长，成长趋势非常稳定。

表 3　2006～2010 年北京限额以上餐饮业企业利润总额

单位：万元

	2006 年	2007 年	2008 年	2009 年	2010 年
按登记注册类型分					
内资企业	3771	8571	2913	21967	37879
国有企业	1867	1377	1612	987	1768
集体企业	-365	-2922	-51	219	-23
股份合作企业	-721	-584	73	184	227
联营企业	313	374	12	***	***
有限责任公司	2042	15401	5112	3094	7025
股份有限公司	7923	7275	12369	21999	27086
私营企业	-7289	-12350	-16213	-4487	1811
其他企业		0		***	***
港澳台商投资企业	5326	13463	-376	14631	27710
外商投资企业	32855	33469	41998	57113	67384
合　计	41952	55503	44536	93711	132973

资料来源：北京市统计局。

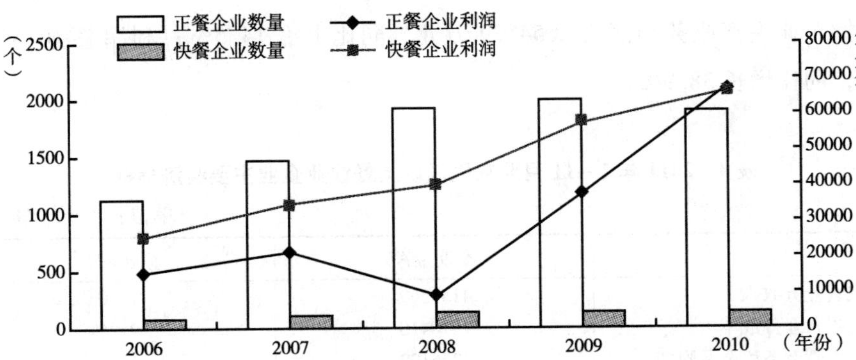

图 6　北京正餐、快餐企业数量及利润情况：2006～2010 年

资料来源：北京市统计局。

（二）2011 年北京地区餐饮产业运行分析及热点回顾

1. 北京餐饮产业生产总值增长速度进一步放缓，对社会消费的促进作用有所提高

2011 年，北京地区生产总值增速 8.1%，第三产业增速达到 8.6%；其中住

宿和餐饮业生产总值为348.3亿元，增长速度仅为2.3%，对地区GDP和第三产业GDP的贡献分别为2.18%和2.87%，较前一年所占比重有所减少。

但从零售总额角度统计，餐饮行业收入增长达到了15.9%，高于社会消费品零售总额10.8%的增长幅度，对促进消费的作用进一步加强。

2. 北京餐饮行业景气指数及企业家信心指数进一步回升，行业前景乐观

2011年各季度，住宿和餐饮业企业景气指数分别为134.1、147.5、159.2、143.3，相对于总体企业景气指数131.6、140.0、139.4、138.8而言，该行业的前景预期更为乐观。同样，根据企业家信心指数显示，住宿和餐饮企业分别为147.7、154.6、154.9、149.8，仍然明显高于总体企业家信心指数134.4、137.8、132.7、123.0。值得注意的是，在分类统计中，资金情况及劳动力需求等在2011年对于其他行业造成负面影响的指标却表现良好，这与住宿和餐饮企业的资本结构有着重要关系。

3. 北京餐饮企业各项经营指标良好，利润总额进一步上升

2011年1~11月，北京限额以上餐饮企业实现主营业务收入4151369万元，同比增长18.0%；同时，营业成本及各类费用也出现了相当比例的上涨趋势，其中营业成本、营业税金及附加和财务费用的上涨最为明显。利润方面，限额以上餐饮企业主营业务利润为2054579万元，同比上涨14.5%；利润总额157607万元，同比增长38.9%。

表4　2011年1~11月北京限额以上餐饮业企业主要经济指标

单位：万元，%

	本期金额	同比增长
一、主营业务收入	4151369	18.0
减：主营业务成本	1870410	21.5
主营业务税金及附加	226122	22.1
营业费用	1439802	12.8
管理费用	457311	14.1
财务费用	36147	33.1
二、主营业务利润	2054579	14.5
三、利润总额	157607	38.9

4. 2011年北京地区餐饮产业热点事件回顾

（1）卫生管理方面

中央政府在“十二五”规划中明确提出“全面推选公共场所禁烟”，餐厅是公共场所中二手烟暴露最为严重地方，将成为禁烟管理的重点地区。2011年5月，依据《公共场所卫生管理条例实施细则》规定，室内公共场所正式开始禁止吸烟。

（2）食品安全方面

7月27日，北京市食品安全办公布《北京市食品安全行动计划（2011～2015年）》，提出要打造首都安全食品的品牌。其中包括只有取得省级无公害认证的蔬菜才能进入北京市场；取缔、限制高风险食品加工的小作坊，通过资源整合，建立小作坊加工园区，满足市民需求的同时，保证食品安全。

9月6日，北京市饮食行业协会和中国农业商城等单位联合举办"首届北京市餐饮业采购大会"。展会为"农餐对接"搭建了很好的平台，吸引了全国近40家农林牧副渔生产基地和北京近2000家餐饮企业参加；会上即有10余家餐饮集团与生产企业签署了供应协议。"农餐对接"不仅能够减少流通环节，使餐饮企业节约成本；更有利于加强对餐饮原材料的安全监管，使消费者放心就餐，进而提升北京餐饮行业形象。

北京地区一些餐饮企业积极参与行业的规范建设，与政府共同开展针对餐厨废物处理的调研活动，分享经验，为控制"地沟油"回收、提升食品安全、树立良好行业形象出谋划策。

（3）宣传活动方面

2011年，北京市商务委员会主办的"北京国际美食盛典"连续第三年成功举办。本届盛典活动以"美食在北京"为主题，吸引了世界各地8000多家餐饮企业的参与。活动从4月开幕一直持续到11月，历时长达8个月，期间包括10个美食文化节、4个美食体验活动、2个博览会和1个餐饮品牌宣传与提升活动。

11月，有着800年历史、以小吃闻名的护国寺街重张迎客。新的小吃街不仅保留了传统的北京美食，更引进了全国各地特色饮食，力求成为新北京人的新生活区。

二　北京地区餐饮产业运行特点分析

（一）北京餐饮市场规模稳步扩张，但在地区经济中的产值贡献度呈现下降趋势

近年来，北京地区的餐饮市场规模稳步扩张，以企业营业额测算位列全国第

二大餐饮市场，行业地区发展状况良好。然而另一方面，餐饮产业在北京各产业类型的发展比较中却处于下降趋势，“十一五”期间年均 GDP 增长率为 12.10%，明显低于第三产业 17.01% 的年均增长水平。这与北京地区的发展战略和城市发展情况是息息相关的。北京作为国内经济发达程度较高的城市之一，近几年经济发展工作的重点已不再是一味追求规模和产值的增长，而是更加关注经济发展方式的转变和产业结构的升级，注重自主创新能力的培养和高端产业的发展。餐饮产业作为传统服务业，属于劳动密集型，经营成本及费用在营业收入中占有很大比重，产品附加值相对较小；因此不属于地方政府的重点扶持产业，业内企业的发展依照市场规则，竞争激烈。另一方面，依照北京地区的城市发展程度，餐饮企业的数量在 2006～2008 年经历了爆发式的增长后已趋于稳定，市场规模的扩张依靠的是单个企业赢利能力的增长，因此速度有所放缓。

（二）北京餐饮菜系品种多样，地域传统饮食企业资源尚待开发

“北京精神”的特征就是包容。作为全国的首都，北京是政治、经济、文化等多种领域的中心，吸引了世界各国、全国各地的人才，常住人口中非本地户籍人口比例较高，2010 年末占比达到 35.92%。饮食作为生活习惯的一种，难以在短时间内改变，而北京餐饮业菜系分布就是依据市场需求进行的调整。所以，北京的餐饮菜系品种多样，各国、各地美味都有广阔的市场且发展状况良好。

但另一方面，与其他餐饮市场相比，北京地区对于自身具有地域特色的、传统老字号餐饮企业资源的开发较为落后。北京有着相当多的餐饮老字号企业，但在历年的北京餐饮 50 强的榜单中却鲜有它们的身影，甚至其中很大一部分长期经营困难，面临着被淘汰的风险。具体的原因有以下几点：首先，经营成本上升制约企业发展。城市化的过程中店面租金和人工成本都在加速上涨，而北京传统饮食大多呈现小本经营、薄利多销的特征，其营利能力难以弥补成本支出。第二，人才培养方式落后制约规模扩张。传统餐饮最为吸引消费者的是其经典而正宗的口味。但其“传帮带”式的手艺的传承方法，致使员工学习时间长、薪资水平低。因此，对于北京这样就业机会丰富的市场，很难吸引到优秀的人才，从而制约了企业规模的扩张。第三，经营管理升级缓慢，没有准确把握市场方向。北京地区是一个开放程度极高、各类餐饮行业竞相争夺的市场。传统餐饮企业往往重质量轻管理、在保持特色的基础上缺少创新的勇气，因此不能满足消费者的

需求、把握市场的方向。虽然受到以上各种问题的困扰，北京传统餐饮企业凭借自身悠久的历史和广泛的客户认可仍然具有极大的开发价值。以北京著名传统餐饮企业全聚德为例，在 1994 年刚开始实行现代化企业经营之时，其品牌价值为 2.69 亿元人民币；截至 2005 年，其品牌估值已达 106.34 亿元人民币。

（三）北京餐饮企业间利润水平分化严重，集团连锁企业优势明显

随着北京餐饮行业整体发展，企业间经营成果的差距却在逐渐扩大：每年有一半以上的餐饮企业利润总额处于亏损状态，其中小规模企业亏损比例与幅度均要明显高于大型连锁企业。根据调查，北京 50 强餐饮企业（集团）的年销售总额已经占全市行业销售总额的 30%；在北京餐饮 100 强门店中，有 8 成以上隶属于餐饮集团。从外在环境条件来说，这是由于北京特殊的城市地位吸引了大量的餐饮集团安营扎寨。在全国统计数据中，北京地区的连锁餐饮企业总部数及营业额等关键指标连续多年明显领先于其他城市。从内在竞争能力来说，这与餐饮企业的利润结构是息息相关的：餐饮是一个与民生需求息息相关的行业，利润空间有限，经营成本的控制极大地影响着最终利润情况；同时企业还需要有一定经营规模的支撑，达到一定销量时才能弥补固定成本。因此，有着高效管理能力的集团化企业在餐饮行业有着内在优势，而规模上的要求又驱使这类企业纷纷选择北京这样市场潜力巨大的地区。

（四）北京地区快餐业发展迅速，利润增长稳定

自 2006 年起，北京快餐行业年均利润增长超过 1 亿元，即使在经济环境转变、行业增长速度大幅下降的 2008 年，快餐业整体仍然较上年利润增长 4854 万元，占北京地区餐饮行业当年利润的 89.04%。根据 2010 年北京餐饮 50 强榜单，其中仅有 3 家是快餐企业，但销售额却占据全部 50 强总量的 25.06%，最高一家的年销售额超过 25 亿元。根据对美国、日本快餐业的分析，其快速发展都出现在人均 GDP 超过 3600 美元、恩格尔系数 0.23～0.32、第三产业占国内生产总值比重超过 50% 的时期。① 目前，北京各项指标都达到了快餐业快速发展的标准，快餐业蓬勃发展时机已经成熟。另外，北京市商务委员会在 2011 年出台政策鼓

① 杨铭泽、张良胤：《中国快餐业发展的阶段性分析》，《商业经济研究》2010 年第 1 期。

励餐饮企业进入社区开连锁店，此举为以连锁经营为主的快餐业提供了良好的政策环境，将会加速快餐业的发展。

三　北京地区餐饮产业2012年展望

（一）北京餐饮产业增长形势依然良好，行业结构将进行与经济发展相适应的调整、升级

2011年11月起，北京地区上调增值税、营业税的起征点，减轻小型、微型企业的税收负担。2012年1月1日起，北京等9个省市将在餐饮及零售业开放对台湾居民申请设立个体工商户。对于餐饮行业内大量的小微企业，这些举措无疑将为行业2012年的规模、利润增长创造良好的政策环境。但另一方面，行业内部的竞争也将会越来越激烈。北京地区的经济发展已处于结构转型的轨道上，现代服务业将成为未来经济发展的支柱产业。在此背景下，大多数处于传统手工服务业经营理念下的餐饮企业将经历艰难的向现代生活服务业的升级过程。在内部治理上，企业需要及时进行改造、升级，创新服务模式、提高服务价值；在外部形态上，具备一定实力的企业则存在向集群化发展的动力，可能通过资本市场等融资手段进行规模扩张，也有可能通过兼并重组等手段对现有企业进行整合。

（二）食品安全管理日趋规范，质量控制能力将成为餐饮企业的立足之本

近年来，食品安全问题不断涌现，在危害百姓健康的同时，也严重损害了餐饮行业的公信力，从而对企业的经营造成不利影响。因此，保障食品安全已成为餐饮产业的基础性工作。2012年，政府将继续完善食品安全标准，推进各项产业标准化规章的制定，整顿餐饮市场，促进食品产业链的健康发展。业内企业也应严格执行各项安全标准，提高卫生透明度，并通过“农餐对接”等活动主动寻求食品安全增级的方法，积极履行其社会责任。

（三）餐饮企业在内应加强自身文化建设；在外应积极与相关产业合作，实现互促式发展

企业文化建设是现代企业发展中的必然道路，是形成内部凝聚力和外部竞争

力的重要基石。在我国经济发展的现行程度下，文化建设已成为进一步发展的关键。对于餐饮企业来说，企业文化建设主要包括其战略文化、人本文化、制度文化、团队文化等一系列领域的重塑。基于北京餐饮市场的激烈竞争环境，业内企业将展开以自身文化建设为核心的管理升级，进一步发掘服务的附加价值。在行业内部竞争发展的同时，餐饮产业也应顺应北京地区的产业发展方向，积极拓展与相关产业的合作空间。如，在打造国际会展之都、旅游之都的政策下，餐饮业可以加强与会展业、旅游业的合作，创新业务模式，激发产业的整体活力，努力实现向高端服务业的转型。

（四）引导健康生活理念，做好首都现代文明的宣传窗口

低碳环保已经成为我国重要的产业发展政策，餐饮企业应在餐厨垃圾的环保处理、营销及经营管理信息化等方面进行改革，在降低经营成本的同时，实现可持续发展。除了做好自身的低碳经营，作为公众服务的窗口，餐饮企业还应该积极进行健康生活理念的宣传，如严格执行公共场所禁烟令、食品材料中不采用濒危物种、引导顾客适度消费等。

B.12

2011年上海市餐饮产业发展报告

罗莉莎*

一　上海市经济发展状况

（一）上海市GDP增长概况

1999～2010年，上海市GDP年平均增长率达到11.76%。从GDP的规模来看，1999年上海市GDP为4034.96亿元，2010年末GDP达到17165.98亿元，增长了3.25倍。表1和图1是1999～2010年上海市GDP增长情况。从图1可以看出，1999～2010年，上海市GDP一直保持增长态势。此外，除了2008～2009年由于经济危机，GDP的增长率不到10%外，上海市GDP的增长率都超过10%。2007年，受世博会影响，上海GDP增长率超过15%。

表1　1999～2010年上海市GDP增长情况

年份	GDP(亿元)	GDP增长率(%)	年份	GDP(亿元)	GDP增长率(%)
1999	4034.96	10.4	2005	9164.1	11.4
2000	4551.15	11.0	2006	10366.37	12.7
2001	4950.84	10.5	2007	12188.85	15.2
2002	5408.76	11.3	2008	13698.15	9.7
2003	6250.81	12.3	2009	15046.45	8.2
2004	7450.27	14.2	2010	17165.98	14.2

资料来源：1999～2010年《上海市统计年鉴》。

（二）上海市三次产业发展概况

从三次产业的结构比例来看，1999～2010年上海市第三产业在经济中的平

* 罗莉莎，中国社会科学院财经院服务经济与餐饮产业研究中心特聘青年研究员，中国社会科学院研究生院工商管理研究生。

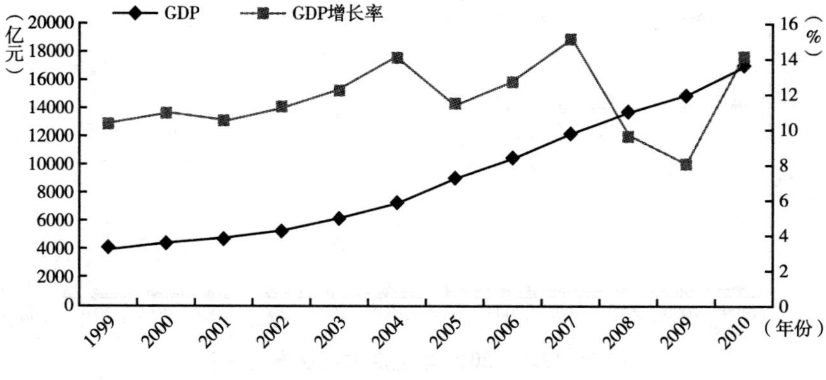

图 1　1999～2010 年上海 GDP 增长情况

资料来源：1999～2010 年《上海市统计年鉴》。

均比重为 51.98%。第一产业在经济中的平均比重为 1.22%，第二产业在经济中的平均比重为 46.8%。2010 年第三产业比例为 57.3%，第一产业比例为 0.7%，第二产业比例为 42%。因此，上海市以第二产业和第三产业为基础。表 2 是 1999～2010 年上海市三次产业比例变化情况。从图 2 中可以看出，1999～2010 年第一产业所占比例非常有限并且逐步降低。总体来说，1999～2010 年第二产业所占比例略有下降，而第三产业所占比例略有上升，虽然，部分年份第二产业有所上升而第三产业有所下降。

表 2　1999～2010 年上海市三次产业比例

单位：%

年份	第一产业	第二产业	第三产业	年份	第一产业	第二产业	第三产业
1999	2.0	48.4	49.6	2005	1.0	48.6	50.4
2000	1.6	46.3	52.1	2006	0.9	48.5	50.6
2001	1.7	47.6	50.7	2007	0.8	46.6	52.6
2002	1.6	47.4	51.0	2008	0.8	45.5	53.7
2003	1.5	50.1	48.4	2009	0.7	39.9	59.4
2004	1.3	50.8	47.9	2010	0.7	42.0	57.3

资料来源：1999～2010 年《上海市统计年鉴》。

从三次产业对 GDP 的贡献率来看，第二、三产业的贡献率明显大于第一产业。2010 年第三产业对 GDP 增长的贡献率达到 31.2%，低于第二产业贡献率 69.2%。1999～2010 年第三产业对 GDP 的平均贡献率为 50.42%，高于第二产业平均贡献率

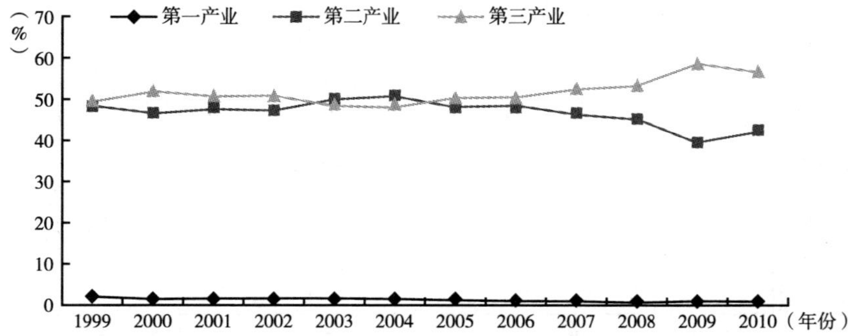

图 2　1999 ~ 2010 年上海市三次产业比例

资料来源：1999 ~ 2010 年《上海市统计年鉴》。

49.52%。表 3 和图 3 是上海市 1999 ~ 2010 年三次产业对 GDP 的贡献率的详细情况。2010 年第三产业贡献率陡然下降，从 2009 年的 81.1% 下降到 31.2%。

表 3　1999 ~ 2010 年上海市三次产业对 GDP 的贡献率

单位：%

年份	第一产业	第二产业	第三产业	年份	第一产业	第二产业	第三产业
1999	0.4	40	59.6	2005	-0.8	50.9	49.9
2000	0.6	55.7	43.7	2006	-0.4	47	53.4
2001	0.5	56	43.5	2007	0.1	39.5	60.4
2002	0.5	52.6	46.9	2008	0.1	40.1	59.8
2003	0.3	66.4	33.3	2009	-0.1	19	81.1
2004	-0.5	55.3	45.2	2010	-0.4	69.2	31.2

资料来源：1999 ~ 2010 年《上海市统计年鉴》。

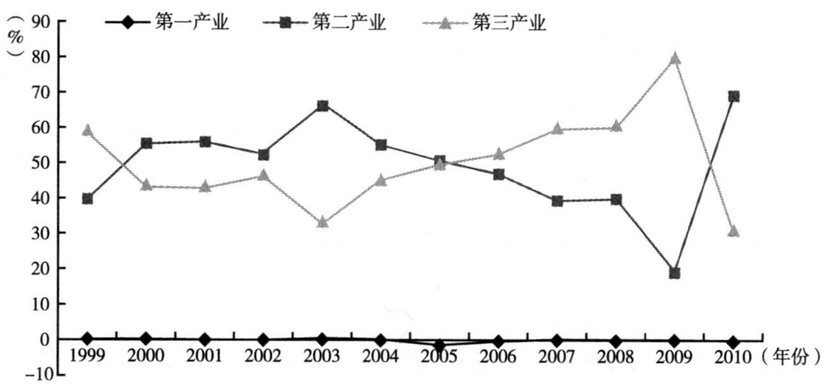

图 3　1999 ~ 2010 年上海市三次产业对 GDP 的贡献率

资料来源：1999 ~ 2010 年《上海市统计年鉴》。

表 4 是 2001 ~ 2010 年上海市第三产业对 GDP 的贡献，从中可以看出，上海市第三产业 2001 ~ 2010 年年均增长率为 15.75%，并且有些年份第三产业增长率超过 20%。从第三产业增加值的规模看，从 2001 年的 2509.81 亿元增长到 2010 年的 9833.51 亿元，增长了 2.92 倍。2001 ~ 2010 年第三产业占 GDP 平均比例为 52.2%。因此，从增长速度和增长规模上，近十年来上海市第三产业发展极快且在上海市的经济结构中占有相当重要的地位（见图 4）。

表 4　2001 ~ 2010 年上海市第三产业对 GDP 的贡献率

单位：亿元，%

年份	第三产业产值	增长率	第三产业占GDP 比例	年份	第三产业产值	增长率	第三产业占GDP 比例
2001	2509.81	9	51	2006	5244.2	13	51
2002	2755.83	10	51	2007	6408.5	22	53
2003	3027.11	10	48	2008	7350.43	15	54
2004	3565.34	18	48	2009	8930.85	22	59
2005	4620.92	30	50	2010	9833.51	10	57

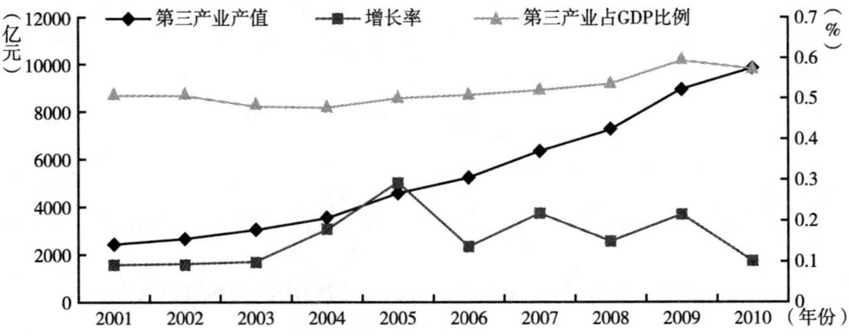

图 4　1999 ~ 2010 年上海市第三产业发展情况

资料来源：1999 ~ 2010 年《上海市统计年鉴》。

（三）近年来上海市居民生活水平发展概况

表 5 与图 5 是 1999 ~ 2010 年上海市人均 GDP、人均可支配收入及人均消费性支出水平的增长情况。从中可以看出，上海市人均 GDP 逐年提高，从 1999 年 27071 元提高到 2010 年的 76074 元，提高了 1.81 倍。1999 ~ 2010 年人均可支配

收入、人均消费性支出也逐年增加，人均可支配收入从1999年的16413元提高到2010年的45584元，提高了1.78倍；人均消费性支出从1999年的12115元提高到2010年的33425元，提高了1.76倍。从图5中可以发现，1999~2010年上海市人均GDP、人均可支配收入及人均消费性支出均在增长。

表5　1999~2010年上海市人均GDP、城镇居民人均可支配收入及人均消费性支出

单位：元

年份	人均GDP	人均可支配收入	人均消费性支出	年份	人均GDP	人均可支配收入	人均消费性支出
1999	27071	16413	12115	2005	49649	26987	21038
2000	30047	17283	12115	2006	54858	29881	22768
2001	31799	18733	12115	2007	62041	33845	26100
2002	33958	19462	12115	2008	66932	38060	28513
2003	38486	21525	12115	2009	69164	41162	30796
2004	44839	24020	12115	2010	76074	45584	33425

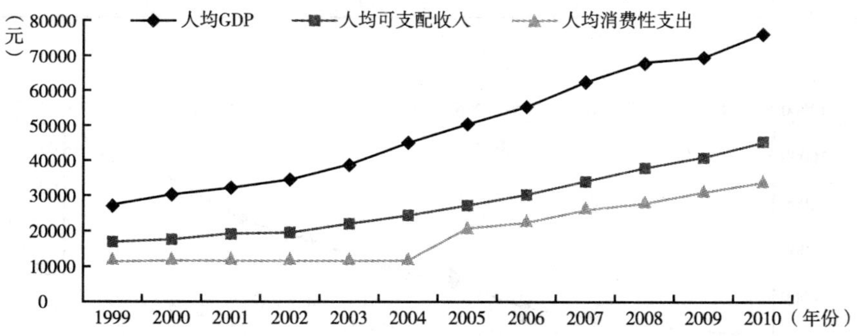

图5　1999~2010年上海市人均GDP、城镇居民人均可支配收入及人均消费性支出

资料来源：1999~2010年《上海市统计年鉴》。

二　上海市餐饮业发展状况

（一）促进经济增长作用

“十一五”以来，上海市餐饮业年均增幅达14.69%，增幅稳定，有效地促进了消费，拉动了国民经济的增长。

1. 增长速度稳定

上海是我国餐饮业最具规模，发展最为成熟的城市之一，餐饮销售总额在全国各城市居首位。“十一五”以来，上海餐饮业零售总额从 2006 年的 387.66 亿元增加到 2010 年的 678.91 亿元，是 2006 年的 1.75 倍，同期的 GDP 是 2006 年的 1.66 倍。餐饮业增长速度略快于 GDP，发展速度稳定。2006 ~ 2010 年，上海餐饮业保持年均 14.69% 的增速，有力地带动了第三产业的发展。2006 年，上海市餐饮业零售总额为 387.66 亿元，占社会消费品零售总额和第三产业增加值的比重分别为 11.49% 和 62.2%。2008 年餐饮业零售额突破 500 亿元大关，2009 年受金融危机影响，餐饮业零售总额占第三产业增加值的比重有所下降，至 2010 年，餐饮业零售总额占社会消费品零售总额和第三产业增加值的比重分别为 11.18% 和 75.21%（见表 6）。

表 6　2006 ~ 2011 年上海市餐饮业发展基本情况

对比指标 \ 年份	2006	2007	2008	2009	2010
GDP(亿元)	10366.37	12188.85	13698.15	15046.45	17165.98
第三产业增加值(亿元)	623.28	1164.3	941.93	1580.42	902.66
社会消费品零售总额(亿元)	3375.2	3873.3	4577.23	5173.24	6070.5
社会消费品零售总额同比增长(%)	13.3	14.8	18.20	13	17.30
餐饮业零售总额(亿元)	387.66	444.87	525.72	597.74	678.91
餐饮业零售总额同比增长(%)	13.28	14.76	18.17	13.70	13.58
占社会消费品零售总额比重(%)	11.49	11.49	11.49	11.55	11.18
占 GDP 比重(%)	3.74	3.65	3.84	3.97	3.95
占第三产业增加值比重(%)	62.2	38.21	55.81	37.82	75.21

资料来源：2007 ~ 2011 年《上海统计年鉴》。

2. 促进消费作用

2006 ~ 2009 年，上海市餐饮业零售总额增长率分别为 13.28%、14.76%、18.17%、13.70%，与同期的社会消费品零售总额相差不大；2010 年，餐饮业零售增长率为 13.58%，明显低于 17.3% 的社会消费品零售总额增长率。总体来看，餐饮业零售总额增长率大多高于 GDP 增长率，有效地促进了经济的发展，为拉动消费作出了贡献（见图 6）。

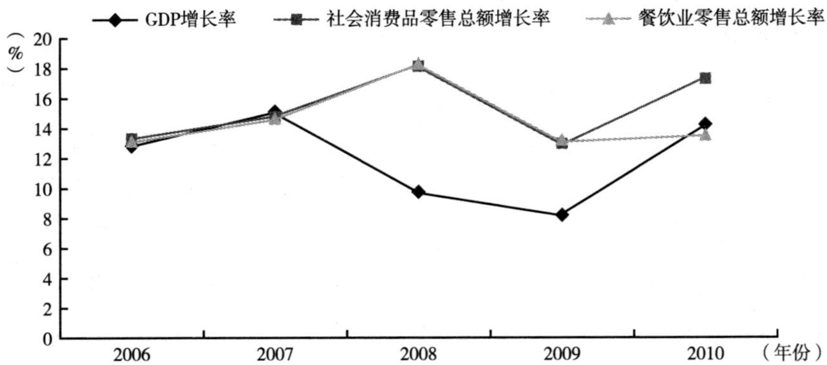

图6　2006～2010年上海市GDP、社会消费品零售总额及餐饮业零售总额增长率对比

3. 拉动经济增长效果显著

上海餐饮业对GDP的直接贡献极大，2006～2010年，餐饮业零售总额占GDP的比重从3.74%上升到3.95%，对经济增长的贡献基本达到支柱产业的衡量标准（见表7）。

表7　2005～2010年上海市餐饮业对GDP的直接贡献率

对比指标＼年份	2005	2006	2007	2008	2009	2010
GDP(亿元)	9164.10	10366.37	12188.85	13698.15	15046.45	17165.98
餐饮业零售总额(亿元)	342.21	387.66	444.87	525.72	597.74	678.91
占比(%)	3.73	3.74	3.65	3.84	3.97	3.95

资料来源：2007～2011年《上海统计年鉴》。

（二）运行情况及发展前景

餐饮业发展前景良好，餐饮企业景气指数平稳运行。餐饮业是一个充满活力的行业，市场潜力巨大。上海市餐饮行业经过多年的发展，相对比较成熟稳定，各项指标平稳运行。由表8可知，2006～2010年，上海餐饮业的平均产业贡献率为4.29%。2008年，因为世博会的促进作用，餐饮业的产业贡献率达到5.36%；2010年，受经济危机的影响，贡献率回落到3.83%。

表 8　2006～2010 年上海市餐饮业对经济增长的产业贡献率

对比指标＼年份	2006	2007	2008	2009	2010
GDP 年增加值(亿元)	1202.27	1822.48	1509.3	1348.3	2119.53
餐饮业增加值(亿元)	45.45	57.21	80.85	72.02	81.17
餐饮业的产业贡献率(%)	3.78	3.14	5.36	5.34	3.83

资料来源：2007～2010 年《上海市统计年鉴》。

由表 9、表 10 可知，2011 年上海市企业家信心指数和企业家景气指数随时间发展逐渐降低。2011 年上海市企业家信心指数从一季度的 131.3 下降到四季度的 115.4，平均企业家信心指数为 123.93。2011 年上海市企业家景气指数从一季度的 133.5 下降到四季度的 125.6，平均企业家景气指数为 130.28。但是住宿和餐饮业企业家信心指数和企业家景气指数却大致保持着上升的态势。住宿和餐饮业企业家信心指数从一季度的 110.2 上升到四季度的 125.3，平均指数为 120.4。住宿和餐饮业企业家景气指数从一季度的 122.2 下降到四季度的 120，平均指数为 118.73。

餐饮行业由于是民生行业，行业发展稳定，从表 11 可见，2008～2010 年上海餐饮业各项财务指标稳中有升。特别是 2010 年，利润总额从 2008 年的 3.09 亿元上升到 15.12 亿元，两年时间利润总额提高了 3.89 倍。

表 9　2011 年上海市企业家信心指数

指数＼时间	一季度	二季度	三季度	四季度
总体指数	131.3	127.8	121.2	115.4
工业	132.8	126.5	117.1	113.0
建筑业	122.9	119.2	123.5	116.5
住宿和餐饮业	110.2	126.5	119.6	125.3
批发和零售业	135.7	130.9	128.3	126.7
房地产业	102.8	104.8	95.5	70.9
社会服务业	153.7	147.8	148.9	148.1
信息传输、计算机服务和软件业	157.5	160.8	149.0	145.9

资料来源：2007～2010 年《上海市统计年鉴》。

表10　2011年上海市企业家景气指数

指数＼时间	一季度	二季度	三季度	四季度
总体指数	133.5	133.1	128.9	125.6
工业	130.7	131.0	124.8	122.6
建筑业	139.8	134.8	126.9	138.2
住宿和餐饮业	122.2	110.6	122.1	120.0
批发和零售业	145.6	135.9	139.0	134.4
房地产业	125.8	130.0	121.0	110.6
社会服务业	143.2	148.4	151.1	154.4
信息传输、计算机服务和软件业	134.0	154.1	134.5	143.7

资料来源：2007～2010年《上海市统计年鉴》。

表11　主要年份限额以上餐饮业主要财务指标

单位：亿元

指标＼年份	2008	2009	2010
资产总计	167.73	185.74	214.43
负债合计	129.87	137.66	156.19
所有者权益合计	37.86	48.08	58.25
主营业务利润	123.01	139.22	173.18
利润总额	3.09	3.85	15.12

资料来源：2007～2010年《上海市统计年鉴》。

（三）从业人员结构

据对2008～2010年餐饮业从业人员数的统计，2008年上海市住宿和餐饮业从业人员为41.73万人，占上海市第三产业从业人数的比例为7.2%；2010年上海市住宿和餐饮业从业人员为47.52万人，占上海市第三产业从业人数的比例为7.79%。从7.2%到7.79%，从41.73万到47.52万，餐饮业从业人员数总体稳定，比例略有上升。餐饮业是劳动密集型产业，在吸纳劳动力方面发挥着重要作用，从住宿和餐饮业从业人数占第三产业从业人数的比重可见餐饮业已成为吸纳就业的主渠道（见表12、图7）。

表 12　2008～2010 年上海市餐饮业从业人员情况

指标 \ 年份		2008	2009	2010
第三产业从业人数(万人)		579.7	592.86	609.93
住宿和餐饮业从业人数(万人)		41.73	42.79	47.52
住宿和餐饮业从业人数占第三产业就业人数比重(%)		7.20	7.22	7.79
占住宿和餐饮业从业人数比重(%)	国有单位人数占比	11.46	6.92	6.21
	集体单位人数占比	1.29	0.71	0.61
	港澳台及外商投资单位人数占比	15.17	15.70	16.43
	其他单位人数占比	72.08	76.67	76.75

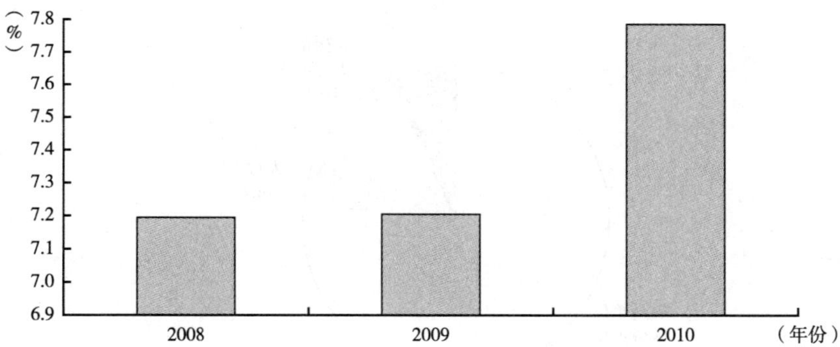

图 7　2008～2010 年上海市餐饮业从业人数占第三产业从业人数比重

从表 12 和图 8 可知，其他单位人数占总住宿和餐饮业从业人数的绝大部分，2008 年占总住宿和餐饮行业人数的 72.08%，2010 年占总住宿和餐饮业从业人数的 76.75%。这里的其他单位大部分是城镇个体和城镇私营餐饮企业。可见，城镇个体和城镇私营餐饮企业在带动就业方面贡献显著。

三　上海市餐饮发展新政策与经验

（一）行业协会成立，助力上海餐饮业发展

2011 年 12 月 21 日，上海市烹饪协会和上海餐饮行业协会合并重组的上海市餐饮烹饪行业协会正式成立。上海市餐饮烹饪行业协会的成立，不仅避免了

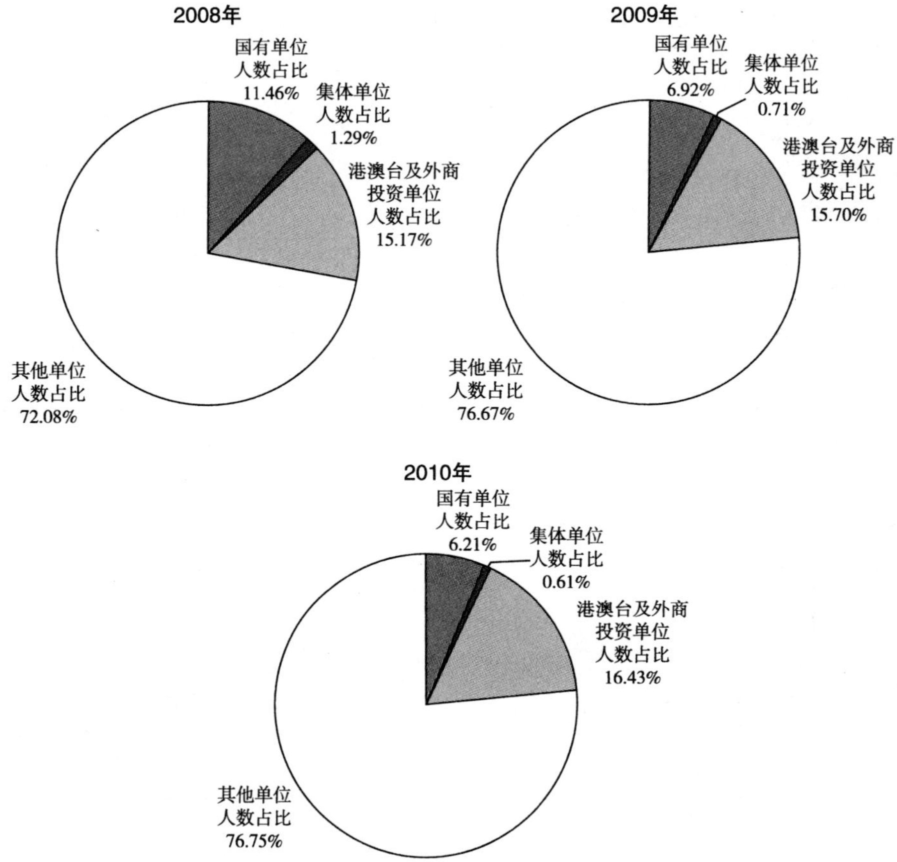

图 8　2008～2010 年上海市按经济结构分类的住宿餐饮业人数比重

资料来源：2009～2011 年《上海市统计年鉴》。

以往两个协会在发展会员、举办活动等方面的业务交叉和矛盾，同时也减轻了企业在资金、时间、人员投入方面的浪费和重复参加活动，而且也是实践科学发展观，确保上海市餐饮行业和谐、规范、健康、稳步、持续发展的重要举措。

重组新生的上海市餐饮烹饪行业协会将不遗余力地推进上海餐饮烹饪业实现转型发展。计划选择已有基础的南京路、淮海路、豫园等区域，进行统筹规划发展，实现区域联动，形成规模效应，建设餐饮美食示范区；制定规范管理、食品安全、产品特色等方面的相关标准，在全市树立十大餐饮示范企业，将上海打造成名副其实的国际美食之都。

（二）加强法规建设，严把食品安全关

1.《关于进一步加强本市餐厨废弃油脂从严监管整治工作的实施意见》

2011 年，上海市政府第 121 次常务会议审议通过了《关于进一步加强本市餐厨废弃油脂从严监管整治工作的实施意见》并颁布实施。根据《实施意见》，上海将建立全程溯源制度，有关部门将走进饭店厨房和食品生产车间对废弃油脂去向和餐饮业用油进行监督。

上海市市长韩正指出，要按照上海市食品安全工作“五个最严”原则，解决好群众关注的地沟油问题。既要突出源头治理，也要强化全覆盖监管，严厉打击和严格监管并重；继续理顺体制机制，加强联动；运用经济杠杆和技术手段解决资源化利用和无害化处理；加强社会舆论监督。

2.《关于进一步加强本市餐饮业食品安全工作的通知》

2011 年 5 月 17 日，上海市烹饪协会发出《关于进一步加强本市餐饮业食品安全工作的通知》。针对餐饮行业出现的滥用食品添加剂、火锅底料配制、老油处理、过期食品回收处理等一系列食品安全事件，督促市餐饮行业履行食品安全责任，并积极为餐饮企业和品牌供应商之间搭建一站式采购快捷通道，建立绿色安全的餐饮原料采购供应链。

3.《上海市餐饮服务许可管理办法》①

除此之外，上海还发布了《上海市餐饮服务许可管理办法》，此前的食品卫生许可证将被餐饮服务许可证取代。《上海市餐饮服务许可管理办法》规定，提出餐饮服务许可申请的餐饮服务单位应具有与制作供应食品品种、数量相适应的食品处理加工贮存场所、经营设备或设施、合理的布局及加工流程等条件，要设置通过食品安全培训、符合相关条件的食品安全管理人员。《办法》特别规定，特大型饭店、大型饭店、学校食堂、供餐人数 500 人以上的机关、企事业单位食堂、中央厨房、连锁经营餐饮服务企业总部和集体用餐配送单位，食品安全管理人员应当为专职。

4.《餐饮服务单位食用油服务指南》

上海市食药监局针对各类餐馆、小吃店、食堂等餐饮服务单位发布了《餐饮服务单位食用油服务指南》（下称《指南》），规定连续煎炸食品 12 小时必须

---

① 资料信息来源于中国烹饪协会网站。

换油。《指南》为餐饮单位用油立下新规："地沟油"、"潲水油"、"煎炸老油"不得采购；煎、炒、炸用油最长不得超过3天；连续煎炸食品的，累计使用期限不得超过12小时。《指南》要求，饭店、食堂都应当建立食用油采购索证索票、进货查验和采购记录制度。采购的食用油应符合相应的食品安全标准，并能提供相关的许可证、营业执照、产品检验合格证明。

（三）倡导农餐对接，有效应对通胀①

受宏观环境影响，农副产品原材料的价格不断上涨，导致很多餐饮企业营业成本剧增。面对这一形势，上海市烹饪协会、上海商情信息中心联手策划搭建"农餐对接"采购平台。据一些已进行对接的餐饮企业透露，采取直供以来，蔬菜的价格至少下浮了10%～15%，而且因为是长期订单，全年价格会相对稳定，不会大涨大跌。首个服务餐饮与农产品品牌的专业网站"金篮子"也正式开通，将为农产品供应商和餐饮采购商搭建稳定的对接平台。

（四）积极促进并实现公共场所全面禁烟②

上海有关部门将修订完善《上海市公共场所控制吸烟条例》，进一步拓展法定禁烟场所范围，积极促进并实现公共场所全面禁烟。

2010年3月份正式实施的《上海市公共场所控制吸烟条例》，仅列举了商场、公车、网吧等十三类禁止吸烟场所。上海市健康促进委员会计划拓展法定禁烟场所范围，特别是将原本能设置吸烟区或吸烟室的餐饮娱乐场所纳入控烟管理范围。上海市爱国卫生运动委员会办公室透露，之前的禁烟重点是医疗、教育机构与国家机关，2011年将重点转向文化娱乐餐饮场所，最终的目标是所有的公共场所全面禁烟。

四　上海市餐饮发展对策建议

（一）加强食品安全法律法规建设及实施

2011年，上海在食品安全上狠下工夫，先后出台了《关于进一步加强本市餐

① 资料信息来源于上海美食烹饪网站。

② http：//www. cnr. cn/newscenter/gnxw/201108/t20110804_ 508327199. shtml.

厨废弃油脂从严监管整治工作的实施意见》、《上海市餐饮服务许可管理办法》、《餐饮服务单位食用油服务指南》等一系列政策法规，取得了一定的成绩。韩正市长指出，民以食为天，食以安为先，食品安全事关人民身体健康和生命安全，上海是一座人口超过 2300 万的特大型城市，食品安全保障的任务更加艰巨，责任更加重大，必须采取最严格的准入、监管、执法、处罚、问责措施，确保上海成为全国食品最安全的城市之一，让全市人民放心。在 2012 年，作为经济发展中心的上海，需借好的发展势头继续做好食品安全工作，除了发布各种法律和法规外，更应该加强执法力度，做到执法必严。食品安全问题频发的一个重要原因是违法犯罪成本太低，对食品安全违法犯罪行为尚未形成足够的威慑。在今后的发展过程中，需从严惩处食品安全违法犯罪行为，使犯罪分子付出高昂甚至付不起的代价。

（二）创办服务管理学院，为餐饮业发展提供人才储备

当今的市场竞争，归根到底是人才的竞争，人才支撑产业，产业集聚人才。上海在餐饮行业人才储备方面与全国其他地区相比属于先进地区，但是，依然存在人才短缺的现象。目前，上海餐饮业从业人员素质参差不齐，人员接受培训相对不足，资格认证尚不完善。一方面，餐饮行业是最典型的劳动密集型行业之一，就业准入门槛偏低。大多数从业人员只有初中或职业高中学历水平，只接受过短期的职业技能培训，较少具有大专或以上学历的从业人员也因为其鹤立鸡群的高学历和较好的综合素质，做不了多久就晋升到了管理层。另一方面，餐饮业人员流动率高，行业季节性明显，在旺季时缺乏人才是行业发展的致命弱点。另外，上海餐饮行业承担上海本帮菜继承发展的重任，目前，上海本帮菜发展出现接班人危机，在这个时候急需本帮菜人才培养。

（三）加强宣传策划，挖掘沪菜饮食文化，打造沪菜品牌

目前，外帮菜风靡上海，但是上海本帮菜的发展却遇到很多问题。首先是发展势头不及外帮菜，其次是菜式越来越走样，再次是厨师年龄结构上青黄不接，打造沪菜品牌刻不容缓。面对现状，应该加强宣传策划，挖掘沪菜饮食文化，打造沪菜品牌。

在世博会期间，推出上海菜老店、名店，打“经典、时尚”牌取得了显著的成效，在今后的发展过程中，上海餐饮行业更应坚持方针政策，积极促进沪菜

品牌建设。上海是国际化都市，如何使上海菜的水平和影响与国际大都市的地位相符是每一位上海餐饮行业工作者的责任。在品牌建设中，应根据实际情况，使上海菜和国际接轨，吸引更多的中外宾客。

（四）提高企业管理水平，发展智慧餐饮业

科技的发展，带动产业的进步。餐饮行业的发展需要通过信息技术来提高企业管理水平，传统手工服务业需要向现代生活服务业智慧转型。2011 年，上海市烹饪协会联手 IT 企业，积极为推进发展智慧餐饮业作贡献。餐饮信息化管理覆盖餐饮经营各个环节，如购、销、存、人、财、物等，大大提高了实施企业的标准化程度。经过几年的磨合和发展，信息技术已经成为大中型餐饮企业核心竞争力的一个重要组成部分。在今后的发展过程中，应该继续推进科学管理技术的发展。

B.13

2011年辽宁省餐饮产业发展报告

师宇　高伟轩*

本报告从过去几年辽宁省餐饮产业运行状况分析以及2011年辽宁餐饮行业呈现的具体形态、辽宁省餐饮产业本身地域运行特点、辽宁省餐饮年度热点回顾、辽宁省餐饮业"十二五"发展趋势等方面来介绍分析辽宁省餐饮产业的发展。本报告全面介绍了辽宁省餐饮产业的总体运行情况，对辽宁省餐饮产业发展特点进行归纳并分析了辽宁省餐饮产业对本地区经济发展及就业的影响，最后对"十二五"开局后辽宁省餐饮业发展趋势作了预测分析。

一　辽宁省餐饮产业运行分析

（一）辽宁餐饮产业总体分析

全球经济危机后，国内外的经济形势复杂、多变。尽管成功管理了通货膨胀预期，物价水平也基本保持稳定。但刺激消费、扩大内需的这一宏观政策导向没有变化。辽宁省作为传统工业大省、老工业基地，在持续提高工业发展水平的前提下，结合我国进入"十二五"后转变经济增长结构与发展方式的指导精神，2010年全省社会消费品零售总额6809.6亿元，比上年增长18.6%；其中住宿餐饮业整体零售额755.3亿元。从规模看，限额以上住宿餐饮业零售额204.7亿元，增长27.6%；限额以下住宿餐饮业零售额550.6亿元，增长23.4%。从行业分类看，住宿业零售额61.1亿元，增长20.8%；餐饮业零售额694.2亿元，增长24.8%①。2011年全年社

---

* 师宇，中国社会科学院财经战略研究院服务经济与餐饮产业研究中心特聘青年研究员，中国社会科学院研究生院工商管理研究生。本报告部分数据由高伟轩同学整理。高伟轩，武汉大学数学统计学院统计专业学生。

① 《中国餐饮年鉴·辽宁篇》。

会消费品零售总额8003.6亿元，比上年增长17.5%。全年住宿和餐饮业增加值427亿元，增长14.8%（见表1）[①]，正在实现经济发展结构的逐步微调。

表1 2003～2011辽宁近几年住宿餐饮业基本数据
（包括住宿餐饮增加值*）（空白处暂未公布）

单位：亿元

年份	住宿餐饮增加值	住宿餐饮零售额	社会消费品零售额
2003	160	338	2331
2004	179	396	2643
2005	178	453	2999
2006	197	513	3435
2007	229	606	4030
2008	264	819	4918
2009	313	990	4779
2010	372	754	6809
2011	427	—	8003

注：* 住宿餐饮增加值是指常住住宿餐饮单位生产过程创造的新增价值和固定资产的转移价值。它可以按生产法计算，也可以按收入法计算。按生产法计算，它等于总产出减去中间投入；按收入法计算，它等于劳动者报酬、生产税净额、固定资产折旧和营业盈余之和。本报告涉及的餐饮增加值按照收入法计量。

资料来源：辽宁统计信息网，http：//www. ln. stats. gov. cn。

从规模看，辽宁省餐饮行业生产总值不论是经济危机前还是危机后都稳步增加。在通货膨胀压力减弱，CPI增速放缓的状态下，保持了平稳较快增长，第三产业发展步伐加快。到2009年，住宿餐饮业的零售总额达到了990亿元，实现了住宿餐饮行业的阶段性蓬勃发展。2010年增速有所回落，全年实现零售额754亿元。在社会消费品零售额中的占比也由2009年的20.7%左右，下降到了11%左右。

如图1和图2所示，辽宁省社会消费品总值从2000年开始稳步上升，仅在2009年经济危机时期出现了负增长，整个时期的平均增长率为14.5%。辽宁省批发零售及餐饮业增长态势与社会消费品零售总额增长态势相似，规模增加趋势明显。年平均增长率在15%左右，高于前者。值得注意的是，2009年经济危机时期批发零售及餐饮业下滑趋势并不明显，而且整体规模有增无减，与之相比社

① 资料来源：《2011年辽宁省国民经济和社会发展统计公报》。

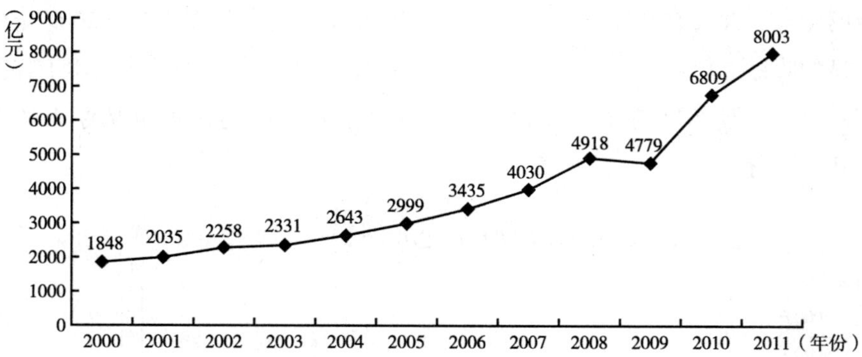

图 1　社会消费品零售总额

资料来源：国家统计局，http：//www. stats. gov. cn。

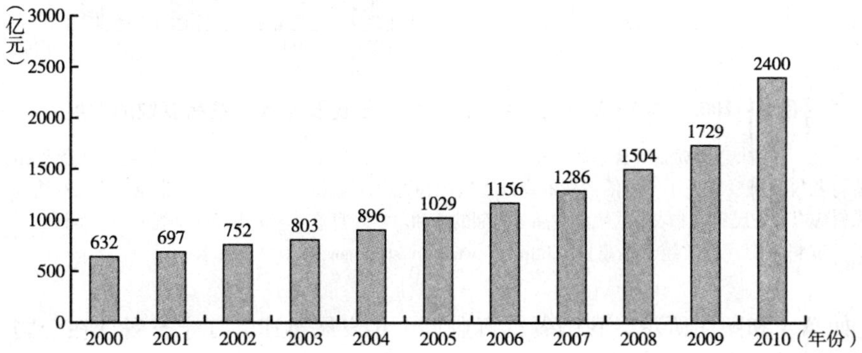

图 2　辽宁省批发零售及餐饮业增长态势

资料来源：辽宁统计信息网，http：//www. ln. stats. gov. cn。

会消费品零售总额下滑明显，说明第三产业受到危机影响相对较小，弹性较大，也显示了辽宁省传统工业省份地位在一定程度上对经济危机的刚性，从辽宁省的新兴产业服务业来说，基础虽然相对薄弱，但增长势头较快，是“十二五”期间可以重点发展的行业。在后面我们也可以看到，这种省内批发零售及餐饮业综合增长态势也在一定程度上掩盖了住宿餐饮业本身的实际情况，参考图 5，也给我们提出了进一步细分数据的要求。

我们从图 3 可以看出，由于社会消费品总额在 2003 ~ 2010 年保持着 500 亿元的年均增长速度，辽宁以工业拉动的经济增长在危机出现之前相对稳定。相比之下，批发零售业的发展速度略显缓慢，但其受危机的影响却较小，始终保持了稳定的增长，并没有像社会消费品一样在2008年经济危机爆发后，2009全年有了明显的收缩。单看住宿餐饮业的零售额指标占批发零售业的比重基本上保持在40%～55%，但2010年有所下降，且在社会消费品中的比重也从原来的平均10%开始下滑。

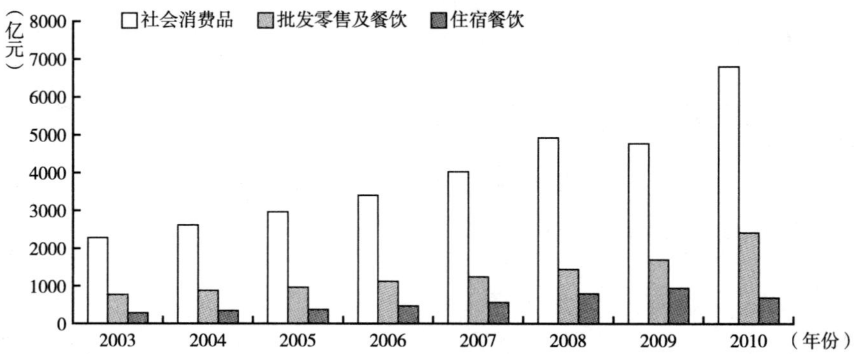

图3　2003～2010年社会消费品*、批发零售及餐饮、住宿餐饮的发展

注：* 社会消费品零售总额是指各种经济类型的批发和零售贸易业、餐饮业、制造业和其他行业售给城乡居民用于生活消费的商品零售额和售给社会集团用于非生产、非经营使用的消费品零售额以及农民售给非农业居民消费品零售额的总和。它表明整个零售市场的总规模和总容量。

资料来源：辽宁统计信息网，http：//www. ln. stats. gov. cn。

如图4和图5所示，我国餐饮行业近十年发展迅速，辽宁省餐饮在全国范围内占比一直保持在9%～16%，比重较大，主要是东北地区人口比重较大。近十年餐饮行业占比的平均值为12.4%。“十一五”期间，辽宁住宿与餐饮业零售总

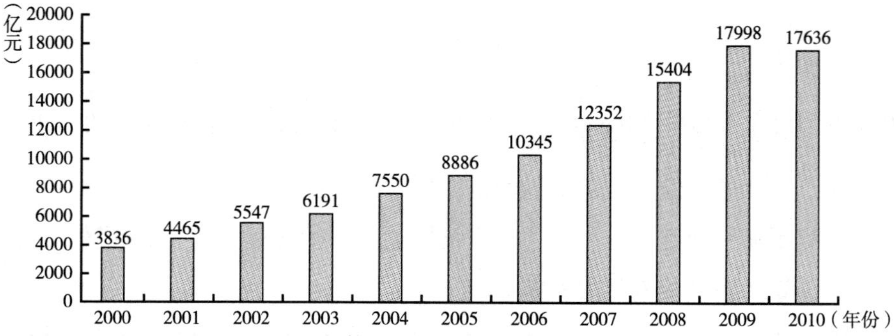

图4　全国住宿与餐饮业零售总额

资料来源：国家统计局，http：//www. stats. gov. cn。

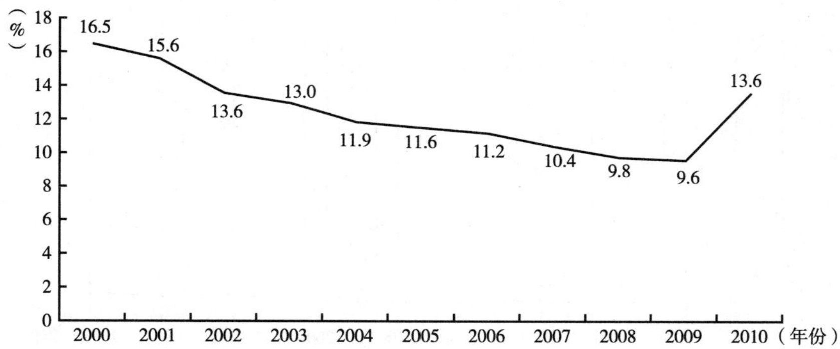

图 5　辽宁省住宿与餐饮业零售总额占全国餐饮总额比重

资料来源：国家统计局及辽宁统计信息网。

额增速放缓。主要原因是从 2000 年开始，我国 GDP 规模增速一直保持在比较高的水平，平均规模增速达 15% 左右，而辽宁省 GDP 的增速低于全国平均水平，为 14%，因为受全省整体规模增速影响以及辽宁的工业而非旅游经济省地位，辽宁省的住宿与餐饮业零售总额占全国餐饮总额比重有一定程度下降。但到 2010 年，辽宁批发零售及餐饮业零售总额占全国餐饮行业总额的比重重回高点，达到了 13.6%。较 2009 年增加了近 4 个百分点，这是受益于批发零售行业的整体复苏。

如图 6 所示，我国住宿与餐饮业零售总额占 GDP 总额的比重从过去的保持平稳，到“十一五”期间逐年升高，且受经济危机负面影响不明显。正值我国提出转变经济发展方式全新发展理念，住宿及餐饮业零售总额占比开始逐年升高，第三产业经济地位也随之提升，到 2009 年占比已经突破了 10%。

从图 7 可以看出，辽宁省餐饮业零售总额占全省社会消费品零售总额的比重从 2003 年开始就上升到 10% 以上，较图 6 全国范围内的住宿与餐饮业零售总额占 GDP 总额的比重有明显区别的就是，2005 年是我国餐饮行业发展较快的一年，在这一年餐饮行业比重超过 10%。但是辽宁餐饮业规模在 2003 年初时在全国范围就一直保持较高比例。这主要是之前增长较快的一种合理回落，也因为从 2009 年开始，我国经济逐渐走出了低谷，各地房地产等固定资产投资出现了二次火爆的局面，导致社会消费品零售总额在 2010 年出现了下滑的趋势，而受这种因素影响，住宿餐饮业的零售额下滑显著，从 2009 年的 990 亿元，下降到了 755 亿元左右，降幅达 24%。另外在 2011 年全年，辽宁省加大了对住宿餐饮业的投资，投资额增加了一倍。

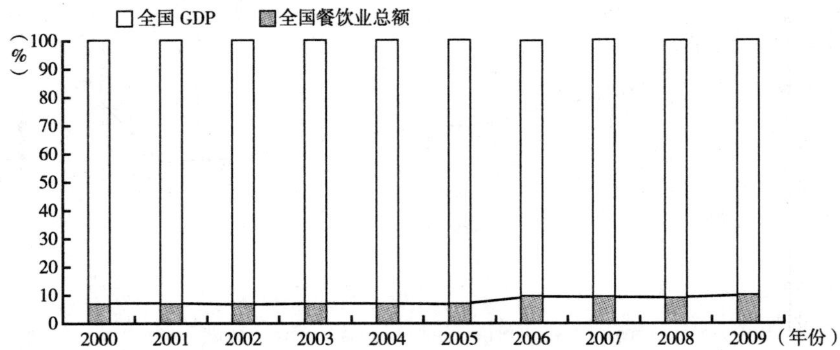

图 6　全国住宿与餐饮业零售总额占 GDP 总额的比重

资料来源：国家统计局，http：//www. stats. gov. cn。

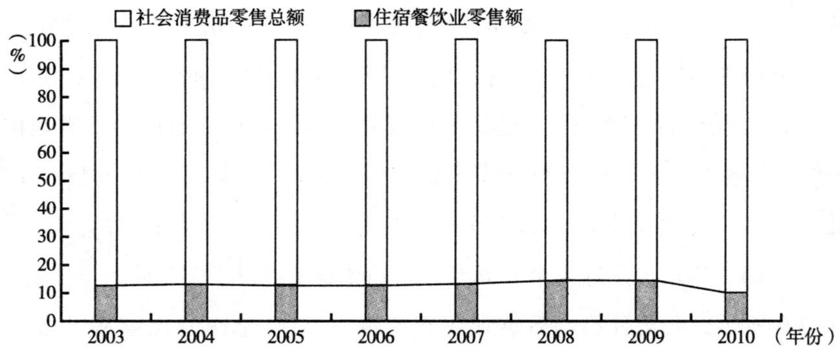

图 7　住宿餐饮业零售额占辽宁省社会消费品零售总额的比重

资料来源：辽宁统计信息网，http：//www. ln. stats. gov. cn。

图 5 与图 8 综合来看，社会消费品的增长是相对比较稳定的状态，这也解释了图 3 中结合了批发零售业和住宿餐饮业之后的数据形态。但是单单考虑住宿餐饮业本身的发展情况，转型期的阵痛还是存在的。加大对餐饮行业的宏观调控是今后的重点。

辽宁省是传统的工业大省，社会零售消费层面中旅游人口的消费比重不大，餐饮消费额集中的月份基本上都是国家传统节假日以及黄金周和一些庆典活动集中的时期，按照目前的发展状况来看，个别月份的餐饮消费位居前列，而其他月份则相对弱势，这也反映出辽宁省在餐饮消费发展时点水平上存在一定不平衡性，还不能够算是一个相对健全、成熟的行业市场。

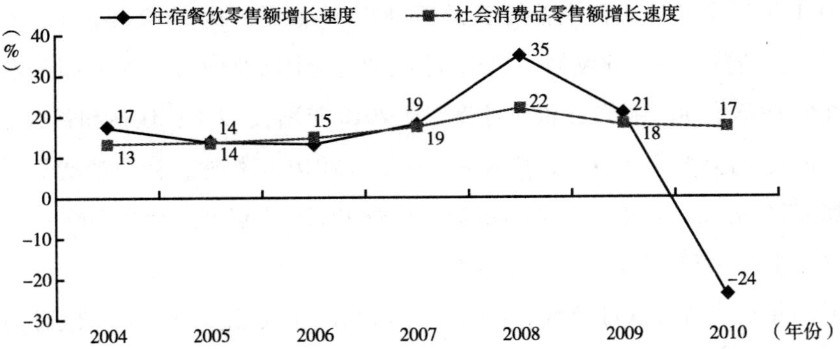

图 8　住宿餐饮业零售额与社会消费品零售额的增长速度比重

资料来源：辽宁统计信息网，http：//www. ln. stats. gov. cn。

（二）2011 年辽宁省餐饮行业发展形态分析

2011 年全国社会消费品零售总额 180910 亿元，与 2010 年相比增长 17. 1%，月平均增速为 17. 1%。其中餐饮收入一项全年总计 20510 亿元，与 2010 年相比增长 16. 8%，月平均增速 16. 8% 左右。餐饮收入占全国社会消费品零售总额的 11. 3%，与 2010 年持平。下半年餐饮收入及社会消费品增加速度较快（见表 2）。

表 2　2011 年全国餐饮收入月统计

单位：亿元，%

月份	社会消费品零售总额	比上年同月增幅	餐饮收入	比上年同月增幅
1 月	15249	19. 9	1687	18. 3
2 月	13769	11. 6	1555	12. 6
3 月	13588	17. 4	1506	15. 0
4 月	13649	17. 1	1497	16. 7
5 月	14697	16. 9	1639	17. 1
6 月	14565	17. 7	1661	17. 5
7 月	14408	17. 2	1627	17. 1
8 月	14705	17. 0	1717	16. 7
9 月	15865	17. 7	1814	17. 1
10 月	16546	17. 2	1945	17. 1
11 月	16129	17. 3	1865	17. 7
12 月	17740	18. 1	1997	18. 6
合　计	180910	17. 1	20510	16. 8

资料来源：国家统计局，http：//www. stats. gov. cn。

2011 年辽宁省社会消费品零售总额 8003.6 亿元，比 2010 年增长 17.5%，占全国社会消费品零售总额的 4.4%，增幅超过全国平均水平。全年批发和零售业增加值 1943 亿元，按可比价格计算，比 2010 年增长 12%；住宿和餐饮业增加值 427 亿元，达到 5279 亿元，增长 8.8%。与 2010 年相比，社会消费品零售总额增加 1200 亿元，全年全社会固定资产投资 17726.3 亿元，增长 30%，其中住宿和餐饮业投资 323.7 亿元，增长 1 倍。

2011 年辽宁省餐饮行业继续保持稳定增长的主要原因有：一是假日消费旺盛。特别是元旦、春节等节日期间，餐饮市场异常火暴。据对全省重点餐饮企业监测统计，2011 年元旦、春节、清明、“五一”、端午、中秋、国庆节的营业额分别同比增长 28.7%、18.1%、23.5%、16.1%、15.1%、18.7% 和 19.8%①。二是婚庆餐饮持续兴旺。2011 年 3 月份以来，全省婚庆餐饮市场迎来了新一轮消费高峰，各地大、中型餐饮企业周六、周日接待婚宴数量大幅上扬，一般每天接待 2~3 家。特别是一些知名度高、服务好、装修豪华的酒店更是红火，如沈阳万豪、喜来登等酒店周末婚庆酒席位火暴，普遍出现一席难求的现象。

辽宁省不是旅游省份，所以餐饮业增长一是要靠良好的基础政策的扶持，温和增长。二是主要的消费爆发点均集中在节假日等餐饮行业相对兴旺时点。随着人们收入水平的不断提高，辽宁省餐饮行业也将水涨船高。

（三）与其他区域的运行比较

我国东部地区餐饮业发展规模目前处于全国领先水平，但是因为存量规模巨大，发展增速低于全国平均水平。包括北京、上海、天津、广东、福建、浙江、江苏、山东、河北、海南在内的 10 个东部省市约占全国餐饮业零售总额的 50%。从 2011 年开始，东北三省以及中西部地区的餐饮消费增长速度加快，特别是辽宁省 2010 年就以 30% 的平均增长速度位居全国第一②。2011 年辽宁省在餐饮业的发展上依然保持强劲势头。2011 年上半年，全省餐饮服务业出现消费需求旺盛趋势，行业经营呈稳步增长态势。前 6 个月，全省餐饮业零售额实现

① 中国商务部，http://www.mofcom.gov.cn，地方商务栏《2011 年餐饮服务市场运行情况分析》。

② 赵京桥：《中国餐饮产业 2010 年回顾与 2011 年展望》，《餐饮世界》。

325.6 亿元，同比增长 24.7%，高出社会消费品零售总额增幅 6.7 个百分点，对零售总额增长的贡献率为 13.2%，拉动增长 2.4 个百分点①。

二 辽宁省餐饮行业的发展特点及就业贡献

对以上产业运行数据以及产业实际运行进行分析，可以总结出辽宁省餐饮产业运行的主要特点。

2000～2009 年，辽宁省餐饮业增速明显。近十年来，辽宁省 GDP 平均规模增速为 14%，社会消费品总额平均增速为 11%，餐饮业生产总值平均增速达 18% 左右。2007 年更是达到了 35% 的规模增幅，基本保持在 10% 以上的发展速度，因为没有进出口贸易的影响，没有原材料价格上涨对菜品及价格的影响，辽宁省餐饮市场产值逐年扩大，同时为产业发展转型提供了一定的辅助条件，并为增加就业人数作出了贡献。2000 年辽宁省范围内限额以上②餐饮企业法人数为 219 个，2001 年为 271 个，发展到 2009 年已经达到了 697 个，餐饮行业就业人数也从 2000 年的 35879 人，增加到 2009 年 56037 人，为辽宁省提供了更多的就业机会。

总体看来，餐饮业在促进辽宁的经济发展、解决社会就业与再就业、维护社会稳定、创建和谐社会等方面发挥着越来越重要的作用，同时行业已经形成了细分化和多元化的市场格局，“民营新字号”主导市场，节假日消费旺盛，管理水平、服务质量、品牌经营水平逐步提升。

三 2011 年辽宁省餐饮业年度热点回顾

（一）规范餐饮市场环境

2011 年辽宁省食品药品监督管理局印发《2011 年餐饮服务食品安全重点工

---

① 辽宁统计信息网，http：//www. ln. stats. gov. cn 省情分析。

② 限额以上住宿和餐饮业统计单位为年主营业务收入 200 万元及以上。限额以上住宿和餐饮业的企业、个体户，以及餐饮连锁集团资料采用全面调查的方法取得；限额以下企业和个体户资料采用抽样调查推算。

作安排》，进一步强化对餐饮服务的监管工作，吸取了过去沈阳毒豆芽等严重食品安全事故的教训，加强了餐饮服务监管机构和执法队伍建设，全年全省财政共投入2.25亿元用于食品安全工作，进一步规范了食品安全工作。2011年辽宁省共聘任食品安全工作检查员2.3万名。组建覆盖省、市、县（区）的三级公安机关食品药品犯罪侦查机构，总部署警力1500人。食品生产经营单位监管档案建档率达到100%。计划到2014年底从市、县（区）、乡（街）、村（社区）和村民组（居民小区）五个层面形成全民关注食品安全、参与食品安全、保障食品安全的社会氛围①。这些措施保证了省内餐饮行业的食品安全，并将在未来的一段时间内有效促进行业的健康发展。

需要指出的是，此次工作安排还提出了推行餐饮服务食品安全量化分级管理目标，要在“十二五”期间建立餐饮服务企业食品安全信用档案，凡是发生食品安全事故、存在严重违法违规行为、未及时消除重大安全隐患的餐饮服务企业，一律列入黑名单予以曝光，并列为重点监管对象，加大监管力度，推进餐饮服务食品安全监管长效机制。“十二五”期间，在全省创建20个餐饮服务食品安全示范县、100条餐饮服务食品安全示范街、500个餐饮服务食品安全示范单位②。

（二）省际、省内交流频繁

为繁荣活跃餐饮服务市场，满足百姓消费需求，辽宁省各地组织开展了内容丰富、形式多样的主题系列活动。2011年，辽宁省各级餐饮服务行业主管部门和协会积极组织开展“扩消费，促增长，惠民生”主题系列活动，共举办美食节、美食周、美食夜市、名优食品大联展、服务技能竞赛交流等各类活动80多项③。首届名厨秋冬季创新菜交流会召开，首届诚健大连中餐业产品洽谈交易会成功举办，第七届大连市餐饮行业技能大赛成功举办，首届关东美食节召开。省际交流也稳步开展，辽宁省餐饮烹饪行业协会第四届三次常务理事会议召开，协会会员赴江苏、浙江考察餐饮业发展情况，赴港澳考察并参加“2012香港婚宴

① 《中国日报》，http://www.chinadaily.com.cn/dfpd/2011-12/16/content_14274772.htm。

② 辽宁统计信息网，http://www.ln.stats.gov.cn。

③ 中国商务部，http://www.mofcom.gov.cn地方商务栏《2011年餐饮服务市场运行情况分析》。

及世界名酒博览会”等交流活动。

辽宁省还举办特色美食节、美食周、美食夜市、名优菜点与风味小吃展等多种形式的联展促销活动，扩大了餐饮消费。沈阳、大连“早餐示范工程”建设、抚顺市天湖啤酒街宣传月、丹东市绿色营养健康特色餐饮示范店认定、辽阳“农家乐”餐饮送厨送艺下乡、盘锦海鲜一条街创建等活动均繁荣了市场。

这些交流活动促进了辽宁省餐饮行业的信息共享，并能够集思广益、取长补短，均衡发展辽宁省餐饮业，有助于在规范经营的前提下，开发广泛合作平台，促进餐饮行业发展。

四　辽宁省餐饮业 2012 年展望与“十二五”发展趋势

结合 2011 年中国烹饪协会、世界中国烹饪联合会会刊《餐饮世界》[①] 对中国餐饮产业 2010 年回顾与 2011 年展望中提到的中国餐饮业“十二五”发展趋势特征，如：城镇化将是餐饮业“十二五”发展的最重要动力，餐饮产业标准化工作将进一步完善，餐饮工业化与信息化进程将进一步深化，大众化餐饮依然是“十二五”的发展重点，餐饮企业在“十二五”时期会密集上市，食品安全仍是“十二五”中国餐饮业的基础工作。辽宁省的餐饮业发展也符合以上的一些趋势，但是考虑到这几年辽宁餐饮业的蓬勃发展以及本行业的区域发展特点，辽宁省餐饮业发展具有一些独特之处。

（一）辽宁省餐饮业 2012 年展望

2012 年辽宁省在推进老工业基地全面振兴的同时，结合自身餐饮行业蓬勃发展的局面与国家关于转变经济增长方式的要求，承上启下，餐饮服务市场机遇和挑战并存，市场总体发展趋势良好。2011 年固定资产投资中，住宿及餐饮行业的投资就增加了 100%，而这部分的投资效应将在 2012 年得到发挥与释放，给辽宁省 2012 年餐饮行业提供有力的基础保障。

一是加快调整经济结构、改善民生仍然是政府工作重点，在政策研发过程中，一系列侧重于促进服务业发展的举措将给辽宁省的餐饮服务市场发展提供广

---

① 赵京桥：《中国餐饮业十二五发展趋势》，2010 年《餐饮世界》增刊，第 102 页。

阔空间。

二是随着房地产等商品价格的平稳回归，人们的消费预期较好，消费能力随之提高，餐饮服务消费规模将进一步扩大。

（二）辽宁省餐饮业“十二五”发展趋势

1. 产业整合逐步开启

近几年，辽宁省餐饮行业发展速度处于领先地位，具备一个朝阳行业的基本特点，而且民以食为天，加之考虑到辽宁省的人口基数和消费能力，在“十二五”时期，结合国家产业政策调整力度和转变经济增长方式的特点，省内餐饮业结构调整力度加大。以连锁经营为代表的现代餐饮业将加速替代传统餐饮业，手工随意性生产、单店作坊式经营、人为经验型管理，逐步向产业化、连锁化、集团化和现代化的方向迈进。

2. 品牌认知开始建立

经过快速的发展之后，行业态势会趋于均衡，但扩张、整合与兼并将是一个激烈的暗战，在此过程中辽宁区域内的餐饮品牌确立既有发展的必然性，同时又有发展的潜在需求。目前国内八大菜系各具特色，发展速度与知名度都远在辽菜之上，辽宁餐饮中五成菜品都是辽菜，却没有称自己是辽菜，也没有消费者知道口中的美食是辽菜，省内自主品牌认知度一直都不高，2011 年中国餐饮百强企业中的大连亚慧连锁正是产业链整合后，品牌认知建立的良好例子。但是这样的企业在辽宁范围内目前还相对较少，2011 年中国百强餐饮企业中辽宁餐饮企业品牌只占两个，分别是大连亚慧与沈阳的老边饺子，但排名也都相对靠后，而且从中国餐饮老字号企业的分布城市来看，在全国 122 家中华餐饮老字号企业中只有辽宁省的 5 家，这就说明辽菜系的品牌建立需要一个过程，这个过程既是长期的也是痛苦的，需要打破、筛选、重新整合认知。

首先要总结辽菜的特点，重新确立辽宁菜的市场地位，打破国内及省内对原有的“东北菜低端、不健康”的认知，筛选出具备行业发展潜质的优秀企业，融入健康、安全、绿色饮食的环境理念，在此基础上，还需要用“走出去，引进来”的全局发展观来提高辽菜的品牌知名度。

3. 餐饮金融全面推进

餐饮行业的发展壮大不仅靠传统的饮食文化与加工手艺，在信息化快速发展的今天，企业的特色传播途径更广、传播速度更快，这对品牌推广是一个时机，同时也是一个挑战。建立了辽菜品牌后的辽宁餐饮业发展最终还是要依托渠道渗透和金融产品的支撑。包括产业链整合、融资渠道拓展以及模式创新等。如 2011 年中国民生银行给予大连市餐饮行业协会的会员授信额度为人民币 1 亿元，帮助会员单位解决企业在经营与发展中所遇到的资金紧张与短缺问题，凡是协会会员单位，无论企业大小及企业性质如何，只要符合相关条件都可以在民生银行相关部门享受一定的金融产品服务。像这样的创新合作，在“十二五”期间将会大规模展开。

B.14

2011 年安徽省餐饮产业发展报告

汪存富*

本报告分析了 2011 年安徽省餐饮业产业运行情况，总结了近年来安徽省餐饮产业发展的情况，并对安徽省餐饮业发展的现状及问题进行了分析，最后提出安徽省餐饮业发展的趋势和建议。

一　安徽省餐饮发展现状

（一）产业总体运行情况

2010 年，虽然面对复杂的国内外宏观经济环境，但在国家扩大内需，鼓励消费的总体方针以及安徽省大力实施中部崛起战略，实施皖江城市带承接产业转移规划的政策环境下，安徽省经济总体平稳快速发展，安徽省餐饮业持续保持快速增长态势。全省餐饮业零售总额达 579.2 亿元，同比增长 18.2%，连续 5 年保持 20% 以上的增长率（见图 1 和表 1）。

近年来，安徽餐饮业的发展速度一直高于 GDP 增长及社会消费品零售总额的增长速度，对于拉动消费、促进增长发挥了积极的作用（见图 2）。

2007 ~2011 年年均增长率为 21.7 %，高出社会消费品零售总额增长率 1.5 个百分点，比 GDP 增长率高出 8.2 个百分点，对扩大消费和经济增长的贡献明显。

餐饮业成为吸纳社会就业、扩大内需的重要渠道。2010 年餐饮行业中，城镇单位就业人数及城镇私营企业和个体就业人数分别为 3.7 万人和 22.1 万人，总计 25.8 万人，占总就业人数的 4%（见表 2）。

---

* 汪存富，中国社会科学院财经战略研究院服务经济与餐饮产业研究中心特聘青年研究员，中国社会科学院研究生院博士生。

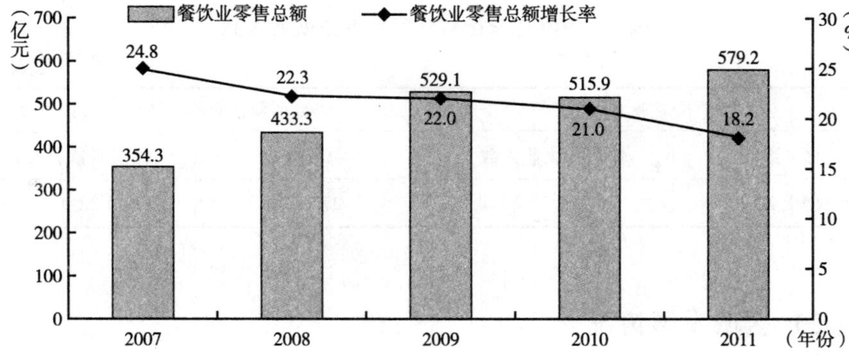

图 1　2006～2010 年安徽省餐饮业零售总额及增长

注：2009 年及之前数据为住宿与餐饮业零售总额，2010 年及之后为餐饮业零售总额，即不包含住宿业，2009 年餐饮业零售总额为 426.5 亿元，以此计算其增长率为 21%。

资料来源：2010、2011 年《安徽省统计年鉴》。

表 1　安徽省餐饮业发展及与其他有关经济指标对比

项目＼年份	2006	2007	2008	2009	2010
GDP(亿元)	7364.2	8874.2	10062.82	12359.3	15110.3
GDP 增长率(%)	13.9	12.7	12.9	14.5	13.5
社会消费品零售总额(亿元)	2451.9	3045.2	3481.6	4151.5	4900.6
社会消费品零售总额增长率(%)	19.2	24.2	15.8	19.2	18
住宿和餐饮业零售总额(亿元)	354.3	433.3	529.1(426.5)	515.9	579.2
住宿和餐饮业零售总额增长率(%)	24.8	22.3	22.0	21.0	18.2

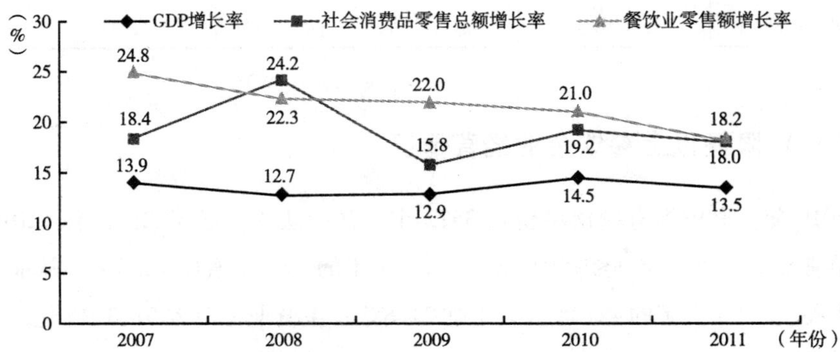

图 2　安徽省 GDP、社会消费品零售总额及餐饮业零售额的增长率对比

表 2　2010 年安徽省住宿餐饮业就业人数

单位：万人

城镇单位就业人数		城镇私营企业和个体就业人数	
总人数	住宿餐饮业人数	总人数	住宿餐饮业人数
359.9	3.7	277.3	22.1

（二）区域发展情况

安徽省餐饮业主要集中在合肥、安庆、芜湖和蚌埠四市，这也是安徽省经济比较发达、经济总量比较大的地市。其中合肥市无论是餐饮业零售总额，还是餐饮业增加值都居全省第一位（见表 3），这主要得益于省会城市的经济地位，其对外交流频繁，对周边的经济和消费辐射力度较大。

表 3　2010 年安徽省地市餐饮业各增加值及零售总额情况

地区＼项目	餐饮业增加值		餐饮业零售总额	
	数　值(亿元)	排　名	数　值(亿元)	排　名
合　肥	36.80	1	70.8	1
安　庆	26.27	2	48.2	2
芜　湖	25.52	3	34.6	4
蚌　埠	17.78	4	32.9	5
六　安	15.71	5	30.1	7
阜　阳	13.52	6	45.1	3
巢　湖	13.41	7	31.5	6

（三）限额以上餐饮企业经营情况

2010 年安徽省拥有餐饮单位数 3522 个，其中法人单位数 2818 个。2010 年安徽省限额以上餐饮企业共 593 家，较 2009 年的 499 家增加 18.8%；从业人员 51319 人，较 2009 年的 42138 人，增加 21.8%；主营业务收入 51.3749 亿元，较 2009 年的 41.17 亿元增长 24.8%，但占餐饮业零售总额 515.9 亿元的不足 10%，利润 1.174 亿元，利润率不足 2%（见表 4）。

表 4　2010 年限额以上餐饮业基本情况

项　目	法人企业数(家)	从业人数(人)	主营收入(万元)	利润(万元)
合　计	593	51319	513749	11740
内资	586	49251	486164	8883
一国有	20	1928	16058	-1594
一民营	415	34272	350075	13153
港澳台	4	1708	23719	2176
外商投资	3	360	3865	681
正餐	479 *	39553 *	467839	9188
快餐	11 *	2248 *	43603	2749
饮料及冷饮	5 *	140 *	926	71
其他餐饮	4 *	197 *	1381	-268

注：* 表示 2009 年统计数据。

资料来源：《2010 中国贸易外经统计年鉴》、《2011 安徽统计年鉴》。

按企业所有制划分，安徽省限额以上餐饮企业以内资企业（尤其是民营企业）为主，内资企业 586 家，港澳台和外商投资企业分别为 4 家和 3 家。内资企业中，民营企业 415 家，国有企业 20 家，其他所有制企业 151 家。

按企业经营业态划分，以正餐为主，其营业收入及利润分别占到限额以上餐饮企业总数的 91.1% 和 78.3%。

限额以上餐饮企业连锁经营情况。2010 年餐饮连锁门店总数 186 家，从业人员 8323 人，拥有 50645 个餐位。其中多以直销的方式经营（见表 5）。

表 5　2010 年限额以上餐饮企业连锁经营情况

项　　目	合计	直销	加盟
门店总数(家)	186	165	21
从业人员(人)	8323	6519	1804
营业面积(平方米)	261366	187635	73731
餐位数(个)	50645	—	—
营业额(万元)	77717	60887	16830
餐费收入(万元)	70046	56099	

二　产业发展特点

近年来安徽经济快速增长以及皖江城市带承接产业转移工作稳步推进，使得安徽省居民收入增加以及商务来往频繁，居民消费观念转变，假日市场和旅游休闲业蓬勃发展，安徽餐饮业发展主要呈现以下特点。

1. 餐饮业发展迅速，产业规模日益扩大，对经济发展和消费增长拉动明显

2011 年安徽餐饮业零售总额达 579.2 亿元，同比增长 18.2%。2007～2011 年年均增长率为 21.7%，高出社会消费品零售总额增长率 1.5 个百分点，比 GDP 增长率高出 8.2 个百分点。对扩大消费和经济增长的贡献不断明显提高。

2. 企业规模较小，集中度低，以小企业及个体户的分散化经营为主

2010 年安徽省限额以上餐饮企业共 593 家，主营业务收入 51.3749 亿元，但只占餐饮业零售总额 515.9 亿元的不足 10%。可以看出规模总体都比较小，集中度非常低。其中大量的餐饮零售额是由个体商户创造的。

在中国烹饪协会评选的年度中国餐饮百强企业中，2007～2009 年安徽都仅有一席，分别是安徽省金满楼饮食集团有限责任公司、安徽梦都集团、安徽包天下餐饮管理有限公司，当年排名分别是第 100 位、97 位、51 位。2010 年有所突破，安徽梦都集团、合肥肥西老母鸡餐饮有限责任公司、安徽包天下餐饮管理有限公司三家企业上榜，分别列居第 77 位、80 位、86 位。

2010 年限额以上餐饮连锁门店总数 186 家，从业人员 8323 人，餐费收入约 7 亿元。相对于餐饮业零售总额 515.9 亿元，绝大部分企业是分散化经营的。

3. 私营企业是餐饮企业的主导力量

在 2010 年限额以上餐饮企业中，内资民营企业为 415 家，占所有限额以上法人企业数的近 70%；从业人员 34272 人，占限额以上法人企业从业人数的 66.8%；主营收入达 3.5 亿元，占限额以上餐饮企业主营收入的 68.14%。无论企业法人个数，还是从业人数及营业收入，私营企业都占据了主导地位。国有企业数量为 20 个，占总数的 3.4%，而且比私营企业效益差，20 家国有企业利润总额为 -1594 亿元。

4. 徽菜的传承和发展相对滞后

作为“八大菜系”的徽菜，近年来其传承和发展较慢，在全国范围内的品牌效应和影响力没有得到相应的体现。在粤、川、湘、淮等各大菜系迅速发展以及具有民族特色的内蒙、新疆、云南等地方特色美食崛起的形势下，徽菜的发展略显黯淡。

三　产业发展环境

（一）政府关注和政策支持

总体上，由于安徽总体经济发展水平与全国发达地区相比有不小差距，服务业发展水平总体不高，餐饮业规模不大，作为传统的服务业，餐饮业的发展较少得到政府专门政策的支持。但随着近几年国家的经济结构调整和对民生问题的关注，从促进消费和食品安全等角度，餐饮业日益得到政府的重视。

2011 年 8 月 11 日，安徽省食品药品监督管理局下发《关于印发安徽省餐饮服务食品安全公示制和承诺制的通知》（皖食药监食监［2011］158 号），按照安徽省餐饮服务食品安全监督量化分级管理基本标准，将被监督单位的餐饮服务食品安全状况以简洁的形式向社会公布，并要求餐饮服务单位在承担食品安全主体责任、诚信经营、规范食品安全加工操作、保证餐饮服务食品安全等方面向社会作出公开承诺。政府对食品安全问题的重视和加强监督，对于居民放心消费，促进餐饮业发展具有重要的推动作用。

安徽省层面缺乏对餐饮业的有效扶持政策，但作为省会城市的合肥市，近年来出台了一系列支持政策，鼓励餐饮业发展，更好地服务民生。2005 年合肥市出台《关于加快推进早餐工程的意见的通知》及《合肥市推进早餐工程奖励补助办法》，并于 2006 年开始采用专项补助和表彰奖励等形式，扶持经营早餐的连锁企业、配送中心，补贴早餐车购买户。通过早餐工程奖补资金的扶持，合肥市的早餐企业经营进一步规范，更加关注食品安全，逐步满足广大市民对营养、快捷、卫生、方便早餐的需求。2008 年合肥市出台了《关于加快现代服务业发展的意见以及若干政策》，对投资建设建筑面积 3000 平方米以上的大型餐饮企业，城市基础设施配套费按 50% 收取；对建筑面积 3000 平方米以上的大型餐饮企业，自开业经营之日起，三年内营业税、企业所得税本市留成部分，给予 50% 奖励。此外据合肥省餐饮（烹饪）行业协会消息，2011～2015 年，预计每年还有 2000 万～4000 万元的资金从服务业专项资金中拨付支持餐饮业发展。

2011 年 11 月安徽省人民政府发布了《安徽省“十二五”服务业发展规划》，提出了到 2015 年全省服务业增加值比 2010 年翻一番以上、服务业增加值比重提高到40%左右的目标，并对服务业大企业集团和著名商标培育、品牌和服务标准化示范创建等提出了具体的指标。规划中明确提出“发展便利店、餐饮服务和社区商业”，“推进大众化、特色化、连锁型餐饮及酒店服务业发展”等发展重点，提出到2015年全省批发零售住宿餐饮业增加值达到2000亿元的目标；并提出完善税费政策、加大财政投入、拓宽融资渠道、提供用地支持等一系列的政策支持。“十二五”服务业发展规划的实施，可以预期相关的支持政策会陆续出台，为餐饮服务业的发展营造更好的环境，促进餐饮服务业更快更好发展。

（二）各类重大餐饮节庆活动

各地方政府出台专门产业政策不多，但不少政府主导和支持举办富有地方特色和浓郁文化气息的各类餐饮节庆活动，引导餐饮消费，宣传徽菜及饮食文化，甚至将其作为地方招商引资宣传的一个平台和品牌。

中国豆腐文化节。自1994年开始，淮南市以其独具特色的“八公山”豆腐品牌为基础，举办中国豆腐文化节，至今已经连续举办17届，成为宣传地方餐饮特色、促进餐饮产业发展以及极具中国特色的豆腐饮食文化的重要品牌。

中国（合肥）徽菜美食旅游节。自2006年开始，由中国烹饪协会、安徽省商务厅、安徽省旅游局、合肥市人民政府、安徽省烹饪协会联合主办，至今已举办6届。中国（合肥）徽菜美食旅游节将徽菜推广和旅游相结合，营造热烈的节庆氛围，带动“美食”和“旅游”相关附属产业的发展，从而拉动经济增长。

绩溪·中国徽菜之乡美食文化节。绩溪自2005年9月荣获“中国徽菜之乡”美誉之后，从当年开始每两年举办一次绩溪·中国徽菜之乡美食文化节，至今已成功举办4届。文化节以宣传徽菜饮食文化为主，并与徽州美景和徽州文化相融合，这对打响“中国徽菜之乡”品牌，展示国家历史文化名城魅力，提高绩溪县知名度、美誉度，促进文化旅游产业融合发展产生了重大影响。

芜湖凤凰美食文化节。自2002年开始，芜湖市每年举办芜湖凤凰美食文化节，至今已连续举办10届。是融旅游、美食、文化于一体的综合性节庆。弘扬了芜湖美食文化，增加了城市旅游吸引力，丰富了市民生活。

安徽餐饮博览会。中国饭店协会、安徽省商务厅和合肥市人民政府于2011年11月在安徽省合肥市联合举办“2011中国中部美食博览会暨首届安徽餐饮博览会”。

（三）行业组织及服务体系

行业协会成为推动和规范餐饮业发展的重要行业力量，省级协会有安徽省烹饪协会和安徽省餐饮行业协会，同时地市级行业协会也逐步建立，逐步形成了比较完善的民间行业组织结构。

安徽省烹饪协会成立于 1989 年 9 月，是安徽省餐饮行业组织，同时也是从事烹饪理论与技术研究的专业性组织。安徽省烹饪协会现有团体会员 500 多个单位和个人会员近 2000 人。安徽省烹饪协会成立以来，在省政府及相关部门的关心和支持下，经过全体会员尤其是理事们的积极努力，在开展烹饪技术交流和比赛、培训青年烹饪人才、开展烹饪理论学术研究、发掘整理徽菜菜谱、促进徽菜的创新和发展、弘扬安徽饮食文化、推动安徽餐饮经济的发展等方面作出了显著贡献。

安徽省餐饮行业协会成立于 2011 年 4 月，现有会员企业近 500 个，遍及全省各个地市，具有广泛的代表性。目前的业务和服务范围与安徽烹饪协会存在一定的交叉，其界限也不是十分明确。

此外，还有合肥市餐饮（烹饪）行业协会、黄山市烹饪协会、巢湖市餐饮（烹饪）协会、马鞍山市旅游餐饮宾馆（烹饪）业商会、阜阳市餐饮（烹饪）行业协会等多家地市级的餐饮行业协会。

（四）专业媒体宣传和推广

安徽省在专业期刊和媒体宣传方面拥有传统的平面媒体与现代网络媒体结合的传媒体系。

安徽饮食文化网（http：//www. ahcas. com），是由安徽省烹饪协会主办的餐饮业大型专业网站，也是展现安徽省餐饮企业风采、弘扬安徽饮食文化的重要宣传平台。安徽饮食文化网设有新闻资讯、最新公告、考试专区、会员黄页、人才市场、培训天地、吃遍安徽、每周一菜等栏目，内容丰富，信息权威。

《中国徽菜》杂志，由安徽烹饪协会主办，是安徽省餐饮业及徽菜文化研究和交流的专业期刊。专著《徽菜》，是由黄山市烹饪协会于 2004 年组织专门队伍，对徽菜品种进行系统整理，编辑出版的大型彩印图书。

（五）品牌及荣誉建设

近年来安徽餐饮业界日益重视品牌和荣誉建设，多次获得各类知名品牌及荣誉称号。目前，安徽同庆楼餐饮发展有限公司（注册商标：同庆楼）、芜湖市耿福兴酒楼（注册商标：耿福兴）两家餐饮企业被认定为“中华老字号”；五城茶干、岭玫瑰酥、徽州臭豆腐、徽州饼、大救驾等多项地方特色小吃被授予“中华名小吃”称号；安徽省绩溪宾馆、安徽省淮南市子元家酒店、合肥市庐州烤鸭店、安徽省新世纪大厦、安徽黄山大厦、安庆市江万春大酒店、阜阳白金汉宫大酒店、安徽蜀王火锅店等餐饮企业被授予“中华餐饮名店”称号。安徽省烹饪协会评定的中国徽菜大师达130余人。2007年，安徽绩溪县被中国烹饪协会授予“中国厨师之乡”的称号。

四　促进安徽餐饮业发展的几点建议

（一）营造政策环境，促进餐饮产业发展

改变目前安徽餐饮企业规模较小，集中度低，以小企业及个体户分散化经营为主的市场结构，制定特定的扶持政策，如参照现代服务业实行相关的税收减免，鼓励企业兼并重组，发展连锁经营。采取“放水养鱼”的发展方式，充分发挥餐饮业对促进消费、扩大就业、改善民生的巨大经济和社会效益。

（二）扩大徽菜影响，传播徽菜文化

中央十七届六中全会发布了《中共中央关于深化文化体制改革　推动社会主义文化大发展大繁荣若干重大问题的决定》，将文化建设提高到新的战略高度。2011年12月召开的第二届全国餐饮学术研讨会暨中国烹饪协会专家工作委员会年会，也把餐饮文化的发掘和传承作为一个关注的热点。作为中国八大菜系之一的徽菜，自明清开始一直发展至今，蕴涵了丰富、独特的文化。一是要在继承发扬的基础上，适应目前新的健康饮食理念，对徽菜的风味有所创新和改进，改变“盐多色重”的形象；二是进一步将丰富的安徽文化及徽州文化融入徽菜饮食中，满足高端消费的需求，提高徽菜的品位和文化档次。

（三）改善就业环境，注重人才培养

目前安徽餐饮业发展中，高端技术人才和管理经营人才缺乏，而且据安徽省劳动就业服务局统计，餐饮服务类行业用工紧张，存在较大的用工缺口。其主要原因是餐饮服务类企业与劳动者签订合同率偏低，多数企业不为员工办理各类社保，很难实现稳定就业，且多数餐饮服务人员工资、福利待遇不高，导致员工大量流失。应加强改善餐饮业的就业环境，加强人才的培养，让一批年轻有为的新生代农民工和职业技术学校毕业生能够将餐饮业作为终生事业来发展。

五　2012年发展展望

随着我国宏观经济的平稳运行，经济结构不断调整升级以及在大力发展服务业、促进消费的总体环境下，伴随着安徽省积极承接东部产业转移，工业化和城市化速度日益加快，安徽省餐饮服务业总体面临较好的发展环境。随着《安徽省“十二五”服务业发展规划》的实施及相关支持政策的落实，安徽省的餐饮服务业将进入更快的发展阶段。

B.15

2011年浙江省餐饮产业发展报告

王淑翠　何也可*

"十一五"期间，随着浙江省经济社会的稳步发展，人民生活水平不断提高，餐饮业呈现快速发展的良好态势。"十二五"时期浙江省餐饮服务业正处在由传统服务业向现代服务业迈进的关键时期。本报告对"十一五"期间浙江省餐饮业的主要成就进行了总结，分析了发展中存在的主要问题，并提出促进餐饮业持续稳定发展的对策和建议。

一　"十一五"期间浙江省餐饮业发展主要成就

（一）餐饮市场繁荣稳定，行业规模持续扩大

"十一五"期间浙江省社会消费品零售总额为37948.05亿元，比"十五"期间的18218.4亿元增长1.08倍，年均增长17%，其中餐饮业零售额4100.76亿元，比"十五"期间的2005.1亿元增长1.05倍，年均增长14.1%，餐饮业比同期社会消费品零售总额年均增速低2.9个百分点（见表1）。餐饮业零售额占社会消费品零售总额的比重也从"十五"期间的11%回落到10.7%。"十一五"期间，餐饮业对社会消费品零售总额的增长贡献率为9.1%，拉动社会消费品零售总额增长1.54个百分点。餐饮业成为全省经济发展速度最快、最具活力的行业之一。

---

* 王淑翠，杭州师范大学健康管理学院副教授，中国社会科学院财经战略研究院服务经济与餐饮产业研究中心特聘青年研究员，中国社会科学院财经战略研究院博士后；何也可，浙江省餐饮行业协会副会长。

表 1 “十一五”期间浙江省餐饮业零售额统计

单位：亿元，%

年份＼指标	社会消费品零售额	餐饮业零售额	餐饮业占社会零售额比重	餐饮业环比增幅
2006	5357.97	613.63	11.45	15.09
2007	6271.32	724.04	11.55	17.99
2008	7533.30	804.09	10.67	11.06
2009	8622.26	901.16	10.45	12.07
2010	10163.20	1057.84	10.41	17.39
合　计	37948.05	4100.76	—	—

在总量扩张的同时，市场细分不断深化，中餐、西餐、中西合璧餐、正餐、快餐、火锅、休闲餐饮、主题餐饮等业态快速发展。网络餐饮服务公司的兴起，以方便快捷、按需预订的特点，为消费者提供了更多的选择机会。浙江省食药局提供的餐饮经营单位业态资料见表 2。

表 2 浙江省餐饮经营单位业态统计

经营业态＼指标	经营单位(家)	比重(%)	从业人数(人)	比重(%)
正餐经营	102034	71.69	508002	59.96
快餐经营	8847	6.21	50559	5.97
饮品经营	4825	3.40	12569	1.48
其他经营	26606	18.70	276093	32.59
合　计	142312	100.00	847223	100.00

注：1. 餐饮经营单位是指已发餐饮卫生许可证的单位。
2. 其他经营单位包括小吃店、食堂、团体用餐配送机构等。

（二）餐饮品牌经营效应凸显，连锁经营助推发展

浙江省餐饮品牌企业的影响力和美誉度不断提升。如萧山开元集团已有近百家四星级、五星级酒店，“两岸咖啡”、“澳门豆捞”在全国各地有 300 多家门店；宁波“南苑”、“慈溪阳明”、“知味观”、“张生记”、“外婆家”、“石浦海鲜”等已在省内外开出了连锁门店；中式快餐如宁波“来必堡”、“新四方”、“顺旺基”、“华必和”，湖州“老娘舅”等，通过连锁经营方式不断向外扩张，

走向全国。企业的扩张使餐饮集团将现代科技成果不断引入经营管理、产品开发等各个环节，餐饮产业链不断延伸，加速了餐饮业标准化和工业化进程，促使餐饮业逐渐从传统手工生产转向现代化生产，从单体经营走向连锁经营，从发展直营店走向直营店和加盟店并行的发展模式。餐饮企业经营管理模式日益创新，现代电子信息技术逐步渗透到餐饮企业采购、点菜、人力资源管理、客户关系管理等多个方面，对企业优化管理流程、降低经营成本、提升员工素质发挥了积极作用。

（三）浙江菜系传承创新，浙菜知名度有所提升

餐饮市场持续繁荣，加快了浙江菜系的传承与创新。浙江菜系原以杭州菜为代表，新中国成立后宁波、绍兴、温州等地方菜逐步兴起。20 世纪 80 年代以来，随着餐饮市场开放搞活，浙江 11 个市的地方特色菜品相继得以挖掘、传承与创新，并经历了全国、全省六届烹饪大赛的交流。近五年来，浙江菜系日臻完善，浙菜作为中国八大菜系之一，经过浙江餐饮业人士的不懈努力，以原料丰富、制作精致、清淡鲜美、菜式典雅和谐为特色享誉海内外。

（四）促进消费作用明显，扩大内需贡献突出

餐饮业是居民休闲消费、社交消费、喜庆消费和旅游消费的重要组成部分，餐饮场所也是从事商务活动的重要场所。强劲的餐饮消费对化解收入存量、拉动经济发展效果显著。尤其在 2008 年以来，许多地方政府重视大众餐饮的发展，早餐、快餐、美食街、小吃夜市等迅速发展，因此即使 2008 ~ 2010 年受金融危机影响，浙江省餐饮业营业额仍保持两位数增长。

（五）餐饮业对改善民生、增加就业、促进工农业生产发展意义重大

随着浙江省城镇化进程的推进，各级政府部门将发展餐饮业作为改善民生的工程来抓，大众化餐饮和早餐工程遍及城乡，促进百姓生活品质不断提高。2010 年浙江省人均餐饮消费达到 1860 多元，创下了历史新高，名列全国前茅。在餐饮业发展的同时，又吸收了大量的农村转移劳动力，每年新增就业岗位 20 多万个。同时，餐饮业作为终端产业，促进了农业结构的调整，推动建立农副产品的

种植、养殖基地，带动食品加工业和旅游业的发展，加快了城乡一体化进程，为浙江省经济协调发展作出了贡献。

二　浙江省餐饮业在发展中存在的问题

（一）政府对餐饮业宏观调控薄弱

浙江省的餐饮业处于开放度高、竞争相对充分的市场环境中，各级政府对餐饮业的宏观管理基本缺位，具体体现在对餐饮业的发展规划不落实、行业管理不到位、落实国家政策不彻底等方面，如水电费与工业用水电费同价、银行卡手续费过高、行业管理较混乱等问题上。

由于餐饮网点布局没有明确规划，有的城市大型酒店一哄而上，盲目投资，恶性竞争；有的城市社区在规划建设中没有考虑大众餐饮网点，导致流动早餐点难以监管；等等。任何城市和社区都应结合居民和顾客的实际需要，合理规划餐饮业态和网点规模，根据不同细分市场引导餐饮业的差异化经营和错位竞争。商务部门作为餐饮行业业务主管部门还缺乏有效的行业管理手段和管理法规，工商、卫生、消防、食监、城管、劳动监察等相关部门“分兵把口”，缺乏有效的协调和配合。

（二）餐饮企业负担日益加重，经营难度增加

餐饮业是完全竞争性行业，科技含量低，薄利多销是餐饮业的共同特点。尤其近几年来，餐饮业负担逐年加重，房租、设备成本、食品成本、人力费用等呈刚性上扬趋势，赢利水平下降，2010 年浙江省限额以上餐饮企业的平均利润率仅 4.27%。对餐饮业还存在一些歧视性收费，如水电费标准高于工业企业和其他商业企业，银行卡手续费率仍保持 2% 左右，高于零售业的 1% 和超市的 0.5%，税负偏重，停车难，收费的部门多，热心服务的部门少，生意越来越难做。

（三）餐饮人才供应不足，员工素质亟待提高

由于浙江省餐饮业的高等教育与人才需求不相适应，餐饮企业的培训机制缺

失，因此大中型餐饮企业的中高层管理者和高级烹饪技术人才严重不足，制约了餐饮企业的发展。以所有制为例，据统计，浙江省采取股份公司、有限公司、股份合作与联营的只占20%左右，私人企业（以家庭和家族管理为主的传统企业）占了绝大部分比例。

餐饮业的服务人员处于“招不进、留不住”的状况，目前90%以上为农村或省外务工者，大多数只有初中文化，业务素质低，由于市场竞争激烈，企业为尽可能降低经营成本，一线岗位的员工未经培训就匆匆上岗，服务质量很难提高。这些人力资源因素制约了浙江省餐饮业的竞争力提升和长远发展。

（四）餐饮教育及科研滞后，缺乏发展后劲

浙江省餐饮业在科学管理、菜品研发、工艺技术、营养保健等方面的科技投入明显不足。传统工艺仍处主导地位，餐饮业的创新往往停留在经验积累、相互仿造的较低层次上。餐饮业的经营管理标准化、生产工艺的工业化还没有提到议事日程，缺乏系统严格的市场准入制度和强制性标准，如“文火慢炖”、“盐少许”等说法缺乏统一规范的内涵和执行标准。在餐饮教育方面，以中、高职学生的职业训练为主，而对餐饮业经营管理创新、菜品研发和营养配比的分析等方面的人才培养还未引起足够的重视。由于人力资源来源的单调性，限制了餐饮行业的多样化人才结构，尤其在高端管理人才和产品研发方面严重不足，制约了餐饮企业持续稳定发展。

三　促进餐饮业持续稳定发展的对策和建议

基本思路是围绕打造“精品浙菜，美食浙江”的目标，大力培育浙菜龙头企业，加强浙菜研发创新，加大政策扶持力度，进一步促进餐饮业持续稳定发展，为全省经济增长作出新的贡献。

（一）加强宏观调控，各级政府和管理部门齐努力

要理顺餐饮业管理体制，逐步完善政府调控下的餐饮经营单位—农业—制造业的产业链服务体系。餐饮行业的繁荣势必带动种植业和相关制造业的发展，如蔬菜种植基地和餐巾纸、饭盒等制造业。为了做大做强餐饮业，不妨学习肯德基

等企业的做法，在原料、生产、加工、销售等环节均实现了工业化和基地型运营。在此方面需得到政府的重视和政策上的优惠。各级商贸主管部门要主动把发展现代餐饮服务业列入各级政府的经济社会发展规划和年度工作目标，提出在第三产业中提高餐饮业的比重及其增长速度，并制定配套措施，落实工作责任，纳入考核体系。当前，要在“十二五”规划中确定餐饮业的发展目标、工作重点与配套措施。

要结合浙江省餐饮业的发展格局，在对传统菜系改良、创新的基础上，建设餐饮集聚区。

平原饮食类型集聚区：以杭州、绍兴、嘉兴、湖州为主的餐饮区域。重点建设杭州美食之都、杭菜产业化基地、绍兴越菜文化，引导嘉兴、湖州风味餐饮发展。

海鲜饮食类型集聚区：以宁波、舟山、温州、台州为主的餐饮区域。重点建设宁波菜、温州菜创新基地，建立台州菜、舟山海岛菜研发基地。

山区饮食类型集聚区：以金华、衢州、丽水为主的餐饮区域。重点建设金华风味菜创新基地，建设衢州风味餐饮、丽水民族饮食基地。

城市餐饮格局：形成高、中、低档餐饮协调发展的城市餐饮格局，着力发展城市三大餐饮集聚群——商务餐饮集聚群：以满足商务活动为目标，在大中城市的中心商务区，建设若干高中档商务餐饮集聚群。中低餐饮集聚群：以满足家庭节庆消费为目标，在城市流动人口集中区，建设若干美食一条街。社区餐饮集聚群：以满足家庭日常消费为目标，在居民社区，建设各具特色、老少皆宜的餐饮门店。

农村乡镇餐饮格局：提升农村餐饮的卫生水平，规范发展“农家乐”餐饮，开发乡土菜肴和特色小吃，提高农村餐饮服务质量和水平。

（二）打响“浙菜品牌”，培育浙江餐饮百强企业

打响“浙菜品牌”，精心培育“精品浙菜”。一要挖掘、传承、创新具有浙江烹饪文化的菜品，通过挖掘整理对传统烹饪工艺申报非物质文化遗产；二要通过举办餐博会、浙江厨师节、浙菜青年厨王争霸赛等活动，组织交流、展示和表彰，认定一批“精品浙菜”和“浙菜金厨大师”；三要建立浙菜数据库，编撰《浙菜大典》，加大浙菜宣传力度。

鼓励餐饮企业规模化、网络化、品牌化经营，促进形成一批拥有自主知识产权和知名品牌、具有较强竞争力的餐饮业龙头企业。为此，在2012年组织评选“浙江餐饮百强企业”（年营业额超亿元），为培育一批具有市场竞争力的餐饮品牌，专门出台扶持餐饮百强企业的政策措施，推动餐饮企业转型升级。

（三）营造公平竞争的市场环境，减轻餐饮业的负担

针对当前餐饮业普遍存在的负担重、不平等的问题，建议政府主管部门借鉴兄弟省市经验，给予餐饮业政策支持。

一是减免税收。餐饮企业在农贸市场上零星购买农副产品、低值易耗品等，无法取得发票的，建议经税务部门审核，可据实进入成本。餐饮企业中从事种植、养殖和农林产品初级加工的龙头企业，经税务部门批准，可免征企业所得税。餐饮连锁企业的加工配送中心直接配送到直营门点用于餐饮销售的，不征收增值税，实行所得税、增值税的优惠政策。加大对自主创新、节能减排、资源节约利用等方面的税收优惠力度。对吸收就业人员多的餐饮企业，按照其吸收就业人员数量给予补贴或所得税优惠。对大众早餐、快餐、小吃夜市、美食街等制定扶持优惠政策。

二是降低各种收费。建议电力、自来水、天然气、金融等部门对餐饮企业的用电、用水、用气、银行卡手续费方面降低收费标准，与工业、商业企业一视同仁。环保部门对缴纳了污水处理费和污水进入城市管网的餐饮企业，不再另征排污费。卫生部门对已取得卫生培训合格证后，连续在餐饮行业工作的员工，不再收取卫生知识培训费。餐饮企业员工卫生健康证可在省内跨区域使用。城管部门要降低餐饮企业占道停车位、垃圾回收、霓虹灯广告位的收费。

三是增扩融资渠道。建议金融部门对省级以上先进纳税餐饮企业给予一定的贷款授信额度。中小企业担保基金、小额信用贷款等要大力支持中小餐饮企业发展。各级政府也要根据需要安排餐饮业发展专项资金和引导资金，有条件的地方要扩大资金规模，支持餐饮业发展。劳动部门应根据餐饮行业的特殊性，研究制定有利于餐饮业劳动用工和社会保障的办法。利用就业培训资金，有计划地为餐饮业定向培训员工，增强餐饮企业吸纳农村劳动力的能力。

（四）建立健全餐饮业标准体系，提高餐饮业科学管理水平

建立浙江省餐饮行业标准化技术委员会，根据实际需要有计划地建立浙江省

餐饮企业经营服务规范、浙江省等级酒店评定标准、浙菜标准、浙江省餐饮企业中央厨房标准等。加强餐饮企业采购环节管理，建立食品和原材料的采购追溯制度。规范餐饮市场秩序，重点加强餐饮卫生、质量等方面的规范化管理。建立健全企业、消费者、政府部门和新闻媒体“四位一体”的监督管理体系，促进餐饮业健康有序地发展。

提高人力资源整体水平，依托职业院校，加大继续教育和岗位培训力度，扩大高层次专业人才培养渠道。对餐饮业职业经理人、各类专业技术岗位等级、管理岗位职务等级都应该实施国家有关部门的标准，严格考核发证，通过执证上岗制度规范人力资源队伍，提高整体素质。

提高餐饮业的信息化管理水平，通过计算机和互联网的运用，借助餐饮业管理软件，提高单店内的顾客服务效率，加强对管理数据的分析，堵住管理漏洞，减少人为损失。结合互联网和杭州市的 IT 产业优势，可通过餐饮产业的网络平台，促进网络销售，调节餐饮业淡旺季、高峰低谷时间段的供求关系，促进供应和需求之间的一致性，确保相对稳定的服务生产供应和销售额。尤其在今天越来越多的顾客偏爱网购和团购的消费背景下，餐饮业更应利用好互联网平台，和国内外顾客瞬时、便捷地连接起来。

（五）发挥行业组织在餐饮业发展中的作用

餐饮行业组织是联系政府与餐饮企业的桥梁和纽带。要采取政府委托、授权、招标等方式向行业协会转移有关行业管理的职能和职权。要发挥行业组织规范企业行为、服务广大企业的作用，帮助制订和推广行业标准，组织制定行规行约，建立诚信经营机制，制约企业失信行为。也要依托行业协会建立餐饮业统计调查体系，健全餐饮业信息发布制度，提高行业透明度和公信力，促进行业形象的提升。

B.16 2011年湖北省餐饮产业发展报告

洪 勇*

一 湖北省经济发展概况

（一）湖北省GDP增长概况

1999~2011年，湖北省GDP保持11.6%的年平均增长率。从GDP规模来看，1999年湖北省GDP为3229.29亿元，2011年GDP达到19594.19亿元，增长5.07倍。表1和图1是1999~2011年湖北省GDP增长情况。从图1中可以看出，从1999~2010年，湖北省GDP一直保持增长态势。除了2008年、2009年和2011年略有下降外，GDP的增长率一直保持增长。其中2004~2011年，湖北省GDP的增长率超过10%，超过同期中国GDP的增长速度。

表1 1999~2011年湖北省GDP增长情况

单位：亿元，%

年份	GDP	GDP增长率	年份	GDP	GDP增长率
1999	3229.29	7.8	2006	7617.47	13.2
2000	3545.39	8.6	2007	9333.40	14.6
2001	3880.53	8.9	2008	11328.92	13.4
2002	4212.82	9.2	2009	12961.10	13.5
2003	4757.45	9.7	2010	15967.61	14.8
2004	5633.24	11.2	2011	19594.19	13.8
2005	6590.19	12.1			

* 洪勇，中国社会科学院财经战略研究院服务经济与餐饮产业研究中心特聘青年研究员，中国社会科学院研究生院博士生，研究方向为服务经济。

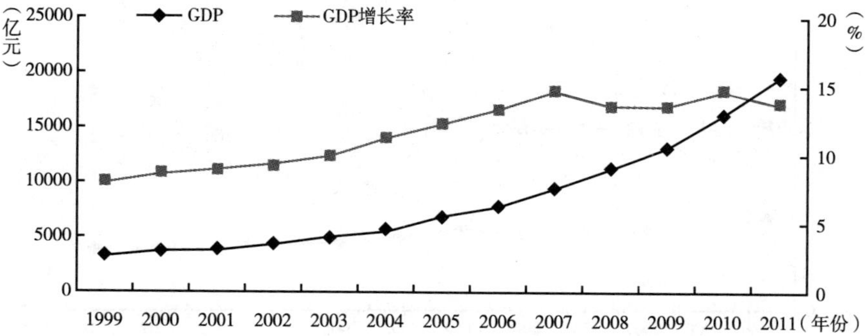

图 1　1999 ~ 2011 年湖北省 GDP 增长情况

资料来源：《湖北省统计年鉴（2011）》及湖北省 2010 年统计公报。

（二）湖北省三次产业发展概况

从三次产业的结构比例来看，1999 ~ 2010 年湖北省第三产业在经济中的平均比重为 40.47%。第一产业在经济中的平均比重为 16.47%，第二产业在经济中的平均比重在 43.06%。2010 年第三产业比例为 37.9%，第一产业比例为 13.4%，第二产业比例为 48.7%。因此，湖北省以第二产业和第三产业为基础，其中第三产业的比例略低于第二产业。表 2 和图 2 是 1999 ~ 2010 年湖北省三次产业比例变化情况。从图 2 可以看出，总体来看，1999 ~ 2010 年，第一产业所占比例逐步降低，尽管 2004 年和 2008 年所占比例有少量提升。1999 ~ 2010 年第二产业所占比例稳步提升，而第三产业所占比例稳中有降。1999 ~ 2004 年，第二产业和第三产业所占比例基本相同。从 2004 年开始，第二产业所占比例逐渐提升，而第三产业所占比例却有所下降。

表 2　1999 ~ 2010 年湖北省三次产业比例

单位：%

年　份	第一产业	第二产业	第三产业	年　份	第一产业	第二产业	第三产业
1999	20.3	40.7	39.0	2005	16.4	43.3	40.3
2000	18.7	40.5	40.8	2006	15.0	44.2	40.8
2001	17.8	40.6	41.6	2007	14.8	44.4	40.8
2002	16.8	40.6	42.6	2008	15.7	44.9	39.4
2003	16.8	41.1	42.1	2009	13.8	46.6	39.6
2004	18.1	41.2	40.7	2010	13.4	48.7	37.9

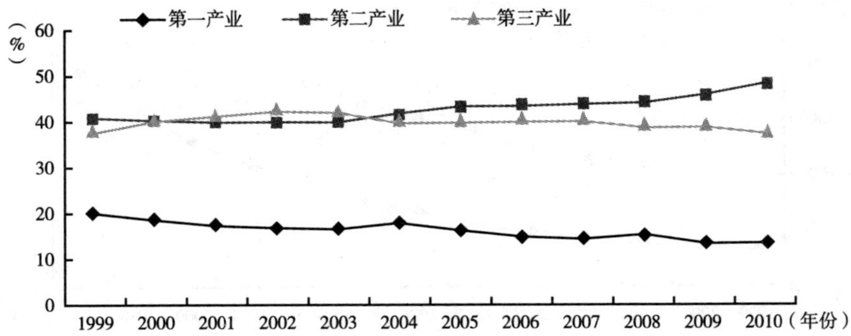

图 2　1999～2010 年湖北省三次产业比例

资料来源：《湖北省统计年鉴（2011）》及湖北省 2010 年统计公报。

从湖北省三次产业对 GDP 的贡献率来看，第二产业对 GDP 的贡献率最大，第三产业其次。2010 年第三产业对 GDP 增长的贡献率达到 30.2%，低于第二产业贡献率 66.1%。1999～2010 年第三产业对 GDP 的平均贡献率为 41.87%，低于第二产业平均贡献率 52.18%。图 3 和表 3 是湖北省 1999～2010 年三次产业对 GDP 的贡献率的详细情况。

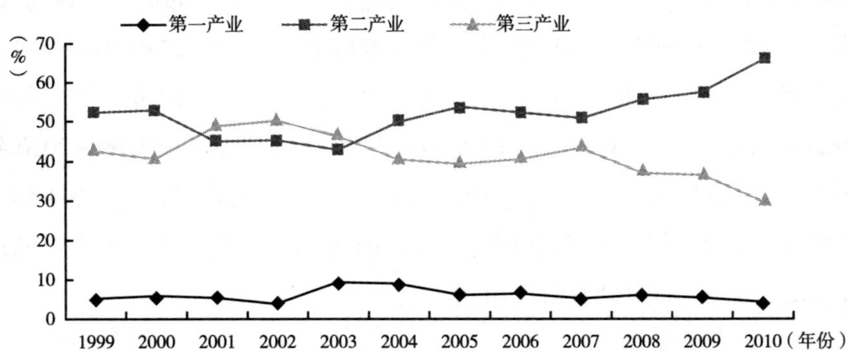

图 3　1999～2010 年湖北省三次产业对 GDP 的贡献率

注：产业贡献率指各产业增加值增量与 GDP 增量之比。
资料来源：《湖北省统计年鉴（2011）》及湖北省 2010 年统计公报。

表 4 和图 4 是 1999～2010 年湖北省第三产业对 GDP 的贡献，从中可以看出，湖北省第三产业 1999～2010 年年均增长率为 11.94%，并且 1999～2010 年第三产业增长率均超过 10%。从第三产业增加值的规模来看，从 1999 年的 1260.86 亿元增长到 2010 年的 6053.37 亿元，增长了 3.8 倍。1999～2010 年第三产业占

表 3　1999～2010 年湖北省三次产业对 GDP 的贡献率

单位：%

年　份	第一产业	第二产业	第三产业	年　份	第一产业	第二产业	第三产业
1999	5.1	52.2	42.7	2005	6.5	53.5	40.0
2000	5.6	53.0	41.3	2006	6.3	52.4	41.3
2001	5.3	45.2	49.5	2007	4.9	50.9	44.2
2002	3.8	45.1	51.1	2008	6.2	56.0	37.8
2003	9.8	43.4	46.8	2009	5.1	57.9	37.0
2004	9.2	50.4	40.5	2010	3.7	66.1	30.2

GDP 平均比例为 40.47%。因此，无论从增长速度还是增长规模上来说，近 10 年来湖北省第三产业发展极快。

表 4　1999～2010 年湖北省第三产业对 GDP 的贡献率

单位：亿元，%

年　份	第三产业产值	增长率	第三产业占 GDP 比例	年　份	第三产业产值	增长率	第三产业占 GDP 比例
1999	1260.86	11.0	39.0	2005	2655.94	11.8	40.3
2000	1445.71	11.5	40.8	2006	3111.98	13.5	40.8
2001	1613.97	10.8	41.6	2007	3812.34	15.9	40.8
2002	1795.93	11.4	42.6	2008	4466.85	12.4	39.4
2003	2003.08	10.8	42.1	2009	5127.12	12.3	39.6
2004	2292.55	10.6	40.7	2010	6053.37	11.3	37.9

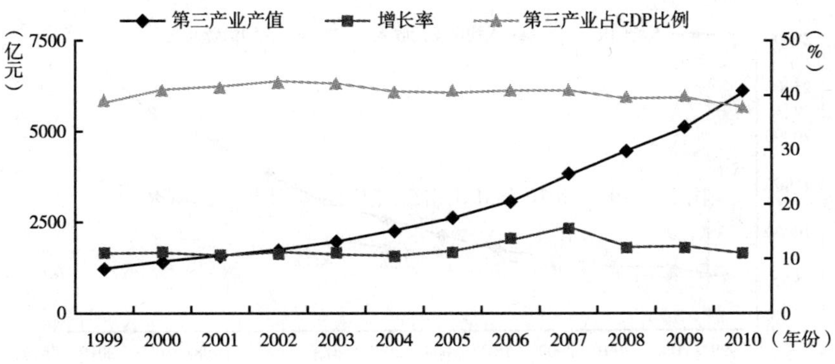

图 4　1999～2010 年湖北省第三产业发展情况

资料来源：《湖北省统计年鉴（2011）》及湖北省 2010 年统计公报。

（三）近年来湖北省居民生活水平发展概况

表5与图5是1999~2010年湖北省人均GDP、城镇居民可支配收入及人均消费性支出水平的增长情况，从中可以看出，湖北省人均GDP逐年提高，从1999年5452.46元提高到2010年的27906元，提高了4.1倍。1999~2010年人均可支配收入、人均消费性支出也逐年增加，城镇人均可支配收入从1999年的5212.8元提高到2010年的16058.4元，提高了2.1倍；人均消费性支出从1999年的4340.6元提高到2010年的11451元，提高了1.6倍。从图5中可以发现，1999~2010年湖北省人均GDP、城镇居民可支配收入及人均消费性支出均在增长，但湖北省人均消费性支出的增长速度要小于人均GDP和城镇居民可支配收入的增长速度。

表5　1999~2010年湖北省人均GDP、城镇居民人均可支配收入及人均消费性支出

单位：元

年　份	人均GDP	人均可支配收入	人均消费性支出	年　份	人均GDP	人均可支配收入	人均消费性支出
1999	5452.46	5212.8	4340.6	2005	11554.00	8786.0	6737.0
2000	6293.41	5524.5	4644.5	2006	13360.00	9803.0	7397.0
2001	6866.99	5856.0	4804.8	2007	16386.00	11485.0	8701.0
2002	7436.58	6789.0	5608.9	2008	19858.00	13153.0	9478.0
2003	8378.01	7322.0	5963.3	2009	22677.00	14367.0	10294.0
2004	9897.64	8022.8	6398.5	2010	27906.00	16058.4	11451

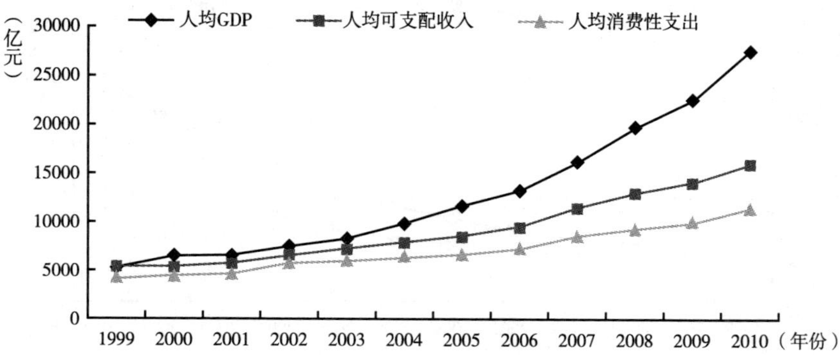

图5　1999~2010年湖北省人均GDP、城镇居民人均可支配收入及人均消费性支出

资料来源：《湖北省统计年鉴（2011）》及湖北省2010年统计公报。

二　湖北省餐饮业发展概况

（一）近年来湖北省住宿和餐饮业发展概况

1999～2009 年，湖北省住宿和餐饮业零售额平均增长 17.77%，高于湖北省 1999～2009 年 GDP 的年平均增长速度 11.11%。湖北省住宿和餐饮业零售额增长率不是很稳定，但除了 1999 年和 2003 年（“非典”发生时），年增长率均超过 15%，2008 年（金融危机发生时）更是达到创纪录的 25%。另外，从湖北省住宿和餐饮零售额指标来看，1999 年只有 157.14 亿元，而 2009 年则达到 795.18 亿元，增长 4.1 倍。

从人均住宿和餐饮业零售额消费指标看，湖北省 1999 年人均住宿和餐饮消费 264.63 元，而 2009 年则达到 1390.17 元，增长 4.3 倍。表 6 和图 6 是 1999～2010 年湖北省住宿和餐饮业发展情况。

表 6　1999～2010 年湖北省住宿和餐饮业发展情况

年份	住宿和餐饮业零售额(亿元)	增长率(%)	人均餐饮消费(元)	年份	住宿和餐饮业零售额(亿元)	增长率(%)	人均餐饮消费(元)
1999	157.14	11.3	264.63	2005	386.65	17.5	677.15
2000	192.42	22.2	340.81	2006	455.73	17.6	800.51
2001	225.67	17.3	398.85	2007	529.48	16.2	929.08
2002	266.93	18.3	470.61	2008	661.90	25.0	1158.99
2003	298.3	11.8	524.71	2009	795.18	19.7	1390.17
2004	353.82	18.6	620.95	2010	912.07	14.7	1289.15

注：根据《2011 年湖北省统计年鉴》2010 年住宿和餐饮业零售总额应为 737.88 亿元，但增长率为 14.7%。因此，可能是统计口径出现调整，本报告将 2010 年住宿和餐饮业零售总额根据增长率调整为 912.07 亿元。

资料来源：《湖北省统计年鉴（2011）》及湖北省 1999～2010 年统计公报。

从全国各省份住宿和餐饮零售额发展看，湖北省住宿和餐饮零售额一直居于全国前十名之列。表 7 和图 7 是 2010 年我国主要省份的住宿和餐饮零售额。从表 7 中可以看出，湖北省餐饮零售额 737.88 亿元（年零售额大于 500 亿元小于 1000 亿元），与四川、湖南和河南 4 省份属于餐饮零售额的第二梯队，广东、山东、江苏、浙江 4 省份属于餐饮零售额排名的第一梯队（年零售额大于 1000 亿

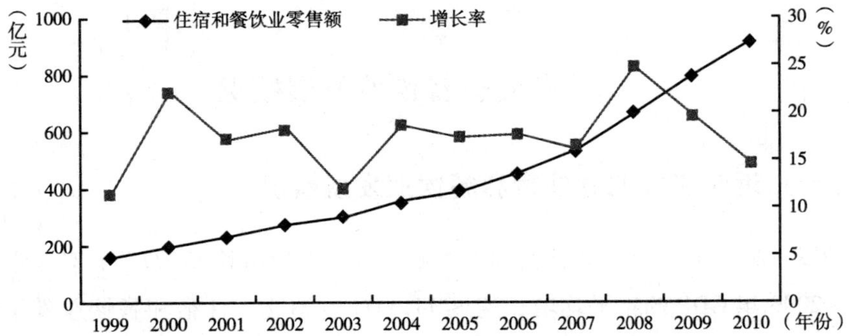

图6　1999～2010年湖北省住宿和餐饮业发展情况

注：人均餐饮消费是按湖北省常住人口计算得出。2010年统计口径有变化。

元），尤其是广东省以1893.40亿元居各省份之首。此外，从增长率指标来看，2010年湖北省餐饮额的增长率也较低，仅高于广东和河南，在8省份里排名第五，8个省份里增长率排名第一的是四川省，达到23.3%。

表7　2010年部分省份餐饮零售额和增长率

单位：亿元，%

省　份	零售额	增长率	省　份	零售额	增长率
广　东	1893.40	14.3	四　川	998	23.3
山　东	1493.7	19.7	湖　北	737.88	14.7
江　苏	1275.1	20.1	湖　南	737.60	17.9
浙　江	1058	17.0	河　南	589.13	7.5

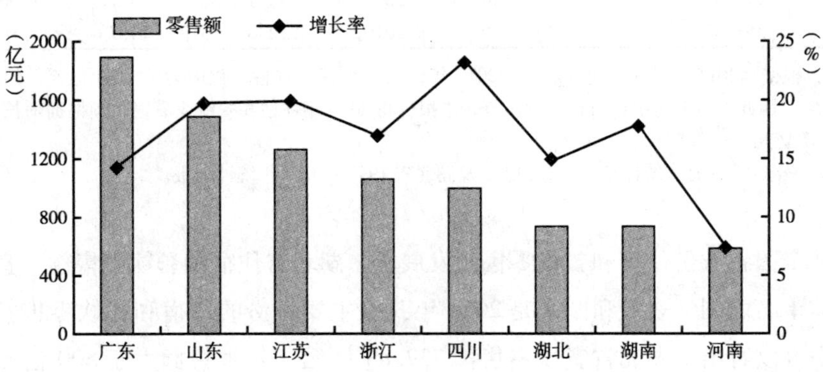

图7　2010年我国主要省份的住宿和餐饮零售额和增长率

资料来源：各省2010年国民经济和社会发展统计公报。

（二）湖北省住宿和餐饮业对经济增长的拉动分析

住宿和餐饮业能够通过对相关产业的拉动作用来促进经济发展，具体表现为对湖北省第三产业和 GDP 的拉动、对社会消费品零售总额的拉动效应。

1. 湖北省住宿和餐饮业在第三产业和 GDP 中的比重

从住宿和餐饮业在第三产业和 GDP 中的比重来看，湖北省住宿和餐饮业对经济增长具有重要的作用。表 8 和图 8 是 1999 ~ 2010 年湖北省住宿和餐饮业占第三产业及 GDP 的比重，从中可以看出，1999 ~ 2010 年湖北省住宿和餐饮业占其 GDP 的比重平均为 5. 88%，而占第三产业产值的比重则平均为 14. 69%。2002 ~ 2010 年，湖北省住宿和餐饮业占第三产业的比重维持一个比较稳定的状态，除了 2007 年（13. 89%）之外，均保持在 15% 左右。同样，在 1999 ~ 2010 年间湖北省住宿和餐饮业占 GDP 的比重也比较稳定，除 1999 年（4. 87%）以外均大于 5%。

表 8　1999 ~ 2010 年湖北省住宿和餐饮业占第三产业及 GDP 比重

单位：亿元，%

年份	GDP	第三产业值	住宿和餐饮业	住宿和餐饮占 GDP 比例	住宿和餐饮占第三产业比例
1999	3229. 29	1260. 86	157. 14	4. 87	12. 46
2000	3545. 39	1445. 71	192. 42	5. 43	13. 31
2001	3880. 53	1613. 97	225. 67	5. 82	13. 98
2002	4212. 82	1795. 93	266. 93	6. 34	14. 86
2003	4757. 45	2003. 08	298. 3	6. 27	14. 89
2004	5633. 24	2292. 55	353. 82	6. 28	15. 43
2005	6590. 19	2655. 94	386. 65	5. 87	14. 56
2006	7617. 47	3111. 98	455. 73	5. 98	14. 64
2007	9333. 40	3812. 34	529. 48	5. 67	13. 89
2008	11328. 92	4466. 85	661. 90	5. 84	14. 82
2009	12961. 10	5127. 12	795. 18	6. 14	15. 51
2010	15967. 61	6053. 37	912. 07	5. 71	15. 07

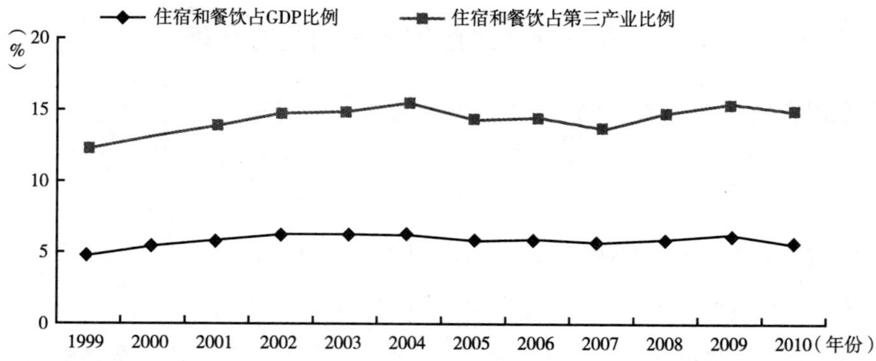

图8　1999～2010年湖北省住宿和餐饮业占第三产业及GDP比重

注：根据直接计算，2010年湖北省住宿和餐饮业零售总额增长率应为 -7.21%，但根据湖北省2010统计公报显示，住宿和餐饮业增长14.7%，这可能是统计口径的调整所致。

资料来源：《湖北省统计年鉴(2011)》及湖北省1999～2010年统计公报。

2. 湖北省住宿和餐饮业、GDP以及第三产业产值近年来的增长速度比较

从湖北省住宿和餐饮业、GDP以及第三产业产值近年来的增长速度来看，1999～2010年湖北省住宿和餐饮业零售额增长率均高于第三产业增长率，此外，除2010年统计口径的变化，2010年湖北省住宿和餐饮业零售额增长率低于GDP增长率以外，其他年份均高于GDP增长率。从年平均增长率来看，1999～2010年湖北省住宿和餐饮业年均增长率为17.52%，高于GDP和第三产业的年平均增长率（分别为11.42%和11.94%）。从表9和图9中可以看出，湖北省住宿和餐饮业

表9　1999～2010年湖北省住宿和餐饮业、GDP、第三产业增长率

年　份	GDP增长率	第三产业增长率	住宿和餐饮业零售额增长率
1999	7.8	11	11.3
2000	8.6	11.5	22.2
2001	8.9	10.8	17.3
2002	9.2	11.4	18.3
2003	9.7	10.8	11.8
2004	11.2	10.6	18.6
2005	12.1	11.8	17.5
2006	13.2	13.5	17.6
2007	14.6	15.9	16.2
2008	13.4	12.4	25
2009	13.5	12.3	19.7
2010	14.8	11.3	14.7

的波动比较明显，其中 2003 年住宿和餐饮业受到突发事件“非典”的影响，增长率下降到 11.8%；而 2008～2009 年金融危机期间，住宿和餐饮业的增长率却意外增加，远高于同期 GDP 和第三产业增长率。

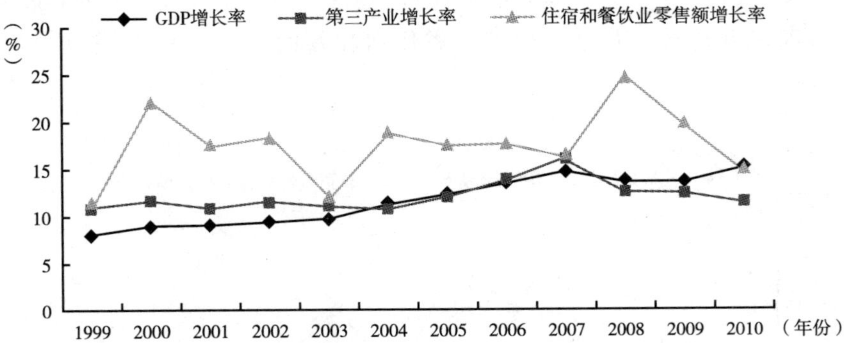

图 9　1999～2010 年湖北省住宿和餐饮业、GDP、第三产业增长率

3. 湖北省住宿和餐饮业对 GDP 增长以及第三产业增加值的贡献率

从住宿和餐饮业对 GDP 增长以及第三产业增加值的贡献率来看，由表 10 和图 10 可知，2000～2009 年住宿和餐饮业对第三产业的平均贡献率为 16.69%，2009 年达到 20.19%。与此同时，住宿和餐饮业对 GDP 的平均贡献率为 7.16%，2009 年达到

表 10　湖北省住宿和餐饮业对 GDP 增长以及第三产业增加值的贡献率

年份	GDP（亿元）	第三产业值（亿元）	住宿和餐饮业（亿元）	住宿和餐饮业对 GDP 的贡献率	住宿和餐饮业对第三产业的贡献率
1999	3229.29	1260.86	157.14	—	—
2000	3545.39	1445.71	192.42	11.16	19.09
2001	3880.53	1613.97	225.67	9.92	19.76
2002	4212.82	1795.93	266.93	12.42	22.68
2003	4757.45	2003.08	298.3	5.76	15.14
2004	5633.24	2292.55	353.82	6.34	19.18
2005	6590.19	2655.94	386.65	3.43	9.03
2006	7617.47	3111.98	455.73	6.72	15.15
2007	9333.4	3812.34	529.48	4.30	10.53
2008	11328.92	4466.85	661.9	6.64	20.23
2009	12961.1	5127.12	795.18	8.17	20.19
2010	15967.61	6053.37	912.07	3.89	12.62

8.17%。由于2010年住宿和餐饮业营业额的统计口径调整，因此，直接计算得出2010年湖北省住宿和餐饮业对GDP的贡献率为-1.91%，2010年住宿和餐饮业对第三产业的贡献率为-6.19%。在1999~2010年期间，除2005和2010年以外，其余年份湖北省住宿和餐饮业对第三产业的贡献率均高于10%；除2005、2007和2010年以外，其余年份湖北省住宿和餐饮业对GDP的贡献率均高于5%。

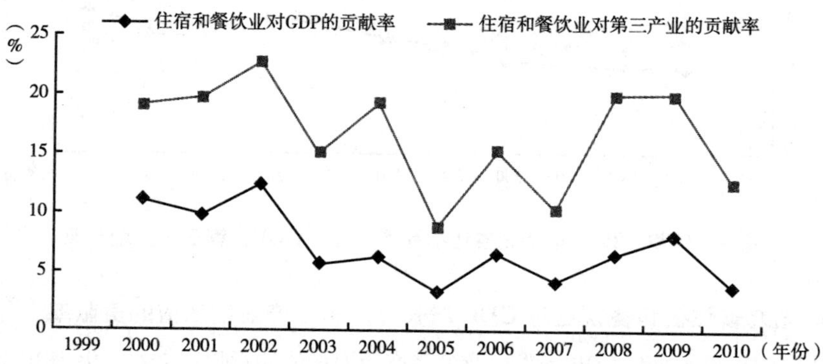

图10　湖北省住宿和餐饮业对GDP增长以及第三产业增加值的贡献率

注：根据直接计算，2010年湖北省住宿和餐饮业零售总额增长率应为-7.21%，但根据湖北省2010统计公报显示，住宿和餐饮业增长14.7%，这可能是统计口径的调整所致。

资料来源：《湖北省统计年鉴（2011）》及湖北省1999~2010年统计公报。

（三）湖北省住宿和餐饮业对湖北省消费市场的拉动分析

1. 湖北省住宿和餐饮业零售额占社会消费品零售总额的比重

表11和图11是1999~2010年湖北省住宿和餐饮业零售额、社会消费品零售总额发展情况以及住宿和餐饮业零售额占社会消费品零售总额比例。从住宿和餐饮业零售额及社会消费品零售总额增长速度比较中可以看出，2000~2009年，住宿和餐饮业零售额平均增长率为17.67%，高于社会消费品零售总额14.36%的年均增长率。在1999~2010年期间，除2007和2010年，住宿和餐饮业增长率均高于社会消费品零售总额增长率；而住宿和餐饮业零售额占社会消费品零售总额的比例平均为12.41%，其中只有1999年所占比例低于10%。

表 11　1999～2010 年湖北省住宿和餐饮业及社会消费品零售总额增长情况

年份	社会消费品零售总额(亿元)	增长率（%）	住宿和餐饮业（亿元）	增长率（%）	住宿和餐饮占社会消费品零售总额比例(%)
1999	1617. 14	—	157. 14	11. 3	9. 72
2000	1789. 35	10. 65	192. 42	22. 2	10. 75
2001	1975. 16	10. 38	225. 67	17. 3	11. 43
2002	2129. 38	7. 81	266. 93	18. 3	12. 54
2003	2358. 69	10. 77	298. 3	11. 8	12. 65
2004	2619. 47	11. 06	353. 82	18. 6	13. 51
2005	2985. 83	13. 99	386. 65	17. 5	12. 95
2006	3461. 09	15. 92	455. 73	17. 6	13. 17
2007	4115. 78	18. 92	529. 48	16. 2	12. 86
2008	5109. 74	24. 15	661. 90	25. 0	12. 95
2009	5928. 41	16. 02	795. 18	19. 7	13. 41
2010	7013. 90	18. 31	912. 07	14. 7	13. 00

注：根据直接计算，2010 年湖北省住宿和餐饮业零售总额增长率应为 －7. 21%，但根据湖北省 2010 统计公报显示，住宿和餐饮业增长 14. 7%，这可能是统计口径调整所致。

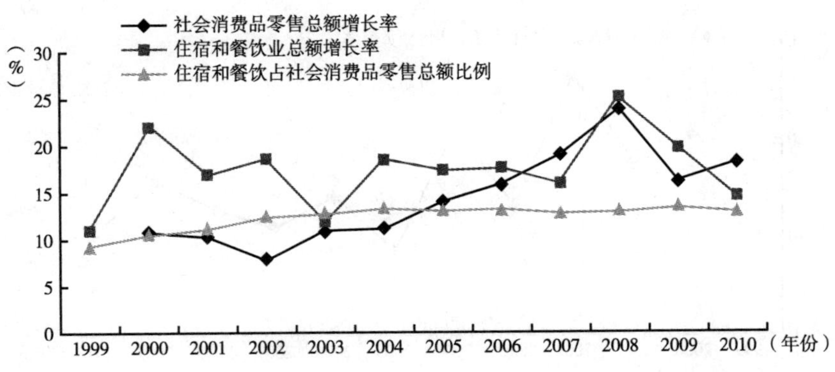

图 11　1999～2010 年湖北省住宿和餐饮业及社会消费品零售总额增长情况

资料来源：《湖北省统计年鉴（2011）》及湖北省 1999～2010 年统计公报。

2. 湖北省住宿和餐饮业对社会消费品零售总额增长的贡献率

图 12 是 1999～2009 年湖北省住宿和餐饮业零售额对社会消费品零售总额增长的贡献率。住宿和餐饮业对社会消费品零售总额增长的贡献率等于住宿和餐饮业零售额的增量与社会消费品零售总额的增量比。1999～2009 年，湖北省住宿

和餐饮业对社会消费品零售总额增长的平均贡献率达到12.74%，除2005年以外，住宿和餐饮业对社会消费品零售总额增长的贡献率均高于10%。

表12　湖北省住宿和餐饮业对社会消费品零售额贡献率

年份	住宿和餐饮业（亿元）	社会消费品零售总额(亿元)	住宿和餐饮业对社会消费品零售额贡献率(%)
1999	157.14	1617.14	—
2000	192.42	1789.35	20.49
2001	225.67	1975.16	17.89
2002	266.93	2129.38	26.75
2003	298.3	2358.69	13.68
2004	353.82	2619.47	21.29
2005	386.65	2985.83	8.96
2006	455.73	3461.09	14.54
2007	529.48	4115.78	11.26
2008	661.9	5109.74	13.32
2009	795.18	5928.41	16.28
2010	912.07	7013.9	10.77

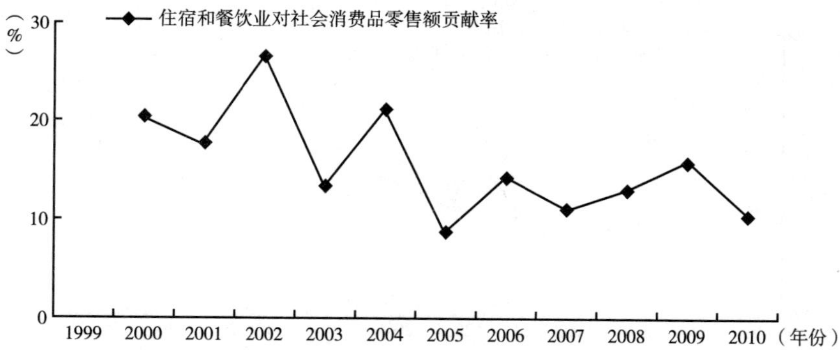

图12　湖北省住宿和餐饮业对社会消费品零售额贡献率

资料来源：《湖北省统计年鉴（2011）》及湖北省1999～2010年统计公报。

（四）湖北省住宿和餐饮业对社会就业的拉动作用分析

1. 湖北省三次产业的就业结构

随着湖北省经济的发展，第一产业的就业人员逐渐向第二产业和第三产业转移。从表13和图13可以看出，从1999～2010年，湖北省第三产业就业人数逐年上升，从1999年占就业总数的31.20%增长到2010年的32.90%；相应的，从1999～2010年，湖北省第一产业就业人数逐年下降，从1999年占就业总数的48.02%下降到2010年的46.40%。2010年三次产业就业人数从业人员的比例为46.40∶20.71∶32.90，第三产业的就业人员比例达到32.90%。

表13　1999～2010年湖北省三次产业就业人数

单位：万人，%

年份	就业总数	第一产业	比重	第二产业	比重	第三产业	比重
1999	3358.10	1612.60	48.02	697.80	20.78	1047.70	31.20
2000	3384.90	1625.10	48.01	702.40	20.75	1057.40	31.24
2001	3414.50	1639.00	48.00	706.80	20.70	1068.70	31.30
2002	3443.00	1652.60	48.00	704.10	20.45	1086.30	31.55
2003	3476.00	1661.50	47.80	712.60	20.50	1101.90	31.70
2004	3507.00	1672.90	47.70	720.30	20.54	1113.80	31.76
2005	3537.00	1687.30	47.70	725.00	20.50	1124.70	31.80
2006	3564.00	1694.70	47.55	732.40	20.55	1136.90	31.90
2007	3584.00	1697.00	47.35	740.10	20.65	1146.90	32.00
2008	3607.00	1707.91	47.35	730.42	20.25	1168.67	32.40
2009	3622.00	1702.30	47.00	736.60	20.34	1183.10	32.66
2010	3645.00	1691.10	46.40	754.70	20.71	1199.20	32.90

资料来源：《中国人口和就业统计年鉴2010》。

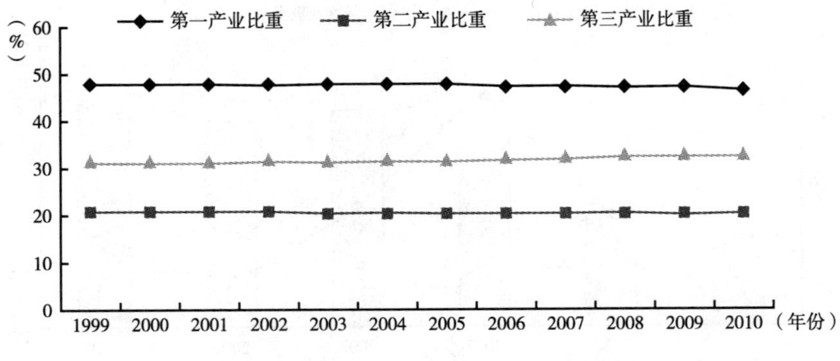

图13　1999～2010年湖北省三次产业从业人员占社会就业人数的比例

资料来源：《中国人口和就业统计年鉴2010》。

2. 湖北省住宿和餐饮业就业人员发展概况

第二次全国经济普查主要数据公报显示，2008 年末，全国共有住宿和餐饮业企业法人单位 14.5 万个，从业人员 585.2 万人。

2010 年湖北省城镇住宿和餐饮业从业人员达 15.8 万，同比增长 8.13%。从 2006～2010 年，除 2009 年城镇住宿和餐饮业就业人员增长率（-4.26%）低于社会从业总人数增长率（0.42%）以外，其他年份住宿和餐饮业就业人员增长均快于社会就业总人数的增长。从表 14 与图 14 可以看出，2006～2010 年，住宿和餐饮业就业人数平均增长率为 21.74%，高于社会就业总人数年平均 0.6% 的增长率。

表 14　2005～2010 年湖北省住宿和餐饮从业人员及社会就业人员总数增长率

单位：万人，%

年份	城镇住宿和餐饮业就业人员	城镇住宿和餐饮业就业人员增长率	社会从业总人数增长率
2005	6.4068		
2006	7.6612	19.58	0.76
2007	12.4920	63.06	0.56
2008	15.2609	22.17	0.64
2009	14.6110	-4.26	0.42
2010	15.7984	8.13	0.64

资料来源：2006～2011 年《湖北省统计年鉴》。

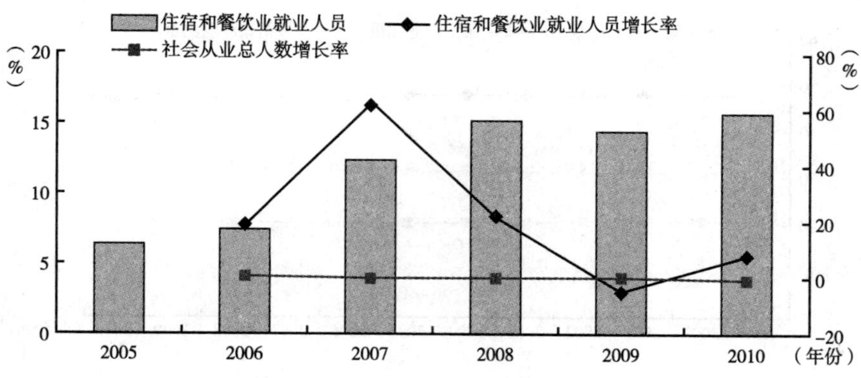

图 14　2005～2010 年湖北省住宿和餐饮业从业人员及增长率

资料来源：2006～2011 年《湖北省统计年鉴》。

3. 湖北省住宿和餐饮业从业人员占第三产业及社会就业总人数的比重

从表15中可以看出，2005～2010年，湖北省住宿和餐饮就业人员占社会就业总人数的比重平均为1.91%，而占第三产业就业人员的平均比重为1.03%。2010年城镇住宿和餐饮业就业人数占城镇就业总人数的比重达到2.22%，住宿和餐饮业就业人数占第三产业就业人数的比重达到1.32%。从图15中可以看出，从2005～2010年，湖北省城镇住宿和餐饮从业人员占城镇就业人员总数及第三产业就业人数的比重总体上是处于增长的态势，其中2008～2010年，由于受到国际金融危机的影响，这两个指标的增长幅度都有所降低。

表15　2005～2010年湖北省城镇住宿和餐饮从业人员占城镇就业人员总数及第三产业就业人数的比重

单位：万人，%

年份	城镇就业总人数	第三产业就业人数	城镇住宿和餐饮业就业人数	城镇住宿和餐饮业就业人数占城镇就业总人数的比重	城镇住宿和餐饮业就业人数占第三产业就业人数的比重
2005	490.0675	1124.70	6.4068	1.31	0.57
2006	495.2971	1136.90	7.6612	1.55	0.67
2007	639.6089	1146.90	12.4920	1.95	1.09
2008	692.5335	1168.67	15.2609	2.20	1.31
2009	652.4945	1183.10	14.6110	2.24	1.23
2010	713.1166	1199.20	15.7984	2.22	1.32

资料来源：2006～2011年《湖北省统计年鉴》。

4. 湖北省住宿和餐饮业就业结构分析

（1）湖北省住宿和餐饮业相对劳动生产率分析。相对劳动生产率是指某产业的增加值比重与就业比重之比，即相对劳动生产率＝GDP的产业构成百分比/就业的产业构成百分比，表明每1%的劳动人员对应能创造百分之几的产值。数值越大，表明该产业劳动生产率越高，劳动力就会流向劳动生产率高的部门。如果大于1，则说明该产业的劳动生产率高于平均劳动生产率①。

① 房敏：《山西就业结构与产业结构均衡性分析》，山西统计信息网，2007年5月。

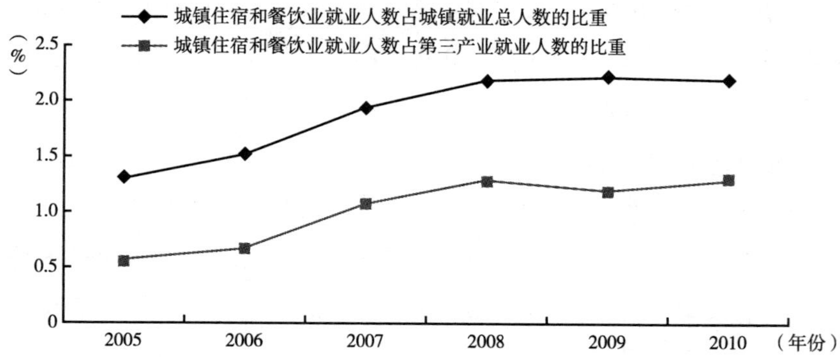

图 15　2005～2010 年湖北省城镇住宿和餐饮从业人员占城镇就业总人数及第三产业就业人数的比重

资料来源：2006～2011 年《湖北省统计年鉴》。

由表 16 可知，2005～2010 年湖北省住宿和餐饮相对劳动生产率均大于 1，表明住宿和餐饮业具有更强的劳动吸纳能力，社会劳动力会流向住宿和餐饮业。

表 16　2005～2010 年湖北省住宿和餐饮从业相对劳动生产率

年份	住宿和餐饮值占 GDP 比值(%)	城镇住宿和餐饮业就业人数占城镇社会就业人数比例(%)	住宿和餐饮业相对劳动生产率
2005	5. 87	1. 31	4. 48
2006	5. 98	1. 55	3. 86
2007	5. 67	1. 95	2. 91
2008	5. 84	2. 20	2. 66
2009	6. 14	2. 24	2. 74
2010	4. 62	2. 22	2. 08

资料来源：《湖北省统计年鉴（2011）》。

（2）湖北省住宿和餐饮业的就业弹性系数。就业弹性是研究某个产业的发展与就业增长之间的关系，指某个产业的社会从业人员的增长率与经济增长率之间的比。产业的就业弹性系数的经济含义是：某产业值每增长 1%，该产业的社会从业人数能增长多少个百分点。就业弹性越高，同样的产业增长率所能带动的就业人数就更多；反之，就业弹性越低，同样的产业增长所能带动的就业人数就越少。如果就业弹性系数为负值，则表明产业增长没有带来就业人数的增加，反而是减少。由表 17 可知，住宿和餐饮业就业弹性系数 2007 年达到峰值 3.9%，2008～2009 年急剧降低，2009 年为负值，餐饮产业增长反而带来就业的减少，2010 年有所恢复。

表 17　2005～2010 年湖北省住宿和餐饮业就业弹性系数

单位：%

年份	住宿和餐饮值增长率	住宿和餐饮从业人数增长率	住宿和餐饮业就业弹性系数
2005	9.28		
2006	17.87	19.58	1.10
2007	16.18	63.06	3.90
2008	25.01	22.17	0.89
2009	20.14	-4.26	-0.21
2010	14.7	8.13	0.55

三　湖北省住宿和餐饮业的产业服务密度

2007 年，中国社科院的荆林波和李蕊提出服务密度概念①，将服务密度定义为某地区的服务业增值与该地区的面积之比，并以此计算单位面积的服务业增加值。住宿和餐饮业服务密度 = 地区住宿餐饮值/地区面积，利用 1978～2010 年湖北省相关数据，测算湖北省住宿和餐饮业的服务密度及其影响因素。

（一）1978～2009 湖北省住宿和餐饮业的服务密度

表 18 是 1978～2010 年湖北省住宿和餐饮业地区面积数据以及通过计算得出的湖北省住宿和餐饮业服务密度，表示每平方公里所承载创造的住宿和餐饮服务值。由图 16 可知，总体来看，湖北省住宿和餐饮服务密度呈逐年上升趋势，2009 年达到 42.77 万元/平方公里，2010 年略有降低，为 39.69 万元/平方公里。

① 荆林波、李蕊：《服务密度的地区差异及其影响因素的分析——以中国地级及地级以上城市和省际数据为例》，《财贸经济》2007 年第 6 期。

表 18　1978～2010 年湖北省住宿和餐饮业地区面积数据及餐饮服务密度

年份	住宿和餐饮值（亿元）	面积（万平方公里）	餐饮密度（万元/平方公里）	年份	住宿和餐饮值（亿元）	面积（万平方公里）	餐饮密度（万元/平方公里）
1978	2.14	18.59	0.12	1995	68.72	18.59	3.70
1979	2.34	18.59	0.13	1996	96.27	18.59	5.18
1980	2.56	18.59	0.14	1997	119.70	18.59	6.44
1981	2.66	18.59	0.14	1998	141.19	18.59	7.59
1982	3.35	18.59	0.18	1999	157.14	18.59	8.45
1983	4.16	18.59	0.22	2000	192.42	18.59	10.35
1984	5.65	18.59	0.30	2001	225.67	18.59	12.14
1985	7.80	18.59	0.42	2002	266.93	18.59	14.36
1986	8.61	18.59	0.46	2003	298.3	18.59	16.05
1987	10.41	18.59	0.56	2004	353.82	18.59	19.03
1988	12.94	18.59	0.70	2005	386.65	18.59	20.80
1989	14.08	18.59	0.76	2006	455.73	18.59	24.51
1990	15.44	18.59	0.83	2007	529.48	18.59	28.48
1991	17.45	18.59	0.94	2008	661.90	18.59	35.61
1992	20.41	18.59	1.10	2009	795.18	18.59	42.77
1993	30.52	18.59	1.64	2010	737.88	18.59	39.69
1994	49.20	18.59	2.65				

注：住宿和餐饮业服务密度＝住宿和餐饮值/地区面积。

资料来源：《湖北省统计年鉴（2011）》及湖北省 1999～2010 年统计公报。

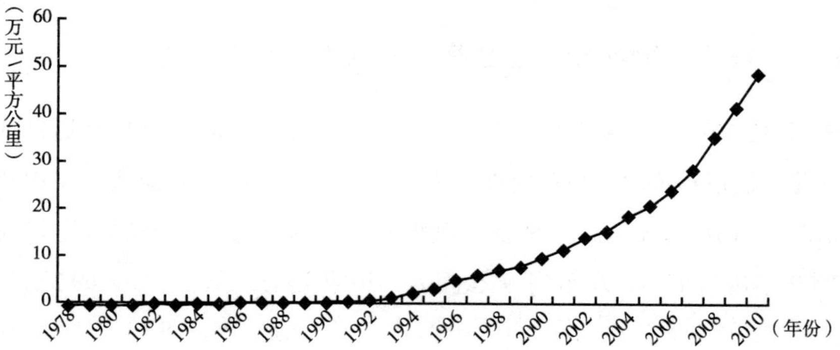

图 16　1978～2010 年湖北省住宿和餐饮业服务密度变化趋势

注：住宿和餐饮业服务密度＝住宿和餐饮值/地区面积。

资料来源：《湖北省统计年鉴（2011）》及湖北省 1999～2010 年统计公报。

（二）湖北省住宿和餐饮业的服务密度影响因素分析

表 19　1999～2010 年湖北省住宿和餐饮业主要数据

年份	常住人口（万）	面积（万平方公里）	人口密度（人/平方公里）	住宿和餐饮业值（亿元）	餐饮密度（万/平方公里）	人均住宿和餐饮业消费（元）	人均 GDP（元）
1999	5938	18.59	319.42	157.14	8.45	264.63	5452.46
2000	5960	18.59	320.60	192.42	10.35	322.85	6293.41
2001	5974.56	18.59	321.39	225.67	12.14	377.72	6866.99
2002	5988	18.59	322.11	266.93	14.36	445.77	7436.58
2003	6002	18.59	322.86	298.3	16.05	497.00	8378.01
2004	6016	18.59	323.61	353.82	19.03	588.13	9897.64
2005	5710	18.59	307.15	386.65	20.80	677.15	11554.00
2006	5693	18.59	306.24	455.73	24.51	800.51	13360.00
2007	5699	18.59	306.56	529.48	28.48	929.08	16386.00
2008	5711	18.59	307.21	661.90	35.61	1158.99	19858.00
2009	5720	18.59	307.69	795.18	42.77	1390.17	22677.00
2010	5723.77	18.59	307.90	737.88	39.69	1289.15	27906.00

资料来源：常用人口数据来源于《中国人口和就业统计年鉴 2010》，其他数据来源于《湖北省统计年鉴（2011）》及湖北省 1999～2010 年统计公报。

$$\log(DCANYIN) = C1 + C2 \times \log(F1) + C3 \times \log(F2) + U1$$

通过 EVIEWS5.0 经济计量软件，利用上述 1978～2010 年湖北省数据进行回归，得出如下结果：

Variable	Coefficient	Std. Error	t－Statistic	Prob.
C	－9.227288	0.020342	－453.6159	0.0000
LOG(F1)	1.003087	0.003327	301.5154	0.0000
LOG(F2)	－0.000559	0.000545	－1.026571	0.3347
LOG(F3)	1.000680	0.000518	1933.587	0.0000
R－squared	1.000000	Mean dependent var		2.995552
Adjusted R－squared	1.000000	S. D. dependent var		0.533788
S. E. of regression	0.000158	Akaike info criterion		－14.40713
Sum squared resid	2.00E－07	Schwarz criterion		－14.24549
Log likelihood	90.44275	F－statistic		41865533
Durbin-Watson stat	2.907225	Prob(F－statistic)		0.000000

由上述回归结果，可以得到湖北省住宿和餐饮零售额增长的回归方程：

$$\log(DCANYIN) = -9.227287547 + 1.003087073 \times \log(F1) - 0.000559403471 \times \log(F2) + 1.00067953 \times \log(F3)$$

由回归方程可以得出如下结果：第一，人口密度对住宿和餐饮业服务密度的影响是显著正相关，一个地区的人口密度越大，住宿和餐饮服务密度也随之上升，随着湖北省人口密度的上升，湖北省住宿和餐饮密度也显著上升；第二，人均 GDP 与住宿和餐饮服务密度不相关；第三，人均住宿和餐饮消费额也与住宿和餐饮密度呈显著正相关，随着人均住宿和餐饮消费额的上升，湖北省住宿和餐饮密度也显著上升。

四　湖北省餐饮业业态发展状况

（一）湖北省限额以上餐饮企业及连锁企业发展概况

2010 年湖北省限额以上餐饮企业共有 882 家，从业人数 87119 人，餐饮营业额达 105.6 亿元。在各种业态餐饮企业经营中，正餐服务业仍然占据绝对优势，其企业数为 841 个，占餐饮企业总数的 95.35%；从业人员为 72374 人，占整个餐饮企业从业人数的 83.07%；营业额为 85.1 亿元，占整个餐饮企业营业额的 80.59%。居第二位的是快餐服务业，其企业总数为 13 家，占餐饮企业总数的 1.47%；从业人员为 12003 人，占整个餐饮企业从业人数的 13.78%；营业额为 17.1 亿元，占整个餐饮企业营业额的 16.19%。

表 20　2010 年湖北省限额以上餐饮企业发展情况

餐饮业态	企业数(个)	比重(%)	从业人员(人)	比重(%)	营业额(亿元)	比重(%)
正餐服务业	841	95.35	72374	83.07	85.1	80.59
快餐服务业	13	1.47	12003	13.78	17.1	16.19
饮料及冷饮服务业	3	0.34	164	0.19	0.1	0.09
其他餐饮服务业	25	2.83	2578	2.96	3.3	3.13

资料来源：《湖北省统计年鉴（2011）》。

（二）湖北省主要餐饮企业发展情况

2011 年 5 月，中国烹饪协会发布“2010 年中国餐饮百强”。结合2007 ~ 2010

年中国餐饮百强分析，可以看出如下几点。

1. 湖北省与其他地区差距明显

从2010年中国百强餐饮企业的注册地来看，北京、上海、浙江、重庆、广东、四川是拥有百强企业数目最多的6个省市，这6省市占据了百强餐饮企业中67个席位，占百强营业额的74.1%①。2010年，湖北省只有2家企业进入餐饮百强，与上述6个省市相比差距较大。

2. 企业数量有所减少

2007年，湖北省有4家餐饮企业进入全国百强，最好的位次是第40位，而2008年、2009年和2010年只有2家企业进入中国百强餐饮企业名单。

表21　2007～2010年湖北省进入中国餐饮百强企业名单

年度	企业名称	位次
2007年	武汉市亢龙太子酒轩有限责任公司 武汉市小蓝鲸酒店管理有限责任公司 湖北三五醇酒店有限公司 武汉市艳阳天商贸发展有限公司	40 65 67 71
2008年	武汉市小蓝鲸酒店管理有限责任公司 武汉艳阳天商贸发展有限公司	55 68
2009年	武汉市小蓝鲸酒店管理有限责任公司 武汉艳阳天商贸发展有限公司	55 68
2010年	武汉市小蓝鲸酒店管理有限责任公司 武汉市亢龙太子酒轩有限责任公司	55 83

资料来源：根据百度百科“中国餐饮百强企业”整理。

3. 企业排名有所变化

2008～2010年，湖北省进入餐饮百强的企业竞争力有所提高。在2007年居第65位的武汉市小蓝鲸酒店管理有限责任公司提升了10个位次，2008年跃居中国餐饮百强的55位，并一直保持到2010年。在2007年居第71位的武汉市艳阳天商贸发展有限公司提升了3个位次，2008年跃居中国餐饮百强的68位，并一

① 杨柳：《2010年年度中国餐饮百强分析》。

直保持到2009年，但2010年却没有进入餐饮百强。在2007年，居第40位的武汉市亢龙太子酒轩有限责任公司，在百强排行榜上消失了两年之后于2010年重新回到榜上，并居第83位，是为数不多的两家湖北企业之一。

4. 业态较单一

从业态发展看，2007～2010年，湖北省进入中国餐饮百强的企业均为餐馆酒楼，相对于其他省份百强企业而言，成分比较单一。其他省份百强企业的业态有餐馆酒楼、快餐送餐、西餐、火锅、宾馆餐饮和休闲餐饮。

五　湖北省餐饮发展新政策与经验

（一）湖北省宜昌市食品安全网格化管理①

2011年，湖北省宜昌市探索食品安全网格化管理，此模式入选了首届全国食品安全制度创新“十大最佳事例”。这种模式借助网格化社会管理平台加强社会化监督、专群结合来实现食品安全有效监管。

为了提高食品安全监管的有效性，在监管对象上，重点保证包括小作坊、小摊贩在内的生产销售企业的食品安全；在监管过程上，重点保证消费过程的食品安全。宜昌市积极打造“一个中心，三大系统”，即食品安全网格化监管指挥中心，食品安全网格化基础信息系统、群众举报投诉系统和快速反应系统。试点社区按照这一模式运行，实现了对食品安全问题的“快速发现、精确定责、及时处置、有效监督”，大大提升了监管实效。“一个中心，三大系统”推动食品安全工作由“部门管理”向“综合管理”、由“行业管理”向“社会管理”转变。市工商局传统的“市局—县市局—工商所—市场巡查员”工作流程，缩短为市局通过指挥中心可以直接指挥管理市场巡查员，指挥调度、信息汇集、工作统筹、数据统计、效能监督等都实现了“扁平化”，监管效能大大提升，监管责任进一步落实。群众诉求处理和违法违规行为的发现、处置更加及时有力，监管走向精细化。

① 《宜昌市在全省率先探索食品安全网格化管理》，http://www.hubei.gov.cn/szgk/201109/t20110915_145304.shtml。

（二）湖北省洪湖市通过标准化促进水产业发展

2011 年底，洪湖已初步建成水产标准体系、检测监督体系、标准推广体系三大体系以及戴家场镇黄鳝网箱标准化养殖板块、瞿家湾镇无公害莲藕标准化种植板块等六大水产板块，全市 50% 的乡镇成为水产专业乡镇，90% 以上的村成为水产专业村，水产品总量达到 40 万吨，实现了打造全国水产第一市的目标。在省、市质监局的支持下，该局在收集整理《无公害食品淡水养殖用水水质》、《无公害食品渔用药物使用准则》等相关养殖技术标准的基础上，组织专家制定了 25 个水产地方标准，制定和修订企业产品标准、工作标准 78 个，初步形成了涵盖产前、产中、产后全过程，融养殖技术标准和产品质量标准及相关工作标准于一体的标准体系。

（三）湖北省率先成立全国首家食品流通行业协会

2011 年 9 月 5 日，全国首家食品流通行业协会在武汉宣告成立。湖北省食品流通行业协会由省工商局主管，武汉中百仓储超市有限公司、湖北富迪实业有限公司、沃尔玛（湖北）商业零售有限公司 3 家流通企业共同发起。湖北省食品流通行业协会的成立，标志着政府监管、社会监督、行业自律“三位一体”的流通环节食品安全监管机制进一步健全，湖北省食品经营主体自律建设迈出了新的步伐。据工商部门统计，湖北全省食品流通经营主体现有 18.3 万户，这些食品流通经营企业和个体工商户既是食品市场主体的重要组成部分，也是食品安全的重要责任主体。湖北省食品流通行业协会，作为非营利性、自律性行业组织，在提升食品流通行业经营自律水平、促进食品流通行业快速健康发展等方面有着不可替代的作用。截至目前，湖北省食品流通行业协会拥有 250 多家会员单位。成立当天，湖北省食品流通行业协会向会员发出了保障食品安全的倡议，协会会员应切实履行食品安全第一责任人的责任，严格遵守市场主体准入制度、食品质量准入制度、食品质量管理制度和不合格产品退市制度，维护协会声誉，促进食品流通行业健康、有序发展。

（四）消费者购买假冒伪劣食品工商部门先行赔付试行办法

2011 年 2 月 24 日，湖北省出台了《消费者购买假冒伪劣食品工商部门先行赔付试行办法》。依据该办法，自3月1日起，凡消费者为生活消费需要，在湖北省境内具有合法证照的食品经营场所（包括食品经营企业和个体工商户）购买了假冒伪劣食品，可以在7日内申请工商部门先行赔付；若在没有“营业执照”、“食品流通许可证”的“黑店”内购买了假冒伪劣食品，则不在先行赔付之列。以食品变质为由请求先行赔付的，应在食品保质期内提出。

（五）湖北省武汉市《餐饮业直接入口生食食品加工技术规范》通过专家审定

由湖北省武汉市食品药品监督管理局编制的《餐饮业直接入口生食食品加工技术规范》通过专家审定。专家组认为，该技术规范编制符合国家现行有关法律、法规及强制性标准和产业政策要求，执行的国家、行业规范现行有效，文本格式符合GB/T 1.1－2009的有关规定。专家组一致同意该技术规范通过评审，同时强烈建议该所按审定会提出的意见修改完善后，按规定程序报湖北省卫生厅作为湖北省地方标准发布。

（六）武汉下月起推“网络发票”数据实时传至税务局

武汉从2011年3月起推行网络开票及“税控发票”，到4月，符合条件的单位将不能再开具手工发票，也不能再提供定额发票。此举将从根本上杜绝久打难灭的假发票及通过真票虚开来逃税等违法行为。

网络发票，即开发票时与税务局联网，相关数据实时传递至税务局，一些开发票不太多的行业，如建筑业、文体、房地产、保险以及注册资本在50万元以上的服务业（餐饮业除外），都必须通过网络开票。税控发票，则是通过税控收款机打印发票，数据每月定期传至税务局。餐饮、娱乐、金融、邮政及注册资本50万元以下（含）的服务业都要购买此机。购机费用将在应缴税款中抵扣，相当于免费安装。

除停车收费、交通运输等少数行业可使用面额最高为100元的定额发票外，其他纳税人都必须通过网络或税控机打印发票，实现全城“机器开票”。“机器开票”可准确掌控纳税人销售数据，减少偷税，且可防范印制假发票。

对可能产生的经营收入不开票或克隆真票，武汉市地税局表示，一经发现将严查。

（七）烹饪大师数据库

湖北省烹饪酒店行业协会于 2011 年 7 月成立信息化办公室，专门负责湖北省餐饮行业的信息化管理。目前，正在着手收集建立湖北省厨师人才数据库，将本省的专业厨师人才收编其中。根据统计，目前湖北拥有的中国烹饪大师和中国烹饪名师共 60 人左右。

六　湖北省“十二五”餐饮发展预测及政策建议

（一）湖北省“十二五”时期住宿和餐饮业发展规模预测

改革开放以来，湖北省餐饮业发展迅速，进入“十二五”时期，湖北省的餐饮业将会继续稳步发展。利用 1999 ~ 2010 年湖北省住宿和餐饮零售额数据对湖北省住宿和餐饮业发展情况进行分析和预测（见表 22）。

表 22　1999 ~ 2010 年湖北省住宿和餐饮业零售额

单位：亿元

年份	住宿和餐饮零售额	年份	住宿和餐饮零售额	年份	住宿和餐饮零售额
1999	157.14	2003	298.3	2007	529.48
2000	192.42	2004	353.82	2008	661.90
2001	225.67	2005	386.65	2009	795.18
2002	266.93	2006	455.73	2010	737.88

资料来源：湖北省 1999 ~ 2010 年统计公报。

$$Y = B_0 + B_1 t + B_2 t^2 + B_3 t^3 + u$$

其中，Y 表示住宿和餐饮业零售额；t 表示时间，设 1999 年时，$t = 1$，以此类推，2009 年时，$t = 11$；B_0，B_1，B_2，B_3为参数；u 为残差项。

通过 EVIEWS 5.0 软件，利用数据和建立的回归模型，得到的回归结果如表 23 所示。

表 23　回归模型结果

Variable	Coefficient	Std. Error	t – Statistic	Prob.
C	95. 20545	15. 72388	6. 054832	0. 0005
T	65. 18176	10. 85210	6. 006371	0. 0005
T * T	–8. 819044	2. 055804	–4. 289827	0. 0036
T * T * T	0. 788889	0. 112963	6. 983598	0. 0002
R – squared	0. 998644	Mean dependent var		393. 0200
Adjusted R – squared	0. 998063	S. D. dependent var		201. 7217
S. E. of regression	8. 878641	Akaike info criterion		7. 480462
Sum squared resid	551. 8119	Schwarz criterion		7. 625151
Log likelihood	–37. 14254	F – statistic		1718. 311
Durbin-Watson stat	2. 543676	Prob(F – statistic)		0. 000000

由上述回归结果，可以得到湖北省住宿和餐饮零售额增长的回归方程：

$$Y = 95.20545455 + 65.18176379 \times T - 8.819044289 \times T \times T + 0.7888888889 \times T \times T \times T$$

与此同时，利用回归方程，比较 1999 ~ 2010 年湖北省住宿和餐饮零售额的实际值与利用方程计算的预测值之间的差距，可以发现 1999 ~ 2010 年湖北省住宿和餐饮业实际值和预测值基本符合（见表 24）。

表 24　1999 ~ 2010 年湖北省住宿和餐饮业实际值和预测值

年份	预测值	实际值	年份	预测值	实际值
1999	152. 3571	157. 14	2005	389. 9335	386. 65
2000	196. 6039	192. 42	2006	456. 1518	455. 73
2001	232. 6793	225. 67	2007	542. 5987	529. 48
2002	265. 3167	266. 93	2008	654. 0076	661. 90
2003	299. 2493	298. 3	2009	795. 1116	795. 18
2004	339. 2104	353. 82	2010		737. 88

注：预测值根据模型方程预测得出。

利用回归方程对湖北省 2012 ~ 2016 年住宿和餐饮业发展进行预测，预测结果见表 25。预计住宿和餐饮业零售额增长迅速，2014 年将突破 2000 亿元，2016 年将突破 3000 亿元。

表 25　湖北省 2012～2016 年住宿和餐饮业发展预测

单位：亿元

年份	住宿和餐饮业零售额	年份	住宿和餐饮业零售额
2012	1185. 339	2015	2530. 403
2013	1443. 929	2016	3011. 907
2014	2111. 727		

（二）湖北省“十二五”餐饮业发展政策建议

1. 鼓励餐饮企业进行节能改造

政府应制定相应环境保护政策，引导餐饮企业进行节能降耗改造，使餐饮企业特别是品牌餐饮企业从粗放式经营方式转变为绿色低碳经营方式。目前，在劳动力成本上升，食品原料以及水、煤、气等能源价格不断上涨的经营环境下，餐饮企业的利润越来越薄，市场竞争越来越激烈。餐饮企业使用节能水龙头、节能灶具、清洁能源、太阳能设备等环保性设备，一方面降低了企业的成本，另一方面也改善了厨师、服务业的工作环境，有利于餐饮企业的可持续发展。

2. 重视餐饮人才培养

尽管餐饮行业进入门槛低，但是由于劳动强度大、工资待遇低、个人发展前途不明朗，很多求职者并不愿意进入餐饮业就职。餐饮业用工短缺现象十分严重，每次到了春节或比较重要的节日，餐饮业的从业人员总是供不应求。餐饮从业人员多数拥有较低的学历和较差的专业技能，获得职业经理人资格的管理者数量非常少。人才的稀缺性导致各大餐饮企业包括外资企业都高薪聘请高水平的管理者，餐饮业人员的流动性很强。

在湖北省 300 万餐饮从业人员中，仅有约 300 人称得上“湖北大师名师”。获得“中国烹饪大师”称号者在湖北省仅有 58 位，广东、江苏、上海等地都在 100 位以上，不少餐饮企业只得从省外引进名师、大师。

为了提高餐饮业员工的素质，以及餐饮企业的竞争力，政府有必要加大职业教育的投入，在高校开设餐饮相关专业，投资兴建一批专业技术学校；餐饮企业本身也要加大人才培养力度，建设企业自己的培训学院，开展校企联合培养。同时餐饮企业要完善企业人力资源管理体系，为员工创造一个公平竞争的环境，建立严格的奖惩机制。

3. 减少餐饮企业相关税收和费用

餐饮企业是微利企业，近年来，随着原材料价格、劳动力成本、水和煤气价格以及房租的上涨，餐饮企业的利润更是逐年降低。此外，高达2%的刷卡手续费以及污水排污费、垃圾处理费等费用也挤压着企业的盈利空间。政府应实行餐饮企业与工业企业水电同价，同时应针对不同情况，实施相应的税收和费用的减免。比如，在所得税方面，对吸纳下岗职工或者残疾人士的餐饮企业，以及建立农、林、牧、渔原材料基地的餐饮企业，免收所得税。在费用的收取方面，对符合国家环保政策的企业，应减免相应的环境费用。

4. 积极扩大餐饮企业省外影响力

湖北省只是全国34个省市中的一个省，人口、土地面积均有限，餐饮企业如果局限在湖北本地发展，竞争会十分激烈。如此下去，对于企业的长远发展是非常不利的。餐饮企业走出湖北，能够扩大企业的市场份额，赢得一大批喜欢鄂菜的潜在消费者，同时能够增加各地企业之间交流的机会，扩大鄂菜及湖北企业的市场影响力。

北京是各大菜系集聚的地方，2000年前后，小蓝鲸、艳阳天、三五醇、亢龙太子等湖北大型餐饮企业进入北京，但由于物流配送的不合理（如空运武昌鱼等原材料）、职业经理人的缺乏以及忽视餐饮文化的宣传等原因，一些大型餐饮企业纷纷退出了北京市场。目前北京有上百家鄂菜餐厅，比较出名的有九头鸟、红番茄、湘鄂情等餐饮企业。

政府应经常组织跨省餐饮交流活动，对有意向进行跨省经营的餐饮企业进行技术上的指导；在行政程序和信息沟通方面给予餐饮企业便利；加大省际公路的建设，减少餐饮原材料的运输成本。

5. 加强餐饮业标准化建设

据大众点评网《武汉2010年上半年城市生活消费报告》可知，小吃快餐以4369家的数量位居武汉餐厅数量排名之首，随后是以湖北菜为主的餐厅（2436家）。然而，武汉小吃快餐企业数量多，规模小，而且只能在湖北流行，出了湖北就因为做不出当地的特色而得不到消费者的欢迎。由此可见，现代餐饮企业要想做强做大，必须进行标准化体系的建设，比如服务和菜品的标准化，企业形象的标准化，食品卫生和安全方面的标准化。很多企业已经制定了相应的标准，并配合企业的中央厨房、配送体系以及原材料基地进行落实。政府会同行业协会应该针对餐饮业制定相应的行业标准和国家标准，比如保证消费者饮食安全的食品安全标准、保障餐饮行业有序竞争的餐饮市场准入标准等。

6. 增加鄂菜文化底蕴

文化是饮食的精髓，文化能促进饮食业的发展，饮食能推动文化的传承。政府应从两个方面来增加鄂菜的文化底蕴。一方面，建设鄂菜博物馆。湖北省可以借鉴重庆地区的经验，建设湖北美食博物馆，充分展示鄂菜文化。在美食博物馆里，参观者可以全程了解鄂菜的历史，并参与菜品的制作。另一方面，大力扶植老字号企业。2011 年，湖北省四季美、谈炎记等 19 家企业入选商务部公布的全国第二批“中华老字号”名录。湖北省的“中华老字号”上升至 26 家，居中部地区第 2 位。“中华老字号”具有鲜明的地域特征，承载着鄂菜悠久的历史韵味，是湖北省文化的一张名片。

B.17

2011年河北省餐饮业发展调研报告

刘 宇*

一 河北省经济发展概况

（一）“十一五”期间河北省GDP增长概况

“十一五”期间以及2011年，河北省GDP保持11.6%的年平均增长率。从GDP规模来看，2006年河北省GDP为11613.7亿元，2011年末达到24228.2亿元，为2006年的2.09倍。表1是2006～2011年河北省GDP增长情况，从中可以看出，河北省GDP一直保持增长态势。

表1 2006～2011年河北省GDP增长情况

年 份	GDP(亿元)	GDP增长率(%)	年 份	GDP(亿元)	GDP增长率(%)
2006	11613.7	13.2	2009	17026.6	5.2
2007	13863.5	19.4	2010	20197.1	18.6
2008	16188.6	16.8	2011	24228.2	20

（二）河北省三次产业发展概况

从三次产业的结构比例来看，2000～2011年河北省第三产业在经济中的平均比重为34.23%。第一产业在经济中的平均比重为34.25%，第二产业在经济中的平均比重为51.59%。因此，河北省以第二产业为主，然后是第三

* 刘宇，中国社会科学院财经院服务经济与餐饮产业研究中心特聘青年研究员，中国社会科学院研究生院工商管理研究生。

产业、第一产业。第三产业的比例低于第二产业。表 2 和图 1 是 2000 ~ 2011 年河北省三次产业比例的变化情况。从图 1 中可以看出，尽管 2004 年和 2007 年所占比例有少量提升，但总体来看 2000 ~ 2011 年，第一产业所占比例逐步降低。2000 ~ 2011 年第二产业所占比例稳步提升，并在 2008 年达到 54.34% 的最高值，随后因为经济危机的影响，在 2009 年后略有下降，但依然在 50% 以上。而第三产业所占比例比较平稳，一直保持在 33% ~ 35%。"十一五" 期间，第三产业在 2009 年达到 35.21% 的最高值，随后在 2010 年略有下降。

表 2　2000 ~ 2011 年河北省三次产业比例

单位：%

年　份	第一产业	第二产业	第三产业	年　份	第一产业	第二产业	第三产业
2000	16.35	49.86	33.79	2006	12.75	53.28	33.97
2001	16.56	48.88	34.56	2007	13.26	52.93	33.81
2002	15.90	48.38	35.72	2008	12.71	54.34	32.95
2003	15.37	49.38	35.25	2009	12.81	51.98	35.21
2004	15.73	50.74	33.53	2010	12.57	52.50	34.93
2005	13.98	52.66	33.36	2011	12.0	54.1	33.9

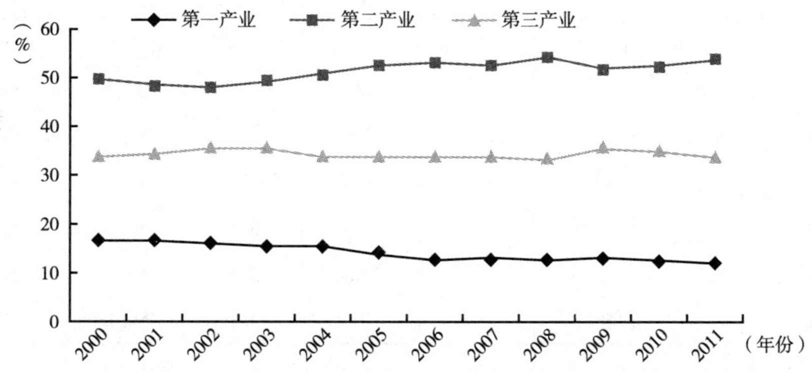

图 1　2000 ~ 2011 年河北省三次产业比例

资料来源：《河北省统计年鉴（2011）》及河北省各年统计公报。

从河北省三次产业对 GDP 的贡献率来看，第二产业对 GDP 的贡献率最大，第三产业其次。2010 年第三产业对 GDP 增长的贡献率达到 37.2%，低于第二产业贡献率（59.7%）。1999～2010 年第三产业对 GDP 的平均贡献率为 36.11%，低于第二产业平均贡献率（58.4%）。其中“十一五”期间，第三产业对 GDP 的最高贡献率是 39.1%。图 2 和表 3 是河北省 1999～2010 年三次产业对 GDP 的贡献率的详细情况。

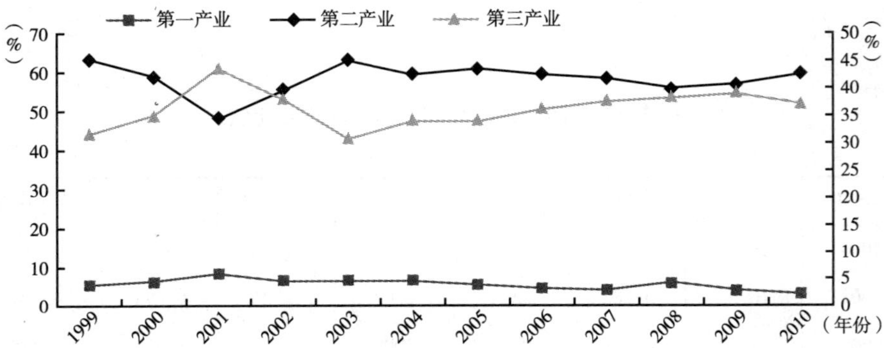

图 2　1999～2010 年河北省三次产业对 GDP 的贡献率

资料来源：《河北省统计年鉴（2011）》及河北省各年统计公报。

表 3　1999～2010 年河北省三次产业对 GDP 的贡献率

单位：%

年　份	第一产业	第二产业	第三产业	年　份	第一产业	第二产业	第三产业
1999	5.4	63.3	31.3	2005	5.5	60.7	33.8
2000	6.1	59.1	34.8	2006	4.3	59.5	36.2
2001	8.4	48.1	43.5	2007	3.9	58.7	37.4
2002	6.6	55.8	37.6	2008	5.7	56.2	38.1
2003	6.6	62.9	30.5	2009	3.8	57.1	39.1
2004	6.5	59.7	33.8	2010	3.1	59.7	37.2

注：本表按不变价格计算。三次产业贡献率指各产业增加值增量与 GDP 增量之比。

表 4 是 2000～2010 年河北省第三产业对 GDP 的贡献，从中可以看出，河北省第三产业 2000 年年均增长率为 11.7%，并且“十一五”期间，增长率均超过

11%。从第三产业增加值来的规模看，从2000年的1704.5亿元增长到2010年的7123.8亿元。因此，无论从增长速度还是增长规模上说，这些年河北省第三产业发展极快。

表4 2000~2011年河北省第三产业对GDP的贡献率

单位：亿元，%

年　份	第三产业增长率	第三产业占GDP比值	第三产业生产总值
2000	10.4	34.8	1704.5
2001	11.0	43.5	1906.3
2002	10.2	37.6	2149.7
2003	10.0	30.5	2439.7
2004	12.6	33.8	2842.3
2005	13.2	33.8	3340.5
2006	14.3	36.2	3895.4
2007	14.1	37.4	4600.7
2008	11.1	38.1	5276.0
2009	11.4	39.1	6068.3
2010	13.1	37.2	7123.8
2011	10.5	33.95	8224.4

（三）近年来河北省居民生活水平发展概况

表5与图3是2000~2010年河北省人均GDP、城镇居民可支配收入及人均消费性支出水平的增长情况，从中可以看出，河北省人均GDP逐年提高，从2000年的7592元提高到2010年的28668元，后者为前者的3.78倍。2000~2010年人均可支配收入、人均消费性支出也逐年增加，城镇人均可支配收入从2000年的5661.16元提高到2010年的16263.43元，后者为前者的3.03倍；城镇居民人均消费性支出从2000年的4348.5元提高到2010年的10318.3元，后者为前者的2.87倍。从图3中可以发现，2000~2010年河北省人均GDP、城镇居民可支配收入及人均消费性支出均在增长，但河北省人均消费性支出的增长速度要慢于人均GDP、城镇居民人均可支配收入的增长速度。

表 5　2000～2010 年河北省人均 GDP、城镇居民人均可支配收入及人均消费性支出

单位：元

年　份	人均地区生产总值	城镇居民人均可支配收入	城镇居民人均消费支出
2000	7592	5661. 16	4348. 5
2001	8251	5984. 82	4479. 8
2002	8960	6678. 73	5068. 4
2003	10251	7239. 12	5439. 7
2004	12487	7951. 31	5819. 2
2005	14659	9107. 09	6699. 7
2006	16682	10304. 56	7343. 5
2007	19662	11690. 47	8235. 0
2008	22986	13441. 09	9086. 7
2009	24581	14718. 25	9678. 8
2010	28668	16263. 43	10318. 3

资料来源：根据各年《河北省统计年鉴》。

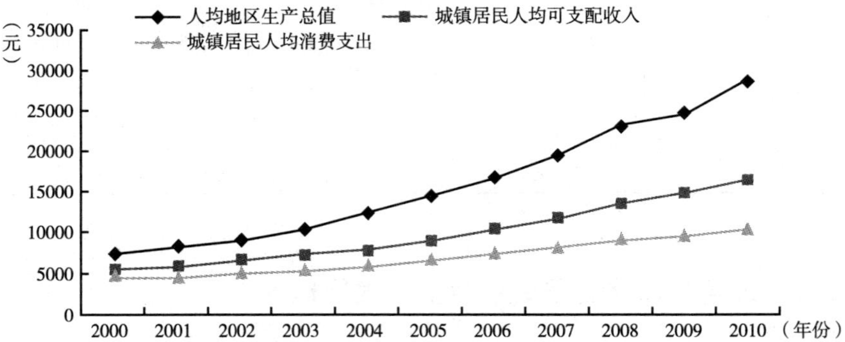

图 3　2000～2010 年河北省人均 GDP、城镇居民人均可支配收入及人均消费性支出

资料来源：《河北省统计年鉴（2011）》及河北省各年统计公报。

二　河北省餐饮业发展概况

（一）“十一五”期间河北省住宿和餐饮业发展概况

“十一五”期间，河北省住宿和餐饮业零售额平均增长 21. 3%，高于河北省“十一五”期间 GDP 的年平均增长速度（11.6%）。河北省住宿和餐饮业零售额增长率持续稳定增长，除 2010 年因为指标调整，略显下降，平均增长率超过了 20%，2008 年（金融危机发生时）更是达到创纪录的 24.8%。另外，从河北省住宿和餐饮业零售额指标来看，2006 年为 419.4 亿元，而 2009 年末则达到 767.4 亿元，后者为前者的近 1.83 倍。

表 6 和图 4 是“十一五”期间河北省住宿和餐饮业发展情况。从人均住宿和餐饮业零售额消费指标看，河北省 2006 年人均住宿和餐饮消费为 608 元，而 2009 年则达到 1090.99 元，后者为前者的 1.79 倍。

表 6　“十一五”期间河北省住宿和餐饮业发展情况

年　份	住宿和餐饮业零售额(亿元)	增长率(%)	人均住宿和餐饮消费(元)
2006	419.4	20	608
2007	503.6	20.1	725
2008	628.2	24.8	898.84
2009	767.4	22.2	1090.99
2010	764.3	19.4	1062.41

注：根据《河北省统计年鉴（2011）》，2010 年住宿和餐饮业零售总额应为 764.3 亿元，但增长率为 19.4%。

资料来源：《河北省统计年鉴（2011）》及河北省各年统计公报。

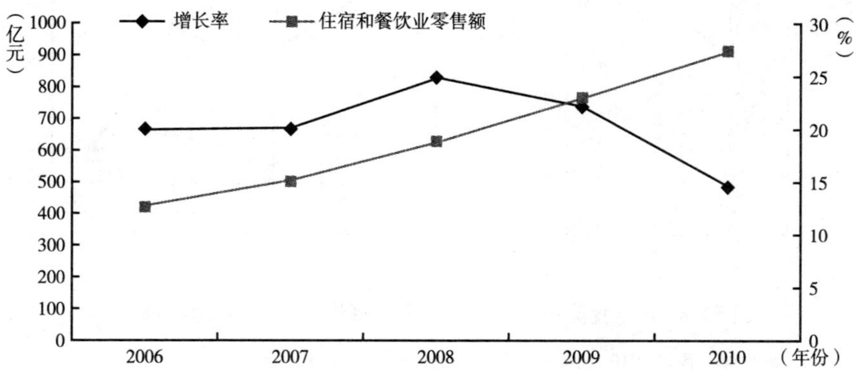

图 4　“十一五”期间河北省住宿和餐饮业发展情况

注：人均餐饮消费是按河北省常住人口计算得出；2010 年统计口径变化。

从全国各省份住宿和餐饮业零售额发展看，河北省住宿和餐饮业零售额一直居于全国前十名之列。表 7 和图 5 显示了 2010 年我国主要省份的住宿和餐饮业零售额及其增长率。从表7中可以看出，河北省餐饮业零售额为764.3亿元（年零售额小于1000亿元但大于500亿元），与四川、河北、湖南和河南四省份同属于餐饮业零售额的第二梯队，广东、山东、江苏、浙江四省份属于餐饮业零售额排名的第一梯队（年零售额大于1000亿元），尤其是广东省以1893.40亿元居各省份之首。此外，从增长率指标来看，2010年山东、江苏、四川餐饮业零售额的增长率较高，在9个省份里河北省排名居第4位，排名居第1位的是四川省，其增长率达到23.3%。

表7　2010年部分省份住宿和餐饮业零售额及其增长率

省　份	零售额(亿元)	增长率(%)	省　份	零售额(亿元)	增长率(%)
广　东	1893.40	14.3	河　北	764.3	19.4
山　东	1493.7	19.7	湖　北	737.88	14.7
江　苏	1275.1	20.1	湖　南	737.60	17.9
浙　江	1058	17.0	河　南	589.13	7.5
四　川	998	23.3			

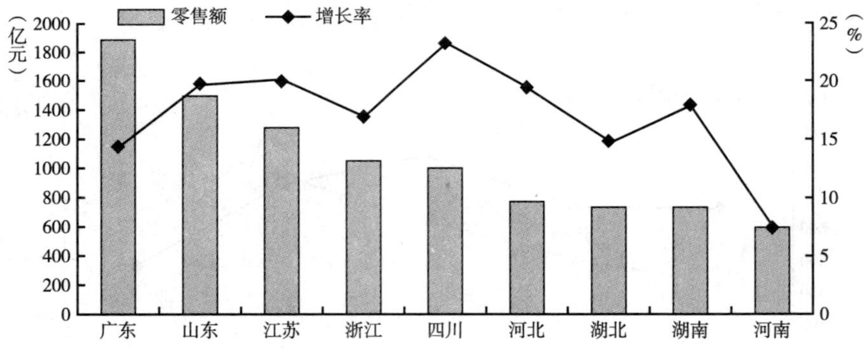

图5　2010年我国主要省份的住宿和餐饮业零售额及其增长率

资料来源：各省2010年国民经济和社会发展统计公报。

（二）河北省住宿和餐饮业对经济增长的拉动分析

住宿和餐饮业能够通过对相关产业的拉动作用来促进经济发展，具体表现为对河北省第三产业和GDP的拉动、对社会消费品零售总额的拉动效应。

1. 河北省住宿和餐饮业在第三产业和 GDP 中的比重

从住宿和餐饮业在第三产业和 GDP 中的比重来看，河北省住宿和餐饮业对经济增长具有重要的拉动作用。表 8 和图 6 是“十一五”期间河北省住宿和餐饮业占第三产业及 GDP 的比重，从中可以看出，“十一五”期间河北省住宿和餐饮业占其 GDP 的比重平均为 3.90%，而占第三产业产值的比重则平均为 11.4%。“十一五”期间河北省住宿和餐饮业占第三产业的比重除了 2010 年因为统计指标调整，略有下降，其余年份均处于稳定提升的状态。

表 8　“十一五”期间河北省住宿和餐饮业占第三产业及 GDP 比重

年　份	GDP（亿元）	第三产业值（亿元）	住宿和餐饮业（亿元）	住宿和餐饮业占GDP 的比重(%)	住宿和餐饮业占第三产业的比重(%)
2006	11467.6	3895.36	419.4	3.66	10.77
2007	13607.32	4600.72	503.6	3.7	10.95
2008	16011.97	5276.04	628.2	3.92	11.91
2009	17235.48	6068.31	767.4	4.45	12.65
2010	20394.26	7123.77	764.3	3.75	10.72

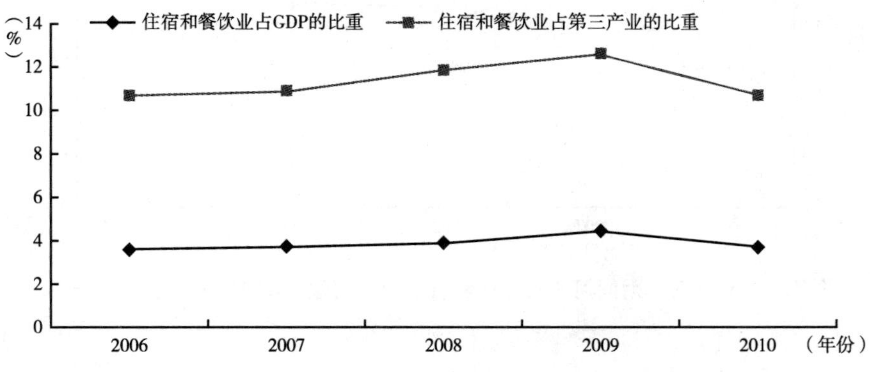

图 6　“十一五”期间河北省住宿和餐饮业占第三产业及 GDP 的比重

注：2010 年统计口径变化。

资料来源：《河北省统计年鉴（2011）》及河北省各年统计公报。

2. 河北省住宿和餐饮业、GDP 以及第三产业产值近年来的增长速度比较

从河北省住宿和餐饮业、GDP 以及第三产业产值近年来的增长速度来看，“十一五”期间河北省住宿和餐饮业零售额增长率均高于 GDP 增长率以及第三产业增长率（见表9）。此外，虽然2010年统计口径发生变化，增长率略有下降，但是依然高于GDP增长率以及第三产业增长率。从年平均增长率来看，“十一五”期间河北省住宿和餐饮业年均增长率为21.3%，高于GDP（11.68%）和第三产业（12.8%）的年均增长率。从图7中可以看出，河北省在2008～2009年金融危机期间，住宿和餐饮业增长率远高于同期GDP和第三产业增长率。

表9　“十一五”期间河北省住宿和餐饮业零售额、GDP、第三产业增长率

单位：%

年份	GDP增长率	第三产业增长率	住宿和餐饮业零售额增长率
2006	13.2	14.3	20.0
2007	12.9	14.1	20.1
2008	10.1	11.1	24.8
2009	10.0	11.4	22.2
2010	12.2	13.1	19.4

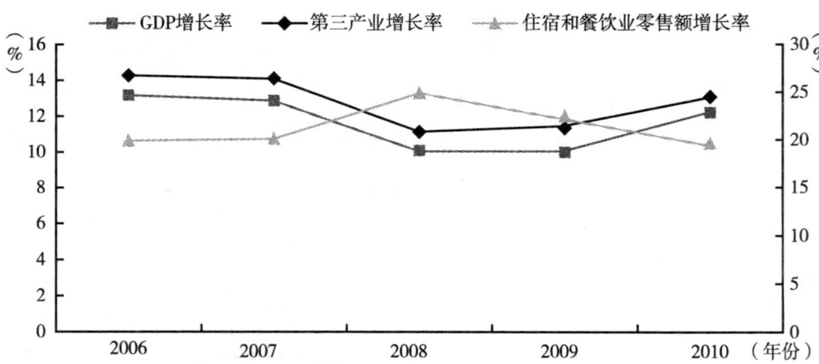

图7　“十一五”期间河北省住宿和餐饮业零售额、GDP、第三产业增长率

（三）河北省住宿和餐饮业对河北省消费市场的拉动分析

1. 河北省住宿和餐饮业零售额占社会消费品零售总额的比重

表10和图8显示了“十一五”期间河北省住宿和餐饮业零售额、社会消费品零售总额以及住宿和餐饮业零售额占社会消费品零售总额的比例。从住宿和餐饮业零售额及社会消费品零售总额增长速度的比较中可以看出，2006～2010年，住宿和餐饮业零售额平均增长率为21.3%，高于社会消费品零售总额18.24%的

年均增长率。在“十一五”期间，住宿和餐饮业增长率均高于社会消费品零售总额增长率；而住宿和餐饮业零售额占社会消费品零售总额的比例平均为12.2%。

表 10 “十一五”期间河北省住宿和餐饮业零售额及社会消费品零售总额增长情况

年份	社会消费品零售总额(亿元)	增长率(%)	住宿和餐饮业零售额(亿元)	增长率(%)	住宿和餐饮业零售额占社会消费品零售总额的比例(%)
2006	3397.4	15.1	419.4	20	12.34
2007	3986.2	17.3	503.6	20.1	12.63
2008	4880.4	22.4	628.2	24.8	12.87
2009	5764.9	18.1	767.4	22.2	11.25
2010	6821.8	18.3	764.3	19.4	11.90

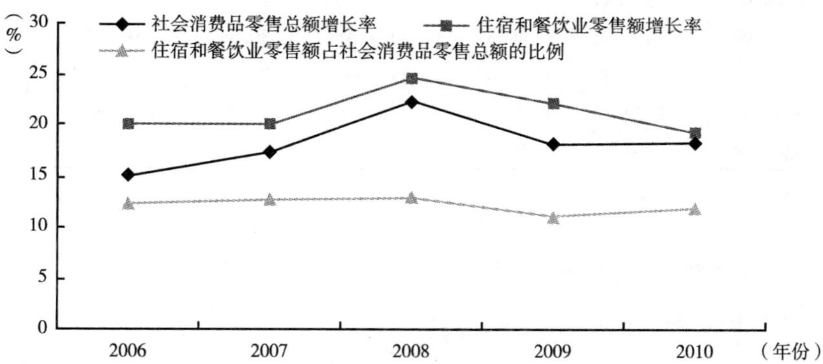

图 8 “十一五”期间河北省住宿和餐饮业零售额及社会消费品零售总额增长情况

资料来源：《河北省统计年鉴（2011）》及河北省各年统计公报。

（四）河北省住宿和餐饮业对社会就业的拉动作用分析

1. 河北省三次产业的就业结构

随着河北省经济的发展，第一产业的就业人员逐渐向第二产业和第三产业转移。从表 11 和图 9 可以看出，1999～2010 年，河北省第三产业就业人数逐年上升，从 1999 年占就业总数的 23.76% 增长到 2010 年的 29.76%；相应的，1999～2010 年，河北省第一产业就业人数逐年下降，从 1999 年占就业总数的 49.76% 下降到2010年的37.88%。2010年三次产业从业人员的比例为37.88∶32.36∶29.76，第三产业就业人员的比例达到29.76%。

表11　1999～2010年河北省三次产业就业人数

年份	就业总人数（万人）	第一产业		第二产业		第三产业	
		就业人员（万人）	比重（%）	就业人员（万人）	比重（%）	就业人员（万人）	比重（%）
1999	3322.30	1653.25	49.76	879.69	26.48	789.36	23.76
2000	3385.71	1678.12	49.56	886.99	26.20	820.60	24.24
2001	3409.16	1676.34	49.17	899.68	26.39	833.14	24.44
2002	3435.00	1662.59	48.40	929.12	27.05	843.29	24.55
2003	3470.23	1672.26	48.19	942.84	27.17	855.13	24.64
2004	3516.71	1612.85	45.86	992.74	28.23	911.12	25.91
2005	3568.97	1564.72	43.84	1043.56	29.24	960.69	26.92
2006	3609.99	1524.89	42.24	1082.66	29.99	1002.44	27.77
2007	3664.97	1481.52	40.42	1134.51	30.96	1048.94	28.62
2008	3725.66	1481.37	39.76	1170.06	31.41	1074.23	28.83
2009	3792.49	1479.22	39.00	1203.36	31.73	1109.91	29.27
2010	3865.14	1464.21	37.88	1250.85	32.36	1150.08	29.76

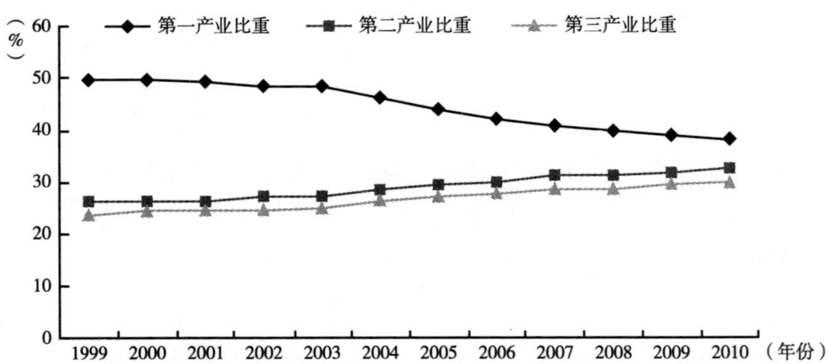

图9　1999～2010年河北省三次产业从业人员的比例

资料来源：《中国人口和就业统计年鉴2010》。

2. 河北省住宿和餐饮业就业人员发展概况

第二次全国经济普查主要数据公报显示，2010年末，全国共有住宿和餐饮业企业法人单位4184万个，从业人员达139.58万人。

2010年河北省城镇住宿和餐饮业从业人员达139.58万人，同比增长3.29%。2005～2010年，住宿和餐饮业就业人数增长均快于社会就业总人数的增长。虽然2006年社会从业总人数增长率忽然降至1.15%，但是2007年再次出现快速回升，并且未影响当年住宿和餐饮业就业人员的增长率。2010年，因为统计标准调整，住宿和餐饮业就业人数和社会就业人员总数增长率有所下降。从表12与图10可以看出，2005～2010年，住宿和餐饮业就业人数平均增长率为6.03%，高于社会就业总人数年平均1.59%的增长率。

表12　2005～2010年河北省住宿和餐饮业从业人员及社会就业人员总数增长率

年份	住宿和餐饮业就业人员（万人）	住宿和餐饮业就业人员增长率（%）	社会从业人员总数（万人）	社会从业人员总数增长率（%）
2005	106.96	8.79	3568.97	1.49
2006	112.99	5.64	3609.99	1.15
2007	119.76	5.99	3664.97	1.52
2008	129.19	7.87	3725.66	1.66
2009	135.13	4.6	3792.49	1.79
2010	139.58	3.29	3865.14	1.92

资料来源：2006～2011年《河北省统计年鉴》。

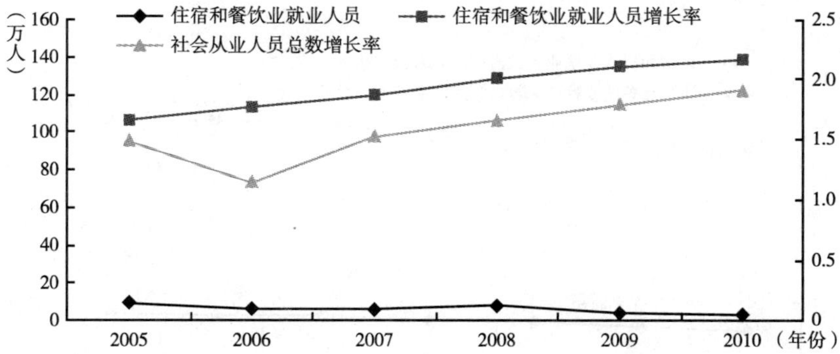

图10　2005～2010年河北省住宿和餐饮业从业人员及社会就业人员总数增长率

资料来源：2006～2011年《河北省统计年鉴》。

3. 河北省住宿和餐饮业从业人员占第三产业及社会就业总人数的比重

从表13中可以看出，2004～2010年，河北省住宿和餐饮业从业人员占社会就业总人数的比重平均为 3.26%，而占第三产业就业人数的比重平均为 11.56%。从图 11 中可以看出，2004～2010 年，河北省住宿和餐饮业从业人员占城镇就业人员总数及第三产业就业人数的比重总体上处于增长的态势。其中，2008～2010 年，虽然受国际金融危机的影响，这两个比重指标的增长幅度依然稳步上升。

表 13　2004～2010 年河北省住宿和餐饮业从业人员占城镇就业人员总数及第三产业就业人数的比重

年份	就业总人数（万人）	第三产业就业人员（万人）	住宿餐饮业就业人员（万人）	住宿和餐饮业从业人员占社会就业总人数的比重（%）	住宿和餐饮业从业人员占第三产业就业人数的比重（%）
2004	3516.71	911.12	98.32	2.8	10.79
2005	3568.97	960.69	106.96	3	11.13
2006	3609.99	1002.44	112.99	3.13	11.27
2007	3664.97	1048.94	119.76	3.27	11.42
2008	3725.66	1074.23	129.19	3.47	12.03
2009	3792.49	1109.91	135.13	3.56	12.17
2010	3865.14	1150.08	139.58	3.61	12.14

资料来源：2005～2011 年《河北省统计年鉴》。

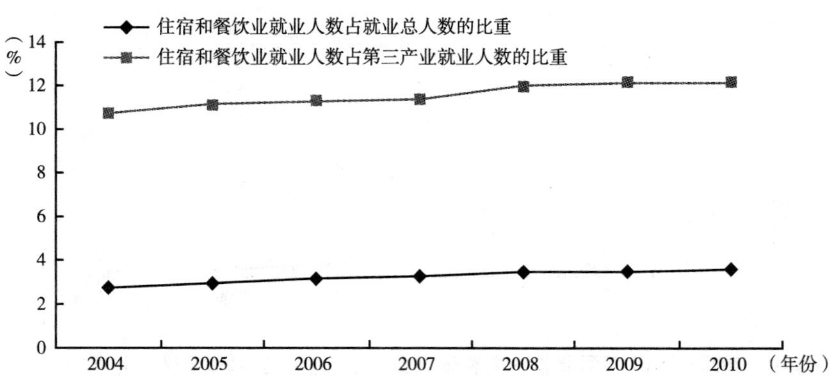

图 11　2004～2010 年河北省住宿和餐饮业从业人员占城镇就业人员总数及第三产业就业人数的比重

资料来源：2005～2011 年《河北省统计年鉴》。

4. 河北省住宿和餐饮业就业结构分析

（1）河北省住宿和餐饮业相对劳动生产率分析。相对劳动生产率是指某产业的增加值比重与就业比重之比，即相对劳动生产率 = GDP 的产业构成百分比/就业的产业构成百分比，表明每1%的劳动人员对应能创造百分之几的产值。数值越大，表明该产业劳动生产率越高，劳动力就会流向劳动生产率高的部门。如果大于1，则说明该产业的劳动生产率高于平均劳动生产率。①

由表14可知，"十一五"期间河北省住宿和餐饮业相对劳动生产率均大于1，表明住宿和餐饮业具有更强的劳动吸纳能力，社会劳动力会流向住宿和餐饮业。

表14 "十一五"期间河北省住宿和餐饮业相对劳动生产率

单位：%

年份	住宿和餐饮业占GDP的比重	住宿和餐饮业就业人数占社会就业总人数的比例	住宿和餐饮业相对劳动生产率
2006	3.66	3.13	1.17
2007	3.7	3.27	1.13
2008	3.92	3.47	1.13
2009	4.45	3.56	1.25
2010	3.75	3.61	1.04

资料来源：《河北省统计年鉴（2011）》。

（2）河北省住宿和餐饮业的就业弹性系数。就业弹性是研究某个产业的发展与就业增长之间的关系，指某个产业的社会从业人员的增长率与经济增长率之间的比。产业的就业弹性系数的经济含义是：某产业值每增长1%，该产业的社会从业人数能增长多少个百分点。就业弹性越高，同样的产业增长率所能带动的就业人数就更多；反之，就业弹性越低，同样的产业增长所能带来的就业人数就越少。如果就业弹性系数为负值，则表明产业增长没有带来就业人数的增加，反而是减少。由表15可知，住宿和餐饮业就业弹性系数2008年达到峰值（31.73%），2009~2010年急剧降低。2009年住宿和餐饮业零售额增长率下降，同时从业人数增长率也相应减少。2010年因为统计口径发生变化，住宿和餐饮

① 房敏：《山西就业结构与产业结构均衡性分析》，山西统计信息网，2007年5月。

业零售额增长率和从业人数增长率有所下降。从 2006～2010 年住宿和餐饮业零售额增长率和从业人数增长率来看，二者呈正相关关系。

表 15　2006～2010 年河北省住宿和餐饮业就业弹性系数

单位：%

年　份	住宿和餐饮业零售额增长率	住宿和餐饮从业人数增长率	住宿和餐饮业就业弹性系数
2006	20	5.64	28.2
2007	20.1	5.99	29.80
2008	24.8	7.87	31.73
2009	22.2	4.6	20.72
2010	19.4	3.29	16.96

三　河北省餐饮业业态发展状况

（一）河北省限额以上餐饮企业及连锁企业发展概况

2010 年河北省限额以上餐饮企业共有 358 家，从业人数达 38532 人，餐饮营业额达 35.98 亿元（见表 16）。在各种业态餐饮企业经营中，正餐服务业仍然占据绝对首位，其企业数为 350 个，占餐饮企业总数的 97.77%；从业人员为 37847 人，占整个餐饮企业从业人数的 98.22%；营业额为 35.98 亿元，占整个餐饮企业营业额的 98.79%。居第二位的是快餐服务业，其企业总数为 6 家，占餐饮企业总数的 1.68%；从业人员为 585 人，占整个餐饮企业从业人数的 1.52%；营业额为 0.38 亿元，占整个餐饮企业营业额的 1.04%。

表 16　2010 年河北省限额以上餐饮企业发展情况

餐饮业态	企业数(个)	比重(%)	从业人员(人)	比重(%)	营业额(亿元)	比重(%)
正餐服务业	350	97.77	37847	98.22	35.98	98.79
快餐服务业	6	1.68	585	1.52	0.38	1.04
饮料及冷饮服务业	1	0.28	40	0.1	0.03	0.09
其他餐饮服务业	1	0.28	60	0.16	0.03	0.08

资料来源：《河北省统计年鉴（2011）》。

（二）河北省主要餐饮企业发展情况

1. 河北省餐饮企业整体的发展水平与其他餐饮大省相比，还存在很大的差距

根据 2011 年 5 月，中国烹饪协会发布了“2010 年中国餐饮百强”。从餐饮企业注册地以及经营情况看，河北省餐饮企业与其他餐饮业大省相比，差距还是比较明显的。其中，2010 年中国百强餐饮企业中，北京、上海、浙江、重庆、广东、四川是拥有企业数目最多的 6 个省市，这 6 省市占据了百强 67 个席位，占百强营业额的 74. 1% 。[①] 2010 年，河北省只有一家河北大胖饮食管理有限公司进入餐饮百强，排名第 99 位，与上述 6 个省市相比差距较大。由此可以看出，河北省餐饮业的构成仍是以小规模企业为主，产业的集中度还比较低，没有形成产业集群，以及国内知名餐饮企业品牌，缺少有品牌的龙头企业引领行业发展。

2010 年度我国餐饮百强企业营业额为 1395. 84 亿元，比 2009 年度餐饮百强营业额增长了 11. 69% ，占 2010 年全社会餐饮收入的比重为 7. 91% 。[②] 而河北省 2010 年餐饮百强企业的营业额为 1. 88 亿元，占河北省餐饮营业额 36. 42 亿元的 5. 16% 。由此可以看出，河北省餐饮百强企业与全国餐饮百强企业相比，还有非常大的差距，占据的份额也非常有限。

2. 河北省餐饮行业的标准体系需要进一步完善

河北省餐饮业持续的发展和政府管理机制的不断改革，对河北省餐饮行业的产品质量和管理服务能力提出了更高的要求。餐饮行业在省外同行业雄厚的资金和先进的管理技术面前，显得生机不足，略显老化。面对不断发展的竞争格局，尤其是地处环京津地区的经济圈，河北省应当借鉴北京、天津等城市的优秀经验，挖掘优秀的餐饮文化，进一步提升餐饮行业的标准体系与管理技术水平。当前，积极而有序地建立健全河北省餐饮行业标准，并有计划地引进国外同行业先进的管理技术水平与最新的商业模式，积极建立、稳步推广实施相关措施和政策法律，并及时追踪跟进，是切实实现河北省餐饮业可持续发展的必由之路。

3. 河北省餐饮行业用工荒与用工成本的提高

随着河北省经济和餐饮行业的快速发展，近年来，用工荒一直困扰着餐饮

---

① 杨柳：《2010 年度中国餐饮百强分析》。

② 杨柳：《2010 年度中国餐饮百强分析》。

业，几乎所有大中型饭店、中小餐馆都在为人员的流动和工资成本的大幅上升而进行调整，餐饮行业劳动者的工资也是一涨再涨，绝大多数知名酒楼的服务员月收入都在2000多元。石家庄市饭店烹饪行业协会与石家庄市饭店烹饪行业工会联合会近日联合下发了《石家庄市饭店烹饪行业集体合同》和《石家庄市饭店烹饪行业职工工资集体合同》，为保障餐饮从业人员的权益，首次设立了石家庄餐饮服务人员的最低工资指导标准——服务员最低1100元，厨师最低1500元。合同规定，餐饮业各企业员工工资原则由基本工资和浮动工资构成，基本工资根据岗位的任职资质制订，并随职工工资水平的提高而同步调整。

合同中对行业内的主要岗位设置了最低月工资总额指导标准。按照标准，服务员的最低工资为1100元，厨师最低工资为1500元，面点师最低工资为1200元，冷拼师最低工资为1200元，厨工最低工资为1000元，辅助工最低工资为900元，基层管理人员为1600元。

尽管服务员收入上去了，可很多人还是缺少归属感，尤其是小餐馆，对于从业人员来说，社会保险与福利更是水中望月。①

4. 河北省目前形成一些具有特色的河北餐饮企业，但还没有形成全国性的餐饮企业品牌

河北省形成了一些具有地方文化特色的餐饮企业。例如，主打河北本地餐饮民族文化品牌的承德“满汉全席”大酒楼、保定会馆“直隶官府菜”、沧州天然居“阅微食府”，灵活学习“五常法”、建立科学规范管理体系的保定“金筷子”，唐山百年老店“鸿宴饭庄”、“大唐凤凰园”，以传统火锅和精品火锅为经营特色的石家庄“釜洋斋”、“大胖涮坊”、邢台“云海鹏天阁”，成功引进外地品牌、为本地餐饮增加品种繁荣市场的石家庄新燕春集团、国际大厦，以及保定“亚华”、“老城跟”、“老街坊”、“北斗星”、“奇芳阁”，秦皇岛“海天一色”，山海关“望洋楼”，邯郸“赵王”，沧州“天厨”，张家口“蓝鲸大厦”等典型餐饮企业。应当对其给予大力扶持，并推广其品牌和经验，创造出一批具有全国影响力的品牌。②

5. 食品安全依然是保证河北省餐饮业健康发展的重要问题

国家发展和改革委员会、工业和信息化部于2012年1月12日公布了《食品

① 《石家庄出指导标准　餐饮服务员月最低工资1100元》，燕赵都市网，2011年6月22日。

② 资料来源于《中国餐饮年鉴》。

工业“十二五”发展规划》，到 2015 年，我国将制（修）订国家和行业标准 1000 项，并完善食品安全管理制度体系，使食品质量抽检合格率达到 97% 以上。根据该规划，到 2015 年，食品工业总产值达到 12. 3 万亿元，增长 100%，年均增长 15%；利税达到 1. 88 万亿元，增长 75%，年均增长 12%。

根据国家相关政策，河北省政府出台了一系列办法以及具体措施。例如，河北省办公厅 12 月 28 日印发了《河北省食品安全工作约谈机制》，进一步落实各市、县（市、区）政府对食品安全负总责的要求，督促有关部门切实履行食品安全监管职责，强化食品生产经营主体第一责任人的责任意识，规范食品生产经营行为，消除食品安全隐患，推进食品安全省建设。石家庄市也组织全市卫生监督机构开展了餐饮具集中消毒执法检查，抽检集中消毒餐饮具约 300 件，抽检合格率达 98. 3%。从检查情况看，部分单位存在从业人员健康合格证不全以及产品外包装标示不规范、未标示生产日期及保质期等问题。今后，石家庄市将进一步建立企业诚信档案，将消毒企业的卫生状况、产品抽检结果及时进行公布，让消费者知情消费。

四　河北省“十二五”餐饮发展预测及政策建议

（一）统一行业指导思想、加强政策引导、加大政策支持力度，进一步扶持河北省餐饮行业的发展

服务业发展水平是一个国家现代化程度的重要标志。党的十七大报告提出“加快发展现代服务业，提高服务业的比重和水平”；对于城市发展而言，加快服务业发展将有利于促进就业，促进地区经济协调发展是全面提升城市内涵的战略抉择。服务业的发展对城市的影响更多地表现为城市功能的强化和城市形象的提升。餐饮业对于拉动消费、促进就业、弘扬文化的重要作用也日益凸显出来，随着餐饮业的发展，全国出现了一批餐饮大省、餐饮大市，餐饮业在城市中的地位与作用日益显著，也日益受到重视。

河北省应借鉴其他餐饮大省的有益经验，出台相应的扶持政策。协助企业解决一些自身难以解决的问题，帮助企业提升造血功能，促进其健康发展。同时，支持发展“冀菜”文化与品牌，充分发挥品牌企业的领军作用，促进整个行业的发展，提升河北省餐饮业的整体形象。

（二）依靠省内骨干企业，在赢得餐饮行业大发展中，发挥其主力军作用

河北省餐饮业活跃的一个特点是大中型餐饮企业勇于打破自己传统固定的经营项目和模式，认真研究并分析市场变化及走向，适时调整经营方向和项目，灵活营销。有的向社区、旅游景点、休假地域延伸，利用自身品牌影响开设分店；有的打节假日经济牌、特色小包装礼品牌；还有的请文化艺人进店表演等，形式多样，各显高招，从而使整个餐饮市场显现生机勃勃的局面。

同时，依托品牌餐饮企业的经营优势，在立足河北省餐饮市场的基础上，逐步向其他城市扩张，同时加大品牌形象提升力度，构建上下游产业链，打造河北省餐饮品牌及形象。

（三）加大餐饮行业培训力度，循序渐进地提升人员素质

目前全国餐饮营业网点接近 500 万个，从业人员超过 2200 万人，但获得职业经理人资格的管理者还不足万人，人员素质较低、人员短缺、人员流动性过高依然是影响行业发展的突出问题。应着力提升餐饮行业管理者素质，开阔管理者视野，提升他们的战略规划与经营管理能力；提高普通员工的综合素质，增强他们对企业理念的理解，提高整体执行力是企业发展的关键。

河北省餐饮业在快速发展的过程中，依然存在人力资源短缺的情况。尤其是高素质的餐饮行业人才。因为农村剩余劳动力占餐饮人员的很大比重，缺乏专业培训、文化程度较低，也是制约河北省餐饮业整体服务水准的重要因素。河北省餐饮业无论是服务态度、业务技能，还是管理水平、经营能力均处于亟待提高的关键时期。因此，应充分依托河北省高等院校以及职业学校的教育资源，用政府引导、资金支持、产学研结合，以及吸引民营资本兴办体制灵活的、由职业技能培训到本科教育的一系列培训教育方法，解决人力资源不足以及人员素质提升的问题。

（四）积极引入投资公司、各种金融工具以及产业发展基金，为品牌骨干企业融资，增强其核心竞争力

在全球金融危机的大背景下，餐饮业的刚性特征以及餐饮业良好的抗风险能

力，能够产生稳定的现金流，使得一些大众餐饮、特色酒楼的业绩在金融危机的大背景下，依然保持高速增长，大大吸引外部资金的投资热情。从 2008 年开始，很多餐饮企业借助资本运作，加快了扩张或上市的步伐，中国餐饮业受到了风险投资和私募资本的青睐。

针对这样的趋势，河北省餐饮业应改变过去那种入行门槛低，品牌化、规模化发展意识薄弱，经营规划和战略规划不足，缺乏产业化发展投融资能力的现象，积极推动大型龙头企业，并带动中等规模企业的整合与联动，以资产为纽带，以特色为灵魂，以品牌为旗帜，以创新为源泉，以管理为基础，推进河北省金融企业的集团化发展，并有效利用各种金融工具，促进品牌及骨干餐饮企业的快速发展。

（五）加强河北省餐饮业标准化建设，探索河北省品牌菜系及餐饮流程的标准化

推行烹饪标准化是确保包含产品质量稳定和提高的科学手段，是快速、有效地培养烹饪人才的必要条件，是实现餐饮产业化的重要基础。同时，烹饪标准化也是现代化餐饮和烹饪科学技术的发展趋势和方向。

随着经济的发展，以及人们生活水平的提高、口味的变化，新烹饪设备不断出现。在河北省餐饮业挖掘“冀菜”遗承、全力打造“冀菜”品牌的过程中，标准化体系建设是实施“冀菜”规模化发展的基础。为此，河北省餐饮业在合理进行“冀菜”分类的基础上，全面分析、研究烹饪涉及的各个环节，包括从原料到餐桌的整个标准流程，提出“冀菜”的标准体系框架结构。

（六）加强文化宣传，挖掘“冀菜”饮食文化，全力打造“冀菜”文化品牌

河北餐饮文化源远流长，早在西汉时期，伴随着烹饪原料大量从西域引进，“冀菜”逐渐被人们接受，并且创新菜肴在当时非常流行。到了盛世的唐朝，“冀菜”的发展也进入了一个鼎盛时期。烹调方法更加多样，刀工技术有了发展，烹饪原料丰富多彩，菜肴的味、质地又有了突破性的提高，筵席形式有了新的改进。虽然“冀菜”有很长的发展历史，但是一直不成体系，为了促进“冀菜”品牌的发展，从 2006 年开始，河北省努力挖掘“冀菜”遗承，全力打造

“冀菜”品牌，力争使“冀菜”成为中国的第九大菜系。2006 年 12 月 19 日河北省召开了“2006 冀菜饮食文化展演大赛”，获奖菜品将登上首份“冀菜菜谱”。

不断发展壮大的“冀菜”，多年来形成了三大主流流派——塞外宫廷菜、直隶官府菜、冀东民间菜。这三种流派各具特色，在国内外都享有很高的知名度。塞外宫廷菜，不同于京城御膳，多以山珍野味为主料，口味酥、鲜、香，技法独特、考究；直隶官府菜，口味酱香浓郁，器皿华贵大气；冀东民间菜以及保定的家常菜，多为小吃，比如栗面饽饽、棋子烧饼、驴肉火烧都是面向大众的菜肴。

随着中国餐饮业的飞速发展，河北省餐饮业也进入了一个前所未有的发展阶段，理所当然的，“冀菜”发展成为其中的亮点。中国饭店协会正式向“冀菜”授予了“中国创新菜系奖”，这是中国第二届餐饮业博览会“中国新菜系邀请赛”产生的唯一奖牌，并且直隶官府菜以其独有的特色被评为我国非物质文化遗产。

为此，河北省应借助电视美食节目、会展、节假日拉动餐饮消费，全力打造“冀菜”文化品牌，并扩大其影响力。

B.18

新疆清真餐饮产业发展的新概念与新思路

中国烹饪协会清真餐饮专业委员会

改革开放30多年来，市场经济体制的不断创新和完善，为我国清真产业的发展提供了前所未有的环境和机遇，清真产业市场取得了突飞猛进的发展。在清真产业体系中，清真食品独树一帜，占据很重要的地位；而在清真食品中，清真餐饮又占据了最重要的位置，成为清真食品中最大的亮点和支撑点。

众所周知，餐饮业是现代服务业的重要组成部分，餐饮业的发展质量是衡量服务业发展水平的重要指标。加快清真餐饮业发展，对优化清真产业结构、弘扬清真餐饮文化、树立城市形象、塑造人文环境和繁荣市场、促进就业、改善民生具有重要意义。清真餐饮不但是我国饮食文化中的重要组成部分，还是社会生活和经济生活中维系民族团结的精神纽带，是民族文化内涵的集中体现，因此发展清真餐饮具有重要的意义。

近年来，我国清真餐饮业呈现多层次、多主体、多元化的发展态势，为贯彻落实国家"十二五"规划纲要关于大力发展生活性服务业的有关要求，促进餐饮业科学发展，新疆于2011年8月率先编制完成我国第一个省级层面的餐饮业发展专项规划——《自治区餐饮业发展规划（2011～2015）》。

新疆作为一个多民族聚居的地区，其浓郁的民俗风情、独特的地方魅力和别具一格的风味口感，已形成了具有鲜明、浓郁新疆特色的餐饮体系，新疆的餐饮发展以民族特色餐饮为主向，而特色餐饮发展尤以清真餐饮为主，新疆清真饮食在中国清真饮食体系中，不但有漠北回鹘时期原有饮食习惯的固有形式，还广泛吸收了一些当地居民和其他民族的饮食文化精华，其中蕴含着维吾尔、哈萨克、回、柯尔克孜、乌兹别克等多个少数民族的传统风俗，又吸收了餐饮发达地区和其他民族及国外许多现代饮食制作技巧，是一种极具特色的融古通今、中西合璧的文化现象。新疆在多元文化交融程度、有清真饮食习惯的民族和人口、清真餐饮业生产总量、食品品种、销售市场和餐饮文化等方面在全国均具有代表性。

因此，研究新疆特色餐饮发展规划对于探讨中国清真餐饮的发展与繁荣，发展少数民族经济，维护我国的民族团结，加强我国与伊斯兰世界的交流、合作都具有现实意义。我们特别推荐新疆餐饮发展规划希望对少数民族地区及清真聚集区的餐饮发展规划有一定的启发和推动作用。

2011 年 8 月新疆制定的《新疆维吾尔自治区餐饮业发展规划（2011 ~ 2015）》（以下简称《规划》），确定了“十二五”时期新疆餐饮业发展的指导思想和目标：以改善民生福祉为主旨，以打造地方清真餐饮为主线，实施“大餐饮”和“特色餐饮”战略，继承和发扬传统饮食文化并创新提升。《规划》对于推动新疆餐饮业跨越式、突破性和特色化发展，从而扩大内需，促进消费，改善民生，打造新疆区域性国际商贸中心，推进新疆新型工业化、农牧业现代化和新型城镇化进程，全面建设小康社会，具有十分重要的现实意义。是指导新疆 2011 ~ 2015 年餐饮业全面发展的战略性规划，也是今后五年新疆餐饮业发展的行动纲领，对推动全国清真餐饮业的发展都将起到重要作用。

一　发展基础

（一）新疆餐饮业发展成就与特点

“十一五”时期，新疆餐饮业规模不断扩大，特色日益彰显，成为新疆经济和社会发展中最活跃、最具潜力的服务行业。

1. 发展速度快、贡献大，已具备一定规模和地位

“十一五”期间，新疆餐饮业保持了快速增长态势，年均增幅约 15%。2010 年，全区餐饮业营业额 146.85 亿元，居商贸流通业各行业之首；全区餐饮企业单位 37427 家，个体户与摊贩约 22 万户，从业人员 93 万人。这表明新疆餐饮业已成为推动新疆经济发展、拉动消费增长的重要力量和吸纳就业的主渠道。

新疆现已拥有一批有影响的烹饪大师与名师、一批名菜名吃、一批餐饮名店和名街。新疆清真美食“新疆第一盘”和“万人品尝馓子”等获得过吉尼斯世界纪录。

2. 地域民族特色凸显，清真饮食备受青睐

地域与民族特色餐饮成为全区餐饮业发展的主向，清真餐饮业已在国内外形成一定影响力。由于新疆绝大多数少数民族信仰伊斯兰教，作为中国清真餐饮的发源地和集散地之一，清真餐饮在新疆占据举足轻重的地位，现有遍布全疆的清真饭馆上万家，支撑着新疆餐饮业的半壁江山。穆斯林群众借鉴汉族烹饪技法，改进清真烹饪技术，使清真餐饮由单一走向丰富。

3. 市场包容性强，形成多种餐饮共同发展的格局

在清真餐饮主基调之外，大量的外地餐饮汇聚新疆，包括川、鲁、淮、粤、湘等地菜品；境外餐饮名牌也纷纷落户新疆，包括肯德基、必胜客等品牌，以及韩国、日本、巴西、意大利等国餐饮。这种多样性、多元化不仅丰富繁荣了新疆餐饮市场，也为餐饮企业带来了新的发展理念和服务模式。

4. 连锁经营快速发展，品牌影响力显著提升

新疆本地的一些品牌和特色餐饮企业通过引入现代连锁经营模式，实行清真菜肴品种开发、原料采购配送和门店统一经营管理，积极开拓餐饮市场。“百富烤霸”在新疆、陕西等西北省区拥有一定的消费群体，受到市场青睐，与洋快餐品牌分割快餐市场；新疆的大盘鸡、拌面在内地一些城市出现；五月花抓饭、马木提烤包子、苏氏牛肉面进入 2008 年北京奥运会餐厅，并在内地开设连锁经营店。

（二）餐饮业发展存在主要问题与制约因素

清真餐饮业发展虽然已经取得显著成绩，形成了一定的特色和影响，但仍存在总量不多、水平不高、结构不合理等问题，与内地餐饮业发达地区相比还有很大差距，与未来新疆经济和社会发展的要求不相适应，主要表现在以下方面。

1. 尚未形成系统和有影响的清真菜系

相对于早已自成体系和有较大影响的粤菜、徽菜、湘菜、川菜等地域菜系，清真菜系缺乏作为自成一体的菜系所必需的丰富历史文化内涵、成熟的烹饪技术和工艺、配套的食材和辅料。

2. 尚未形成发展“大餐饮”的产业内在联系

新疆虽然有不少农产品、林果产业生产和加工基地、食品加工厂等，但与餐饮企业和餐饮市场的联系相对孤立，缺乏统领产业链和一体化运作的大型餐饮服务企业或食品集团。同时，餐饮业与旅游、会展、物流等相关产业的关联性不强。

3. 餐饮业态不够丰富

虽然已经有了快餐、正餐、餐饮超市、餐饮街区等多种形式和不同档次的餐饮，但相对于内地发达地区的餐饮市场，新疆餐饮业态仍不够丰富，包括外卖、宅配在内的新兴的社区餐饮，休闲餐饮、高端商务餐饮则相对匮乏，不能很好地满足消费者日益多元化、个性化的需求。

4. 从业人员整体素质有待提高

餐饮业从业人员受教育程度普遍较低，大多数缺乏相关专业知识和基本技能。餐饮业职业经理人队伍和专业培训工作滞后，较高素质的人才紧俏。

二 发展环境

中央新疆工作座谈会后，新疆迎来了历史性发展机遇。跨进“十二五”，新疆将在新的起点上深入实施“稳疆兴疆、富民固边”战略，构建完善的现代产业体系，改善民生，扩大就业，促进消费，餐饮业无疑应在其中担当非常重要的职能责任。必须加快传承、创新和发展步伐，以更好地服务全区经济和社会发展大局。

（一）实现新疆跨越式发展的重要增长点

实现跨越式发展必须创新发展理念，重视服务业发展。餐饮业作为服务业的重要组成部分，有其鲜明的民族特色、优越的资源禀赋、突出的区位优势和一定的产业基础，具有广阔的发展空间和潜力。餐饮业对其他产业，特色林果、畜牧业、旅游、会展等都有很强的配套支撑作用和关联拉动效应，餐饮业的重点发展和快速发展将使其成为新疆跨越式发展的助推器。

（二）惠民生、保和谐的基础性条件

餐饮业与各族人民的基本生计和身心健康安全息息相关，与就业扩大和收入

增长紧密相连，它既是提升居民消费水平和生活质量的充分必要条件，又是商贸服务业繁荣、城乡市场稳定、全社会和谐的基础性保障。而餐饮业的发展，将成为农业牧民定居转产和创业、创收的主渠道，成为吸纳农牧民就业的“蓄水池”。

（三）展示创新创意与提升软实力的载体

现代餐饮业是蕴藏着丰厚历史与文化、不断吸纳现代科技因子和现代经营管理精髓、处处展示创新活力和创意火花的产业领域。大力发展餐饮业，将更多的民族文化元素融入其中，将餐饮业与民族文化深度结合，是合理保护、开发利用新疆丰富多元的自然与人文资源、增强民族团结、提高新疆以至中华民族文化软实力的有效途径。

三　总体思路

（一）指导思想

以邓小平理论和“三个代表”重要思想为指导，深入贯彻落实科学发展观，抓住新一轮西部大开发的战略机遇，以改善民生福祉为主旨，以打造“新疆清真餐饮”为主线，实施“大餐饮”和“特色餐饮”战略，继承和发扬传统饮食文化，兼容并蓄，推陈出新，培育和发展具有浓郁西域风情和民族特色的菜系和美食；注重餐饮产业规模化、品牌化发展，加快餐饮街区、特色餐饮村镇和美食名城建设；全面贯彻实施《食品安全法》，保障餐饮安全；扩大餐饮业国内外交流合作，推动新疆餐饮走向全国和周边，努力实现新疆餐饮业由传统餐饮业向现代餐饮业的转变升级。

（二）基本原则

1. 坚持政府适度引导与市场化运作有机结合

注重餐饮业发展机制创新，使政府引导与市场化运作有机结合，加强政府规划和政策扶持，推动一些公益性、民生基础性强的餐饮网点建设，确保餐饮消费安全。充分发挥市场机制配置资源的作用，培育和强健餐饮市场主体，逐步形成竞争有序、充满活力的餐饮市场体系。

2. 坚持特色化与标准化、传承与创新有机结合

一方面要充分考虑地域差异，以及中外不同层次消费者之间的需求差异，培育民族特色菜品，提高新疆餐饮别具一格的吸引力和核心竞争力；另一方面要考虑不同企业和业态、不同菜品和食品对标准化、连锁化的适应性，有选择地推动餐饮业标准化、连锁化发展。要在注重传承和保护清真饮食文化，兼收并蓄全国各地美食的基础上，不断改进菜品加工制作工艺，创新烹饪技术及菜品样式。

3. 坚持突出重点与均衡发展有机结合

在区域上，重点发展中心城市、旅游景区、商务集聚区的特色餐饮，促进餐饮设施网点在城市与乡村、省内与省外、中心商务区与居民社区的合理分布。在业态上，以发展大众化餐饮为主线，高中低档消费并举，日常性与商务性业态协调。在企业组织上，突出培育大型餐饮企业，促进大中小不同类型的餐饮企业互补并存、共同发展。

4. 坚持健康营养与绿色发展有机结合

注重食品安全与营养保健，追求食物的生产和消费过程的绿色环保，把转变餐饮业发展方式摆在重要位置。推动餐饮业原料选择绿色化、制作工艺绿色化、消费服务绿色化，以及餐具清洗消毒和餐饮垃圾处理绿色化，鼓励餐饮业向前端引导农副产品生产和食品加工、农副产品与食品物流配送等产业践行绿色环保，向后端引领消费者安全消费、绿色消费。

（三）发展目标

“十二五”时期新疆餐饮业发展的主要指标见表1。

表1 “十二五”时期新疆餐饮业发展主要指标

分类	指标	目标
总量	全区餐饮业零售额(亿元)	≥370
	增长率(%)	约20
	全区餐饮业零售额占社会消费品零售总额的比重(%)	≥10
培育餐饮企业	龙头企业(家)	30
	绿色餐饮和星级美食名店(家)	50
品牌街区、名城、名县、名镇	中华餐饮名街(条)	10
	国家级美食文化名城、名县、名镇(个)	30
	新疆特色餐饮名街(条)	50

续表

分 类	指 标	目 标
餐饮业态	新增餐饮网点(个)	10000
	业态格局	多元业态共存
走出去战略	疆外新疆特色美食街区(条)	15
	其中:境外新疆特色美食街区(条)	2
原辅材料产业基地与配送中心	原辅材料产业基地(个)	20
	餐饮加工配送中心(个)	10
人力资源	每年培训具备职业技能资格资质的餐饮从业人员(人)	50000
食品安全	国家级餐饮服务食品安全示范县(市、区)(个)	2~3

(四) 发展方式

1. 品牌化发展

强化品牌意识，依托已有的品牌企业，推动餐饮企业争创品牌，做大做强，使品牌企业成为餐饮业发展的主导力量。以餐饮品牌带动相关产品或品种的开发与销售，实施品牌延伸战略，扩展企业经营领域。

2. 连锁化发展

鼓励餐饮企业通过直营、特许、加盟等方式发展连锁经营，加快中央厨房和配送中心建设，做大做精民族特色风味。鼓励品牌餐饮企业在省外设立连锁网点，推动区域特色餐饮“走出去”。

3. 集聚式发展

将餐饮业发展纳入城市发展总体规划和城市商业网点规划，突出餐饮与商贸、会展、旅游、文化等产业紧密结合的特征，

4. 创新型发展

在菜品上，加强区域特色菜品与粤菜、川菜、湘菜等菜系的融合，清淡与味厚相结合、雅趣和实惠相结合。在制作工艺上，促进传统烹调工艺与现代烹饪技术相结合，独创一批具有较高实用性和艺术性的新菜品。在创意和附加值上，整理、整合清真饮食文化资源，形象表述特色菜品的名称、来历、典故，并对菜点的盛装方式、食用方法、服务模式等进行创新，提升餐饮的服务价值。在管理上，采用现代新理念和新技术，推广建立餐饮呼叫中心，鼓励构建移动餐饮服务平台，提供快捷的电话和网络订餐查询、订餐服务，推动餐饮业信息化发展。

5. 全产业链发展

跳出单纯的餐饮服务业，发展有民族特色的“大餐饮”，将餐饮与农副产品生产和加工、食品物流、餐饮业产成品和食品的出口等结合起来，推动餐饮业产、供、销、消一体化，实现餐饮全产业链发展（见图1）。将餐饮融入商贸、会展、文化、旅游等产业，优化服务形式和功能，实现餐饮业与其他产业的关联发展、并联发展。

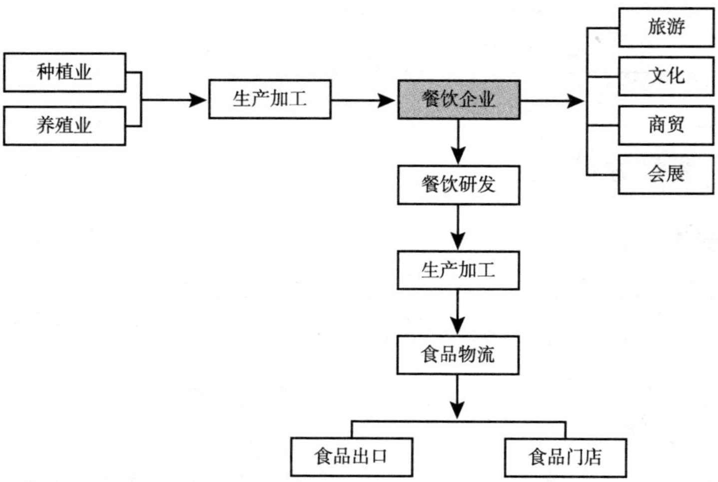

图1　新疆“大餐饮·全产业链”

四　主要任务和重点工程

（一）建设美食之都（城、乡），展示、传承和创新新疆美食

综合考察全疆美食资源、各地州餐饮业发展现状，遴选一批具有比较优势和发展前景的乡镇与城市，将其打造成分别具有区域性、全国性以至国际性影响力的美食之乡、美食城、美食之都，使其成为展示新疆餐饮业发展水平与独特魅力的形象标志、传承和创新新疆美食文化的基地。

（二）打造若干美食街区，彰显特色和西域风情

改造提升传统餐饮街区，培育发展一批新的特色餐饮街区和重点餐饮业项

目，主要包括特色传统小吃街区、国际性美食园区、较大规模的清真美食城等，使之成为消费、游览和休闲新景区，更好地发挥聚集效应，带动全疆餐饮业发展。

（三）创新经营业态，着力发展大众化餐饮

1. 培植新兴和民生性餐饮业态

适应快速城镇化的需要，在各地州新开发建设的居民社区，合理配置包括餐饮在内的商业服务设施网点。

2. 推进“放心早餐工程”

按照“政府支持、市场运作、企业参与”的原则，加大资金扶持力度，促进品牌企业继续开展早餐连锁店、“六个统一”（统一形象、管理、采购、生产、配送和价格）早餐车经营，重点发展放心早餐室内店，规范建设一批标准化早餐门店，扶持小型便民早点店。鼓励宾馆、餐馆开设大众餐饮，鼓励餐饮龙头企业发展大众化餐饮网络，建立规范化生产、统一加工配送和连锁化经营的大众餐饮保障体系。

3. 加快大众化特色名吃的产业化发展

加快地方居民和外来消费者喜爱的大众化特色名吃的产业化发展。发展外卖、电话点餐、网上订餐、餐饮定制等各种类型的餐饮服务。

（四）实施“大后厨工程”，打造绿色餐饮产业链

结合地方农业产业化发展，抓好以种、养殖为主的原辅材料基地建设，培育集种养、加工制作、物流配送、餐饮服务为一体的企业集团，带动种植业、畜牧业以及食品工业、冷链物流业的发展，实现从田间到餐桌的一体化、全产业链发展。

（五）实施“美食推介工程”，提升餐饮业知名度和美誉度

1. 塑造和丰富地区美食文化

加强对地区美食文化的搜集、整理和创新，促进地区餐饮与清真文化、少数民族文化、中华饮食文化和世界饮食文化的融合。

2. 大力宣传推广地方美食

按照“巩固传统市场，拓展新市场”的思路，整合地方餐饮业的推介与营销。将餐饮业作为城市形象宣传的重要内容，在对外经济合作或对外宣传推介资料中设立“地方美食”专页，使之成为城市靓丽名片。

3. 发展以美食为主题的会展经济

重点办好地方旅游美食文化节，争取国家相关部门和餐饮行业协会的支持，提升美食文化节的规格和影响。因地制宜开展具有浓郁地方特色的餐饮节庆活动。发挥展会平台作用，扩大在国内外餐饮市场上的知名度和影响力。

（六）实施“实训基地与育成中心建设工程”，强化才智支撑

第一，加强餐饮人才职业教育与交流，积极开展产学结合、技术合作，支持在已有的职业教育机构设立餐饮专业，筹建“餐饮职业学院”。培育一批具有宽广视野、有较高专业技能和管理水平的餐饮业职业经理人。

第二，加快餐饮实训基地建设，依托职业院校，加强餐饮从业人员职业技能培训工作。

第三，加快餐饮业育成中心建设，把餐饮业作为“十二五”时期自治区吸纳就业、维持社会稳定的重要渠道，以创业促就业，把重点餐饮项目纳入“创业项目库”，建设餐饮业育成中心、创业孵化基地和餐饮创业一条街，推动中小餐饮企业的健康、可持续发展。

（七）实施“清真餐饮标准化工程”，提升标准化和产业化水平

积极参与和掌握清真餐饮标准、准则的制修订，建立健全清真餐饮标准化体系，促进清真餐饮标准化和产业化水平，提升新疆清真餐饮在全国清真餐饮领域里的话语权与影响力。加大清真菜行业标准的推广实施力度，全面提升行业标准化水平，建立标准化培训、推广和示范中心。

（八）实施“餐饮拓展工程”，推动民族餐饮业走向国内外市场

第一，实施餐饮企业“走出去”战略，助推餐饮企业实行连锁经营和跨国经营，推动民族餐饮文化走出去，把清真餐饮品牌推向全国。

第二，实施品牌餐饮企业“引进来”战略，进一步扩大开放，加大餐饮业

招商引资力度，加强与对口支援省市合作，积极引进战略投资者和国际、国内知名餐饮企业。吸收国内外先进的经营理念和技术，创新经营业态和管理方式，推动地方菜品与其他中西菜品的融合发展，增强清真餐饮的包容性和丰富度，促进民族特色餐饮业发展。

五　政策和组织保障

（一）扶持政策

政府加大对餐饮业人员培训，对餐饮业给予贴息贷款支持、税费优惠和奖励政策，促进餐饮业和农业、旅游业进一步相结合，加强新疆特色餐饮文化的研究和宣传，推动特色餐饮业走出新疆。

（二）促进机制

1. 建立组织领导机制

建议成立由自治区政府分管领导任组长，由商务、发改、财政、卫生、农业、工商、税收、环保、旅游、质监、食品监督等部门参加的“新疆餐饮业发展领导小组”，建立联席会议制度，研究制定和贯彻落实自治区支持餐饮业发展的政策措施。各级商务主管部门结合本地实际，制定具体实施方案，匹配相关政策，做到组织到位，把加快餐饮业发展纳入重要议事日程，建立目标责任制和绩效考评机制，扎实推进新疆餐饮业跨越式发展。

2. 健全协会协调服务机制

充分发挥现有烹饪协会、饭店协会等协会的职能作用。适时成立专业的餐饮行业协会，通过政府采购服务的方式，支持行业协会举办新疆特色餐饮产业发展论坛、展会等大型活动，组织开展行业竞赛和美食节庆活动，加强新疆特色餐饮文化的宣传。

3. 创新投融资机制

充分利用资本市场和证券市场，建立餐饮业内生性长效发展机制，支持有条件的餐饮企业上市融资，鼓励发展前景好、科技含量高的中小餐饮企业进入创业板，培育战略投资者。做好中小餐饮企业贷款融资改革试点工作，探索建立中小餐饮企业互保金制度。积极推进银企合作，鼓励、引导商业银行对餐饮企业给予贷款支持。支持有实力的企业、团体和个人组建餐饮投资公司，鼓励社会资本设立餐饮产业投资基金。

4. 强化传承与保护机制

加快创建清真饮食文化研究中心、回民饮食文化研究中心，定期召开研发会议，弘扬清真饮食文化。推进经典特色民族饮食非物质文化遗产保护工作。鼓励餐饮企业和行业协会就地方代表菜品制作工艺等进行非物质文化遗产的申报，并对进入国家级非物质文化遗产名录的申报单位和传承人给予奖励。鼓励企业注册和使用自主商标，加强对地方经典菜品名称的原产地保护。

5. 建立产、学、研联合创新机制

以龙头餐饮企业为依托，以清真饮食文化研究中心为支撑，联合餐饮企业、行业协会和大中院校的力量，搭建餐饮业产、学、研创新平台，传承和保护清真饮食文化，开展新菜品、新工艺的研究、开发和推广，提高餐饮业的科技含量和文化附加值。

6. 加强监督管理机制

加强餐饮业的市场监测统计。加强食品卫生安全管理。大力推行餐厨垃圾资源化处理，发展绿色餐饮、节约型餐饮和环保型餐饮，营造健康消费、放心消费环境。

规范餐饮企业经营行为。鼓励合法餐饮企业做大做强，对中小餐饮企业坚持谁审批、谁管理的原则，查处取缔无证无照经营及不符合环保、交通和卫生条件的餐饮企业，维护良好的餐饮市场环境。

（三）规划实施

合理分解本规划目标任务，强化组织领导和监督检查，加强对规划的宣传，完善评估修订机制，确保规划顺利实施。

1. 加强规划衔接

加强本规划与地方“十二五”国民经济和社会发展规划、商务发展规划、旅游业发展规划、土地利用规划等各项规划的衔接协调，确保规划落实。

2. 强化规划组织

各有关部门加强沟通协商，密切配合，尽快制定和完善各项配套政策措施。

各地州、县要按照规划确定的目标、任务和政策措施，结合当地实际抓紧制订具体落实方案，确保取得实效。

3. 建立评估调整机制

建立和落实规划中期评估制度，围绕规划提出的目标、任务和重点，定期组织规划评估。根据中期评估结果，及时总结经验，适时调整修订规划。

4. 引导公众参与监督

餐饮规划的部门及时跟踪分析规划执行情况，定期向自治区政府报告，及时向社会发布，强化群众监督。利用新闻媒体和各级政府网站宣传规划，让全社会关心、熟悉和支持规划，参与和监督规划实施。加强规划实施的民主监督，鼓励公众在实施规划中发挥积极作用，对规划实施状况进行监督。定期将规划目标和主要任务的进展情况向自治区人大常委会、区政协通报，并听取人大常委会、政协的意见和建议。

发展地方特色餐饮产业，不仅是吸纳就业、改善民生非常有效的途径，还能增加民族之间的亲和力。文化融合常常是从饮食文化和服饰文化开始的，新疆作为各民族大融合的地区，应在饮食上做到“你中有我，我中有你”。有了物质层面的相互吸收为基础，再逐步升华到精神层面和观念领域，对整个文化融合将起到良好的推动作用。

企 业 篇

Examples of Enterprises

B.19

全聚德：北京烤鸭的传奇

彭 程*

“不到长城非好汉，不吃烤鸭很遗憾”，这恐怕是每一个到北京旅游的人最常听到的一句话了。这个如雷贯耳的“烤鸭”，便是鼎鼎大名的全聚德烤鸭，它代表了典型的中华美食。

肇始于清朝同治三年的全聚德，在经历了148年风雨磨砺，见证了中国从清朝到现代几个时代的变迁，不仅没有老去的迹象，反而越来越“容光焕发”。全聚德的成功根源，就在于它在传承与创新中引领了一个饮食的文化故事。

一 体制创新 快速发展

回顾全聚德的发展历程，每一步都是坚实的足迹。1952年，“全聚德”成为第一批实现公私合营的企业；1993年，组建中国北京全聚德烤鸭集团公司；

* 彭程，中国全聚德（集团）股份有限公司办公室副主任。

1994年成立“北京全聚德烤鸭股份有限公司”；2003年，与北京华天饮食集团共同组建聚德华天控股有限公司；2004年，与首旅集团、新燕莎集团实现战略重组，仿膳饭庄、丰泽园饭店、四川饭店进入全聚德集团，组建中国全聚德（集团）股份有限公司；2007年，“全聚德”在深交所挂牌上市，为传统的餐饮产业注入了现代市场经济的新元素。

可以毫不夸张地说，全聚德集团按照现代企业制度的要求，从改革企业产权关系入手，历经多次体制和机制变革，已逐步建立起产权明确、两权分离、分层管理的资产运营管理体制，从传统国有企业、单一品牌餐饮企业发展成为多品牌融合的集团化上市公司，形成较为规范的现代化企业管理制度。

二　机制创新　激励约束

全聚德集团自成立以来，严格按照公司法的要求，建立健全法人治理结构，按程序操作，切实发挥股东大会、董事会、监事会和经营班子的作用，提高了决策的科学性。

全聚德连续五次不间断地进行劳动、人事、分配三项制度的改革，实行了全员劳动合同制，制定了“企业用工自主，员工进出自由，择优考核录用，双向动态签约”的新型劳动用工制度。全聚德对管理人员坚持通过竞聘上岗，实行“双向选择、任期聘任、业绩考核、能上能下”的干部任用制度；与劳动和人事制度改革配套，实行“三工并存、年度考核、岗位浮动、薪随岗变”的岗位薪酬制度；对高级管理人员和高级技术人员执行年薪制度，拉开分配档次。

持续的机制改革和创新，极大地增强了企业凝聚力，有效地调动了全体员工的积极性，是全聚德经营业绩不断刷新的动力源泉。

三　管理创新　科学管控

管理是永恒的主题，由传统的老字号企业向现代品牌企业转变，离不开科学管理，全聚德集团19年来苦练内功，强化管理，稳健发展，切实提高了整体管理水平。

全聚德建立健全ISO质量/食品安全/环境管理体系，编制了43万字的体系文件，并投资30多万元建立了自己的食品安全实验室。完备的体系构架、详尽的文件内容、细致规范的操作细则、严谨量化的验证措施为企业构建了管理的壁垒，使全聚德在科学化、现代化、标准化的企业管理道路上迈上了一个新的台阶。

为提高配送效率、降低采购成本、保障产品质量、强化源头控制，全聚德集团组建了配送中心和食品、半成品加工基地，建立了集采平台，通过公开招标、实地考察、资质验证、质量认定、品牌优化等程序，构建一条优质、安全、价廉的原料供货渠道，确保了产品的高品质和安全性。

全聚德集团运用现代化管理手段，不断优化操作流程，通过信息化实现资源最佳配置，成功开发并推广了全聚德餐饮管理计算机内控系统，实现了前台从点菜、收银结算到客户消费统计的数字化管理；厨房从原材料切配、领用、菜品烹制、质量验收到每一份菜品的单项成本控制的数字化管控。

强化食品安全，加强源头控制，提高市场准入标准。为确保2008年北京奥运会、残奥会全聚德烤鸭供应的食品安全，成功地建立了产品可追溯体系，为鸭坯编制了识别身份的电子条码标签，实现了产品从农场到餐桌的全程可追溯。2009年全聚德集团所属各直营企业全面实施了产品可追溯体系。2010年全聚德作为北京市选派参与世博会服务供应工作的唯一餐饮团队，做到了供应不断档，质量严要求，安全无事故，服务零投诉，高标准、高质量地完成了上海世博会服务供应工作，为世博盛会的圆满成功做出了应有的贡献。

四　模式创新　连锁发展

中餐企业要壮大，必须冲破前店后场、以师带徒、因循守旧、坐店等客的传统经营模式。全聚德集团组建以来，坚持正餐精品战略，按照有形资产投入与无形资产使用两线运营的原则，借鉴麦当劳和肯德基发展的成功经验，在国内餐饮界率先引进了连锁经营的发展模式，建立和健全了发展连锁经营所必需的一整套体系，逐步构建起“前方连锁化，后方产业化”的产业格局，为探索中式正餐连锁经营模式做出了有益尝试和积极贡献。全聚德现已成为汇聚全聚德、仿膳、丰泽园、四川饭店等众多京城老字号品牌，涵盖烧、烤、涮、川、鲁、宫廷、京味等多口味，拥有90余家成员企业，年销售烤鸭600余万只，接待宾客750万人次，品牌价值118.72亿元的餐饮集团。

五　科技创新　提升水平

全聚德悠久的发展历史，积累和流传下来许多不可替代的技艺，正是这些传统技艺成就了全聚德鲜明的中国特色和文化内涵，“全聚德挂炉烤鸭技艺”和“仿膳（清廷御膳）制作技艺”分别列入国家级非物质文化遗产项目。

“全聚德”不仅以烤鸭而饮誉海内外，而且以全鸭席、特色菜、创新菜、名人宴为代表的系列精品菜肴形成了全聚德海纳百川的菜品文化。

在百余年里，全聚德菜品经过不断创新发展，形成了以独具特色的全聚德烤鸭为龙头，集“全鸭席”和400多道特色菜品于一体的全聚德菜系，备受各国元首、政府官员、社会各界人士及国内外游客喜爱，被誉为“中华第一吃”。

为了保证全聚德菜品质量和风味的统一，达到实质性的连锁，探索中餐标准化和规模化的实现形式，全聚德集团组成了专门的技术攻关小组，由具有丰富实践经验的老技师和具有现代科技知识的技术人员相结合，进行全聚德传统特色菜品的量化定标工作。通过反复试验和精密测试，全聚德对菜品的主料、辅料、调料进行了具体到毫克的量化，制定了精确的投料标准，现已完成了含烤鸭、冷菜、热菜、面点在内的49个传统特色菜的标准，为实现全聚德传统特色菜品的质量统一、品质一致提供了保证。全聚德对菜式繁多的中餐进行量化，在中餐发展史上具有“吃螃蟹”的首创意义。

在继承传统技艺的同时，全聚德没有忘记“科技是第一生产力”的真理，坚持推进技术革新，大力开展自主创新，形成了一批科研成果，推动了餐饮业技术升级，取得了良好经济效益。目前，全聚德集团已拥有11项国家专利，获得中国商联会科学技术进步二等奖4项，获得北京市经济技术创新奖7项，大大提升了全聚德的品牌价值。

六　营销创新　锻造品牌

全聚德组建集团以后，积极拓展新的营销理念，开展多种多样的营销活动，以品牌拉动销售，以销售提升品牌，取得了经济效益和社会效益双丰收。

开拓多种营销手段，着力全聚德品牌延伸。1998年全聚德集团采用品牌

“联姻”的形式，与具有300多年历史的德国费迪南德·碧洛德葡萄酒有限公司合作，推出“全聚德·碧洛德”葡萄酒；与红星股份公司合作定制销售“全聚德·红星二锅头”；与奥地利斯伯特酒庄合作，成立了中国全聚德奥地利帝国酒庄，推出“全聚德斯伯特”葡萄酒；与北京邮政速递局合作推出了“185速递全聚德烤鸭”业务；与中国国际航空公司联手推出“全聚德烤鸭飞上蓝天”的营销活动，大大延伸了全聚德品牌。

充分发挥全聚德百年历史文化底蕴，利用老字号得天独厚的品牌效应，开展丰富多彩的营销活动，丰富全聚德品牌的内涵，扩大全聚德品牌的社会影响。2006年在纪念毛主席“全聚德要永远保存下去”的讲话发表50周年之际，公司举行了隆重的座谈会和纪念墙揭幕仪式；在全聚德建店135周年、140周年和145周年庆典活动中，推出了全聚德第1亿只、1.15亿只和1.48亿只烤鸭出炉仪式；2007年把握住前门大街改造前门老店闭店装修的机会，变不利为有利，化被动为主动，倾全力策划并成功举行了前门店火种保存仪式，创造影响力，得到了社会各界的广泛关注，扩大了全聚德品牌影响力。2008年，举全集团之力，倾心竭力圆满完成奥运服务接待工作，受到了来自世界各国运动员的青睐，“全聚德烤鸭”被誉为中国获得的第52枚奥运金牌。

七　文化创新　凝心聚力

企业文化是企业核心竞争力的重要组成部分，全聚德发挥文化底蕴深厚的优势，充分挖掘，精心整理，大胆利用，促进经营，形成了用文化引导营销，用营销促进文化发展的良性循环，现已形成较成熟的全聚德品牌文化体系，并随着仿膳饭庄、丰泽园饭店、四川饭店三个品牌的进入，建立既主导又兼容的品牌文化体系，形成了《全聚德集团企业文化理念识别手册》、《全聚德集团企业文化行为识别手册》和《全聚德集团企业形象识别手册》，促进了多品牌文化的融合，形成了强大的文化合力。

全聚德的企业文化还体现在文化艺术领域，组织专门力量，编印出版了《全聚德今昔》、《全聚德的故事》、《品味全聚德》、《媒体话说全聚德》等书籍。根据全聚德的传奇历史，由北京人民艺术剧院排演的话剧《天下第一楼》和北京电影制片厂拍摄的电影《老店》，以其独到的历史魅力和文化品位分别荣膺国内、国际艺术大奖。此外，全聚德还专门聘请中央民族乐团著名词、曲作家先后创作了全聚德集团歌《一炉百年的火》和《全聚时刻》，并在1999年举办的“全国企业之歌”大赛中，一举夺得大赛金奖。2004年，全聚德参与投资拍摄的32集电视连续剧《天下第一楼》在CCTV－1黄金时段播出后，全国观众反响强烈，掀起了一股品尝全聚德烤鸭的旋风，全聚德各店出现了排队就餐的喜人景象。2005年，全聚德展览馆建成开馆，500多件翔实、珍贵的文献、照片和实物，将全聚德的历史和现实有机地结合起来，不仅展示了全聚德百余年的发展历程，更是传承了中华民族源远流长、博大精深的餐饮文化，使广大顾客深刻体会到全聚德的品牌价值。2008年，全聚德集团与《关东大先生》剧组合作，将全聚德文化元素和故事情节植入该剧中，取得了良好的宣传效果。

实践证明，只有适应时代的发展和市场的需求才能使企业保持旺盛的生命力和有效的竞争力，“想事干事干成事，创业创新创一流”的企业精神是全聚德百年历史形成的一种永不服输的精神，“中国第一餐饮、世界一流美食、国际知名品牌”的宏伟愿景必将早日实现！

B.20

青年餐厅：菜品和文化的结晶

洪 勇*

北京新世纪青年饮食有限公司（青年餐厅）于1999年在北京陶然亭创办成立。2008年的12月，青年餐厅品牌走出北京，进入上海，开始了全国化的连锁之路。青年餐厅秉承“用心、专注、凝聚、求变”的经营理念，经过10多年的发展，公司从一个小店，发展成为涵盖北京（20家）、上海（4家）、天津（3家）、河北（1家）四大发展区域，拥有28家连锁直营店。集物流、配送、培训、研发为一体的餐饮连锁公司。旗下有“青年餐厅”、“徽湘苑”、“易宴”、“好多家”、“新诚嘉”五个知名品牌，员工2000余人。

青年餐厅全面致力于青年、健康、时尚、美食的完美结合，精心打造“品味食尚”的青年品牌，以“爱、责任、分享”为核心，传播青年餐厅“我爱的味道”，努力做好“新大众的现代餐饮”。

至今为止，青年餐厅获得了许多荣誉，比如被评为“最具城市影响力的餐饮品牌”、“特色环境个性餐饮品牌”、“最具市场号召力品牌”、2008年奥运指定接待单位、“团中央青年就业创业见习基地”、中央统战部“温暖工程”公益合作伙伴企业成员（首都仅4家餐饮企业之一）。

一 区分定位 多品牌互补有无

青年餐厅目前有五个种品牌，分别是青年餐厅、易宴、徽湘苑、好多家和新诚嘉。

第一，“青年餐厅”是新世纪青年沿用最久的品牌，总共有23家，分布在

* 洪勇，中国社会科学院研究生院博士生，中国社会科学院财经院服务经济与餐饮产业研究中心特聘青年研究员，研究方向为服务经济。

北京、天津、上海和河北。它以经营精品家常菜、新川菜、湘菜为主，整体用餐环境温馨、大气，定位中档的商务宴请和家庭宴会聚餐。一般青年餐厅开在居民区附近，服务老百姓。也有几个店开在购物广场里面，如天津河东万达广场店和北京银泰大红门店。店中店提供冰点和饮品供逛街的顾客享用。各时期开业的青年餐厅装修风格各不相同，凸显出自己独有的特色。如新东铁营店里的壁画和装饰使人们好像步入了18世纪的欧洲；上海肇嘉浜店融合了上海风味的时尚装修和定位于上海居民消费的精致菜品；津湾广场店以古朴的装修风格契合天津古老的文化，以时尚的餐饮理念融入于天津消费群体中。

第二，“徽湘苑”只有一家，坐落在北京，它以经营徽菜和湘菜为主，在原有八大菜系的基础上，进行汇总和创新，开发出具有青年品味的精致菜肴。店中搭建“黄梅戏”特色舞台，有效地突出徽文化的特色，其定位为商务品牌。

第三，“好多家”也只有一家，坐落在北京，目标顾客是白领，业态是快餐，菜品实惠便宜，环境丰富出彩，在更加时尚、更加潮流的前提下，大胆融合中西美食，降低花费的同时也给了顾客更多选择。

第四，“易宴”是青年餐厅的高档品牌，全国只有两家，分别在北京和天津。易宴立足于“大众养生”的文化定位，汲取《易经》的养生文化，将古典的养生理念与现代的滋补观念完美融合，合理膳食，营养平衡，是易宴店的饮食纲要。易宴店整体装饰奢华而内敛，古朴而不失现代美感。

第五，“新诚嘉”也是青年餐厅的高档品牌，地处上海，经营上海本帮菜、高档海鲜和华京美食，高、中、低档兼顾，是商务会谈、宴请嘉宾的必选之地。

二　餐饮人才培养模式

青年餐厅致力于国内餐饮培训机构的建设和发展，力争为企业发展提供优秀的储备型人才。目前为止，青年餐厅形成了三种培养模式：青年培训学院、校企合作和温暖工程就业助学计划。

（一）青年培训学院

青年培训学院是青年餐厅的下属机构。无论是刚从学校毕业的学生还是具有丰富经验的从业人员，都需要在青年培训学院接受上岗前的极限挑战、技能实操、岗位流程等一系列的培训。课程内容包括：有关企业文化、个人职业生涯规划的梦想之旅；有关军事拓展训练、K3 训练营的挑战之旅；有关现代餐饮服务流程、服务技巧、商务礼仪的完善之旅；有关阳光心态与压力管理、人力资源开发激励的超越之旅；有关管理、策略性营销、高效的沟通技巧的精英之旅；有关战略规划、切割营销、品牌管理、人力资源管理、国学、历史的卓越之旅。

青年培训学院的岗前培训使员工懂得了团队是由个人组成的，大家通过团队的协作与配合，能够完成看似不可能完成的任务。训练使员工彼此沟通和了解，使他们更加容易融入到工作、生活中去。

（二）校企合作

青年餐厅与重庆、云南、河南等 10 余所中等职业学校拥有广泛的合作关系，同时与北京师范大学、中国农业大学、北京黄埔大学、北京高等秘书学院进行深度合作，为各级优秀员工提供进入大学学习的机会和享受高等教育的条件；目前，企业有 140 名在职员工完成了在大学注册并已进入大学学习，企业为员工建立了学历和职业技能双通道的职业发展模式，员工在企业学习掌握技能的同时也可以完成大学学业。

采用校企合作的办学模式，可以实现学校、企业、学生三方共赢。一方面，学生可以得到更多的实习、实训、就业机会；另一方面，学生可以边工作、边读书，实现校企“无缝对接”。

（三）温暖工程就业助学计划

温暖工程就业助学计划是全国性大型公益项目温暖工程的重要组成部分。就业助学计划为有志青年提供一边全额挣着企业工资，一边享受企业全额资助上大学的机会。温暖工程就业助学计划是由中华职业教育社等机构共同发起，并协同北京新世纪青年饮食有限公司等公益合作伙伴联合实施，帮助有志青年完成大学学业（第一阶段为大专层次）。该项目有效整合了多种公益资源和教育资源，通过公益伙伴企业和教育机构的公益承诺，推出创新性“工学一体化学习模式”，使受助对象在就业后立即接受高校网络教育，依托成人网络教育系统边工边读取得大专乃至本科学历，为受助对象搭建了就业与学习的成长平台。

三 尊重员工 离职率行业最低

一般而言，餐饮业的人才流动率较高，但是，青年餐厅的人才流失率较低。青年餐厅实行“关心、关爱、关注”的三关政策和“爱、责任、分享”的核心价值观，重视人才队伍建设，关心员工全面发展，通过各种形式的活动，发掘人才、培养员工潜能。青年餐厅的员工流失率仅5%～7%，大大低于餐饮业员工平均流失率水平。

为了降低员工的流失率，各店店长与厨师长、店助、楼面经理、主管等基层主管定期开会交流，了解员工的想法，及时帮助员工解决生活中与工作中的问题；换位思考处理劳务关系；对员工在工作中取得的任何进步及时进行表扬和认可；通过日例会、每月员工大会、周期性的员工茶话会等集体活动，创造每个员工的发言机会，提高员工的自信心；丰富员工的业余生活等等。另外，青年餐厅指定专人对离职人员两个月内的情况进行电话回访，鼓励离职人员回青年餐厅继续工作。

青年餐厅关心员工及员工的家属，强调团结协作精神。员工进行拓展训练时不小心摔骨折了，青年餐厅把她送到北京骨科最好的医院（北京积水潭医院）去治疗，并承担全部（大约2万元）的治疗费用；得知员工家属生病后，青年餐厅组织“人人都献出一点爱”的倡议募捐活动，给员工送去最及时的温暖和帮助；推行以“体验五分钟，快乐五分钟”为主题的活动，号召员工每天在忙完自己的工作之后，帮洗碗间员工洗碗5分钟。

在丰富员工的业余生活方面，为了促进员工加强体育锻炼，保持一个良好的身体状态和精神风貌，青年餐厅举办了多种形式的员工运动会。总部组织了主题为“爱‘乒’才会赢，青年‘羽’你分享”的员工运动会。运动会分为乒乓球和羽毛球两大项目。龙德店在龙德广场的大玩家电玩城举办电玩运动会，包括投篮比赛、赛车比赛和跳舞比赛三个项目。此外，青年餐厅还组织部分员工游览黄山等著名景点。经过通过此种活动的开展，既锻炼了员工身体，又拉近了员工之间的距离，使得大家更加团结。

在专业技能考核方面，青年餐厅每年都组织“厨师长厨艺大比武”和“主菜谱知识考核”活动。“厨艺大比武”可以增强各店菜肴出品意识、展示厨师长整体实力，达到挖掘人才、培育人才的目的。每年的“主菜谱知识考核”活动，以青年招牌菜、自家菜、新增菜品为重点，主要考察员工对主辅料、口味、价格、餐具规范、灵活销售等方面知识的掌握情况，借此加强全员对菜品知识的重视度，进而提升各门店的服务品质。

此外，青年餐厅还邀请企业外的行业专家对高层员工开展公司管理、危机管理和法律意识方面的培训。专家通过案例分析、现场互动等形式，对高层员工阐述了餐饮管理中遇到的各种问题，强调在日常经营过程中需要提高危机意识和法律意识，并且探讨碰到相关的问题的处理方法。

四　保障食品安全

为了加强食品安全管理，保证让消费者能吃到更多放心产品，青年餐厅在管理制度，原材料采购和物流配送上积极探索控制食品质量的措施，多家分店荣获了“食品卫生等级 A 级单位”的称号。

在管理制度上，青年餐厅采用“五常法”的管理模式，印发食品安全手册，手册上对前厅卫生、厨房卫生、食品添加剂使用、生熟分开管理、清洁等项目做出了明确的规定；订阅相关报纸，让员工时刻关注国家食品安全政策和食品安全方面的事件，不断提高员工食品安全意识和危机意识；不定期派质检小组对分店的消毒、清洁、食品保鲜等方面进行检查，如未达到标准，对相关管理层给予一定程度的处罚。

在原材料采购上，为了减少流动环节、降低流通成本，提高原材料的质量和安全，青年餐厅采取了三个措施。第一，建立绿色蔬菜基地，自行培育绿色健康的蔬菜作为原材料；第二，与新发地农产品电子交易中心合作推进“农餐对接”工程，依托新发地农产品批发市场 20 多年来形成的覆盖全国的农产品基地资源优势；第三，探索餐饮企业与上游农业企业合作的可行性，寻找农业新技术和健康农产品。

在物流配送方面，青年餐厅在大兴建立了物流配送中心，对所有直营店的原材料和调味品进行集中采购和配送，相对以往单店采购不仅降低了成本，而且控制了菜品质量。随后，为了避免因为厨师的经验和技能甚至心情的差异所导致的菜品口味不一样，青年餐厅建立了属于自己的中央厨房。中央厨房在原有流程的基础上，采用严格的采购和制作标准，制成半成品，然后统一配送至各分店。这种流程保持了菜品味道统一性，降低了食品安全的风险。未来，青年餐厅引进德国 Rational 厨具制造商的自我烹饪中心，简化繁琐的烹饪程序，提高核心竞争力，使中餐连锁更具智能化、统一化、标准化。

五　提高顾客满意度

对于企业而言，顾客至高无上，为了提高顾客的满意度，青年餐厅不遗余力地提高员工的服务水平，力求给顾客提供全方位的、高品质的服务。

夏天里，为了让顾客迅速感受到凉爽，青年餐厅给顾客提供了凉菜、酸梅汤和各种小吃；冬天里，为了温暖刚进店的顾客，青年餐厅给顾客提供了热水和豆浆。为了不让顾客在等菜的时候感觉到无聊，青年餐厅给顾客提供了报纸和棋牌；为了给社区人员传授一些厨艺和养生方面的知识，使他们得到更好的美食体验和生活方式，青年餐厅举办了“走进社区养生大讲堂”活动；为了使顾客吃到地道的徽菜，感受到真正的徽文化，青年餐厅举办“徽菜美食节”和“徽菜养生文化美食节”，专门从安徽徽菜研究会请来名厨掌勺，并引进徽式建筑和装修风格；为了让更多人享受到青年餐厅的美食，青年餐厅建立了青年微博，派发电子优惠券、居家养老助残券，进行新品促销、刷卡优惠活动。

青年餐厅从多个方面征集顾客的意见，与顾客保持零距离的沟通，比如在店里醒目的位置设立表扬和意见反馈本，顾客用餐结束后请顾客提出用餐意见等。店长、厨师长通过楼面、厨房培训及沟通会，将顾客意见及时进行交流和汇总，并对问题进行分析和制定有效的整改措施，确保同样的意见不出现两次。

为了更真实、客观地评估自身的服务水平，青年餐厅总部不定期地派出神秘顾客检查各分店的服务。神秘顾客事先设计一系列问题，评估包括停车场、迎宾、点菜、出菜速度、菜品温度、口味等因素。评估结束之后，神秘顾客给总部提交一份总评报告，对相关人员进行奖励和惩罚，对优秀的服务进行发扬，对不足之处进行改正。相对于往公司内部派驻神秘顾客，青年餐厅还拨出专项经费派神秘顾客去其他餐饮企业进行消费。外派的神秘顾客带着学习的角度细心观察其他餐饮企业的服务，学习他们的优点，对青年餐厅的相关不足进行改进。

B.21

舒友：以人为本的管理服务理念

张雄辉*

舒友企业创建于1987年，二十多年来，在极富传奇色彩的董事长陈有鹏先生的运筹帷幄下，从昔日厦门鹭江道上一家仅有五六名员工的小小咖啡酒廊，逐步发展成为跨越闽、沪、港地区，集餐饮酒楼、商务娱乐、桑拿SPA、量贩式KTV和酒业商贸等多元化连锁事业为一体的综合性大型集团企业。集团目前拥有15家酒楼、2家大型文化娱乐总汇、2家时尚桑拿会所、2家量贩式KTV和1家酒业商贸有限公司，总营业面积逾9万多平方米，员工8000多人，年营业额达6亿多元①。

在企业二十多年的发展经营中，舒友始终坚持"顾客为本，服务至上"的经营理念，凭借一直以来诚信经营的良好声誉、出色的品牌效应和强大的经营实力，先后荣膺国际、国家及省市所授予的"中国驰名商标"、"国际餐饮名店五星奖"、"中国餐饮百强企业"、"中国饭店协会功勋会员企业"、"中国十大餐饮品牌"、"中国十佳餐饮连锁企业"、"全国精神文明建设先进单位"、"上海餐饮业著名品牌企业"、"福建省著名商标"、"福建省知名字号"、"厦门双十佳行业服务品牌"、"厦门市旅游行业优秀诚信单位"、"厦门地区超3000万元纳税大户"等众多荣誉嘉奖。②

一 务实的企业管理理念

舒友是伴随着厦门经济特区的建立和发展而成长起来的民营企业。在企业的

* 张雄辉，厦门理工学院商学系讲师，中国社会科学院财经院服务经济与餐饮产业研究中心特聘青年研究员，中国社会科学院财经战略研究院博士后。

① 数据来源于舒友集团网站，http：//www. shuyou. com/。

② 资料来源于舒友集团网站，http：//www. shuyou. com/。

经营模式上，无疑离不开家族企业的经营管理模式。凭借着本土化特色的企业定位、人性化管理以及以人为本的服务理念，“舒友航母”在市场激烈的竞争潮流中，乘风破浪，不断地发展壮大。舒友的经营模式、理念和企业文化无不渗透着舒友集团公司董事长陈有鹏先生务实、不冒进以及亲和等做人的理念。从舒友创立之初到发展壮大至今，每一家舒友海鲜酒楼分店的建立，从设计理念、装潢风格到经营思路，陈有鹏董事长均会领衔带队，南下北上深入全国各大城市精心取经考察。因此，舒友从不冒进式地发展，但也不畏首畏尾，只要有切合的时机，一定抓住机遇扩大企业经营规模。2011 年，在同福州黎明集团签订的战略协议的推动下，舒友集团在福州成立了 4 家分店。同时，在上海又新增了 2 家分店。可谓是最大手笔的一年。

（一）决策效率高

舒友是典型的中国民营企业，因此不可避免地形成了家族企业的管理模式。家族企业的特点之一就是企业成员间信任程度较高，整个企业是在家族伦理规范制约下进行运作和管理的。因此，企业主可以依靠商业经验和头脑果断地指挥家族企业，并对家族企业的重大事务做出决策，这在一定程度上节约了时间，保证了决策过程的迅速性。舒友经营决策的高效完全反映了这种家族企业管理上的这一特点。只要有契合的时机和机遇，陈有鹏先生就会果断地作出决定。下面的管理层和员工由于深受舒友企业文化的影响，也如果家族成员一样将企业看成家，所以在决策的执行上能够避免扯皮延误等现象，并能很快地在企业中得到贯彻执行。

（二）企业战略目标明确

正所谓方向比努力更重要。一个企业的战略目标可以集中企业资源、统一企业意志、振奋企业精神，从而指引、激励企业取得出色的业绩。[①] 可见，战略目标是企业战略的重要组成部分，它可以为企业的发展指明方向。

舒友作为典型的福建本土化餐饮企业，凭借着厦门这一美丽的海滨城市，自然把海鲜作为酒店的特色菜式。自 1987 年舒友成立之时，从海边咖啡酒廊到

① 弗雷德·R.：《战略管理》，李克宁译，经济科学出版社，2001，第 67 页。

海鲜大排档，至海鲜酒店，发展成今天的高端海鲜大酒楼。舒友始终把特色海鲜作为自己的主营菜色，并不断改进菜品，增加菜色。此外，舒友在不断扩张的同时，始终保持着自己精准的市场定位。舒友在发展过程中，不断完善自己的经营理念和市场定位。如今在“高规格”经营理念的指导下，舒友将市场定位在高端层次。在不断增加各地连锁海鲜酒楼的同时，也在慢慢放弃一些低端的酒店。以厦门为例，90%的高端客人都是舒友的客人。舒友以高品质的服务、高质量的菜品不断打造着高层次的餐饮航母。舒友从海鲜大排档发展成为今天的集餐饮、娱乐以及商贸为一体的综合性大型企业集团，与其巩固餐饮业，不断拓展新领域的经营战略密不可分。厦门是最早的经济特区之一，舒友成长于厦门可以说是具有天时、地利的优势，但舒友在厦门做强做大以后，从不满足于现状，不断地以厦门为中心，向外扩张，并将目标定在上海、香港以及澳门这样的一线大型城市，同时，关闭了泉州几家中档酒楼。这无不体现其立足厦门，面向全国，定位高端的战略方针。可见，企业的生存和壮大与其经营的战略方针息息相关，同时也是企业使命的具体体现，是企业发展的方向和存续的动力。

（三）标准化的管理体系

舒友集团的飞速发展，同集团总裁的个人能力和魄力是分不开的，带有浓郁的企业家个人色彩和家族特征。但是，从企业成长规律来看，特别是对于一个大型的连锁企业集团来讲，要实现企业的可持续发展，就必须要构筑形成企业核心竞争力的管理平台，这就需要变企业家族式灵活随意的管理体制为大企业集团的标准化管理体制。而“标准化”一直是中餐企业特别是连锁经营企业面临的巨大挑战。这也是中国餐饮企业较少连锁品牌的原因之所在。

舒友餐饮到目前为止在各地拥有分店 15 家，如此大规模连锁的形成与其管理经营标准化的实施是密切相关的。在管理上，每家分店由集团委派一位总经理，该店的经营是自负盈亏的。另外，再配备一位店长，店长直接负责厨房的生产管理工作。分店的建立、宣传以及大的决策全部由集团负责。每个月各分店要提交一份经营报告，集团会根据分店经营报告，适时地指导和加强分店的经营策略，以促进其发展。在菜品的保持上，集团的行政总厨每个月都要对各分店的主厨进行考评。从总店到各分店，每半月就要针对新出菜品和即得菜品进行品评，即由各店主厨带领各位厨师轮流烧制，并让经理、店长等人员试吃。此外，为了保持舒友菜品的特色和口味，店长还要定期亲自下厨，对店里厨师烧制的菜品进行试吃，并及时提出建议和意见，从而使菜肴的口味能够一直保持和传承下去。食材的采购和选择上，舒友作为一家以海鲜为主的酒楼尤为重视。原料的采购是酒楼业务正常开展的前提，采购管理的目的就是保证为厨房等加工部门提供适当数量的餐饮原料，保证每种原料的新鲜度和质量符合使用标准，并保证采购的价格和费用最为低廉，使餐饮原料成本处于最理想状态。舒友为了确保海鲜的新鲜和质量，在每个区域（如厦门、香港、上海和澳门等）都建立了海产品养殖基地，每个养殖基地供应十几家舒友海鲜酒楼，这样不仅能够确保食材的质量和新鲜度，还能保证食材能够及时地供应到每家分店。从而，形成了一条产业链，能够保证海产品在最初选择上就满足舒友严格的质量标准要求。

二　人性化的企业管理理念

舒友是典型的中国民营企业，具有家族企业特点。这样的企业在创立初期，由于企业是由同一家族成员组成，因此，彼此间具有高度的认同感和一体感，继而产生一种神圣的道德责任，愿意不计报酬地为企业勤奋工作。这种精神在企业发展壮大的过程中，无疑会潜移默化地灌输给每位员工。再加上中国传统文化中，人治重于法治的特点，就使得企业集团在规范制度的同时也尤其重视贯彻人性化的管理理念。以人为中心，强调每个人在生产中的积极参与性和主动性，强调员工之间的协调优化，用激励的手段来激发人的主动性和协作性，最大限度地发挥员工的个人能力和群体智慧。

（一）人员管理的标准化

经营好一家连锁餐饮企业，除了有标准化地原料采购、菜品生产管理体系外，标准化地人才复制也是必不可少的。舒友一直将企业服务的对象定位于高端客户群体，因此在雇员的选择和培训方面就更加严格。由于各分店的员工主要来自本地，因此，每一位进入舒友的新员工，不管何种岗位，都要由集团培训部统一培训，培训内容涵盖企业文化、专业和服务实践等，只有培训合格者才能够上岗。也就是说，在人力资源的管理上，具有一整套标准化的选拔、培训和考评体系。除此以外，员工在岗位工作的过程中，也会有业绩评价体系来考核。舒友根据本企业的战略目标，将其落实到各个部门、管理人员以及普通员工身上，并将目标细化为具体业务，通过客观的业绩考核评价体系来衡量每个人各项任务的完成情况，以此作为薪酬分配、人员安排的基础。

（二）尊重员工

人性化管理是一种在企业管理过程中充分认识到人性要素，把充分挖掘人的潜能作为最终目标的管理模式。① 人性化管理就是通过培训和影响，改变员工的工作态度和价值观，以最大限度地调动员工的积极性，充分发挥员工的潜力，目的是为顾客提供更具人性化的服务。

餐饮企业作为劳动密集型企业，人员需求量大的同时，人员平均流失率也高。据研究数据显示，中餐企业员工平均在一家饭店工作的年限不超过三年。②再加上，中餐的口味、菜色等因素对厨师的依赖程度大，就使得如何保证餐饮企业人员稳定成为餐饮企业发展壮大中不可回避的一项难题。

而舒友通过培养员工“家”的意识，成功解决了这一难题。在厦门舒友工作最长时间的员工，为舒友服务了近 18 年；另外，在舒友工作超过 10 年的员工就达百名。在舒友工作四五年的员工，被舒友的老员工戏称为“新兵”。究其原因，主要在于舒友在对员工严格要求的同时，也尽企业最大的努力满足员工的需求。舒友认为，没有满意的员工，也就没有满意的客人和满意的投资者。员工满意是客人满意和投资者满意的基础，因为良好的企业形象来自于员工的具体劳务活动。陈有鹏董事长，自舒友成立伊始就坚持以人为本、以德服人的人性化管理理念，坚持施仁政的管理方式。首先坚持的原则就是尊重每一位员工。作为服务性企业，只有善待员工，员工才会善待客人。也就是说，企业向员工发出什么样的信息，员工就会向客人传递和表达什么样的信息。舒友用人的基本理念就是信任和尊重每一位员工。只有关注全员的工作能力，才可能使每一位员工都迸发出活力，发挥特长。对员工的信任，就会使员工感受到“被尊重”，在此基础上他才能产生高度的责任感和使命感，进而竭尽全力地完成好他的工作。

---

① 邹益民、周亚庆：《饭店战略管理》，旅游教育出版社，2006，第 191 页。

② 《如何解决服务员难招的问题》，http：//www. hncook. net/html/20120103231812. htm。

（三）合理的物质激励机制

企业的激励机制，表明的是组织对全体员工的承诺，即组织将给员工个人目标的实现提供什么样的平台，为的是让优秀的员工有广阔的发展空间，从而使员工愿意将自己的一生献给企业。激励机制包括物质报酬和精神奖励。在精神上尊重每一位员工，肯定他们的贡献和工作能力，并给予适当的提升机会和发展空间是一个企业留住人才、发展壮大的必要条件。除此以外，物质方面的奖励也是不可或缺的。物质激励除了报酬、津贴、奖金以外，还表现为股利分红等。后者更能让员工有归属感，将员工个人的利益与企业的利益捆在了一起，从而使每位员工都能尽心地为企业服务。

舒友人性化管理还表现在对员工利益的关注是实质的、全面的和持续的。将集团的管理股份主动分给员工，使得员工不仅是舒友的工作者更是舒友的主人，从而增强了员工的归属感和责任感。而舒友整个企业集团利益的实现，是以员工利益的同时实现为前提的。也就是说，舒友在管理决策中会充分考虑集团与员工的共同发展，在实现企业集团经营目标的过程中，充分满足员工的物质和精神需求全面发展，从而可以最大限度地挖掘雇员潜在的积极性和创造性，实现人力资源使用效益的最大化，以满足组织和社会发展的需求。

三　以人为本的服务理念

餐饮企业最基本也是最重要的任务之一便是为顾客提供相适应的餐饮产品。所以说，餐饮企业管理的目标之一就是顾客满意。香港实业家霍英东先生就曾说过，“先有人气，才有财气”，充分说明了客人满意是决定餐厅生死存亡的首要条件。如今菜肴质量不再是人们选择酒店时的首要因素，高层次客人需求的满足主要是通过服务来实现的。舒友越来越深刻地认识到服务在吸引高层次消费客人方面的重要性，加大对服务人员的培训力度，努力提高服务水平。

舒友深知服务是餐饮企业为顾客所提供的一种无形产品。在用餐过程中，顾客不只关注烹饪技术还注重服务态度、服务速度、服务技巧以及用餐的环境和气氛等因素。因此，只有菜品的口味满足顾客需求是远远不够的，要做到使客人满意就是要使客人对餐饮经营的理念、菜品以及服务三方面都满意。理念方面，舒友自成立之日起，就树立了“顾客第一”的信念，对员工进行“顾客总是对的”意识培养；行为方面，舒友的管理机制、员工守则以及员工的服务模式和流程规范，全部围绕着“顾客至上”这一宗旨来建立和执行的。舒友的迎宾人员，对每位经常光顾舒友的客人都能直接呼出对方的姓名和身份，并依次传递给服务员。这就使客人从一进舒友海鲜大酒楼的大门起，就能够有宾至如归的感觉。在操作流程上，要求每位员工都做到精益求精。让客人享受最优质的服务，如果一位服务员不能及时地为顾客服务，那舒友就会安排两位。这种不一味地追求成本最小化的服务方式，使得每一位来舒友就餐的客人都能享受到 VIP 的待遇。

除了热情接待、服务周到以外。舒友还特别重视酒楼的环境和气氛等。舒友认为，要做到顾客至上，首先就是要确保提供给客人以洁净、优雅的就餐环境。这不仅是有关法律法规对餐饮行业的要求，同时也是影响客人视觉满意程度的重要因素。舒友酒楼的店内设计大气、高雅，餐具也极具特色和档次，完全满足了高层次客户的要求。以舒友厦门白鹭洲总店为例，该店磅礴大气的门庭店招，新派奢华的内在装潢，时尚名贵的设施用品，以及 40 多间豪华温馨的国宾贵宾包房，无一不在彰显着白鹭洲店被誉为舒友总店的名副其实的旗舰风采。除此之外，白鹭洲舒友那空间挑高、拥有旋升舞台设计，宴席规模大小皆宜，且设有温馨休闲卡座的宴会大厅，更被誉为是整个厦门地区最为时尚、温馨、前卫的宴席和休闲餐饮场所。

其次，就是要保持并不断提高菜肴质量，不断更新品种。餐饮生产过程是餐饮业务管理的中心环节，在菜肴生产中要合理加工食品原料，保持并提高现有品种的质量，不断创新出色、香、味俱佳的饮食产品，以满足客人需求的最新变化；要抓紧厨师技术力量的培养，继承发展我国的烹调艺术；要合理安排生产程序，使厨房各生产部门与仓库供应、餐厅服务等部门的业务活动保持一致，以提高管理水平和工作效率。因此，舒友在保证现有菜品口味和品质始终如一的同时，也不断推陈出新，每半月就增加一批新菜肴，以满足客人越来越苛刻的用餐要求。

最后，在企业逐步壮大发展的历程中，舒友集团始终热心于各项社会公益事业建设，先后为文教、体育、残疾人事业、城市绿化工程、见义勇为基金等公益事业，捐献爱心款达数千万元。舒友集团良性发展经营，积极回馈社会的爱心之举，博得了社会各界的一致好评。

厦门舒友集团不论是企业的经营理念、管理方针还是服务理念都始终贯穿着“以人为本”的信念。人性化的管理模式，让员工以企业为家。每个员工都视自己为企业的一分子，自然就更加热情、尽心地为每一位客人提供服务。正是这种理念，使得舒友在二十年里发展迅猛，成为全国著名的餐饮企业集团，并在上海、福州、香港和澳门等地开设了连锁店。舒友成功的经验，为中国传统餐饮企业的发展提供了可借鉴之处。

B.22

豪享来：18 年布局中国之路

豪享来餐饮娱乐有限公司

“牛也力大无穷，俯首孺子亦不逞强，终身事农而安不居功。”这是走进中国200 家豪享来门店，第一眼就能瞧得见的文化墙题词。源自鲁迅的“俯首甘为孺子牛”，也是豪享来 18 年来犹如牛的本性一般，朴实、善良、踏实、勤恳的写照。

1993 年 3 月，第一家豪享来中西餐厅在厦门轮渡店落脚，豪享来餐饮娱乐有限公司同时成立，开始了它诞生厦门、抢滩上海、入主中原，直至布局中国之路。直至今日，经过 18 年的发展，豪享来已走进上海、郑州、大连、西安、贵阳、成都、海口等中国 60 多座大中城市，先后建立起 200 家直营连锁店。为社会提供了近 2 万个就业岗位，日均消费超过 10 万人次。

诞生厦门

故事，从 1993 年草长莺飞的厦门说起。那一年的 3 月，厦门海后路 15 号的门店赶完了最后的工期，门店上赫然映出了这后来广为人知的牛头，也就是在这个时候，豪享来在全国的第一家分店厦门轮渡店悄然开业。犹如一只初生牛犊，豪享来一头扎进了牛排的中国化事业中去，跨出了它布局中国的第一个脚步。

当时的西餐，在厦门市民的传统消费观念中属高档消费，加上大家对豪享来提供的平价牛排还缺乏了解，一开始的生意并没有如预料中的理想。牛排虽然诱人，却不能拉近与国人间的距离，怎样能把生意做好，让更多的顾客走进豪享来并进而了解豪享来？那是当时管理团队最头痛的问题。在仔细分析过餐厅的经营情况后，豪享来针对厦门餐饮市场的特点以及厦门人的饮食习惯，决定从厦门人喜爱的小吃入手。除了平价牛排之外，在经营品种上增加了清粥（地瓜粥）、小菜、面线糊等一系列适合厦门人夜宵消费的实惠低价餐品。一方面让顾客在豪享来有了更多的消费选择，另一方面通过这些小吃消费为豪享来带来客流，进而使更多的客人了解豪享来的主要经营特色——平价牛排。后来的事实也证明了当时的这一决策是非常成功的。不仅带动了牛排的生意，连一元一碗的地瓜粥也创造了销售奇迹，生意好的时候，一天单单卖粥的营业额甚至突破了万元。这在当时的餐饮市场上，是十分罕见的，也给了豪享来人莫大的信心。

先炒人气，再打品牌，以实惠低价餐品打开市场获取生存——这是豪享来厦门第一家门店轮渡店成功在厦门餐饮市场落地生根后，豪享来团队总结出来的经验。而这种因地制宜的创新，后来也被因地制宜地运用到了豪享来所到之处，成了豪享来布局中国的制胜法宝之一。

1993 年，厦门轮渡店开业。

1996 年，厦门莲花店、湖里店开业。

1998 年，厦门博物馆店开业。

1999 年，厦门厦禾店开业。

2004 年，厦门江头店、定安店、后滨店、仙岳店开业。

2007 年，厦门康乐店、台亚店开业。

2008 年，厦门湖滨南店、吕岭店、华侨店、银行中心店、外图书城店开业。

2009 年，厦门美湖店、海天路口店、祥店店、将军祠店开业。

2010 年，厦门瑞景店、海沧店开业。

2011 年，厦门阿罗海城市店开业。

截至目前，豪享来在厦门片区已有 23 家中西餐厅连锁店，而豪享来旗下全新的餐饮品牌豪享来涮涮锅第一家门店，也于 2011 年 12 月 28 日在厦门海沧阿罗海城市广场落地生根，标志着豪享来在餐饮领域拓展的一个全新起点。除了厦门之外，包括福州、三明、漳州、龙岩、泉州，福建区域及广东、天津、海口，现已有豪享来门店共 56 家。

抢滩上海

有了在厦门成功的开店经验，豪享来在 1996 年将脚步跨至上海，挥师北上，迈开了全国连锁拓展的第一步。

充满未知，也充满信心，在经过一段时间的前期准备后，1996 年 5 月 18 日，豪享来在上海的第一家门店——东江湾店热闹地开业了。开业初期，因缺少在上海开店的经验，豪享来的“厦门模式”在上海市场的复制受到了冷落。东江湾店开业前五个月，遭遇了连续的亏损，门店面临着严重的经营危机——房租加工资，每个月的亏损甚至高达七八十万元，半年下来已堆积了将近四五百万的外债。可豪享来人没有气馁，坚信“敢亏才会赢”，坚定继续投资不轻言放弃的信念，第一时间从厦门总部调动资金，将沉甸甸的现金带到上海支付员工的工资以及分店的房租。

随后，管理团队带着所有员工重拾信心，对上海市场进行了市场调研。管理团队发现，豪享来只经营中西套餐，难以适应多数上海人的口味和饮食习惯。上海人早餐爱吃包点、粉面、馒头和豆浆。于是，果断决定推出上海人喜好的凉菜、港式茶点等餐品，还高薪挖来了现在担任豪享来全国行政总厨的林粤，研制各种符合上海市场的餐品。针对当时上海茶点消费主要集中在酒楼等高档消费场所的特点，采取平价饮茶的路线，以比当时上海同类经营茶点的同行低 1/3 的价位推出了豪享来的特色茶点；针对上海人喜欢喝下午茶的习惯，在下午餐厅的低峰时段，推出喝下午茶免收茶位费的特惠活动……所有的一切举措都为了拉近和上海顾客的距离。

为了拉动人气，当时的东江湾店还开展了如五元抵用券免费送、有奖射飞镖、免费套餐兑换券等多种形式的、密集性的、连续性的促销活动。其中以五元抵用券效果最好——当时的五元抵用券只是用普通的 A4 打印纸打印，印上豪享来的地址电话并盖上公章，手工裁剪后，就到公园或大街上等人口较多的地方派发。那时的五元抵用券没有设置消费权限，很多精打细算的上海顾客拿着抵用券到门店，只领了饮品或小菜就走，根本就没有消费，而且来的也多是一些上了年纪的老年人，为了这个，豪享来也非常高兴，当时的信念就是“不怕你来，就怕你不来，只要你来了，就可以了解豪享来，就会喜欢上豪享来”。这样大胆的促销行为，在当时的餐饮市场并不多见，而事实也证明了，这样的举措是成功的。

因为“敢倒、敢亏、敢试、敢拼”，我们在市场上站稳了脚跟——这是豪享来人从东江湾店总结出来的经验。经过大家的努力，1996 年 11 月，东江湾店开始盈利，生意也日渐火爆，每个月的营业额直线上升，甚至达到了一个月销售额达百万的奇迹。时至今日，东江湾店依然是豪享来全国门店中“百万老店”的常青树。从此，豪享来在上海滩站稳了脚跟，在随后的五年时间内，上海片区又先后开了九家直营连锁分店，抢滩上海之路，虽艰辛但充满力量。定位准确、推广价格适中的产品、开展强大密集的促销活动，是豪享来在上海战役中总结出的经验，后来更被应用到了全国其他门店中。

1996 年，上海东江湾店开业。

1999 年，上海天目店开业。

2000 年，上海大兴街店开业。

2001 年，上海四川中路店、武宁店开业。

2002 年，上海梅川店开业。

2004 年，上海闻喜店、长青店、共康店开业。

2005 年，上海南桥店、国顺店、沪太店、崮山店、福山店开业。

2006 年，上海五莲店、本溪店、夏碧店、青安店、沪闵店、平凉店、南汇店、车站北路店、开鲁店、新春店开业。

2007 年，上海广灵店、敦化店、国定店、吴中店、平利店、莲花南路店开业。

2008 年，上海打虎山店、马当店、霍山店开业。

截至目前，豪享来在上海片区已有 33 家门店，除此之外，包含江浙片区、大连片区、长沙片区、武汉片区、成都片区、贵阳片区共有豪享来门店 70 家。

入主中原

古人说："得中原者得天下"。在经历了诞生厦门，抢滩上海之后，豪享来决定向中原河南扩张，将脚步踏上了郑州的土地。1997 年 10 月 28 日，豪享来在河南片区的第一家直营连锁分店，郑州铭功分店开业；同年 12 月 8 日，河南片区第二家直营连锁分店郑州经八店开业。在那个还是"摸着石头过河"的创业初期，相隔一个月就要连开两家分店十分吃力。加上经验不足、人员缺乏等问题，面临的情况可谓艰难。

当时的河南餐饮市场尚处于起步阶段，豪享来面临的内外环境都十分恶劣。从厦门总部派往河南开业的团队只有五个人，创业初期，除了要克服河南恶劣的地理环境及气候外，还要在短期内与当地招聘的二三百名员工进行融合，规划员工岗位、培训……不仅每个人要身兼数职，更要经受着各种身心上的打击，常常有被辞退的员工借故跑回餐厅闹事。当时的郑州还是全国治安最差的城市之一，经八分店也常常有地痞流氓过来吃白食滋事打架，这样的情况一直持续到 2004

年。几乎每一个豪享来人都曾为流氓白食埋过单、挨过打；经八分店的大门在几个月内就换了三次；餐厅玻璃更是常常被砸……以至于当时的员工风趣地给两家分店下了定义：铭功路是经常上演“新闻片”，经八路是经常上演“警匪片”。

但豪享来人并没有因此被吓倒，管理团队上下一心，因地制宜，根据当时的环境制订了短、中、长期的计划。克服重重困难，一路摸爬滚打，并结合其他片区的成熟经验对河南两家分店进行了调整和改善。通过努力，硬是把当时郑州这个“鸟不拉屎”的地方的生意做了起来，也让豪享来正式在河南站稳了脚跟。

管理团队对河南当地的饮食习惯和文化进行了充分的调研，对内，对服务员进行定期的培训，形成良好的服务意识；对餐品进行改良，增添了一些符合当地口味的点心、小菜，开发了生煎、瓦罐等产品，带动了很大一部分生意；对外，采取打折、消费满一定额度赠送小礼品或优惠券等形式吸引消费者——除了每年的一月、二月、七月、八月的生意旺季之外，铭功店与经八店两家分店都是持续性地开展促销活动，如免费套餐券、美食节摸戒指、一元吃套餐、每年春节初一至初三 6 折酬宾、初四至初七消费套餐送礼品等。

通过经营调整及持续不断的促销活动，1999 年起，铭功店、经八店两家分店的生意开始有了起色，到 2000 年初生意已经有了全面的好转，直到河南片区郑州商城路店开业，标志着豪享来真正的成功入主“中原”。再后来，豪享来在河南的扩张速度越来越快，最高峰的时候，一年开店数量达到 11 家。用当时豪享来河南片区负责人的话来说，就是“河南的天下，我们算是打下来了，虽然艰难，但很自豪”。

1997 年，河南郑州铭功店、经八店开业。

2001 年，河南郑州花园店、商城店开业。

2002 年，河南郑州金水店开业。

2003 年，河南郑州二七店开业。

2005 年，河南郑州大学店、经三店、东风店开业。

2006 年，河南郑州建桐店、新密店开业。

2007 年，河南郑州航海店开业。

2008 年，河南郑州工海店、大同店、嵩山店开业。

2009 年，河南郑州陇海店、城东店开业。

2010 年，河南郑州凤鸣店、东明店、富田店开业。

2011 年，河南郑州丰庆店开业。

截至目前，豪享来在河南郑州已有 20 家门店，除此之外，包含安阳片区、平顶山片区、许昌片区、焦作片区、洛阳片区、南阳片区、濮阳片区、商丘片区、兰州片区、西安片区，河南区域及其外围现共有豪享来门店 67 家。

布局中国

数十年如一日，豪享来专注于餐饮事业的发展，在开第一家分店时，就已经做好了布局中国的计划。在强手如林、竞争激烈的国内餐饮市场，豪享来能占有一席之地并发展成为今日的规模，与豪享来团队上下一心，团结一致是分不开的。

凭借独特的市场定位和标准的工业化生产，在经历创业之初每年 2 ~ 3 家门店的稳步发展后，从 2002 年起，豪享来进入快速扩张阶段，每年以 10 ~ 15 家门店的数量递增，18 年来，豪享来的直营连锁分店如雨后春笋般在全国各大城市出现，企业规模也不断壮大。秉承着对餐饮事业的热忱与坚持，豪享来在中国已拥有 200 家直营连锁分店。昔日只在厦门出名的区域餐饮品牌“豪享来”已逐渐成为国人心目中牛排的代名词，而豪享来，也逐步由偏安一隅的区域品牌发展成为全国性的品牌，同时也得到了越来越多的消费者和市场的不断肯定，这是豪享来值得骄傲和自豪的。

2003 年，荣获“中国绿色餐饮企业”荣誉称号；

2003 年，荣获“中国餐饮名牌企业”荣誉称号；

2003 年，荣获“厦门餐饮名店”荣誉称号；

2004 年，荣获“厦门市著名商标”荣誉称号；

2004 年，荣获“福建餐饮名店”荣誉称号；

2004 年，荣获“诚信服务满意消费明星餐饮企业”荣誉称号；

2005 年，荣获“中华营养美食店”荣誉称号；

2005 年，荣获“福建省著名商标”荣誉称号；

2005 年，荣获“首届厦门十大创意商标”荣誉称号；

2006 年，荣获“中华餐饮名店”荣誉称号；

2006 年，荣获“福建省最佳商业信用联盟企业”荣誉称号；

2006 年，荣获“福建省最佳商业信用联盟企业家”荣誉称号；

2006 年，首次荣获“慈善年夜饭　关爱贫困户企业”荣誉称号；

2007 年，第二次荣获“慈善年夜饭　关爱贫困户企业”荣誉称号；

2007 年，首次荣获“中国餐饮百强企业”荣誉称号；

2008 年，第三次荣获“慈善年夜饭　关爱贫困户企业”荣誉称号；

2008 年，荣获“中国餐饮连锁成长十强”荣誉称号；

2008 年，荣获“中国餐饮 AAA 级信用企业”荣誉称号；

2008 年，首次荣获“最佳雇主”荣誉称号；

2008 年，第二次荣获“中国餐饮百强企业”荣誉称号；

2009 年，第四次荣获“慈善年夜饭　关爱贫困户企业”荣誉称号；

2009 年，荣获“中国驰名商标”荣誉称号；

2009 年，第三次荣获“中国餐饮百强企业”荣誉称号；

2010 年，荣获贵阳“最受欢迎的快餐”第三名；

2010 年，荣获“上海市文明餐厅”称号；

2010 年，第四次荣获“中国餐饮百强企业”荣誉称号；

2011 年，第五次荣获“慈善年夜饭　关爱贫困户企业”荣誉称号；

2011 年，第二次荣获“最佳雇主”荣誉称号；

2011 年，荣获《海峡都市报》“放心厨房金牌”荣誉称号；

2011 年，荣获“中国餐饮行业领军”荣誉称号；

2011 年，荣获“中国餐饮行业成长十强”荣誉称号。

布局中国之路，豪享来走得艰难，也走得稳健。中国驰名商标、中国餐饮百强、中国大型餐饮企业、中国餐饮连锁成长十强……这些殊荣加身，豪享来没有停止步伐，依然在坚持自己做牛排的初衷，坚定“牛也力大无穷，俯首孺子亦不逞强，终身事农而安不居功”的企业精神不变。亦相信，豪享来在未来的道路上，会走得更宽，更远。

专　题　篇

Special Topic

B.23

餐饮业肩负非遗保护与传承的历史责任

中国烹饪协会

一　世界非物质文化遗产保护的产生及现状

1959 年，埃及政府打算修建阿斯旺大坝，因为可能会淹没尼罗河谷里的珍贵古迹，1960 年联合国教科文组织发起了“努比亚行动计划”，将当地的珍贵古迹移地重建保护起来。之后，联合国教科文组织会同国际古迹遗址理事会起草了保护人类文化遗产的协定。1965 年美国倡议将文化和自然联合起来进行保护。世界自然保护联盟在 1968 年也提出了类似的建议。联合国教科文组织于 1972 年 11 月 16 日在巴黎通过了《保护世界文化和自然遗产公约》。该《公约》提出对具有突出的普遍价值的文化和自然遗产（即遗迹、遗址及景观）进行特别保护，因为这些文化和自然遗产对全世界人民都具有重要意义。然而，此公约不适用于非物质文化遗产。

非物质文化遗产是指由人类以口头或动作方式相传，具有民族历史积淀和广泛、突出代表性的民间文化遗产，被誉为历史文化的“活化石”、“民族记忆的背影”。联合国教科文组织认为非物质文化遗产是确定文化特性、激发创造力和保护文化多样性的重要因素，在不同文化相互宽容、协调中起着至关重要的作用，因而于1998年通过决议设立非物质文化遗产评选。2003年，联合国教科文组织第32届大会正式通过了《保护非物质文化遗产公约》，并于2006年4月生效。公约规定了世界非物质文化遗产保护的三个名录：人类非物质文化遗产代表作名录、急需保护的非物质文化遗产名录、最佳非物质文化遗产保护实践项目名册（俗称“成功经验汇编”）。截至2011年，已有来自约140个国家的232个项目被列入《人类非物质文化遗产代表作名录》，来自16个国家的27个项目被列入《急需保护的非物质文化遗产名录》，有8个项目被收录到《最佳非物质文化遗产保护实践项目名录》。

二　中国非物质文化遗产保护工作的开展

我国于2004年8月，经全国人大常委会批准加入了《保护非物质文化遗产公约》。2005年，国务院办公厅发布了《关于加强我国非物质文化遗产保护工作的意见》。2011年2月25日第十一届全国人民代表大会常务委员会第十九次会议又通过了《中华人民共和国非物质文化遗产法》，并于2011年6月1日正式施行。我国的非物质文化遗产保护工作已上升为国家文化战略的重要环节，得到党中央和国务院的高度重视。截止到2010年6月，中央和地方省级财政已累计投入17.89亿元用于非物质文化遗产保护。普查、名录体系建设、代表性传承人认定和管理、文化生态保护实验区建立等各项工作得到扎实推进，保护领域不断拓展，从原来的民间文学，传统音乐、舞蹈、戏曲、美术等民族民间艺术，拓展到目前包括传统体育、游艺与杂技、传统技艺、传统医药、民俗等十大门类，内涵更加丰富，内容更加全面，建立了较为完善的国家、省、市、县四级非物质文化遗产名录体系。据不完全统计，目前进入国家、省、市、县四级非物质文化遗产名录体系的非遗项目有7万项。其中公布了国家级非物质文化遗产名录1219项和扩展项目名录311项，省级非物质文化遗产名录4315项；评定公布了1488名国家级“非遗”项目代表性传承人，5590名省级传承人；相继命名了闽南文化、徽州文化、热贡文化、羌族文化、客家文化（梅州）、武陵山区（湘西）土家族苗族文化生态保护实验区等6个国家级文化生态保护实验区，建立了非物质文化遗产博物馆424个、展厅96个，民俗博物馆179个，传习所1216个。同时，我国还积极参与联合国教科文组织实施的非物质文化遗产代表作申报，已有29个项目被列入《人类非物质文化遗产代表作名录》，有7个项目被列入《急需保护的非物质文化遗产名录》，成为世界上入选代表作名录项目最多的国家。

三 对中国烹饪申报世界非物质文化遗产的思考

（一）中国烹饪申遗的必要性

中国烹饪的历史十分悠久，伴随着火的出现，已有50余万年的历史，积累了丰富的经验和知识，它不仅维系着中华民族亿万人的饮食生活，其丰厚的文化蕴涵作为民族文明的一项标志，成为中华民族文化宝库中璀璨的一支，与法国烹饪、土耳其烹饪并称世界烹饪的三大风味体系，对全球烹饪历史进程有着重要贡献，在世界饮食文化的地位是举世公认的。主要体现在以下四个方面：

1. 中国饮食文化内容丰富，博大精深，自成体系

综观中国烹饪，作为一种社会文化现象之存在，它包含烹调技术和运用这一技术所进行的烹调生产活动，烹调生产出的各类食品，运用这些食品所进行的饮食消费活动及其效果，它们包容的全部科学的、艺术的内容，以及由此而衍生出的众多精神方面的产品，这就是中国饮食文化的全部。从原料的选择与加工，炊具的发明与创制，烹调法的改进与提高，食品品种的增加与丰富，以至饮食生活的演进并衍生出众多习俗与礼仪，而且从饮食中使中华民族得以生存、繁衍与发展，这些便构成中国烹饪文化的深厚蕴含和丰富积累。其中，每一个环节都包含有科学的与艺术的内容，使中国饮食文化具有深层次的科学性与高层次的艺术性。中国饮食文化不仅是中华民族的一份宝贵的、丰厚的文化遗产，也是全人类的一份宝贵的、丰厚的文化遗产。孙中山先生说过：“烹调之术本于文明而生，非深孕乎文明之种族，则烹调技术不妙。中国烹调之妙，亦是表明进化之深也。”中国在世界上首创了面条、豆腐等；最早提出“以味为核心，以养为目的”的饮食观点，创立了“五谷为养，五果为助，五畜为益，五菜为充”的膳食结构，讲究食疗。

2. 中国烹饪技艺的丰富多彩，在世界范围独树一帜

这与其烹饪方法灵活多变、火候把握恰当有关。在中国烹饪漫长的发展岁月中，历代专业厨师和普通居家百姓通过实践逐步积累经验，钻研技巧，不断交流，从无到有，从少到多，从简单到复杂，最终创造和发明了举世闻名的众多烹调技法。它内涵丰富，博大精深而又不拘一格，形成了“多、奇、绝”的诱人魅力，这在世界其他国家的烹饪中实属罕见。尤其是“炒”的出现在中国烹饪史上具有划时代的意义，是中国乃至世界菜肴史、烹饪史上的大事。

3. 中国烹饪与民俗、礼仪、节庆活动具有密不可分的关系

中国风俗的表现是多方面的，其中最为重要的一项即是饮食风俗。食俗不仅与地缘、物产等自然条件、经济状况有着必然和不可分割的关系，而且还反映了人们在审美情趣、宗教信仰等方面的文化观念和传统意识。食俗是中国烹饪文化的重要组成部分。食俗一般包括日常食俗、年节食俗、宗教礼祭食俗等内容，并经常反映在一些典型食品中。从文化传统角度来看，食俗在礼仪方面也有着重要意义。年节、生丧婚寿的祭典和宴请活动都是表现食俗文化风格最集中、最有特色、最富情趣的活动。在节日里，通过相应的食俗活动加强亲族联系，调剂生活节律，表现人们的追求、企望等心理以及文化需求和审美意识。而且，从正月开始，一年十二个月中，我国56个民族，无论宗教信仰，逢节日必有特定的食物，许多面点小吃均是从节日食品中发展而来的，如长寿面、春卷、粽子、月饼、腊八粥、年糕、油香、馓子、饽饽、羊肉抓饭、酥油果子等。现在有一种提法，认为中国的民族节日只剩下吃了，这从另一方面反衬出幸亏有了中国的饮食，才使人不能忘记传统节日，其功劳是巨大的，也是无形的。

4. 中国烹饪申遗代表了餐饮行业的心声

我国餐饮行业拥有众多依靠口传身授方式加以承传的烹调技艺。不仅包括各菜系在内的众多地方风味流派，也藏身于各民族饮食习俗之中。2006年开始，我国餐饮界和饮食文化专家学者就开始关注餐饮业非遗工作，呼吁中国烹饪申遗的声音从未停止过，且愈加高涨。几乎在所有的饮食文化研讨会或论坛上，均有业内人士和专家学者提出中国烹饪申报世界非遗的建议，一些专家学者还为此进行了专门研究，搭建了餐饮业非遗保护的理论框架，在学术理论层面廓清了模糊认识，指出了中国烹饪申遗的方向。2008年3月，在十一届全国人大一次会议上，中国烹饪协会副会长、中国烹饪大师、湖南省籍人大代表许菊云受中国烹饪协会委托提出了“关于高度重视中国饮食文化非物质遗产的建议”（第1672号提案）。与此同时，各地的餐饮企业还积极参与地方和国家非遗代表性名录的申报，虽然申报成功率不高，但申报的积极性仍然不减。让我们感到非常欣慰的是，在第二、第三批公布的国家级非物质文化遗产代表性项目名录里，终于有14项与餐饮业有直接关系的非物质文化遗产项目以及1个扩展项目名列其中，涉及25个具体项目，命名了一批国家非遗项目传承人。已申报成功的餐饮企业作为保护单位正在承担着保护非遗的义务，那些被认定的传承人也在发挥着积极作用而广受业内尊敬。可是中国烹饪在世界非遗名录中的缺失，一直是我国餐饮行业的一大憾事。为此，中国烹饪协会不断在各种场合呼吁国家重视中国烹饪申遗，采取切实行动，实现我国餐饮行业的夙愿。

（二）中国烹饪申遗的现状

1. 中国烹饪申遗具有丰富的理论支撑

20世纪70年代末，中国饮食文化研究兴起。随着研究者队伍不断扩大和研究领域逐渐拓展加深，研究的总体水平和成果日益喜人。全国已有上百所高校相继开设了“中国饮食文化”或类似的课程，饮食文化方面的专著、教材和相关图书陆续大量出版。据统计，2006～2010年，中国学术期刊网络出版总库收录的主题为“饮食文化”的学术论文有1262篇。中国饮食文化学术研究的系统框架已基本形成，能够对中餐申遗提供理论支撑。

2. 中国烹饪申遗具有坚实的现实基础

目前，与餐饮有直接关系列入国家级非物质文化遗产代表性项目名录的有14项；列入省级非物质文化遗产代表性项目名录的有240多项，列入市、县级非物质文化遗产代表性项目名录的数以千计，而且正在申报地方和国家名录的项目也越来越多。能够成功入选国家和地方非遗代表性名录，表明这些非遗项目具有展现中国传统饮食文化创造力、维系饮食文化传承性的突出价值；它们立足于中国文化传统，世代相传，具有鲜明的特色。

3. 中国烹饪申遗的紧迫性

2010年11月16日，联合国教科文组织保护非物质文化遗产政府间委员会第五次会议在内罗毕举行。在这次会议上，法国的“法国美食大餐”，希腊、意大利、西班牙、摩洛哥四国联合申报的“地中海饮食”和墨西哥的“传统的墨西哥美食——地道、世代相传、充满活力的社区文化，米却肯州模式”三项餐饮类项目被批准进入联合国教科文组织“人类非物质文化遗产代表作名录”，这是《保护非物质文化遗产公约》生效以来，首次将餐饮类非遗项目列入世界名录。

法国美食大餐等申遗成功，引发了多国餐饮项目竞相申遗的热潮。韩国掀起了为韩国料理申遗的浪潮，希望能为韩国饮食文化在世界非物质文化遗产名录上争个“名分”。日本也由农林水产省与文化厅等机构合作，促使日本饮食文化成功“申遗”。2011 年 11 月 4 日，日本农林水产省在讨论会上正式决定将为日本料理申报世界非物质文化遗产。该会议提交了申遗的最终报告，这份报告将通过文化审议会审核，争取正式申报给联合国教科文组织。此外土耳其粥也已经成功申报。众多外国餐饮业非遗项目的申遗成功或积极准备申遗，加深了中餐申遗的紧迫感。

（三）中国烹饪申遗存在的问题与困难

1. 思想认识的偏差

中国烹饪是否能够作为非物质文化遗产，一直备受争议。根据联合国教科文组织 2003 年 10 月 17 日通过的《保护非物质文化遗产公约》中的定义，“非物质文化遗产”指被各群体、团体、有时为个人视为其文化遗产的各种实践、表演、表现形式、知识体系和技能及其有关的工具、实物、工艺品和文化场所。而且，该组织规定非物质文化遗产只包括：口头传统和表述；表演艺术；社会风俗、礼仪、节庆；有关自然界和宇宙的知识和实践以及传统的手工艺技能。

2011 年 2 月 25 日第十一届全国人民代表大会常务委员会第十九次会议通过的《中华人民共和国非物质文化遗产法》将非物质文化遗产定义为：“是指各族人民世代相传并视为其文化遗产组成部分的各种传统文化表现形式，以及与传统文化表现形式相关的实物和场所。包括：（一）传统口头文学以及作为其载体的语言；（二）传统美术、书法、音乐、舞蹈、戏剧、曲艺和杂技；（三）传统技艺、医药和历法；（四）传统礼仪、节庆等民俗；（五）传统体育和游艺；（六）其他非物质文化遗产。”

法国美食大餐等项目成功申遗，表明联合国教科文组织已经认可餐饮业非遗可以作为“技艺”或“礼仪”申遗。2008 年，中国第二批国家级非物质遗产名录中也首次出现了餐饮业非遗项目。但是，国内一些文化专家却“对某些饮食项目的‘申遗’持保留意见”，认为餐饮业申遗是“商业逐利”。这种认识的偏差严重制约了餐饮业非遗项目进入国家和地方非遗名录，也对中国烹饪申遗造成了一定影响。

2. 未能形成统一、强大的体系

几年来，虽然中国烹饪申遗形成了行业共识，餐饮行业积极支持、热情投入，中国烹饪协会代表行业做了大量卓有成效的申遗工作，但是尚未形成有效的中国烹饪申遗工作机制，没有设立联络、协调各方力量的工作机构，没有强大的资金支持，中餐海外宣传推广的规模偏小，致使中国烹饪申遗步履艰难。

商务部作为行业主管部门，对中国烹饪申遗比较重视，将中国烹饪申遗列入了餐饮业发展规划。文化部作为全国非遗工作的主管部门，一直关注中国烹饪申遗，委托中国烹饪协会为申报主体申报世界非遗。但是，政府部门间的协调欠缺，致使中国烹饪申遗工作中政府指导主体不明确、不清晰，对中国烹饪申遗工作的指导力度有所欠缺。特别是未能组织或指定专门机构统筹运作，中国烹饪申遗未能形成统一的、强大的体系，许多关键工作不能有效开展。

3. 对中国饮食文化的梳理、概括和总结存在困难

中国饮食文化博大精深，内容丰富。几十年来对中国饮食文化的研究虽然取得了重大进展，但是按照联合国教科文组织的规则，从申遗的角度对中国饮食文化的梳理、概括和总结却是个全新课题。中国烹饪以何申遗，就是一个难题。有专家提出，以“中国味道”申遗。认为中餐以“味”为核心，以“养”为目的，“味”是中国饮食文化的关键，也是中餐独有的特色，“中国味道”就是求“味”之“道”，足以概括中国饮食文化。例如川菜作为中国地方风味的代表，就以调味多变，味觉丰富，百菜百味而著称，享有“味在四川”之美誉。但是，“味道”是个人感觉，因人而异，难以描摹。求味之道也难以让评委理解。所以又有专家建议，以“中餐传统烹调技艺”申遗。他们认为，烹调技艺的多样化和菜品的多姿多彩是中餐的写照。但是中餐传统烹调技艺品类繁复，不可能在有限的篇幅里说清楚、说明白。还有专家建议，以四大菜系或八大菜系代表中餐申遗。他们认为，菜系是地方风味流派，以菜系申遗可以很好地弥补前两种意见的不足。但是，无论是四大菜系还是八大菜系、十大菜系，都不足以概括极为丰富的中餐风味。比如，清真菜、少数民族菜等，它们融合在各个菜系之中，不是哪一个菜系所能概括的。这些问题不能突破，我们就不能对中餐做出符合规则的、体现中国饮食文化整体性与多样性的、易于理解和接受的概括。

4. 对中国烹饪申遗的目标定位不准

鉴于2011年“中餐传统烹调技艺”的申报没有被通过的情况，我们反思到：联合国教科文组织《保护非物质文化遗产公约》规定，世界非物质文化遗产保护方面有三个名录：人类非物质文化遗产代表作名录、急需保护的非物质文化遗产名录和最佳非物质文化遗产保护实践项目名册（俗称“成功经验汇编”）。其中《最佳非物质文化遗产保护实践项目名册》是对在实践中已广泛获得认可的项目进行保护。考虑到中餐在世界范围的影响，我们将申报定位于《人类非物质文化遗产代表作名录》，可能有失偏颇，如果今后我们将中餐申遗定位于申报《最佳非物质文化遗产保护实践项目名册》，成功的可能性将大大增加。

（四）中国烹饪申遗的重要意义

1. 中国烹饪申遗是弘扬中国饮食文化的需要

党的十七届六中全会指出，文化是民族的血脉，是人民的精神家园。优秀传统文化凝聚着中华民族自强不息的精神追求和历久弥新的精神财富，是发展社会主义先进文化的深厚基础，是建设中华民族共有精神家园的重要支撑。中华饮食文化是中华文明的重要组成部分，是一种创造，一种选择，一种传承，也是一份责任。保护好它是历史赋予我们的责任，保护好、传承好，也就保存了民族的文化命脉。这对促进经济、社会、文化全面协调发展，构建社会主义和谐社会也将起到积极的促进作用。

2. 中国烹饪申遗是增强国家软实力建设的需要

中和之美是中国传统文化的最高审美理想。中国饮食文化丰富而又和谐，多样而又统一，精华是“善在调味，重在营养，美在造型”，带有浓郁中国文化的和谐色彩和宽容性，对当代世界具有重要借鉴和启示意义。而且饮食文化是一个国家和民族物质文明和精神文明发展的标尺，是一个民族文化本质特征的集中体现，也是考察一个民族的历史文化与心理特征的社会化石。中国饮食文化在华人的文化传承与文化认同，以及在传播中华文化方面都曾发挥了不可替代的重要作用。通过中国烹饪申遗，让世界上越来越多的人民认知、接受优秀的中华饮食文明，有利于传播中华文化的核心价值，更好地增强国家软实力。

3. 中国烹饪申遗是行业健康发展的需要

饮食与文化有着天然的不可分割的联系。从产业发展的角度看，文化要素已经全方位地渗透到餐饮业发展的全过程，传统技艺、食俗、节庆等文化资源日益成为餐饮业发展的基础资源，餐饮产业和饮食文化相互融合，相得益彰，密不可分。要充分认识文化大发展、大繁荣对推动餐饮业发展的重要作用，积极推进餐饮产业与饮食文化紧密融合、共同繁荣。中国烹饪申遗的过程就是从非遗保护的角度，按照国际通行规则对中国饮食文化加以梳理、概括和总结，无论申遗成功与否，都是对中国饮食文化的弘扬，是对中国美食的推广，是对餐饮业健康发展的有力推动。

4. 中国烹饪申遗是推进中餐“走出去”的需要

中餐“走出去”是国家“走出去”战略的重要组成部分，也是我国餐饮业发展的必由之路。目前中餐在海外的整体宣传和推广较为缺乏，使得外国民众对中国饮食文化缺少全面的了解，加上西方少数媒体别有用心的报道，在一定程度上误导了当地民众，损害了中餐的形象，不仅使得海外中餐发展受到很大限制，更使中餐“走出去”步履维艰。为了消除国外民众对中国饮食文化和中餐的隔阂与误解，需要利用中餐申遗的有利时机，大力宣传、介绍中国饮食文化，推广众多的中餐美食，实现中国饮食文化与外国饮食文化的跨文化交流，为中餐在国外发展创造良好的市场环境。

四　中国烹饪协会在中国烹饪申遗过程中开展的工作

自20世纪80年代中国烹饪协会成立起，在国务院有关部门的领导下，以弘扬中国饮食文化为己任，做了大量工件。主要有：整理、编写、出版各种中国烹饪书刊，利用视频、网络加强宣传中国饮食文化。创建和指导饮食类专题博物馆，通过有关的资料、实物等，对宣传中国饮食文化起到了很好的作用。组织各种烹饪技艺交流活动，整理、继承了一批优秀的传统烹调技艺。成立了“中华厨艺绝技表演团”，力求使一大批濒临失传的中华美食厨艺绝技绝活得到拯救。通过举办或参与各种美食节庆活动，达到了宣传、推广中国饮食文化的目的。举办各种研讨会及论坛活动，挖掘整理了近百种濒临失传的饮食“非遗”项目。表彰先进，提升厨师社会地位，使一大批濒临绝迹或失传的烹饪技艺得以传承和保护。

国家开展“非遗”申报和保护工作以来，中国烹协力促餐饮业非遗项目能进入国家“非遗”名录之中。参与协办文化部、国家发改委、教育部、科技部、商务部和北京市政府等举办中国非物质文化遗产传统技艺大展系列活动，开辟中国饮食文化专项展区。选派烹饪技艺、饮食文化专家参加文化部非遗专家组，介入了第二、第三批国家级非遗名录的评审工作，为餐饮业非遗项目进入国家级名录发挥了重要作用。协会的有关领导和专家还应邀参加了一些省级非遗名录的评审工作。特别是2011年年初，应文化部的邀请，协会作为申报主体参加了“中餐传统烹调技艺”世界申遗的申报工作，圆满完成了资料整理、编写、拍摄等任务。

继2006年、2007年、2009年协会与江苏省、苏州市、北京市政府联合举办“餐饮‘非遗’研讨会”之后，2011年，协会又与四川省政府、四川省烹协和李锦记集团联合组织专家学者在对川菜非遗保护进行全面调查的基础上提出了《川菜非物质文化遗产现状、问题及对策研究》的研究报告，举办了川菜申遗研讨会。这是首次发布一个菜系的非遗保护研究报告，首次为一个菜系的非遗保护专门举办研讨会，引起了当地政府、主管部门和行业的重视。

为配合中餐申遗和中餐“走出去”发展战略的实施，协会积极开展多种形式的中餐海外推广活动，与教育部、国新办、国侨办、孔子学院总部等部门进行了多项合作。参与国侨办组织的“文化中国·中华美食”中华厨艺团活动，每年组织数个厨艺团赴国外举办厨艺表演、培训活动。拟在孔子学院总部的统一安排下，由协会组织饮食文化专家和厨艺专家赴孔子学院比较集中的国家，与当地孔子学院共同开展中国饮食文化推广系列活动。目前此项活动正在顺利开展。与联合国教科文组织开展了富有成效的合作，利用该组织提供的平台和机会，在世界范围内开展中华饮食文化的推广活动，取得了积极效果。2010年，在法国巴黎联合国教科文组织总部成功举办了中国美食节，引起轰动，受到联合国教科文组织、法国官方、当地餐饮业社团和民众的欢迎，达到了宣传、推广中国饮食文化的目的。中国驻法国大使馆和中国驻教科文组织代表团为活动的成功举办给予了积极支持。2010年，协会受邀出席了联合国教科文组织在深圳召开的创意城市年会。会后，专门邀请联合国教科文组织主席访问中国厨师之乡顺德，向他及其他联合国教科文组织高级官员现场展示了中国饮食文化的魅力。2010年还接待了联合国教科文组织总干事访华，苏会长、杨会长分别向其介绍了协会对申遗工作的设想，通报了争取中餐申报世界非遗的情况。总干事表示支持中餐申遗的努力。

五　下一步的工作设想

文化部及文化部非遗司非常重视中餐申遗工作，他们希望中国烹协作为文化部委托的申报主体，瞄准工作目标，加快工作步伐，早日实现餐饮行业的愿望。建议中国烹协召开一个专家会议，邀请饮食文化专家、非遗保护专家、对外文化交流专家专门研讨，达成共识，明确方向。对申报项目的名称、内容等都可以修改，也可以推倒重来。重新撰写申报文本资料，制作有自主知识产权的视频资料和照片。同时，支持中国烹协在国内非遗保护工作中积极发挥建设性作用，做好全国餐饮业非遗项目的调查、宣传等一系列的工作。

为此，协会今年将以非遗保护工作为中心，加大饮食文化建设工作的力度，以响应党的十七届六中全会的号召，推动社会主义文化大发展大繁荣，迎接全国餐饮业文化建设的新局面。

一是召开专家工作会议，对中餐申遗的整体规划等问题进行研究、探讨；

二是做好全国餐饮业非遗情况调查，了解现有国家级、省级非遗保护项目的现状；

三是召开一次全国性的餐饮业非遗保护工作研讨会，同时举办全国餐饮业非遗保护成果博览会；

四是帮助、指导餐饮企业或不同地区开展申遗工作，争取编写一本有关非遗内容的宣传手册；

五是争取再次进入中餐申遗的申报工作，重新撰写申报文本，制作视频资料等；

六是恢复“中国烹饪协会饮食文化研究会”的工作，发挥全行业的文化创造积极性，加强餐饮业文化人才队伍建设；

七是做好餐饮企业文化建设调查，了解各地饮食博物馆、纪念馆、研究会等现状，营造鼓励文化创造的良好氛围。

以上这些工作设想，都离不开各地协会、各餐饮企业的大力支持与帮助，需要我们勇于变革、勇于创新，齐心协力，共同奋斗才能完成。

温家宝总理曾指出，“非物质文化遗产是民族文化的精华、民族智慧的象征和民族精神的结晶。非物质文化遗产也有物质性。物质性就是文象，非物质性就是文脉。人之文明，无文象不生，无文脉不传。无文象无体，无文脉无魂。”温总理对非物质文化遗产的内涵、本质和重要性所做的精辟阐述，不仅指明了餐饮行业文化建设的重要性，也指明了我国餐饮行业肩负着非遗保护与传承的历史责任。

B.24

走文化建设之路 促餐饮行业发展

中国烹饪协会

党的十七届六中全会认真总结我国文化改革发展的丰富实践和宝贵经验，从建设社会主义文化强国、实现中华民族伟大复兴的战略高度，提出了把握文化发展规律、增强文化建设，推动社会主义文化大发展大繁荣的时代课题。这对进一步兴起社会主义文化建设新高潮，对夺取全面建设小康社会新胜利、开创中国特色社会主义事业新局面，实现中华民族伟大复兴具有重大而深远的意义。

文化是民族的血脉，是人民的精神家园。它深深镌刻着一个民族的鲜明特征，代表了一个国家的未来方向。在我国五千多年文明发展的历程中，各族人民自强不息，共同创造出源远流长、博大精深的中华文化，为中华民族发展壮大提供了强大的精神力量，为人类文明进步做出了不可磨灭的重大贡献。

饮食，是人最基本的需求，因此，在一定程度上说，饮食文化是一个国家和民族物质文明和精神文明发展的标尺，是一个民族文化本质特征的集中体现，也是考察一个民族的历史文化与心理特征的社会化石。建立在中华文化统一道德观、社会观、价值观基础上的中国饮食文化，历史悠久，博大精深，绚丽多彩，每一个环节都包含着科学和与艺术的内容，其丰厚的蕴涵也成为中华民族文明的一项标志，是人民群众密切关注的民族文化，是中华民族历史文化传承的核心文化，是得到世界广泛认同的经典文化，是全人类的一份宝贵的、丰厚的文化财富，也是国家软实力建设的重要组成部分。

当今时代，文化与经济相互渗透与融合日益深入。文化经济化、经济文化化、文化经济一体化的趋势更加明显，文化与经济互相融合、相互促进、互为支撑、协力前行的发展特点更加凸显，文化与经济结合所产生的创新成果展现出强大的竞争力。从一定意义上讲，没有文化的饮食就没有魅力，饮食与文化有着天然的不可分割的联系，文化要素已经渗透到餐饮业发展的全过程和方方面面，两者相互融合，相得益彰，密不可分。传统技艺、食俗、节庆等文化资源日益成为餐饮业发展的基础资源。充分认识文化大发展大繁荣对推动餐饮业发展的重要作用，推进餐饮产业与饮食文化紧密融合、共同繁荣，这既是经济社会发展的客观要求，也是推动文化大发展大繁荣的必然要求和重要途径。因此，我们首先要将饮食文化建设列入行业的重要工作范畴，要充分认识文化在当今时代越来越成为综合国力竞争的重要因素，越来越成为经济社会发展的重要支撑，要高度重视文化产业发展对于经济社会发展的重要意义，使之成为新的经济增长点、经济结构战略性调整的重要支点、转变经济发展方式的重要着力点。其次，要通过文化建设提升我国餐饮行业的整体素质，加强行业文化基础建设，重视企业文化建设，参与公共文化服务，推进诚信建设，完善职业道德体系；要树立节能减排、绿色低碳的饮食文化理念，树立典型，交流经验；要打造中国餐饮业国家非物质文化遗产框架，力争使中国餐饮进入世界非物质文化遗产名录，推动中国餐饮走向世界，使中国美食成为全球共享健康食品，使中国烹饪理念成为世界餐饮主流文化。

作为全国餐饮行业组织的中国烹饪协会，自成立以来，特别是近年来，始终把文化建设放在工作的重要战略地位，积极配合各级政府机构，团结各级行业协会，带动众多餐饮企业，做了大量行业文化建设方面的工作，推动了行业文化建设和餐饮产业共同发展。

一　探索行业价值体系，加强行业文化建设

中国饮食文化凝聚着中华民族自强不息的精神追求和历久弥新的精神财富，是餐饮业发展的深厚基础，是建设餐饮行业核心价值体系的重要支撑。近年来，协会坚持思想理论创新，引领全行业准确把握餐饮业发展的实际，及时抓住重大问题，总结新鲜经验，对餐饮行业核心价值体系做出了初步探索。

餐饮行业核心价值体系是社会主义核心价值体系在餐饮行业的本质体现和主要载体，是餐饮行业思想文化建设长期积淀形成的精神成果。行业核心价值观、行业使命、共同愿景、餐饮精神、诚信经营和职业道德构成了行业核心价值体系的基本内容，六个方面的内容相互联系、相互贯通、相互促进，是一个有机统一的整体，明确餐饮行业的发展方向、时代责任、价值取向，是引领餐饮行业从业人员奋发向上的思想基础，是实现餐饮业科学发展的重要推动力量。

餐饮行业核心价值观应当是："提供餐饮服务，创造美好生活。"这是餐饮行业核心价值体系的高度凝练和科学概括，阐明了行业发展的根本任务和核心价值追求，是行业发展的本质导向。餐饮行业要自觉坚持科学发展，积极履行社会责任，努力改善人民物质文化生活，提供安全、健康、便捷的餐饮服务，实现员工全面发展、促进社会和谐进步。

餐饮行业的使命应当是："传承祖国优秀饮食文化，发展现代餐饮服务体系。"我们肩负传承祖国传统饮食文化的历史使命，创造健康美味的菜品；我们顺应现代生活需求，提供舒适周到的服务；我们追求科技进步，发展绿色餐饮；我们坚持行业文明、企业进步、员工发展相协调，努力成为和谐社会建设的实践者。

餐饮行业的共同愿景是："成为广受社会信赖和尊敬的行业。"餐饮行业是生活服务业，与人民大众朝夕相处，紧密联系。只要我们以精湛的技艺和热情的服务为民所想、为民所急，必将赢得人民群众的信任和赞誉。

餐饮行业的精神应当是："传承辉煌，追求卓越。"餐饮精神是行业核心价值体系的精髓，是民族精神和时代精神在餐饮业的生动体现，是餐饮业先进典型精神内核的高度概括，是广大从业人员共同创造的精神财富，是餐饮行业履行自身使命、实现共同愿景的强大动力，代表了餐饮行业广大从业人员的思想意志和精神风貌。我们以弘扬优秀的传统饮食文化为已任，并在此基础上与时俱进，不断创新，为灿烂的祖国饮食文化增添时代光彩。

餐饮行业的诚信经营应当是："遵守法律法规，执行行业标准，加强行业自律，维护公平竞争的市场秩序。"餐饮食品既涉及营养和健康，也关乎卫生与安全。餐饮行业的诚信经营必须包括食品安全的内容。餐饮企业要勇于承担社会责任，坚持消费者身体健康和生命安全高于一切，牢固树立卫生、安全第一的观念。要提升管理水平和服务水平，加强企业管理，强化产品质量管理、人力资源管理、供应商合同管理、安全管理，完善企业各项工作规范和流程。经营中诚实守信，菜品定价遵循公平、公开的原则，明码标价、事先告知，保证菜点供应质量。提供规范优质服务，践行服务承诺，满足消费者的餐饮服务需求。

餐饮行业的职业道德，应当是与餐饮服务活动紧密联系的符合职业特点所要求的道德准则、道德情操与道德品质的总和。基本要求是："爱岗敬业、诚实守信、服务群众、奉献社会。"它既是对餐饮业职工在职业活动中行为的要求，同时又是职业对社会所负的道德责任与义务。其中，爱岗敬业是职业道德的基础，餐饮行业直接面向社会，与群众利益息息相关，要求餐饮行业工作者要热爱本职工作、履行岗位职责；诚实守信是职业道德的精髓，餐饮行业与民众的营养需求和身体健康直接相关，要求行业工作者做到诚实、诚恳，讲信义、守信用；服务群众是职业道德的基本要求，服务是餐饮行业的本质属性，做好服务是餐饮行业的突出主题；奉献社会是职业道德的最高境界，行业工作者要将奉献社会作为职业道德建设的出发点和归宿，在奉献中实现自我价值。

二　坚持思想理论创新，推动行业持续发展

改革开放三十多年来，随着人民生活水平不断提高和生活方式与消费观念的逐步转变，我国餐饮业在改善民生、拉动消费、繁荣市场、吸纳就业、增加税收以及促进社会和谐等方面发挥着越来越重要的作用，成为拉动内需的重要一环，取得了令人瞩目的显著成果。为了保持行业的可持续发展，协会通过组织中国餐饮产业发展大会等一系列大型活动，认真学习贯彻党和国家关于餐饮产业发展的方针政策，通过不同主题的宣讲，传递着最新的理论指导和最佳的实践经验，引领餐饮产业深化改革开放，加快转变发展方式，积极倡导和大力弘扬改革开放以来餐饮行业形成的一系列新思想、新观念、新风尚，准确把握餐饮业发展的实际，做出新的理论概括。

三　重视文化基础建设，增强行业品牌意识

（1）为发掘传统饮食文化的底蕴，近年来，协会根据历史和现实影响，命名了一批菜系之乡和饮食文化名城、名镇、名街、名店，认定表彰了一批名菜、名点、名小吃。这些菜系之乡和饮食文化名城、名镇、名街、名店，以及名菜、名点、名小吃不仅在历史上有着重要影响，在饮食文化的弘扬上也做出了突出贡献，而且一直延续到现在，仍然对餐饮业发展和饮食文化建设起着标志性、示范性作用。

（2）为推动我国餐饮市场的发展与繁荣，加强中国烹饪技艺的传承与创新，协会除了每年举办中国厨师节以及各种类型的烹饪竞赛和技艺交流活动，组织全

国厨艺绝技演示活动，还命名了一批中国烹饪和餐饮服务大师、名师。这些大师名师不仅技艺高超，是中国烹饪技艺和餐厅服务最高水平的代表，而且传道授业，勤于耕耘，肩负着中国烹饪技艺和餐厅服务传承与创新的历史使命。

（3）饮食文化是人类文明的一个重要组成部分，也是地域文化的重要一环。充分利用好地方特色资源，办好一个特色文化节庆活动，不仅能促进文化的交流，还可以推动城市经济的发展，丰富人们的物质生活和精神生活，对提高城市文化品位，打造城市品牌具有不可估量的重要作用。因此，协会多年来在不同地区，会同各级政府部门、各级行业协会举办各种类型的美食节庆活动，对继承弘扬和创新发展传统饮食文化、促进当地的文化生活及经济发展，起到了很好的作用。

（4）为树立行业品牌的意识，宣传行业榜样的作用，协会每年都进行年度餐饮百强企业的评选活动。目前，这一活动的影响不仅在行业越来越大，而且还成为了广大新闻媒体关注的行业标志性活动。另外，由餐饮世界杂志开展的年度十佳企业、十大人物评选，也越来越受到业内外广泛的关注。

四　注重中国饮食典籍的出版，构建行业文化的传播体系

（1）协会先后组织专家点校、注释了一批重要的烹饪古籍，编写了《中国烹饪百科全书》、《中国烹饪大辞典》、《中华饮食文库》等重要工具书以及200余种饮食类书籍，拍摄了《中国烹饪技法》、《中国八大菜系》等多种影像节目，对推动我国饮食文化研究的进一步深化、传播推广中华美食发挥了积极有效的作用。

（2）为提高行业文化建设的辐射力和影响力，协会创办了《餐饮世界》、《中国餐饮》杂志，主办了《中国餐饮年鉴》，编写了《中国餐饮业发展报告》，开办了官方网站、各类专项网站和官方微博，每天都传播着大量的有关行业发展的信息。

五　完善餐饮行业非遗框架，建立中国餐饮传承体系

2004年，经全国人大常委会批准，我国加入了《保护非物质文化遗产公约》。2005年，国务院办公厅发布了《关于加强我国非物质文化遗产保护工作的

意见》。2011 年，《中华人民共和国非物质文化遗产法》正式施行。我国的非物质文化遗产保护工作已上升为国家文化战略的重要环节，得到党中央和国务院的高度重视。目前，已建立了较为完善的国家、省、市、县四级非物质文化遗产名录体系，进入四级非物质文化遗产名录体系的非遗项目有 7 万余项。同时，我国还积极参与联合国教科文组织实施的非物质文化遗产代表作申报，已有 29 个项目被列入《人类非物质文化遗产代表作名录》，有 7 个项目被列入《急需保护的非物质文化遗产名录》，成为世界上入选代表作名录项目最多的国家。

2006 年开始，我国餐饮界和饮食文化专家学者就开始关注餐饮业非遗工作，呼吁中国烹饪申遗的声音从未停止过，且愈加高涨。2008 年 3 月，在十一届全国人大一次会议上，中国烹饪协会副会长、湖南籍人大代表许菊云受中国烹饪协会委托提出了“关于高度重视中国饮食文化非物质遗产的建议”（第 1672 号提案）。与此同时，各地的餐饮企业还积极参与地方和国家非遗代表性名录的申报，虽然申报成功率不高，但申报的积极性仍然不减。目前，列入国家级非物质文化遗产代表性项目名录的有 15 项（其中 1 个为扩展项目）与餐饮业有直接关系，涉及 25 个具体项目；列入省级非物质文化遗产代表性项目名录的约有 240 项；列入市、县级非物质文化遗产代表性项目名录的数以千计，而且正在申报地方和国家名录的项目越来越多。能够成功入选国家或地方非遗代表性名录，表明它们具有展现中国传统饮食文化创造力的突出价值，对维系中国饮食文化传承具有重要意义。

针对中国餐饮的世界非遗申报，协会近年不断在各种场合呼吁国家重视中国餐饮申遗，采取切实行动，实现我国餐饮行业的夙愿。2010 年，联合国教科文组织保护非物质文化遗产政府间委员会通过了法国的“法国美食大餐”，希腊、意大利、西班牙、摩洛哥四国联合申报的“地中海饮食”和墨西哥的“传统的墨西哥美食——地道、世代相传、充满活力的社区文化，米却肯州模式”三项餐饮类项目为“人类非物质文化遗产代表作名录”。这是《保护非物质文化遗产公约》生效以来，首次将餐饮类非遗项目列入世界名录，也间接推动和加快了中国餐饮申遗的步伐。

2011 年初，应文化部和中国非物质文化遗产中心的邀请，协会作为申报主体参加了“中餐传统烹调技艺”世界非遗的申报工作，圆满完成了资料整理、编写、拍摄等任务。但由于各种客观原因，最终没能如期向联合国教科文组织提交申报材料。分析原因，我们感到：世界非物质文化遗产保护方面有三个名录，即人类非物质文化遗产代表作名录、急需保护的非物质文化遗产名录和最佳非物质文化遗产保护实践项目名册，其中《最佳非物质文化遗产保护实践项目名册》是对在实践中已广泛获得认可的项目进行保护。考虑到中国餐饮的实际社会地位以及在世界范围的影响，我们将申报只定位于《人类非物质文化遗产代表作名录》，可能有失偏颇，如果今后我们将中餐申遗定位于申报《最佳非物质文化遗产保护实践项目名册》，成功的可能性将大大增加，也更符合中国餐饮的实际情况。

六　树立企业社会形象，指导企业文化建设

多年来，协会一贯积极倡导餐饮企业建设优秀的企业文化，强调餐饮企业文化建设中树立科学发展观，关心人、尊重人、理解人和信任人。倡导企业的全体成员有共同的价值观念，有一致的奋斗目标，形成向心力，优化企业文化素质，讲究经营之道，培养企业精神，塑造企业形象，为企业发展提供动力和保证。

同时，协会还通过组织书法、美术、摄影、演讲、表演比赛等形式，搭建公益性文化活动平台，广泛开展群众性文化活动，引导餐饮企业职工在文化建设中自我表现、自我教育、自我服务。积极依托重大节庆和民族民间文化资源，组织开展群众乐于参与、便于参与的文化活动。

七　借鉴海外饮食文化成果，推动中国餐饮走向世界

中国餐饮“走出去”是国家“走出去”战略的重要组成部分，也是我国餐饮业发展的必由之路。目前中餐在海外的整体宣传和推广较为缺乏，使得外国民众对中国饮食文化缺少全面的了解，加上西方少数媒体别有用心的报道，在一定程度上误导了当地民众，损害了中餐的形象，不仅使得海外中餐发展受到很大限制，更使中餐“走出去”步履维艰。为了消除国外民众对中国饮食文化和中餐的隔阂与误解，协会一直强调以更加开阔的视野、更加博大的胸怀对待外来饮食文化，学习借鉴一切有利于我国餐饮业发展的有益经验和优秀成果。每年都积极组织国内的餐饮企业赴海外参观考察，精心设计参观内容，力争有所收获。同

时，协会还热情传播“三资”企业先进的经营管理理念和机制，与外国餐饮机构、企业保持着良好的合作关系，为他们进入中国市场提供便利，也为中餐企业“走出去”牵线搭桥。积极开展多渠道多形式多层次对外文化交流，利用一切机会，广泛参与中餐海外宣传活动，大力宣传、介绍中国饮食文化，增强中餐在世界上的感召力和影响力，推广众多的中餐美食，实现中国饮食文化与外国饮食文化的跨文化交流，为中餐在国外发展创造良好的市场环境。2010 年，协会在法国巴黎成功举办了中国美食节，引起轰动，受到法国官方、联合国教科文组织、当地餐饮业社团和民众的欢迎，达到了宣传、推广中国饮食文化的目的。此外，受国务院侨办委托，多次组织中国烹调技艺表演团赴世界各地展示丰富多彩的中国饮食文化。

八　高举文化创意大旗，推动理论研究繁荣

行业的发展离不开行业理论研究的繁荣和深化。协会积极倡导和推动餐饮经济学的创立和发展，使之更好地发挥认识世界、传承文明、创新理论、咨政育人、服务行业的重要功能。初步建立了以重大现实问题课题为纽带，通过招标的方式组织建立课题组，同时对课题研究进行全过程监管，并保证经费投入。强化餐饮学术研讨活动的组织，开好各个层次、类别的研讨会、论坛。这些学术研讨活动，通过精心组织，避免泛论空谈，流于形式，提高了学术气氛，在学术上有所收获。坚持主题报告制度，每次研讨会都要有紧扣餐饮业实践需要的主题报告。

为全面贯彻落实党的十七届六中全会精神，今后协会仍将以促进行业文化建设为己任，一如既往地会同各级政府机构、各级行业协会、餐饮企业，团结广大热衷饮食文化的人士，在餐饮行业的文化建设工作方面重点做好以下几项工作：

一是大力做好全行业的文化基础建设工作。充分认识党中央提出的建设社会主义文化强国战略目标的伟大意义，以及文化大发展大繁荣对推动餐饮业发展的重要作用，推进餐饮产业与饮食文化紧密融合、共同繁荣，把行业核心价值体系融入行业精神文明建设过程，体现到企业经营管理的各方面；不断挖掘、整理、保护、开发和弘扬众多的饮食文化资源，使其不仅能传承发展下去，也能为餐饮

企业品牌树立、持续发展，进而为社会提供优质的餐饮服务带来巨大的推力；恢复“中国烹饪协会饮食文化研究会”的工作，加强餐饮业文化人才队伍建设；做好餐饮企业文化建设调查，了解各地区饮食博物馆、纪念馆、研究会等现状，营造鼓励文化创意的良好氛围。

二是倡导广大餐饮企业全面建设以树立科学发展观为核心的优秀的企业文化。支持和帮助企业将餐饮行业核心价值体系贯穿于自主创新、产品质量、食品安全、营销服务等方面的文化建设中，着力打造源于主业且能够让消费者长久认可、在国内外市场上彰显强大竞争优势的品牌；引领企业在文化建设过程中牢固树立以人为本的思想，尊重劳动、尊重创造、尊重知识、尊重人才，用美好的愿景鼓舞人，用宏伟的事业凝聚人，用科学的机制激励人，用优美的环境熏陶人；团结各级行业协会加强职业教育培训工作，加大培训规模，优化培训结构，调整培训内容，为解决行业人才短缺出一份力。

三是加强餐饮业非遗传承保护工作。积极发挥各级行业协会在国内非遗传承保护工作中的建设性作用，做好全国餐饮业非遗项目的调查、宣传等一系列工作；组织非遗保护单位、非遗保护项目传承人和餐饮企业召开全国餐饮业非遗保护工作研讨会，探讨传统技艺和饮食文化的挖掘整理、传承保护、创新发展，并帮助、指导餐饮企业或相关地区开展申遗工作；争取举办全国餐饮业非遗保护成果博览会，编写针对餐饮行业的有关非遗内容的宣传手册；广泛征求意见，专门研讨，集思广益，达成共识，明确方向，继续做好中餐申报世界非遗的工作，力争使中国餐饮早日进入世界非遗名录。

任重道远，责任重大，历史使命，发展机遇；我们各级行业协会要进一步解放思想，团结一致，求真务实，在各级政府机构和相关部门的支持下，创造出餐饮行业文化建设的新局面。

B.25

2001～2011年我国饮食文化研究综述

王 晋 于干千*

我国饮食文化研究始于20世纪初，但其热潮直至20世纪80年代初才兴起。随着我国社会经济的不断发展和对外开放的持续进行，饮食文化作为中国文化的一大瑰宝在中国国内发展建设和对外交流展示中显现出越来越重要的作用和深远的影响，因此，国内越来越多的学者逐渐关注和重视饮食文化的研究，并产生了大量的研究成果。这些研究成果既有共同点，也存在分歧，因此非常有必要对这些研究成果进行梳理和归纳，以指导后续进一步深入研究。

笔者以"饮食文化"为主题词检索《中国学术文献网络出版总库》，获得9100多篇相关文献，而2001～2011年就有7100多篇相关文献，显然近十年是我国饮食文化研究快速发展的十年。本文通过较为全面的文献调查，就2001～2011年间我国饮食文化研究状况进行评析，以期对饮食文化的理论研究和实践发展有所裨益。笔者经过梳理发现，目前我国饮食文化研究的文献主要体现在以下几个方面。

一 饮食文化的基础理论研究

（一）饮食文化的定义研究

关于饮食文化的定义，贾岷江、王鑫将目前国内学者的研究分为狭义和广义两大类（《扬州大学学报》2009年第3期）。狭义的饮食文化专注于饮食的精神方面。毛丽蓉认为，所谓餐饮文化指的就是通过食物、烹饪以及餐具、就餐的形

---

* 王晋，云南大学公共管理学院讲师；于干千，云南财经大学教授。

式等体现出来的价值观念、习惯方式和被人们普遍接受、沿袭相传的各种习俗[①]。广义的饮食文化则同时关注饮食的物质和精神两个方面。巢夫认为，餐饮文化包括：观念文化——围绕餐饮活动所产生的一切思想、观念和认识等观念形态的东西；制度文化——直接用以规范企业群体以及职工个人行为准则的一种文化现象，亦称为“行为文化”；环境文化——包含着企业外部与企业内部的诸多内容；伦理文化——在社会中人与人之间的道德关系、情感的表达方式及其行为规范，以及烹饪文化、面食文化、小吃文化、药膳文化、烹具文化、器皿文化、食俗文化、服务文化[②]。张少飞认为，中国饮食文化的内涵包括：饮食物质文化、技术文化、意识文化，以及养生文化、艺术文化与社会文化等方面[③]。

另外，有些学者提出了“烹饪文化”的概念。巢夫认为，烹饪文化只是餐饮文化中的一个分支，是指饭菜烹制过程中所体现出来的文化现象，它包括各种动植物原料的鉴别、取料和使用，灶具、火候的运用和掌握，调料、佐料的配制和使用，以及各种原材料的配伍和饭菜的烹制技能。说到底，它只是一种技能文化。而餐饮文化则不同，首先它是一种行业文化，它对整个餐饮行业的形成与发展，对餐饮企业的兴衰都起着重要的制约或促进使用。同时它又是一种民俗文化，各个地域的民众习惯吃喝什么，各种节令、季节需要吃喝什么，都有一定的道理和讲究。[④] 其他多数学者都普遍认为烹饪文化应属于饮食文化的一个组成部分。

（二）饮食文化的特点研究

关于饮食文化的特点，已有一些学者进行了探讨，例如，金炳镐认为，中国饮食文化的特点在于：继承性和发展性、层次性、地域性、民族宗教性（《黑龙江民族丛刊》1999 年第 3 期）。王子辉认为，注重快捷方便、崇尚绿色天然、讲

① 毛丽蓉：《餐饮文化建设中的扬弃》，《金华职业技术学院学报》2003 年第 2 期。

② 巢夫：《餐饮文化的范围及内容（上）》，《烹调知识》2004 年第 9 期；巢夫：《餐饮文化的范围及内容（中）》，《烹调知识》2004 年第 10 期；巢夫：《餐饮文化的范围及内容（下）》，《烹调知识》2004 年第 11 期。

③ 张少飞：《中国饮食的文化内涵》，《郑州航空工业管理学院学报（社会科学版）》2005 年第 6 期。

④ 巢夫：《餐饮、餐饮文化及其特点》，《烹调知识》2004 年第 7 期。

究营养平衡、强调口味清淡、鉴赏异俗奇食、追求身心愉悦将是未来中国饮食文化发展的六大具体走向（《中国烹饪研究》1999 年第 4 期）。近年来一些学者在前人研究的基础上进行了一定的补充和完善。朱基富认为，饮食文化具有民族性和涵摄性。饮食文化的民族性主要体现在传统的食物摄取、食物原料的烹制方法及食品的风味特色以及由不同原因形成的不同的饮食习惯、饮食礼仪和饮食禁忌等几个方面；饮食文化的涵摄性是指在一种饮食文化和另外一种饮食文化相碰撞时表现的既不全盘否定，也不全盘吸收的一种特性。① 曾辉认为，中国饮食文化基本特征包括：多样性、统一性、等级性、伦理性，他认为中国饮食文化具有鲜明的伦理性，中国饮食文化的伦理性主要体现在饮食的礼仪上，伦理性特征是中国饮食文化与世界各国饮食文化相区别的最为鲜明重要的特色（湖南师范大学 2011 年硕士学位论文）。王赛时提出了中国饮食文化的精髓“和”的鲜明特征，他认为，中国人用吃的方式来表诉了自己的思想与观念，其中最重要的表诉就一个“和”字，饮食之“和”既追求身体与食物的合宜状态，也追求人与社会的文化境界，中国饮食烹饪以“和”为要素而构建物质形态，中国饮食以“和”为中心而构建精神形态。②

（三）饮食文化的功能研究

有关饮食文化的功能研究，巢夫认为，饮食文化是提高餐饮企业整体素质和从业人员服务水平的主要途径，是继承和发扬中华民族传统文化的一个重要方面，是提高企业竞争能力、增强经济效益的有效途径，是促进餐饮企业建立现代企业制度、向现代化企业发展的重要手段，是餐饮行业进行爱国主义教育、加强精神文明建设的内容之一（《烹饪知识》2004 年第 8 期）。周全霞认为，饮食除了满足人类发展的营养功能外，在社会文化中还具有饮食成礼、激发艺术思维、陶冶性情、和谐人际关系等功能（《科教文汇》2007 年第 3 期）。贾岷江、王鑫认为，总的说来，饮食文化的个体功能主要可以归纳为：生理功能——解决温饱、营养和治病的问题；社会功能——实现社会交际和娱乐需要；审美功能——得到感官的刺激和心灵的愉悦。其中，中国饮食文化的社会功能和审美功能尤其

---

① 朱基富：《浅谈饮食文化的民族性和涵摄性》，《吉林商业高等专科学校学报》2005 年第 4 期。

② 王赛时：《中国饮食文化的精髓——和》，《扬州大学烹饪学报》2010 年第 1 期。

突出，得到了众多学者的关注。而饮食文化的企业功能则是提高餐饮经营水平，实现其经济和社会职能的目的。[①]

（四）中国饮食文化的发展趋势研究

我们研究饮食文化的过去和现在，目的是更好地把握饮食文化的未来发展趋势，从而将中华饮食文化这个民族瑰宝发扬光大。王子辉认为，注重快捷方便、崇尚绿色天然、讲究营养平衡、强调口味清淡、鉴赏异俗奇食、追求身心愉悦将是未来中国饮食文化发展的六大具体走向（《中国烹饪研究》1999 年第 4 期）。毛丽蓉认为，餐饮文化建设，就是要扬其精华、弃其糟粕。扬真善美文化之根本，扬真诚服务之理念，扬民族餐饮之特色；弃粗俗低级之意识，弃排场铺张之陋习，弃暴力残忍之行为。以文化魅力在竞争中稳固并不断拓展市场，以丰富、高尚的文化内涵升华人们的人格、净化人们的心灵（《金华职业技术学院学报》2003 年第 2 期）。季鸿昆就从饮食文化的学科定位、内地人民食物生产和饮食生活概况的变化、中华饮食文化传统、食品安全和营养科学、饮食文化社团和学术交流、食科教育、饮食文艺、餐饮行业和餐饮文化等 8 个方面讨论新中国成立 60 年我国饮食文化的变化过程，既总结已取得的成绩，也不回避发生的争论和存在的问题，并对未来我国饮食文化的发展趋势进行了一定的展望（《扬州大学烹饪学报》2010 年第 1 期、第 3 期）。

二　中外饮食文化比较研究

中外饮食文化比较研究是关于中国与外国饮食文化之间相互比较、交流、融合等现象的研究。目前我国关于中外饮食文化的研究主要集中在中日饮食文化比较研究、中韩饮食文化比较研究和中西方饮食文化比较研究三个方面。

（一）中日饮食文化比较研究

日本是与中国一衣带水的“邻邦”，自古以来各方面深受中国的影响。中日饮食文化交流了两千多年，有着深切的文化血缘，日本的饮食文化与中国有着许

---

① 贾岷江、王鑫：《近三十年国内饮食文化研究述评》，《扬州大学烹饪学报》2009 年第 3 期。

多相同之处，但是又存在很大差异，我国很多学者都非常关注中日饮食文化的比较研究。郑雅珂从饮食文化特点、茶道文化、饮食习惯三个方面阐述了中日饮食文化的差异性，进而揭示日本文化的精髓——传统与现代充分结合，崇尚自然并且兼并东西（《吉林华桥外国语学院学报》2006 年第 2 期）。吉牧从待客方式、菜肴的烹饪方法及见面时的问候语着手，分析了中日饮食文化的差异及其形成的原因，提出应该有一个健康的饮食习惯（《和田师范专科学校学报》2007 年第 1 期）。李直认为，中国重视的是食物本身，日本人则对器具有更深的讲究。对味觉和视觉的不同追求造就了中日不同的饮食文化。朴素、自然的味道与洗练的文化的结合——这就是日本料理的真髓；而中国菜的制作方法是调和鼎鼐，讲究的是分寸，是整体的配合，可以说中国菜中包含的是哲学①。方海燕通过对中日饮食关系的探讨和分析，发现日本的饮食正如日本文化一般充满了极大的混杂性。“混杂”一词，不仅反映了日本饮食的特征，也概括了日本文化的特征［《科技信息（科学教研）》2008 年第 4 期］。

（二）中韩饮食文化比较研究

韩国是中国的友好近邻，但两国有着不同的历史、文化和习俗，两国的饮食文化既有共同点也存在差异。随着中韩饮食文化交流的不断深入，越来越多的学者开始关注韩国饮食文化和中国饮食文化的比较研究。文英子认为，韩国是发酵食品的王国，酱类和泡菜类发酵食品一直是韩国副食的主旋律，此外，辣椒和凉拌菜也是其饮食特点所在（《扬州大学烹饪学报》2007 年第 1 期）。贾莉娜认为韩国饮食文化虽然不如中国饮食文化那么博大精深，但是勤劳智慧的韩国人民同样把对生活的美好憧憬与礼仪孝的文化信念根植在韩食，最终形成了独特的韩食文化。② 金菩提对中韩两国相似或相同节日的风俗、饮食进行比较，区别其异同，然后再从地理环境、宗教影响、传统文化等因素分析中韩两国饮食文化差异的原因，最后总结出中韩两国在饮食文化方面的异同点及其现实意义（中央民族大学 2009 年硕士学位论文）。王书明认为古代中国以儒家文化为载体，通过儒家文化在世界的传播影响着周边其他国家的饮食文化，尤其是对作为中国邻邦的

① 李直：《中日饮食文化比较》，《商业文化（学术版）》2007 年第 5 期。

② 贾莉娜：《中韩饮食文化对比》，《齐齐哈尔师范高等专科学校学报》2009 年第 4 期。

韩国，更是影响深远。通过研究中韩各自饮食文化的特点，探讨中国传统饮食文化对韩国饮食文化的影响，有助于促进中韩两国更好地进行交流与合作（《科技信息》2011 年第 20 期）。

（三）中西方饮食文化比较研究

中西文化历来是世界文化的两大派系，而饮食在两个文化中都占有非常重要的地位，因此很多学者对中西饮食文化进行了大量的比较研究。我国中西方饮食文化的对比研究主要集中在我国与以美国、法国为代表的西方饮食文化的对比研究上，并从价值观、跨文化、民族文化心理、文化地理等角度分析中西饮食文化的差异和交流融合。姜毓锋从美式食物、美式餐馆、美式烹饪以及美式用餐习俗等几个方面对美国饮食文化进行了介绍（《大学英语》2006 年第 3 期）。玉笛认为世界上最懂得美食意义，并用它来充实生活和提高生活质量的民族不外乎法国和中国。所以这两个国家的美食史不仅与它们的文明史一样的悠久，而且还成为本国文明史的一个部分。[①] 魏瑜芬认为中西不同的价值观念造成了中西方人们在饮食内容、烹调方法、饮食方式等方面的差异（《渭南师范学院学报》2009 年第 6 期）。张洪萍认为，饮食文化差异是跨文化交际中影响交际结果的因素之一，并从跨文化角度对中西饮食文化进行对比研究，了解中西饮食文化的差异与不同（《天津职业院校联合学报》2010 年第 6 期）。刘立新、王东根据自己几十年从事西式餐饮的经验，提出中西文化之间的差异造就了中西饮食文化的差异，在两种不同的文化背景下，中西方饮食习俗，不论在其观念、性质，还是在其方式、对象等诸多方面，所存在的差异都是非常鲜明的（《烹饪知识》2007 年第 8 期）。徐炎从心理文化层面剖析，在西方饮食文化影响下中国人社会饮食心理的变化；从文化、经济和政治角度探究近世中西文化视域下中国饮食文化新变之因素；从价值观上探讨中西方饮食文化之优劣以及中西方饮食文化交流给我国饮食文化的发展带来的新的价值观念（江南大学 2008 年硕士学位论文）。单士坤、王敏从民族文化心理出发，剖析了中西方饮食文化的具体差异，并分析了造成此差异的深层哲学根源。他们认为不同国家和民族在饮食文化方面表现出各自的独特性，而这种独特性也能从侧面反映出一个民族的性格、思维方式等（《山东省农业管

① 玉笛：《法国的饮食文化》，《上海调味品》2005 年第 1 期。

理干部学院学报》2005 年第 2 期)。孙婧认为中西方餐饮文化的差异归根结底还是感性与理性之间的差异，透过不同的饮食文化可以看到中西的传统文化和风俗，不同的思维方式和处世哲学的碰撞与融合（《商丘职业技术学院学报》2011 年第 4 期)。孙太群透过中美不同的文化价值观，主要对饮食观念、饮食结构和餐桌礼仪三方面的饮食文化内涵进行了研究，并分析了中美饮食文化的对立统一性，以及二者相互融合的趋势，最后指出了中式快餐业发展的对策。[①] 鲁莉、曹诗图从饮食餐具、饮食内容、烹饪方法、进餐座次、饮食方式、饮食观念等几个方面对中西方饮食文化进行比较，并从文化地理的角度进行了原因分析，探讨中西饮食的借鉴内容和融合的思路，并对中西饮食文化融合的趋势进行了展望。[②]

三　中国饮食文化的历史研究

中国饮食文化源远流长，历史璀璨，研究中国古代饮食文化史是为了更好地总结我国饮食生活的经验教训，取其精华，去其糟粕，为进一步提高与改进我国人民的饮食生活，为我们今天的物质文明和精神文明建设提供借鉴。[③] 目前我国饮食文化历史研究主要分为秦汉、魏晋南北朝、唐宋、明清等不同历史时期的饮食文化研究。

陈文华从饮食结构、烹饪技术、进食方式和饮食器具等方面详细全面地介绍了春秋战国、秦汉时期的饮食文化（《农业考古》2007 年第 4 期)。丁晶通过历史考证认为，秦汉时期在以汉族统治者为主导的战争、贸易、迁徙活动中，粮食、肉类、蔬菜、瓜果、饮料等饮食内容开始全方位突破地域界限，在与周边少数民族地区的流动中趋向融合，也为华夏饮食文化圈的形成奠定了基础，为秦汉以后的饮食文化交流拓展了新的渠道。[④]

王玲探讨魏晋南北朝时期饮食的地区性差异和社会环境对饮食文化的影响，

---

① 孙太群:《中美饮食文化的对比研究》,《齐齐哈尔大学学报》(哲学社会科学版) 2009 年第 1 期。

② 鲁莉、曹诗:《中西饮食文化比较及文化地理分析》,《四川烹饪高等专科学校学》2007 年第 3 期。

③ 黎虎:《略论中国古代饮食文化研究》,《扬州大学烹饪学报》2008 年第 3 期。

④ 丁晶:《秦汉饮食文化交流》,《扬州大学烹饪学报》2006 年第 2 期。

并考察了胡汉饮食文化饮食原料与成品的交流、加工方法与饮食方式等方面的交流，借助于社会学、人类学的一些理论考察了胡汉饮食文化从初期的抗拒到最后的融合过程，并探讨了胡汉饮食文化交融的意义（华中师范大学 2002 年硕士学位论文）。李杰介绍和分析了魏晋南北朝时期烹饪原料的逐渐丰富、烹饪技术和方法的变革、胡汉饮食烹饪技术的交融、饮食著作的大量出现等历史问题（山东大学 2008 年硕士论文）。王静认为魏晋南北朝的饮食文化交流除了物态层面上的交流外，还有精神层面上的交流（《南宁职业技术学院学报》2008 年第 4 期）。

王惠认为，宋代饮食原料的来源不断增多，食品加工和制作技术也更加成熟，饮食业打破了坊市分隔的界限，酒楼、茶仿、食店等饮食店遍布城乡各地，出现了前所未有的繁荣景象。宋代在饮食业的布局、营业时间、饮食结构以及进食方式上都得到了改进，并形成了简朴的饮食观。① 周智武认为，唐宋时期，随着北方士民的大量南迁和中原先进文化的南传，南北经济文化有了频繁的交流。这不仅促进了东南经济的发展，而且对东南饮食文化也产生了重要的影响，促进了东南沿海城市饮食业的兴旺。② 刘朴兵认为唐宋饮食文化有着许多显著的不同。唐代饮食文化深受游牧民族和异域风情的影响，具有鲜明的“胡化”色彩，宋代饮食文化的“胡化”色彩则大大减弱。唐代饮食文化显得豪迈粗犷，宋代饮食文化则显得细腻精致。唐代饮食文化的贵族化色彩显著，宋代饮食文化的平民化色彩突出。唐代饮食文化的发展基本上局限于自然经济的范畴，而宋代饮食文化中的商品经济因素则显著增多。③

明清时期的饮食文化研究侧重于中外饮食文化的交流和融合，张旗、谢有斌认为，清代是中西饮食文化交流的重要时期，分为闭关自守和门户开放两个阶段。第一阶段中西饮食文化交流的规模和力度都受到极大的限制，交流的时间短，交流内容局限于高档菜肴和广东地方特色菜，并以西方人对东方餐饮文化的感受为交流特点；第二阶段中西饮食文化交流的规模和力度空前增强，中国人接触西餐的机会明显增多，西餐的影响扩大了。同时，大规模的海外移民，推动了

---

① 王惠：《试论宋代饮食文化》，《南宁职业技术学院学报》2006 年第 1 期。

② 周智武：《唐宋南北经济文化的交流与东南饮食文化的发展》，《南宁职业技术学院学报》2007 年第 2 期。

③ 刘朴兵：《略论唐宋饮食文化的差异》，《殷都学刊》2008 年第 3 期。

中国饮食文化的广泛外传。① 侯波分别从食品食料、饮食器具、饮食习俗三个方面对明清时期中国与东南亚地区的饮食文化交流进行了较为系统的探讨，分析了中国饮食文化如何影响东南亚地区的饮食与民俗，对中国饮食如何吸收外来的饮食文化作出归纳总结，并强调了中外使节、海贸商人、华人华侨在中国与东南亚地区的文化交流中发挥了重要的桥梁作用。②

四 中国民族饮食文化研究

中国的饮食文化在漫长的历史发展中伴随着中华文明的发展不断积淀，形成了独具特色的传统，正是由于历史上在中华大地生存和繁衍的不同民族的饮食文化相互交流和借鉴，中国饮食文化才能不断发展完善，于今蔚为大观。中国有55个少数民族，各民族在长期的历史发展过程中形成了特色鲜明的饮食文化，越来越多的学者开始关注少数民族的饮食文化研究，目前我国的民族饮食文化主要集中在民族饮食文化的历史变迁和民族特色研究。蒋英从川西少数民族与以川菜为代表的汉族饮食文化交流和变迁的角度，运用民族学、人类学、社会学、历史学、经济学等学科的一些理论和方法，研究在现代社会背景下，民族间饮食文化的交流和变迁，进而探讨在现代社会发展中如何保护和传承民族传统饮食文化。③ 方铁阐述了云南饮食文化形成的自然环境、影响云南饮食文化的历史因素、云南饮食文化的内涵与基本特征等问题（《社会科学战线》2007年第3期）。刘明新、李自然认为，满族饮食文化可划分为三个类型：保留了较多的传统饮食文化特质的东北满族饮食文化，具有稳定性和传承性特征；入乡随俗的直省驻防满族饮食文化，具有开放性和包容性特征；水准最高的京旗满族饮食文化，八方文化荟萃的北京使满族饮食文化的发展性特征得到高度体现。④ 全信子认为，朝鲜族饮食文化以其重保健、重食疗，崇尚自然、融合多元，精诚细作，讲究美感和手功的饮食特征和文化内涵，成为中华民族饮食文化中一颗奇异的明珠（《南

① 张旗、谢有斌：《清代中晚期中西饮食文化交流》，《扬州大学烹饪学报》2003年第4期。

② 侯波：《明清时期中国与东南亚地区的饮食文化交流》，暨南大学2006年硕士学位论文。

③ 蒋英：《川西各民族饮食文化研究》，中央民族大学2010年博士学位论文。

④ 刘明新、李自然：《满族饮食文化的形成与发展》，《中央民族大学学报》（哲学社会科学版）2004年第4期。

宁职业技术学院学报》2010 年第 4 期）。包羽认为，黔东南地区由于其特殊的自然地理环境和各少数民族特别是苗族、侗族大杂居、小聚居的特点，形成了苗、侗民族独特的饮食文化，主要表现在独具民族特色的风味食物和极具内涵的酒文化方面［《黔东南民族职业技术学院学报（综合版）》2010 年第 2 期］。买提库尔班·买吐迪详细全面地从历史和社会的角度对维吾尔饮食文化的历史来源，维吾尔饮食器具的主要类别、制作方式、主要原料、形式、使用方式、与器具有关的审美观念，以及历史上和现今的状态进行详细介绍和探讨。以维吾尔人的宗教信仰观念、价值观念、审美观念、自然和生命观念为基础，科学、深入、全面地诠释与维吾尔饮食文化有关的各种习俗（新疆大学 2007 年博士学位论文）。龙明锋认为，湘西苗族饮食文化的主要特点有：食品原料种类繁多野生原料突出；餐饮器具古朴、原始取材源于自然；烹饪加工方法多样、突现民族特色；饮食风味特色鲜明、以酸辣香型为主；饮食习俗风格独特、文化底蕴浓厚（《扬州大学烹饪学报》2004 年第 4 期）。刘朴兵认为，壮族的饮食文化习俗具有三大特点：喜食福米食品，喜食生腌酸辣，饮食礼俗丰富多彩（《南宁职业技术学院学报》2007 年第 1 期）。

五　中国名人、名著饮食文化研究

目前我国有部分学者比较专注历史名人的饮食文化观念的研究和某些名著所涉及的饮食文化的研究，从而揭示某一历史时期的饮食文化，同时突出名人、名著对中国饮食文化的贡献。

赵建民认为，管仲的富国强兵以“民食”为重的治国战略和饮食思想，对后世齐鲁饮食文化的形成与发展产生了极其重要的影响（《扬州大学烹饪学报》2011 年第 1 期）。刘少和认为，孙中山在东西饮食文化领域进行过深入的比较与研究，并从政治战略的高度对人类这一最基本的物质生活给予了深刻的关注，将其纳入《三民主义》和《建国方略》之中，构成了孙中山思想体系的独特方面——东西饮食文化观（《扬州大学烹饪学报》2001 年第 1 期）。张惠姝把袁枚诗文中的饮食文化作为主要研究对象，用袁枚的其他文学作品及其同人的文学作品为佐证，从袁枚饮食文化的基本内容、袁枚与酒文化的关系、袁枚的饮食与交际、《随园食单》中的饮食文化等四方面进行具体研究（山东师范大学 2010 年硕士学位论文）。

陈军认为，《尚书》是我国最早的政事史料汇编，内容繁杂，其中部分史料反映了许多有价值的古代社会的饮食文化：丰富繁多的饮食物，新颖精致的酒器物和鉴往开来的饮食观。[①] 赵玫分析了《红楼梦》中的丰富饮食文化内涵，揭示《红楼梦》中饮食描写与小说思想、艺术的关系，并指出明清之际的文化背景和曹氏家世传统是造成小说中出现频繁的饮宴描写的原因，总结了曹雪芹在饮食描写方面的艺术贡献（浙江大学2007年硕士学位论文）。慈云双全面考察了《儒林外史》中饮食的地域性与层次性，考证《儒林外史》中叙写的多样饮食原料与饮食品种，阐明复杂的饮食加工方法和流传情况，全面论述了《儒林外史》中的大量饮食民俗，结合吴敬梓的思想构成揭示民俗活动中的饮食行为所反映的富有传统色彩的饮食思想（江南大学2007年硕士学位论文）。范丽花以《世说新语》为主要研究资料，通过对魏晋士人饮食的特色、饮食时尚以及饮食文化发展的原因等方面的研究，得出结论：从饮食结构的视角看，魏晋士人饮食文化具有很大特色；这一时期，士人饮食文化中出现了很多饮食时尚，并都有独特的内涵；士人的饮食文化在魏晋时期显得尤为光彩夺目，这与社会经济、科学技术的发展，南北饮食文化的交流，士族的积极参与是分不开的。[②] 李建凤认为，《水浒传》小说重点描写了梁山人物族群的饮食生活面貌；《水浒传》中的饮食文化有市井特点、侠士特点、少数民族特点和商市特点；《水浒传》中的饮食描写蕴含了丰富多元的饮食文化心态；《水浒传》中颇有争议的关于食人的描写在历史上确实存在，诠释出了“民以食为天”的深刻内涵（江南大学2008年硕士学位论文）。

六　中国饮食文化的应用研究

目前中国饮食文化的应用研究大多是关于饮食文化与旅游开发的探讨，大都结合当地饮食文化特点提出开发饮食文化旅游的对策措施。熊姝闻结合成都的实际情况和本地特色，提出了饮食文化旅游产品的开发设想：增加游客的参与性，发展体验性饮食文化旅游，让游客亲手制作，身临其境；根据不同主题，举办旅

① 陈军：《〈尚书〉饮食文化研究》，《扬州大学烹饪学报》2003年第2期。

② 范丽花：《〈世说新语〉中魏晋士人饮食文化研究》，江南大学2007年硕士学位论文。

游美食文化节，从而激发游客的兴趣；根据饮食文化品牌和地理位置建立美食地标，使游客易吃、乐吃；发扬成都特色的三国文化、利用农家乐优势，设计饮食文化特色旅游线路，使旅游者得到一次流连忘返的饮食文化旅游过程。[①] 胡晓远、朱多生、田华在对四川饮食文化资源充分分析的基础上，从旅游资源开发的角度，提出了建立川菜文化博物馆，设立川菜质量标准体系，打造川菜知名品牌等新的观点和开发措施，对四川旅游的功能提出了新的思路（《四川烹饪高等专科学校学报》2007 年第 1 期）。周书云认为，从旅游视角看，开发好地方饮食文化，可从以下方面着手：突出地方饮食文化的特色，挖掘地方饮食资源的文化，兼容并蓄、创新地方饮食品种，建设美食一条街，发展美食旅游，加大宣传地方饮食的力度，加强联合参与认证培育饮食文化品牌。[②] 周爱东认为，饮食文化产业体系是自然存在的，但近些年来，传统饮食体系在逐渐解体，而新的体系还没有完善，导致饮食文化的发展陷入了一个困境。解困之道即在于用文化来整合产业，构建新的产业体系，尤其是要注意与其他文化产业的联合。[③]

七　中国饮食文化专题研究

中国饮食文化的专题研究主要指某种原料、某一食类、某一菜系或某种器具的专题性研究。

肖云忠、苏玉琼通过对成都地区消费者关于川菜文化消费观念和行为的调查，发现川菜文化社会分层功能集中体现在川菜消费认知和行为与消费者个人和客人的社会身份地位密切相关，川菜文化的符号消费价值胜过其实用价值，具有炫耀性、品位性、区隔性、类别性特征。川菜、阅历、面子和交际是影响川菜文化社会分层功能的四个重要因素，正是以阅历、面子和交际为代表的消费的社会性成为川菜文化社会分层功能最深刻的内在根据，川菜企业和消费者共同建构了川菜文化的符号价值，呈现出川菜企业和消费者社会分层的现实表象。[④] 王赛时

---

① 熊姝闻：《成都饮食文化资源的旅游开发》，山东大学 2011 年硕士学位论文。

② 周书云：《旅游视角下地方饮食文化开发措施探析》，《黑河学刊》2010 年第 8 期。

③ 周爱东：《扬州饮食文化产业体系研究》，《扬州大学烹饪学报》2011 年第 2 期。

④ 肖云忠、苏玉琼：《川菜文化的社会分层功能及影响因素研究》，《扬州大学烹饪学》2010 年第 3 期。

提出，现代鲁菜不但继承了历史鲁菜的精华遗传，而且还吸纳了最新的时代元素和科研成果，攀升到更高的境界，应从历史与现实相结合的科学视角出发，对鲁菜文化进行新时代的探讨和重新评价，从而提出了全新的理论观点，纠正了以往鲁菜概念和定义的偏差（《扬州大学烹饪学》2008 年第 3 期）。

金文伟、万斐分别从饮食文化中食物与餐具的角度、饮食文化中地域与经济的角度探讨了我国陶瓷餐具的设计问题（《陶瓷研究》2009 年第 2 期）。史珞从设计学的角度，研讨湖湘饮食文化发展沿革，及其对湖湘地区餐具造型特点发展的影响，为如何设计出符合湖湘地域饮食文化特色的现代餐具这个课题找到设计学上的解决方案（湖南大学 2010 年硕士学位论文）。文艺通过对土家历史渊源中有着本土饮食文化特色的陶瓷餐具具体造型要素的研究，提炼出其中土家饮食器具中的文化艺术精髓；从历代土家餐具的演变与发展中找寻独特的设计元素、设计灵感，将其运用到土家现代日常餐具的再设计之中。① 边文竞详细地分析了传统饮食文化影响下的中西方餐具设计和现代饮食文化影响下的中西方餐具设计的问题（吉林大学 2008 年硕士学位论文）。

姚勤智认为，山西以小杂粮为主的面食文化在全国独树一帜，其形成因素特殊，品种繁多，结构独特；特殊的饮食习俗也是饮食王国中的一大景观。他尝试对这些特征给予挖掘和阐释，以使山西面食文化内涵能更多地为世人所了解［《山西师范大学学报（社会科学版）》2004 年第 1 期］。黄德民等对我国不同时期花椒饮食文化从多角度进行比较探源，深入发掘其深层次的文化和历史原因（《中国调味品》2006 年第 1 期）。

综上所述，近十年来我国饮食文化研究取得了丰硕的理论成果，这些优秀成果为中国饮食文化的进一步研究提供了丰富的资料和宝贵的经验，使中国饮食文化研究呈现出良好的发展势头和前景。然而，目前关于中国饮食文化的研究及其成果也表现出了明显的缺陷和不足：

一是研究视野偏向于中国传统饮食文化，关于当代中国饮食文化的研究内容较少，通常只有少量论文进行浅层次研究；

二是研究主题偏向于对中华美食文化的赞扬与追求，对于中国传统饮食文化中的糟粕成分疏于批判，关于当代中国饮食文化现状的反思也并不多见；

---

① 文艺：《基于本土化的土家族餐具设计研究》，江南大学 2009 年硕士毕业论文。

三是从非物质文化遗产角度研究中国饮食文化的论文较少，这是今后应当引起学界关注的问题，也是中国传统饮食文化走向国际的必由之路；

四是偏向于从民族学、人类学、文学和历史学的角度研究，较少从社会科学和自然科学（如现代医学、经济学、管理学、社会学和心理学等学科）的角度研究；

五是研究成果还存在“为研究而研究”的问题，研究成果对餐饮产业的实践指导意义较弱。

B.26

强化监管要素
不断完善食品安全监管体系

周 慧　阎荣舟　李凯明*

胡锦涛总书记指出，食品安全是关系人民群众身体健康和生命安全的一件大事。一定要坚决贯彻执行《食品安全法》，以对人民群众高度负责的精神，加大监管力度，严把食品安全关，确保广大人民群众都能吃上放心的食品。

为充分了解当下我国食品安全形势，把握食品安全事件背后的原因，分析现有监管体制存在的问题，为决策部门提供理论和实践参考，中央党校《党政干部参考》杂志社食品安全问题研究课题组于 2011 年下半年奔赴各地，就食品安全监管的问题，进行走访和实地调研，与几个省市县区食品安全监管的相关人员做了充分的沟通，考察研究食品安全监管在各个层面的运行情况、存在的问题，并提出了相应建议。

一　当前我国食品安全监管存在的突出问题

管理学认为，监管就是采用相应的管理体制确保人、财、物、信息按照一定的规律实现最优配置。要素配置恰当，各种要素就能够良性配合运行，实现系统效应；若配置不恰当，各种要素就难以发挥出整体效应，甚至还会互相抵消。根据这一观点，我国食品安全监管存在的突出问题是：各种监管要素配置不科学，体制机制不顺；投入不足，导致监管的人、财、物等要素缺乏，即监管人员、监管经费、监管设备严重不足；反馈机制不完善，信息不通畅，即监管信息不能共

* 周慧，中央党校《党政干部参考》杂志社常务副总编，教授。中国烹饪协会专家委员会委员，北京市安全生产专家；阎荣舟，中央党校中国干部学习网副总编，经济学博士后；李凯明，中央党校政治学硕士研究生。

享，信息收集、整理、发布不规范、不及时、不透明；缺少整体协调机制，食品安全预警机制不完善等。

（一）监管体制不顺——分工有余、合作不足

尽管中央和地方政府都建立了食品安全委员会，但只有中央一级有专门的食品安全委员会办公室，而省（直辖市）一级一般都设在卫生厅（局），由卫生厅（局）长兼任省（直辖市）食安办主任，承担日常协调工作。但在实际操作过程中，由于卫生部门对同级部门缺乏必要的协调手段和资源，导致监管体制的各部门之间分工监管有余，合作协调不足。突出表现在以下几个方面：

1. 卫生部门的协调能力不足

要想让不同监管部门的监管达至最好效果，必须要有好的整合协调机制。这就要求卫生行政部门，尤其是承担具体协调任务的食安办掌握一定的资源和手段来协调整合各监管部门。但在调研中我们发现，食安办的协调、整合能力与所担负的繁重任务相比，远远不够。

（1）缺少专职人员。尽管省市县都已成立食安办，但其工作人员多为兼职或临时借调人员，例如，某省食安办、省卫生厅食品安全综合协调处具体负责全省食品安全的协调工作，但整个处室只有处长和副处长两名正式人员，其余则都是借调人员；某市食安办没有正式工作人员，仅靠卫生部门食品协调科2名兼职人员开展工作。因此，无论从精力和能力上，只能救火式地忙于日常文电、会议等事务性工作，无法发挥食安办协调综合的作用。

（2）缺乏协调手段。省级食安办一般都设在省（市）卫生厅，由卫生部门负责协调食品安全各监管部门，但由于卫生部门与各监管部门属于平行部门，没有行政和业务上的隶属关系，因此协调压力较大。同时，卫生部门还要协调包括工商、质检等部分条管部门，由于缺乏必要的协调手段，难度更大。此外作为区级政府而言，区卫生部门要协调规划等部门，而区级政府的特殊性决定了规划部门等都是市里直属的，这更增加了协调的难度。因此，地方食安办的现有工作仅限于文电传达、会议召集等事务性工作，与中央的要求和食品安全严峻形势的需要相比，相距甚远。

2. 各监管部门之间信息沟通不畅

调研中发现，涉及食品安全的多个部门相互之间沟通不畅、联系不紧、责任不明的现象普遍存在，监管链条中有比较明显的“缝隙”和“盲区”。

（1）缺乏信息共享。在某疾控中心，我们了解到，当该部门拟对猪头肉的质量、安全性进行检测监管时，却没有本地猪头肉生产企业、加工单位的准确名单，导致样本抽取核对困难。在与某地相关部门负责同志座谈过程中，我们也了解到，食药部门与疾控部门之间很少进行信息沟通，导致经常对同一食品进行重复检测。食品安全监管成员单位之间缺乏沟通机制尤其是信息资源共享机制，一个部门对其他部门的工作状态不了解，失去了多部门监管的系统优势，造成了本已有限的监管资源的巨大浪费，降低了监管效率。

（2）技术标准不统一。《食品安全法》颁布之前，我国食品安全标准体系包括不同部门制定的食品安全标准：一是卫生部门制定的标准；二是农业系统制定的主要针对初级产品的食品安全标准；三是工商、商务等部门制定的主要针对流通环节的安全标准；还有专门的进出口检验标准等。标准多元、不统一。《食品安全法》指出："国务院卫生行政部门应当对现行的食用农产品质量安全标准、食品卫生标准、食品质量标准和有关食品的行业标准中强制执行的标准予以整合，统一公布为食品安全国家标准。"但在调研中，我们了解到，由于正处在标准整合和制定过程当中，食品安全标准不可避免地出现了真空，新标准未出、老标准不统一，甚至空白。正如某工商局负责同志所言，这种标准的不统一给监管工作带来了不必要的麻烦，导致食品经营者与监管者严重的对立，降低了政府食品监管的公信力。

（3）重复监管，各自为战。就食品安全监管任务而言，现有的人财物资源远远不能满足工作需要。但同时，监管资源重复浪费的现象非常突出。首先，重复监管。比如超市，多个部门都负有监管职责，超过200平方米的超市，市场工商要周周抽检，疾控部门也要去取样抽检。其次，各自为战。人员方面，本身从事食品安全监管的专业人员就不多，还分散在不同监管部门，导致监管力量薄弱；设备方面，各地各个部门都想搞自己的一套检测设备，导致低端、普通监测设备重复购进，利用率低，缺乏高精尖监测设备。

（二）监管要素缺乏——人员缺、经费少、设备陈旧

1. 人员缺

在调研过程中，地方负责同志反映的突出问题是工作人员短缺。主要表现为两方面：第一，总量不足。比如某疾控中心有240个编制，存在缺口120余人；某质监局，有55个人，却要监管260多家认证企业和3000家小作坊、无证摊

点；某区县畜牧局只有18个编制，却要面对全县小、散、乱的生猪及其他牲畜养殖者。各个部门的编制都是几年前甚至十几年前核定的，最近几年业务量和工作范围有了大幅度增加，而人员编制却几乎没有增加，这种职能与编制的矛盾很大程度上制约了工作的正常开展。第二，人员结构不合理。现有工作人员中，普通工作人员较多，真正从事食品安全监管的技术人员缺乏。如某地质监局50多人，只有7人从事食品安全技术工作，而且知识结构、技术结构老化。

2. 经费少

经费短缺是基层职能部门普遍反映的存在的困难。主要表现为两方面：首先，检验检测经费短缺。按照现有的政策法规，检验检测的产品由国家财政购买，但相关费用并未列入财政专项预算，因此，每年的检验费用都是由检验部门自己争取，经费来源不稳定。但由于食品安全检验任务不断加重，检验频次增多，导致经费严重缺乏。比如，某区县质检部门反映，上级部门现在对奶制品要求批批检测，但检测费用并不能足额保证，这就导致工作打了折扣。其次，经费与责任分配不合理。现在，质检、工商实行的是省级以下垂直管理，但食品安全地方政府承担第一责任，质检、工商部门在食品安全监管中承担主要的监管责任，但相关的经费地方并没有法定的负担义务，导致质检、工商部门责任大，经费少，困难多。

3. 设备陈旧

食品安全监管，靠科学，靠设备。但各级、各部门技术设备严重短缺。比如，某疾控中心的设备大多是十几年前的，某药监局领导甚至戏称现在的检测还停留在“用眼看，用鼻子闻，用嘴尝”的阶段。而且各级同志普遍反映的一个问题就是快速检验设备的匮乏。因为食品安全尤其是蔬菜、水果等产品对检测的时效性要求很高，而以现在的设备水平很多食源送到省里20天才能得到分析结果。所以急需快速检验设备，而这些设备价格高昂，地方很难负担。

（三）信息分散滞后——信息收集、整理、发布不规范、不及时、不透明，信息互通共享机制不健全

信息是现代社会的生命。食品安全信息一定程度上存在社会“信任危机”，即民众对于政府发布的食品安全消息、澄清公告等信任度不高，这是基层同志反映很强烈的问题。比如食品添加剂问题，实际上合法添加剂是食品工业所必需的，但一经网络炒作、传播，就变成了“凡是添加剂就是有害的”，对政府相关

部门的一些合理解释也置之不理。出现这种“信任危机”，一方面是由于政府信息发布机构分散，信息不全面、缺乏科学数据支撑，信息的收集、整理、发布流程不规范、不及时、不透明；另一方面，各职能部门之间缺乏信息共享机制，仅靠联席会议、信息通报等传统方式简单沟通，缺乏部门间电子信息沟通平台，无法实现信息的实时、互动、互联、互通的信息化管理新格局。容易造成媒体误导民众，导致民众和政府的信息处于不对称的状态，引起民众与政府的误会甚至隔阂。

（四）重追责轻预防——缺乏食品安全风险评估预警机制

食品安全监管要惩防并举，以防为先。由于缺乏食品安全风险评估预警机制，所以一旦出现食品安全事故，往往是已经造成了比较严重的后果，不仅给群众的生命财产造成了不可估量的损失，而且盲目的问责也造成了基层工作的被动。应该说实行问责制，对那些失职、渎职的负责人追究责任，进行处罚是必要的，但调研过程中很多一线同志反映，现在的问责制很多情况下不能做到具体问题具体分析，发生问题就处理干部。这种盲目问责造成了一些不良后果：一是重处理监管人员，轻处罚违法企业。一旦出现事故，往往第一时间把监管人员就地免职，而不论其是否尽了监管责任；二是出现问题就调整干部，新上来的干部对情况不了解，容易贻误处理问题的最佳时机；三是不科学的问责机制致使食品安全监管部门的领导和工作人员出现畏难情绪，工作压力沉重。所以，行政机关一方面要坚定不移地推进干部问责制度，另一方面要提高问责的科学化水平，真正发挥问责制应有的作用。

我国的食品安全风险评估预警机制基本上从零起步。根据《食品安全法》的要求，2009 年底，卫生部成立了国家食品安全风险评估专家委员会，2010 年开始制定国家食品安全风险监测计划，2011 年卫生部筹备建设国家食品安全风险评估中心，各省市的食品安全风险评估预警机制还处于探索阶段。

二　不断完善我国食品安全监管体系

（一）理念先行：以人为本高度重视食品安全，建设食品安全文化

不说我国偏远地区的食品安全问题，仅就北京市的居民天天要去的农贸市场

来说，大部分的卫生条件都极差，并屡屡查出问题，没有一家让人买着放心。如果政府高度重视，以北京市各区县现有财力来说，应当是有办法解决好的。关键是政府的执政理念，政府是不是高度重视，是不是真的做到以人为本。科学发展观的核心是以人为本，发展的成果必须由人民共享。食品安全对于各级政府而言，不仅仅是稳定问题或者是吃的安全问题，还是对群众的态度问题、政治使命问题。安全不直接产生 GDP，但同样是政绩，是实实在在的、人民群众感受得到的政绩。领导干部要从以人为本的高度认识食品安全，即不仅仅考虑食品总量满足需要，更要注重食品的品质达到标准，符合群众要求。只有树立了这样理念的政府才是以人为本、科学发展的政府，才是能够为人民群众带来实实在在利益的政府。

加强食品安全文化建设，实现以人为本促进食品安全生产，靠文化的力量走安全长治久安之路，体现科学发展观的内在要求，是确保食品安全生产稳步发展的重要举措。在食品生产过程中，人是最关键的因素，加强道德教育，形成浓厚的食品安全意识，具备相应的安全技能，是减少各类食品安全事故的关键和基础保障。要树立正确的安全发展理念，高度重视食品安全工作，狠抓机构、制度建设，全面落实安全生产责任制。加强食品安全文化建设，提高全民安全意识和安全素质，是促进食品安全文明生产的有效途径，也是构建和谐社会的必由之路。各级党委和政府，应切实加强对食品安全生产宣传工作的领导，形成党政工群齐抓共管的食品安全监管体系。

（二）制度完善：充分发挥食安办的协调作用，完善相关工作机制，加快推进食品安全监管体制改革与创新

1. 充分发挥食品安全委员会及其办公室的协调作用

就中央和地方而言，食品安全委员会是决策机构，食品安全办公室是主要的协调机构。食品安全委员会一般由行政首长或常务副职兼任，成员为食品安全相关成员单位的一把手，工作力度和权威性比较大，所以，要充分发挥其决策中枢的作用，强化其科学作出食品安全监管大政方针的作用；同时，要尽快充实完善省市县区各级的食安办，重点起到协调、信息上传下达的作用。食安委的相关决策在相关职能部门予以落实后，工作情况必须向食安委报告。对于那些条管的业务部门，可以充分发挥本级政府的统一领导和协调作用，大的问题可以由政府与

其沟通，协调解决。

把信息平台建设作为加强食安办协调作用的主抓手。在多部门监管的体制下，实现信息资源共享是协调好食品安全监管各个职能部门，解决监管效率的关键所在。有了信息共享平台，各部门的质量才能相互了解。信息共享平台实际上也是一个工作信息备案平台，可有效防止推诿扯皮。因此，可以先行试点设立地方范围内的食品安全信息管理平台，由食安办进行管理，实现信息公开、共享，防止重复检测，并可作为问责制的依据，改变现有的出了问题后责任不明的局面，避免问责制弱化为处理干部，而不能解决问题的尴尬。

2. 完善食品安全监管的法律体系

《食品安全法》是食品安全法律体系的坚实基础，今后还应不断完善相关立法和配套规章，这是依法治国、依法执政的客观要求。一是根据形势变化适时对《食品安全法》进行修订和完善；二是加强专项立法，比如如何认识和对待转基因食品等；三是完善相关工作具体规章，如各地、各级都要根据《食品安全法》的要求建立完善的工作机制和应急预案等。

3. 建立食品追溯制度

食品安全需要从源头抓起，从生长期、养殖期就保证监管到位，而且保证进入流通领域的食品都有自己的身份档案。在德国，食品追溯制度应用的一个典型便是为鸡蛋编码。为确保质量，每个鸡蛋上都印有一串编码，这些编码就像是鸡蛋的“身份证”，根据它能查出鸡蛋来自哪国、哪地和哪个饲养场。如果鸡蛋质量出现问题，有关部门可以一直追查到饲养场或鸡笼。在我国，建议可以考虑让农业部门和畜牧部门承担这项工作，为进入流通领域之前的产品进行身份登记，建立追溯制度。

4. 调整经费拨付制度

现在的食品安全经费，都是放在卫生经费的大盘子中，不单列。所以，每年的专项费用是不确定的，涉及多部门之间的利益调节，导致原本就紧张的经费更加捉襟见肘。建议考虑设立专门、单列的食品安全经费拨付机制，在年初的财政计划中单列向社会公布，形成硬约束。

（三）社会参与：落实企业主体责任，推进基层网格化管理

1. 落实企业主体责任

政府对于食品安全有着责无旁贷的责任，但同样不能忽视的是企业（生产

者、流通者）对于食品安全的主体责任。尤其在现阶段，食品生产者呈现小、散、乱的特点，企业的主体责任在某种程度上更为重要。政府在通过立法加重惩罚问题企业及其经营管理者的基础上，应通过以下措施保障企业主体责任的落实。一是督促规模企业设立专门的食品安全检验员，小型企业可以聘请兼职食品安全检验员，检验员的资质由政府相关部门予以认定，而这可以作为工商给予资格认证的约束性条件之一；二是赏罚分明，对于那些食品安全长期合格的企业可予以资格认定，作为向消费者推荐的产品，对于那些食品安全出现问题的要予以重罚，问题严重的予以取消市场准入资格；三是可以开展食品安全企业评级，将评级结果定期向社会发布，对消费者予以引导；四是对企业负责人进行主体责任培训，使其认识到企业在食品安全中的第一责任。通过这样的引导，使企业能够认识到，企业自身是食品安全的第一责任主体，丝毫马虎不得，必须采取措施、下大气力抓好，这既是对消费者、社会负责，也是为企业自身长远发展考虑。调研过程中我们了解到，山西省灵石县在这方面有着比较成功的经验，主要是灵石县工商局对企业相关人员进行知识和能力的培训，督促企业增强主体责任意识和履行能力，收到了明显成效。

2. 在基层设立食品安全信息员，推进基层网格化管理

食品安全监管体制的一个突出问题是基层断线，在乡镇、社区一级没有专门的信息员和负责人。这样就导致下面的一些情况不能及时反映上来，上面的一些工作部署也不能真正落实下去。所以，可以考虑借鉴北京市东城区网格化管理的先进经验，把乡镇、社区划分为若干网格，在各网格设立食品安全信息员，负责相关信息的上传下达、食品安全知识普及、营养搭配等工作。

（四）依靠群众：坚持从群众中来、到群众中去，发挥群众在食品安全监管中的主力军作用

中央十分强调加强和创新社会管理，重视加强群众工作。从某种意义上而言，做好食品安全工作本身就是群众工作的一部分，因为这牵扯群众的切身利益，与人民群众息息相关。所以，食品安全工作要一切为了群众，把人民群众的满意度作为最高标准，坚持从群众中来、到群众中去的工作方法。

1. 取信于民

要将食品安全工作的全过程置于群众监督之下，提高政府信息的公信度，改变目前群众在食品安全问题上某种程度存在的“不信政府信流言”的状态。一是通过食品安全信息发布平台和超市中的食品信息查询平台，向群众第一时间传递食品安全信息，让群众了解到我们日常食用的食品有什么成分、是否安全，谣言止于智者，相信这种公开、透明会解决信息公信度的问题；二是如果出现食品安全问题，要第一时间进行信息发布，让老百姓知道出了什么问题、现在是什么情况、政府在进行怎样的处理，防止群众被社会上一些不负责任的甚至别有用心的信息误导。如果条件允许，可以在出现问题时，邀请群众代表加入问题调查组，保证调查结果的权威性；三是加强与媒体的沟通，通过媒体对社会舆论加以正确引导，防止错误报道带来的谣言蔓延。

2. 问计于民

要充分发挥人民群众在食品安全监管工作中的积极性，鼓励群众举报有安全隐患的食品和厂家，对于举报属实的可以进行现金奖励；就重要问题举办听证会、座谈会，听取群众的意见和呼声，了解他们的所思所想；多渠道地收集相关情况，把群众的想法和合理化建议纳入到决策程序之中。

（课题组其他成员贾俐贞、王红英、宋刚、谭潇、聂金菊）

B.27

2011 年中国餐饮团购情况分析报告

罗 英

2011 年对于中国团购行业来说是跌宕起伏的一年，也是迅速发展的一年。作为团购本地化服务的主流业务之一，餐饮团购在 2011 年迅速崛起，推广餐饮企业特别是中小餐饮企业效果明显，已经成为餐饮企业营销推广方式的首选。

2011 年下半年，中国团购行业虽进入了紧缩期，在中小城市拓展上速度放慢，但团购整体销售规模及餐饮团购的整体销售量依然快速增长。据统计，2011 年我国餐饮团购总销售额达到 42.63 亿元，占团购消费总额的 38%，全年为消费者共节省 46.2 亿元，餐饮团购已经成为餐饮行业不容忽视的新兴力量。

一 2011 年餐饮团购整体分析

（一）团购行业发展迅猛 餐饮团购成主力

国内团购市场 2011 年全年共上线 54 万期团购活动，销售额总量超过 110 亿元，相当于 2010 年的 5.5 倍，增长速度惊人；超出 3 亿人次在团购网站购买了商品或服务。

餐饮团购一直是团购业务中的重点，从全年购买人次统计来看，餐饮团购位于实物网购之后，但从全年总销售额来看，餐饮团购 2011 年全年销售量达到 42.63 亿元，稳居团购类目销售额第一，占消费总额的 38%（见图 1）。

（二）餐饮团购年节省 46 亿元

2011 年，大约有 8328 万人次通过团购网站进行了餐饮消费，平均折扣维持在 4.7 ~ 4.8 折之间。根据客单价（平均每人次消费金额）49 元及平均折扣为 4.8 折计算，2011 年餐饮团购消费者人均每次可节省 53 元，全年共节省 46.2 亿元（见图 2）。

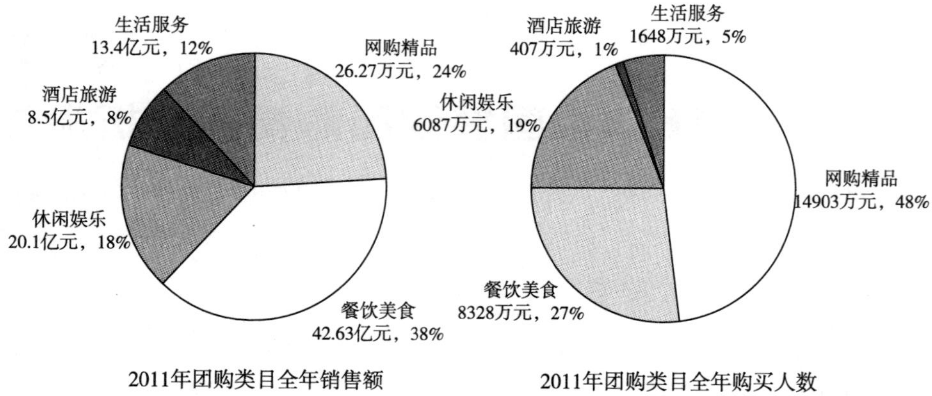

图1　2011年团购类目全年销售量及购买人次

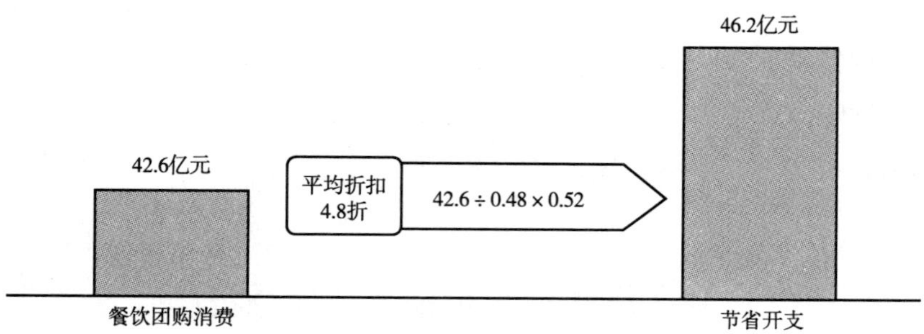

图2　2011年餐饮团购节省开支统计

（三）餐饮团购营业额稳步增长

2011年中国团购营业额呈现快速增长态势，从2011年1月份营业额2.49亿元，发展到12月份的15.8亿元，增幅达到535%。

餐饮团购营业额2011年全年稳步增长，2011年1月份，餐饮团购月营业额仅为0.79亿元，2011年12月份达到6.8亿元，增幅达到760%。此外，餐饮团购营业额在整个团购行业占比稳步增长，从31.7%增长到43.1%（见图3）。

（四）一、二线城市展现消费能力

2011年餐饮团购销售额前十名的城市分别为：北京、上海、广州、天津、深圳、武汉、西安、南京、重庆、成都，北京、上海两大城市餐饮团购消费能力具有明显优势，也是各团购网站重点关注的对象（见图4）。

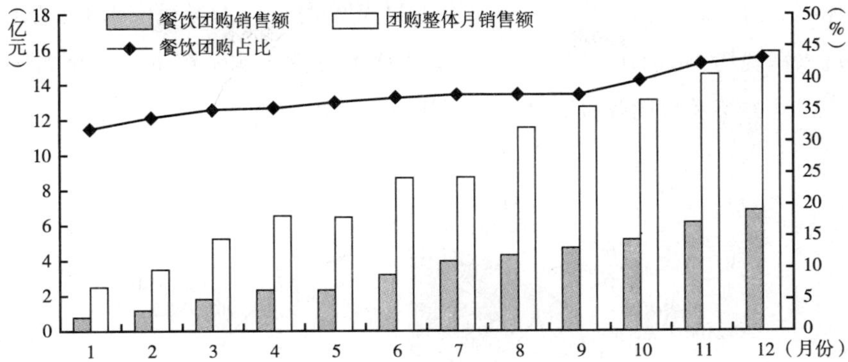

图 3　2011 年餐饮团购占比趋势变化图

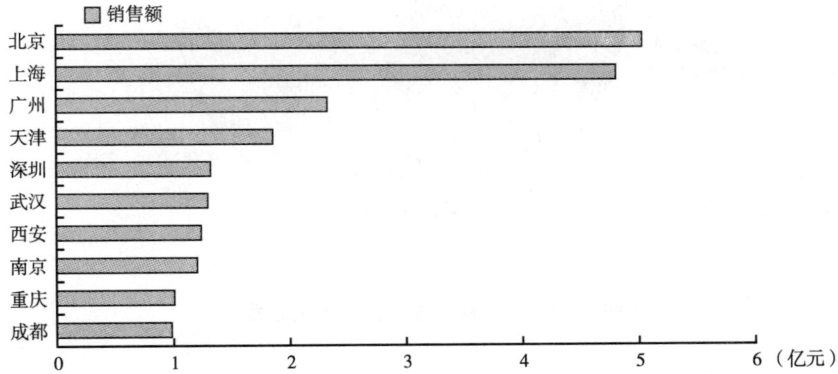

图 4　2011 年餐饮团购销售额排名前十城市

受资本等因素的影响，2011 年下半年，除个别团购网站城市覆盖数量增加外，大部分团购网站的覆盖城市个数都有所下降，将重点放在一、二线城市上。但是，从整体团购销量及餐饮团购销量来看，并未受到行业紧缩的影响，上升幅度明显。

二　餐饮团购季节性及注重品牌特点

（一）火锅烧烤最受欢迎

餐饮类目主要分为火锅烧烤、地方菜、自助餐、日韩亚系料理、西餐国际、快餐休闲、海鲜、蛋糕甜品等8类，除2011年9月份自助餐凭借1.11亿元销售额超过火锅烧烤类的1.01亿元外，火锅烧烤类餐饮团购销售量一直排名所有类别第一，地方菜及自助餐位居其后（见图5）。

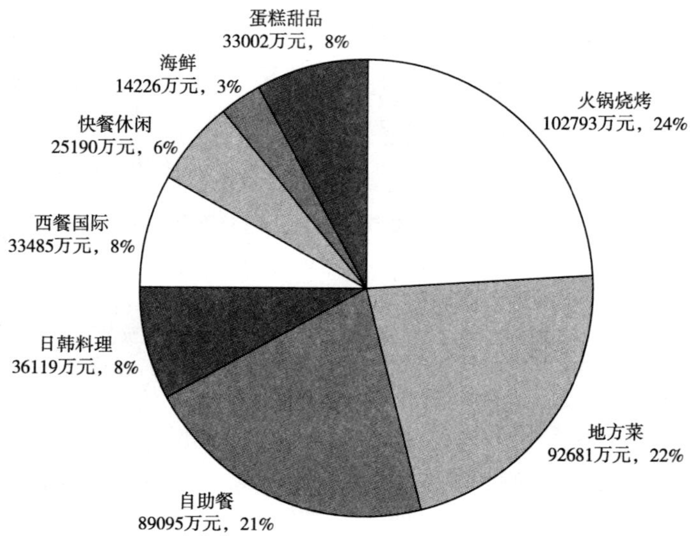

图5　2011年餐饮团购类目占比示意图

2011年全年，火锅烧烤类餐饮团购总销售额为10.28亿元，呈现出稳步增长态势，从2011年1月份月销售额1969万元，增长至12月份的17108万元，增幅达到769%；地方菜餐饮团购2011年总销售额为9.27亿元，1月份销售额1779万元，年底达到15902万元，增幅为794%；自助餐团购月营业额增长最为明显，从年初的1458万元，到年底的13974万元，增幅达到858%，并在9月份销售额一度超越火锅烧烤类，跃居品类销售第一。

（二）餐饮团购呈现季节性特征

餐饮团购与传统团购一样，依然会受到季节的影响。以最受欢迎的火锅烧烤为例，从整体营业额来看，火锅烧烤与餐饮团购整体一样呈现快速上升态势，但从火锅烧烤占餐饮团购的份额可以看出，火锅烧烤占比在夏季出现下滑，9月占比达到最低，随着天气转凉占比逐步回升（见图6、图7）。

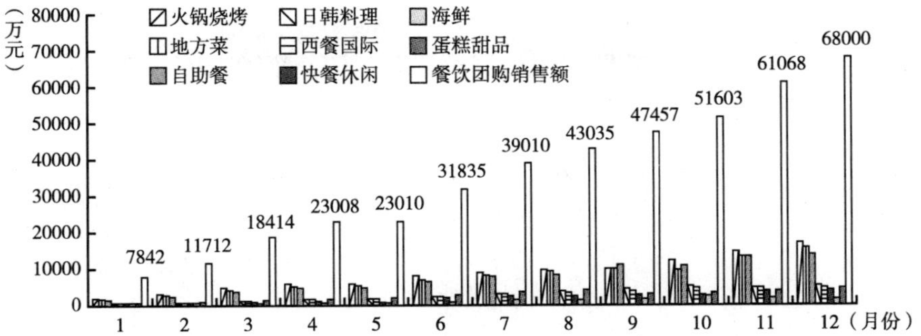

图 6 2011 年餐饮团购全年销售额变化图（按品类分）

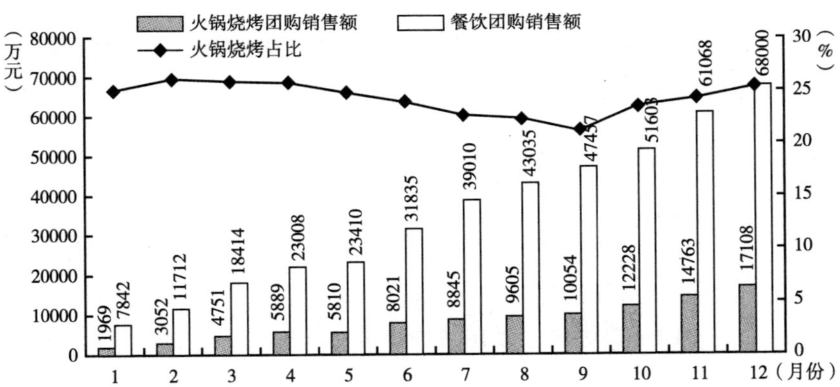

图 7 2011 年火锅烧烤类团购占比趋势图

（三）品牌效益优势明显

从统计的 2011 年销售量排名前十的单项餐饮团购活动（同一商家在多家团购网站发布活动，仅统计最高一家网站销售量）可以发现，上榜商家均具备较高知名度，其中澳门豆捞 8 月进行的海鲜套餐在全国范围内销售额达到 366. 6 万元，位居榜首。从澳门豆捞折扣可以看出，其折扣仅为 0. 73 折，远高于餐饮团购平均折扣，但凭借已有品牌美誉度，澳门豆捞团购活动获得成功（见表 1）。

此外，北京蘭会所与窝窝团 10 月、11 月进行的团购活动受到格外关注，仅在北京一个城市单笔交易额就达到 155. 2 万元和 204. 8 万元，均入围“十大单项餐饮团购活动”榜单。

表1　2011年销售量十大单项餐饮团购活动

活动内容	销售额(万元)	原价(元)	团购价(元)	折扣	城市	月份	网站
澳门豆捞海鲜套餐	366.6	623	268	0.73	全国	8月	24券
澳门豆捞2～4人套餐	298.1	421	178	0.6	全国	8月	24券
大渔铁板烧单人自助	213.7	348	169	0.42	沈阳	10月	美团网
北京蘭会所	204.8	426.8	99.9	0.24	北京	11月	窝窝团
汉拿山烤肉	209.3	170	89	0.52	北京	9月	点评网
金钱豹自助午餐	197.8	198	155	0.78	沈阳	9月	满座网
澳门豆捞双人火锅套餐	194.2	256	98	0.38	全国	6月	美团网
黄鳝世家清润三人套餐	168.3	351	139	0.4	广州	9月	窝窝团
北京蘭会所	155.2	426.8	99.9	0.24	北京	10月	窝窝团
唐人街海鲜自助	157.5	198	98	0.49	北京	6月	糯米网

从位列TOP10的餐饮团购来源网站可以看出，窝窝团、美团网、24券等网站均为目前或者当时排名前五的团购网站，网站流量高，活动更易受到关注。

（四）餐饮团购消费者分析

从餐饮团购消费者性别比例来看，男性消费者达到58%，女性消费者比例为42%；20～29岁人群是餐饮团购主力，其次是30～39岁人群；从餐饮团购消费者学历来看，大学本科及以上学历成为主流，其次是高中和大专（见图8）。

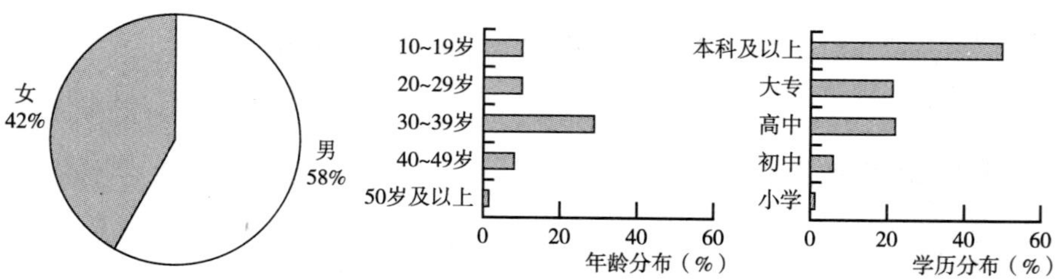

图8　餐饮团购消费者特征

就目前而言，餐饮团购仍集中在年轻人群且受教育程度较高，这说明餐饮团购仍具有较大发展空间。

（五）2011年餐饮团购消费者团购次数分析

数据显示，在具有餐饮团购经历的消费人群中，2011年全年团购3～5次为主流人群，约占餐饮团购消费者的 34%；消费次数为 1～2 次的餐饮团购消费者约占 28%；5～8 次的消费者占比约为 22%（见图 9）。

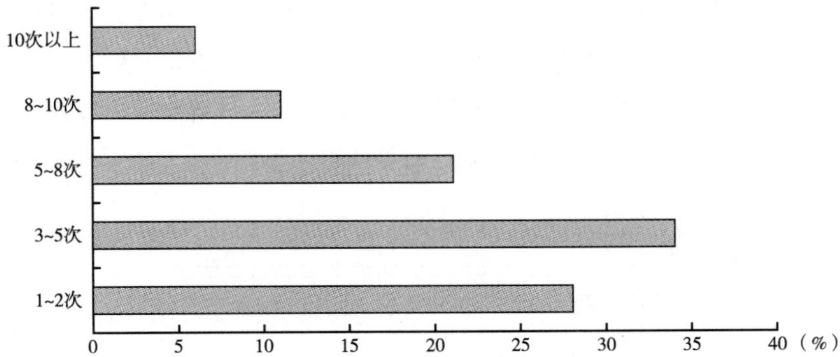

图 9　餐饮团购消费者团购次数

（六）餐饮团购消费者看重因素权重

对比 2011 年年初与年末餐饮团购消费者看重因素，价格因素依然是促成消费者餐饮团购行为的主因，但呈现出下降趋势；交通因素和食品安全因素基本维持不变；消费者对于商家菜品口味、就餐环境以及活动本身性价比等因素较之前更为重视，并且更加依赖用户评价（见图 10）。

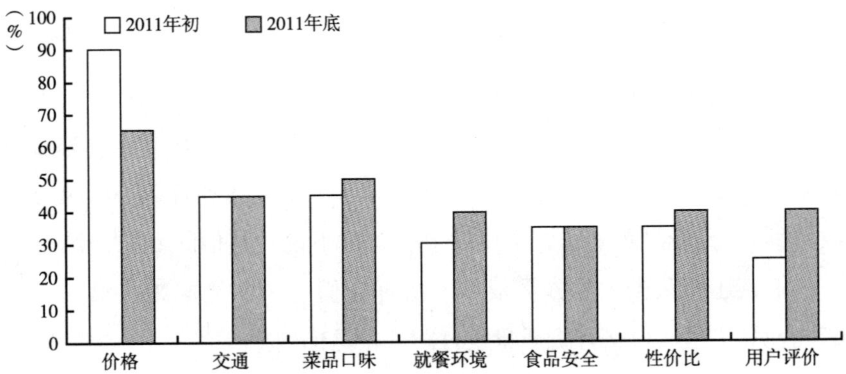

图 10　餐饮团购消费者看重因素变化趋势图

（七）餐饮团购消费体验集中存在的问题

在餐饮团购快速发展的同时，预订遇麻烦、实物与图片不相符、团购遭遇不平等待遇等问题成为消费者较常遇见的问题。此外，有关商家以利润过低等为由拒绝开发票或限制打包等问题也受到关注。

预定遇麻烦是消费者最为常见的问题，一般来说团购网站上会表明提前 1 天或 2 天预定，但是很多消费者表示商家电话难以打通或者经常满座，约有 32% 的消费者都会遇到此类问题；而类似限制周六日或黄金周时间使用餐券等问题也较为常见，约 25% 的消费者都曾遇到过此类问题（见图 11）。

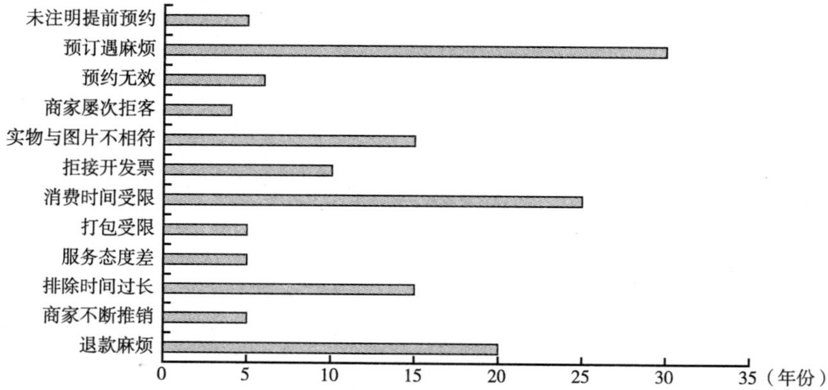

图 11　餐饮团购遭遇问题统计

以下是部分网络搜集的投诉案例：

1. 实物与图片不相符

事例：家住朝阳区的小洪也对餐饮类团购质量及服务不甚满意。早在 2011 年秋天，他团购了位于烟台世贸百货楼上的某西餐店餐券，广告上称原价 300 多元的西餐券，参团只需 100 多元。看着团购广告上的套餐照片，小洪决定尝试一下。没想到，“分量严重缩水，牛排量少不新鲜不说，其他的沙拉类蔬菜也都不新鲜……上菜还那么慢，服务员根本不搭理我们……”算起来，根本不值。网友 3033 也说，“团购价格打折质量也打折，很是郁闷。”

2. 消费时间受限

事例：王先生是一个团购爱好者，早在“十一”黄金周到来之前，他就在网上为家人定购了一个午餐套餐券，原价 568 元，团购之后的价格仅仅需要 188 元。一天中午，王先生兴致勃勃地在游玩了公园之后，来到了这家餐馆，然而进去之后，掏出手机准备要餐馆提供套餐的时候，对方竟然表示，在黄金周期间这个餐券是不能使用的。

3. 预约遭遇麻烦

事例：眼见小清新的杭城名店“绿茶”开到沪上，消费者刘先生 2011 年 11 月 24 日就在某团购网站上团购了“价值 129 元、现仅售 69 元”的双人套餐。刘先生从年前打电话打到年后，饭店的电话总占线；直接去现场好几次，也都因没号无功而返；眼看团购有效期将到，他只好找客服要求退团。而据有好不容易吃上“绿茶”的“团购党”评价说：“下午 3 点拿到 116 号，居然排到晚上 8 点 45 分……轮到我们，团购菜已经不齐了，鱼头诱惑换成了麻婆鲶鱼，豉油大虾换成了牛肉诱惑……”

4. 预约无效

事例：网友“小雨点”在网上团购了拱墅区一家饭店的 4 人套餐。10 月 4 日，网友按团购说明，致电饭店预约第二天的用餐时间和席位，对方答复可以前来。然而，当网友当天中午如约前去用餐时，饭店却告知“无座”。面对消费者质疑，这家饭店工作人员称，这位网友确已预约，只因当天客人爆满，预定席位也临时充数。

5. 饭店拒开发票

事例：市民张女士在网上团购了一个价值 198 元的火锅套餐，这个周末她与家人一起去消费。张女士觉得挺划算，不到 200 元全家人吃得还不错。就餐过程中，还额外加了调料和酒精块，共计 10 元。但是，当张女士掏出 10 元钱结账后，向商家索要发票时，得到的答复是“团购的没有发票”。

6. 打包受限

事例：金小姐在某团购网站上以 88 元的价格，团购了一份澳巴玛豆捞火锅套餐。2011 年 7 月 14 日中午，她和朋友一起去店内体验。整个就餐过程，金小姐觉得很愉快，不但东西好吃而且价格实惠。但是，最后当金小姐想将没吃完的美食打包带走时，店内营业员却说，按照团购时的约定，吃不了也不能带走。

7. 退款遭遇难题

事例：市民魏女士团购了某餐厅自助餐券，后因不想消费，便想退货，却遭网站拒绝。团购网站客服表示，魏女士所购买的餐券标明了不能退款，若魏女士坚持退款，需和店方协商。而餐厅工作人员表示，消费者购买餐券相当于订餐，餐厅已做好相关工作，原则上不能接受退款要求。

上述只是餐饮行业团购中存在的比较典型的问题。餐饮团购尚需树立行业服务标准，团购企业精挑细选团购产品；餐饮企业合法诚信经营、热情周到服务；消费者权益得到根本保障成为餐饮行业健康发展的重要课题。

三　餐饮团购未来发展趋势

（一）餐饮团购规范化

目前，中国团购整体及餐饮团购在行业规范上亟待提高。以团购券未过期退款为例，目前国内大多数团购网站对于消费者退款设置了门槛，即使是支持团购券过期未消费退款，但也有一定限制条件，且限制条件各不相同。

部分商家及网站明确标明了不能退款；有的规定“过期后再超过一定期限用户不申请则不再支持退款”；有的规定退款至网站的注册账户，而非原路返回，或者退款是原路返回，但需要收取一定比例的手续费，等等。种种不规范的限制条件影响了消费者消费体验，不利于行业良性发展。

随着团购洗牌的进一步加速及团购发展模式的日益成熟，无论是在消费退款、参与团购的餐饮企业诚信认证，还是消费购物体验评分以及团购行业服务标准制定等方面都将逐步规范化，而这也将成为团购企业未来能否争取到更多消费者的关键因素之一。

（二）价格导向相对弱化

团购这一模式从一开始就是基于“享受更低折扣”的目的而出现，并且是其区别于其他商业模式的最重要因素之一。从 2011 年年初与年末餐饮团购消费者看重因素对比一图来看，价格因素目前依然是促成消费者餐饮团购行为的主因，但是从未来发展趋势来看，以价格为绝对导向的消费思维将逐步发生改变，价格导向将逐步弱化。

随着餐饮团购消费方式的普及化，消费者对于商家所提供的服务、商家信誉度及品牌、交通便利性、性价比等因素更加重视。而随着消费者对于商家好感度提升及消费习惯的培养形成，商家在折扣力度上也将逐步减少。

（三）团购 2.0 时代加速餐饮行业竞争格局分化

2011 年中国团购经历了迅速膨胀期，截止到 2011 年底，全国团购网由 5877 家锐减至 3909 家。销售规模节节攀升，2011 年有 7 家团购网站先后进入“亿元俱乐部”，全年团购销售额超过 10 亿元的团购网站达 4 家，分别为拉手网、美团网、窝窝团、大众点评网。10 家一线团购企业总销售额占全行业销售额的 88%。

团购行业在经历行业洗牌以后，2012 年逐步转向团购 2.0 时代。作为本地生活化服务的商业模式，餐饮团购成为消费者日常最重要的关注点之一。团购 2.0 时代餐饮企业如果能抓住团购模式，在营运、人力、采购等降低成本方面率先改革，将加速自己在餐饮行业的竞争变革。

（四）“专卖店”模式或受追捧

专卖店是基于团购网站上的商家独立网上商铺，是团购和电子商务完美结合的营销平台，目前国内团购网站窝窝团已率先尝试此种模式。

进入窝窝团主页面，用户可以看到目前已经与窝窝团达成合作的专卖店商家，所有专卖店模式的商家都统一带有专卖店的独特印章。消费者点击进入专卖店，有商家的详细介绍及商家所有产品。

在以往的团购模式下，商家同时上线的团购产品仅限于单一产品，产品展示的时间也较为短暂，且团购产品上线后，商家不能随意更换，对于消费者而言缺乏选择空间。而在专卖店模式下，一个商家的团购产品可以进行多样性组合，展示的时间可能是长期的也可能是永久性的。对于商家来说，专卖店模式还有另外一个好处就是店内商品可以随时更换，使消费者有了更多选择权。

据了解，专卖店模式自开设以来受到了商家特别是餐饮企业青睐。目前在窝窝团开设专卖店的正院大宅门、都王烤鸭、辣道家梭边鱼、巴黎春天、千百惠纸上烧烤、百香村蛋糕、星美影城等上百个企业中，餐饮企业占比达到 60%。

（五）O2O 模式加速行业升级

经过 2011 年中国团购行业的高速发展，线上下单、线下消费的 O2O 模式日趋成为餐饮行业的一大消费亮点。依托线下强大的商户拓展以及线上的运营管理能力，团购企业在本地生活服务类商品的运营能力得到极大提升，2012 年餐饮团购模式更加成熟，市场认知度极大提升。

团购 O2O 模式使得互联网行业与传统餐饮行业进行有效结合，各大餐饮企业抓住 IT 技术升级和更新，在实现企业自身精准营销、极大降低市场推广和营销成本的同时，促进餐饮行业 IT 化、信息化建设，并积极推进餐饮行业精细化管理和革新。

国际及港澳台篇

A Brief Introduction：Western Countries，
Hong Kong，Macao and Taiwan

B.28 美国中餐发展特点、发展困局及投资环境分析

程小敏　桑 建*

孙中山先生曾说过："我国近代文明，事事皆落人之后，唯饮食一道之进步，至今尚为文明各国所不及。"但令人尴尬的是，时至今日，海外中餐馆的现状却是规模过小，档次不高，菜式口味过于"本土化"，管理水平低，卫生差，餐饮业的海外发展仍然停留在个体谋生、小打小闹的草创阶段。

这不得不让我们反思，有着五千年历史的博大情深、源远流长的中国饮食文化为何在国际上未有与之相称的地位和影响？中国餐饮业的海外发展之路究竟在何方？这些同样也是中国餐饮企业走出去必须思考的战略性问题。多年以来，中餐的国际化问题一直是困扰国内餐饮企业发展的一个症结。很多著名企业在国外

* 程小敏，管理学硕士，中国烹饪协会行业发展部副主任，主要从事企业经营管理研究、餐饮市场数据统计分析和餐饮企业案例分析；桑建，工学硕士，中国烹饪协会培训部主任，主要从事餐饮职业教育培训研究、餐饮企业管理战略分析。

尝试开店之后，都以这样或者那样的形式减少了海外的经营。究其原因，水土不服、实力和管理跟不上是症结，而管理链条太长、成本太高让海外经营风险骤增，更加难以应付的是国外迥异的消费习惯、餐饮文化，甚至法律环境。铩羽而归的不光是中餐企业，还有那份进军海外的雄心和信心。

但是进入 2011 年以来，我们似乎又看到了国内中餐企业在海外市场跃跃欲试。近几年越来越多的餐饮企业赴美国、欧洲考察市场，寻找进军海外的机会，而且在行业协会组织的各类餐饮培训中，餐饮企业经营者关于海外开店问题的咨询和要求也越来越多，甚至有的餐饮企业已经迈出了海外开店的步伐，2011 年 5 月，中餐连锁企业花家怡园登陆韩国；2011 年 12 月底，火锅连锁企业海底捞已经悄然在公司内部成立海外管理部，目标市场已经明确，美国将成为海底捞进军海外市场的第一站。

从当前的宏观形势和发展环境来看，一方面，由于国外市场消费持续低迷，外资餐饮企业不断涌向中国市场，越来越多的跨国企业集团将中国作为亚洲乃至整个企业全球的战略重点区域。从百胜 2011 年的年报数据来看，百胜在中国的利润增长速度远超过美国本土，百胜成功收购小肥羊的举动更加刺激了国内餐饮企业的神经。很多人都在思考外资餐饮企业在中国发展得风生水起，而在国外却鲜见中国的大型餐饮集团的原因；另一方面，欧美债务危机持续发酵，全球经济将进入一个长期波动和低速增长时期。海外缺乏知名度高、规模大的中餐企业，也许这正是新一代具有现代管理经验的国内餐饮企业集团进军海外市场的绝佳机会，如何把握这个机会，如何一击成功成为当前的焦点。

在这样的背景下，本文将基于在美国考察期间的所见所闻，以中餐最发达的美国为研究案例，通过对美国中餐发展现状及市场状况的分析，全面剖析美国中餐业发展面临的症结性问题和美国餐饮业发展的投资环境及市场环境，为国内中餐企业进军海外市场提供有价值的信息参考和有启发的思路准备。

一　美国中餐发展概况及市场特点

（一）美国中餐业发展历史

中餐馆在美国的出现，始于 19 世纪四五十年代的淘金热，到如今中餐馆在美国的发展已经有超过150年的历史了。[①] 但中餐在美国真正得到迅猛发展始于20世纪70年代美国总统尼克松访华——美国掀起了一股中国热以及美国放宽移民政策，在美国的中餐馆不仅搭上了顺风快车，而且在涌动的移民大潮下，呈现出百家争鸣、快速扩张的发展格局。美国民众对中餐的接受度相当高，从北京烤鸭到四川麻辣系列菜，从芝麻汤圆到小笼包，从凉皮、凉面到火锅、炖菜都有人喜欢。

特别是进入2000年以后，在美国经济呈现衰退之势而中国经济稳步增长的背景下，越来越多的中国生意人将产业拓展到海外，到美国开餐馆、酒楼成为一个稳妥的投资项目。华人投资中餐行业已经不仅仅局限在纽约、洛杉矶等主要的华人聚居城市，得克萨斯州、佛罗里达州等的中餐馆陆续开始占领市场。

（二）美国中餐业的行业与市场概况

中餐业不仅已经成为美国华人产业的第一支柱，而且中餐业还派生出餐具、食品、运输等许多相关行业，吸纳了无数华人新老移民，解决了许多华人的就业和发展问题。更为重要的是，中餐业在美国餐饮业发展中也占据重要地位，影响着美国人的饮食习惯和对中国文化的认知。根据全美餐馆协会（NRA）的调查显示[②]，美国有93%的成人吃过中餐，10～13岁的小孩中有39%喜爱中餐。

1. 美国中餐业的产业规模

我们根据对相关资料[③]的分析得出，近15年美国中餐馆发展迅猛（见图1）。已从1995年的两万家增加到2010年的4.6万家，增长了1倍多，增速远远高于同时期美国餐饮业门店，从数量上来看已经远远超过了麦当劳、汉堡王和肯德基在美本土门店的总和。[④] 在美国各类餐馆中，中餐馆是经营日餐、韩餐、泰餐、越餐、印度餐等各类亚洲餐馆总数的两倍。美国人日均消费250多万份中餐，美国中餐馆的年均销售额超过200亿美元，约占美国餐饮业营业额的10%。

餐饮业是中国在美国从业人员最多的行业，遍布全美50个州的200多万中

① 〔美〕陈本昌：《美国华侨的餐馆工业》，广西教育出版社，1995。

② 根据全美餐馆协会（www.restaurant.org）发布的数据翻译整理。

③ 根据美国中餐协会、全美餐馆协会、中餐通讯数据整理而成。

④ 见 http://www.qsrmagazine.com/reports/top-50-unit-breakdown-sorted-rank，据2010年度美国快餐50强排名显示，2010年在美国本土，麦当劳门店数为14027个，汉堡王门店数为7253个，肯德基门店数为5055个。

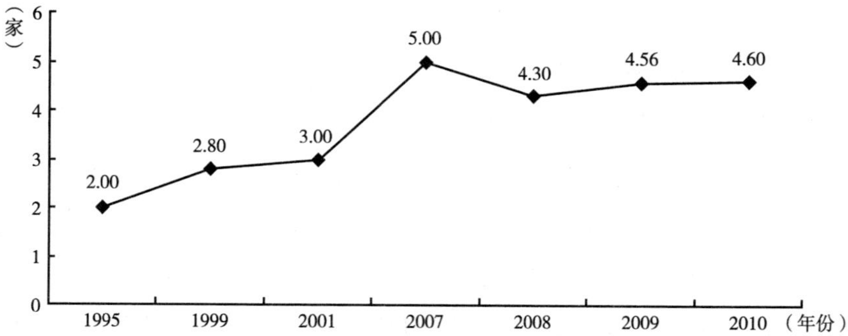

图 1　近 15 年美国中餐馆的数量

国人有一半以上从事餐饮业。洛杉矶、纽约、旧金山是美国中餐馆最密集的城市，洛杉矶有 6000 家中餐馆，纽约有 5000 家中餐馆或中餐外卖店，旧金山有 4300 家中餐厅，这三个城市的中餐馆数量加起来占了总数的近 1/3。① 在华人聚居的城市，华人餐馆更是比较密集而且竞争激烈。

2. 美国中餐业的行业特点及发展态势

（1）经营菜式丰富，混合风味中餐渐成主流

遍布美国大小城市的中餐馆在经营菜式上非常丰富，不仅有京、扬、川、粤、闽、浙、湘等各式菜馆，而且各地名小吃也能觅得踪影，如粤式早茶、四川抄手、北方饺子、兰州拉面、上海小笼汤包、宁波汤圆等应有尽有，在纽约能吃到比国内还齐全的各地小吃。

近年来，随着多族裔背景移民的增多，华人消费市场接近饱和，传统中餐日渐式微，在菜式创新方面没有明显变化，而日餐、韩餐、泰餐乃至印度餐日渐流行，为了吸引客源，很多中餐馆开始走融合路线，在中餐中加入了其他亚洲菜系的元素，无论烹饪手法还是食材选择都更加多元化。

（2）中式中餐馆与美式中餐馆发展各有千秋

根据不同的服务对象来看，美国中餐馆大致可分为两大类，即以华裔为主要服务对象的中式中餐馆和以美国人为服务对象的美式中餐馆。前者主要开设在华人聚集的唐人街，如纽约、旧金山等；后者多开设在唐人街以外的地区及无唐人街的中小城市。

从发展现状来看，美式中餐馆由于充分考虑了美国人的饮食习惯，在菜式上

---

① 《美国中餐发展 150 年历史回顾（三）》，http：//www. c－r－n. com/jin_ e/ContentDetail. aspx? id＝516373444。

有较大的创新和变化，融合了西餐的特点，而且最主要的是，很多开美式中餐馆的往往并非华人，而是华人以外的美国本地人或者欧洲人、东南亚人，由于语言、土著的优势，在实力和经营方式上比中国人更有竞争力，这类餐馆最大的特点是本地化色彩浓厚，是美国中餐馆的主流。但是对于中式中餐馆而言，华人消费群体仍是中餐业真正可以依赖的可靠客源，尽管目前华人市场已经接近饱和，但不管美国经济形势如何，因为中国人有储蓄以及聚会就餐的习惯，其在外就餐的趋势不会改变，中式中餐馆不会像服务于美国主流消费者的中餐馆那样受到较大影响。

目前，在美国发展最快的中餐馆是熊猫快餐和老张华馆（P. F. Chang），它们都属于本地化趋势比较明显的中餐馆，后者完全是由美国人经营的中餐馆，完全本地化，连厨师都是没有接触过中餐的西方人，但就是这样的中餐馆，经过若干年的发展之后，目前已拥有上千家连锁店并成功上市。

在中式中餐馆方面，纽约的中餐馆比美国其他地区的会更正宗些。但在美国中餐馆日渐本地化的趋势下，能坚持与中国接轨、保持中餐本色的中餐馆越来越少，而做得成功的更是寥寥无几，但地道的中餐在海外并非没有生存空间。1993年创立于芝加哥的美国晓军美食集团旗下包括了“老北京”、“老上海”、“老友聚”、“老四川”、“老湖南”等众多名店，这些中餐馆在美国名气很大，吸引了无数美国名人的到访，是历年美国“中餐百佳”榜单上的常胜将军。此外，还有由北京人经营的旧金山清真餐厅“老北京涮羊肉”，主营地道正宗老北京涮羊肉，已经经营了10多年。这些中餐馆的最大特点是努力保持中国菜的原汁原味，不刻意去迎合美国人的口味，用最“真”的中国菜改变美国人对中餐的认识。

（3）经营方式多元化，消费定位以中低档居多

在经营方式上，以往美国中餐馆主要以堂吃方式为主，随着现代社会节奏的加快，人们的饮食需求逐渐多样化，特别是中餐馆竞争加剧，目前美国中餐馆逐渐形成了堂吃、中式快餐、外卖、中餐自助等多种经营方式，具体的特点见表1所示。

堂吃约占美国中餐馆的60%，除了专门的外卖店外，近几年由于美国经济状况不理想，人们上餐馆消费的意愿有所降低，很多消费者为了节省开支，往往也会选择从堂吃的中餐馆点外卖，而中餐自助由于品种众多，价格相对低廉，大受美国民众欢迎，而且由于人力投入相对少，也成为许多餐饮投资者的经营选择，中式快餐更因为其现代化、规范化的管理方式成为许多中餐经营者努力的方向，熊猫快餐的成功更为中餐经营者树立了榜样。

表1　美国中餐馆的主要经营方式

经营方式	人均消费(美元)	采样城市	主要特点
传统堂吃	低档:15～25 中档:25～50 高档:50～80	洛杉矶 旧金山 华盛顿	A. 以菜式口味和口碑取胜; B. 人力资源是关键,直接影响菜品质量和服务质量; C. 堂吃中餐馆一般走两个极端,要么跻身高级食府行列,要么完全成为低廉的代名词
中式快餐连锁店(熊猫快餐)	8～15	纽约 洛杉矶 拉斯维加斯	A. 菜品品种相对单一,会定期更新,菜式中西结合; B. 一般分布在购物中心、学校和机场等人流量比较大的区域; C. 易于标准化和规模化,一般是连锁化经营
外卖店	5～10	纽约 旧金山	A. 价格低廉,分量足,竞争激烈; B. 一般是夫妻店或者家庭式作坊,管理简单,投资少,见效快; C. 一般分布在生活居住区附近
中餐自助	高档:30～40 中档:15～25 低档:12～15	芝加哥 拉斯维加斯 纽约	A. 规模相对较大,一般有200～300个座位,品种相对丰富,在菜品选择上不限于中餐,也含日本寿司、比萨、汉堡或印度咖喱; B. 一般晚餐和周末客源较多,平时冷清,竞争激烈,目前处于饱和过剩的状态; C. 人力投入较少,管理比堂吃简单

（4）品牌化与现代化成为美国中餐业的发展方向

尽管中餐业在美国发展已经长达100多年，但对华人中餐经营者而言，最痛心的莫过于美国中式中餐馆至今尚未形成像样的国际品牌，并且规模也有限，生存型发展的状态使得华人中餐馆在遇到经济危机、政策和媒体负面报道的不利影响时，往往就会关店成风。

但是近些年，在整个美国餐饮市场的带动及在现代经营管理理念的熏陶下，已经有部分华人中餐馆开始探索品牌化、现代化的发展之路，虽然不在多数，但却代表着华人中餐业的未来发展方向。有的中餐馆突破家庭经营观念，开始尝试股份制经营，既积累了资金又分担了风险；有的中餐馆注重经营的规范化与系统化，引进先进的电脑管理系统，加强对运营过程的监控与分析；有的中餐馆开始注重企业品牌与对外营销宣传。据《中餐通讯》的数据，刚刚结束的2011年美国“中餐百佳”评选吸引了全美几万家中餐馆的参与，参与数量超过前几年的总和，越来越多的中餐馆认识到多渠道地展示企业的特色与品牌的重要意义。

二　美国中餐业发展的外部压力及内在症结性问题

（一）美国华人中餐业发展外部压力分析

中餐业在海外各地的发展几乎经历了相同的几个阶段：寥寥几间餐馆的初创期，层出不穷的发展期，短暂的黄金期，以及目前苦苦支撑的萧条期。由于诸多原因，中餐行业在海外一直未能形成一股举足轻重的竞争力量。

在美国，华人中餐业发展较发达，美国中餐馆的数量在逐年增长，但其中85%以上仍属个体经营，生存的原动力使得海外中餐馆大多为家庭式小规模经营，中餐馆仅仅被当做资本积累的初级环节和过程，中餐馆在美国发展已经有长达100多年的历史，但仍然没有形成像样的品牌和规模。虽然由于新的华人移民不断涌入，新的中餐厅依然会不断地开张，但华人中餐馆的质量却没有多大提高，甚至在走下坡路，经营现状良莠不齐，在某些方面危机重重，不免让人担忧。

1. 经营主体和经营模式日益多元化，进一步挤压华人中餐馆的发展空间

随着中国经济的迅速崛起，越来越多的美国人包括美国外来移民开始关注中国和中国传统文化，中餐也日益受到越来越多的消费者的喜爱，这使得中餐乃至亚洲餐在美国大行其道，市场需求的驱动使得美国中餐市场的经营主体不再局限于华人，美国人、墨西哥人、欧洲人、亚洲其他国家的移民都加入到争夺美国中餐市场份额的行列，而且在经营模式上比华人餐馆更加多元灵活、更具有市场适应性，使得华人中餐馆面临的市场压力日益加剧，发展空间受到挤压。

不管是传统的中餐堂吃还是中式快餐甚至中餐外卖都不再仅仅是华人经营的专利，而且由于资金、语言、理念或文化等方面的优势，这些新进入者往往比华人更具有竞争实力。且不说由美国人投资、美国人主厨的中式快餐连锁P. F. Chang是华人中餐馆在很长一段时间无法超越的，就是在华人中餐馆集中的纽约，传统华人中餐馆也日渐式微，目前纽约最受美国人欢迎的中餐馆是位于曼哈顿的Red Farm——一家由美国白人经营的装修风格西化、定位高端、口味混搭的中餐馆。根据美国点评网站Yelp 2011年的点评数据，不管是从受欢迎程度还是经营状况来看，传统的华人中餐馆的排名都不突出。此外，随着近几年日韩海外饮食文化推广力度的加强，美国的日餐、韩餐发展迅速，在一定程度上也冲击着华人中餐市场。

2. 美国经济环境的变化使得华人中餐馆经营压力日益加剧

经济增长乏力、食材涨价影响中餐馆的发展。尽管 NRA（全美餐馆协会）预测 2012 年美国餐饮业的业绩将有所提高，但经营者仍将面临物价高涨的挑战。2011 年，美国食品批发价格涨幅为 8%，年度涨幅为 30 年以来最高。2012 年 NRA 预测价格还要再上涨 4%。持续增长的食材价格给餐馆经营者带来巨大压力，这将给一大批在市场竞争中缺乏资金支持和管理优势的中餐馆带来一定的冲击。

食材来源和进出口的限制也是中餐馆不可承受之重。由于中餐烹饪对某些关键食材或调料要求较高，而这些关键食材或调料又无法从当地市场获取，只能走从国内进口的渠道。但是进入 2012 年以来，美国油价不断上涨，在冲击运输业的同时，也给中餐原材料进口带来影响，无形中增加了餐馆的运营成本。此外，由于美国食品安全和生态环境保护意识的深化，越来越多的中餐常用食材会因为政策的变化而无从获取。2012 年美国的加州、华盛顿州、俄勒冈州、纽约州以及夏威夷已立法禁售鱼翅，寻找替代品、开发新菜品成为中餐馆面临的新问题。

此外，劳动力成本一路上涨的趋势也让华人中餐馆吃不消，以前美国规定正式雇工每小时工资不得低于 8 美元，但从 2012 年起，旧金山每小时工资已涨至 10.24 美元，这种涨势将很快蔓延至全美，这对于小本经营、获利微薄的华人中餐馆而言，将陷入要么人工成本上涨、要么雇黑工可能受罚的两难境地。

3. 餐饮消费趋势及饮食文化推广使命使得华人中餐的市场定位受到挑战

尽管华人中餐在美国的历史不短，但是华人中餐馆和“中国制造”的处境几乎一模一样，从来难登“大雅之堂”，高级餐馆凤毛麟角，价格低廉成为显著标签。由于华人中餐馆一般规模不大，从一开始发展就扎堆在唐人街内，使得中餐馆的目标顾客相当有限，主要是华人移民。而且近几年随着中国人赴美旅游团的增多，很多中小华人中餐馆就更加依赖赚自己人钱的生存方式，压根没想过如何去打开美国主流消费市场；即使那些面对美国消费者的华人中餐馆，由于同质化严重，内部恶性竞争激烈，使得中餐的价位一降再降，吃一次麦当劳的钱就能在旧金山唐人街饱食一顿不限量的中式自助餐。

与此对照的是，同样来自亚洲的日韩料理在市场定位上则要高档许多，更加注重饮食文化的渗透与推广。定位低端，在美国主流消费者中的品牌影响力不够，将不利于华人中餐馆的做大做强，只能让美国人喜欢中国美食，但在推广中国饮食文化、传达中国价值观方面的吸引力和推动力都很欠缺。

正确的消费目标定位是中餐馆成功的关键，华尔街财经分析师在分析熊猫快餐成功的原因时，认为其突破了中餐馆依赖华人顾客这一框框，将消费目标锁定在当地美国人身上是关键。从当前餐饮消费需求来看，注重食物品质、追求就餐体验成为新的餐饮趋势，甚至是一向被认为价格低廉的中餐外卖，在美国人经营的中式快餐外卖店 Brooklyn Wok Shop，也是走以“优质美食”、“本地新鲜食材”为噱头的高端路线。

4. 美国根深蒂固的文化偏见使得中餐发展及中餐文化受到制约

尽管美国人吃中餐已有超过 160 年的历史了，但是中餐始终没有融入美国的主流文化，这固然与中餐文化一直靠华人移民以个体形式推广，缺乏正面、积极、权威的推广宣传有关，其实也有历史及外交政策的关系，美国对中国及中餐文化的偏见一直存在。针对中餐的夸大或者不实的各种负面新闻报道，每年都能在美国主流平面媒体或者电视媒体以各种由头出现，并习惯于将个体现象上升为普遍性乃至族裔的高度，尽管一次又一次的风波都在华人的抗议或者团结努力下得到平息，但是风波给中国的对外形象、文化传统带来的误解却越来越深，不仅在短期内影响中餐馆的客流或营业额，而且从长期来看，还会影响美国华人中餐业的持续健康发展。尽管华人在美国以吃苦耐劳著称，勤劳在一定程度上弥补了外部发展环境的不足，但是从美国华人中餐业发展壮大的角度来看，营造公正、有序、平等的发展环境才是长久之计。

（二）美国中餐业发展内在症结性问题分析

在美国经营中餐要面临语言、政策、当地政治法律环境以及文化认同的影响，但是海外中餐发展本身存在的经营理念、经营思路、经营实力以及文化观念等先天性的问题也是不容回避的。分析这些症结性问题将有利于国内餐饮企业在进军海外市场时对照自身去改进和提高，也有利于海外中餐业开拓新的发展局面。

1. 经营者素质参差不齐，缺乏现代管理观念

目前，在美国立足的中餐馆大多数还是第一代华人移民在经营，由于 20 世纪八九十年代，中餐名气很大，在海外市场缺口较大，引得大批本不具备经营条件的华人蜂拥入行淘金，不管在国内从事什么职业或者什么背景的人，在美国都可以开中餐馆谋生。

在现有的中餐馆经营者中，受过专门培训的经营从业者少之又少，完全不懂中餐烹饪或者餐饮经营管理的占大多数，即使是厨师或餐馆从业人员出身，在实际经营中，一方面，由于语言及文化的问题，往往只懂做生意，只关注是否有客源，往往采取简单粗放式经营的方式，在经营之初缺乏明确的市场定位和清晰的目标顾客群界定；另一方面，即使有意思考如何进行餐馆经营，出于节省成本的考虑，经营者或在厨房或在收银或在上菜，日均工作10小时以上，根本无暇研究经营管理的事，更谈不上深入调查市场状况及趋势。而且由于餐馆大多是家庭式经营，餐馆维系着全家人的生计，“一荣俱荣，一损俱损”，因此餐馆经营者小心谨慎，风险承担能力弱，不敢尝试新的管理手段，市场观念和现代管理理念缺乏成为华人中餐馆经营的最大问题。

2. 专业技术人员匮乏，菜品缺乏创新

由于中餐经营门槛低，以及美国的移民政策、劳动力成本较高等，不管是雇用当地人还是从国内引进厨师对于资金有限、规模不大的中餐馆而言都不太现实，一般中餐馆都是全家齐上阵，充当后厨、前台、收银员，人手实在不够，一般会选择雇用学生或非法劳工，因为这些人的人工支出比正式雇用人员低很多。在这样的内外因素的影响下，很多中餐馆自动放弃了引进专业技术人员，结果造成菜品质量不高，服务质量每况愈下的局面。

由于缺乏专业的烹饪技术人员和服务人员，在菜品的创新上更是裹足不前，菜单食谱几年不变，菜式、装盘等还停留在国内改革开放初期的水平，菜品品质和出新品的速度也让人失望。纽约本地权威餐饮指南《查格纽约市指南》曾指出：“20年前纽约客一谈起亚洲，首先想到的就是中国菜，近年来，日新月异的韩国菜、日本菜、泰国菜、越南菜得到越来越多人的青睐，中国菜却是裹足不前，呈上餐桌的仍然是一成不变的老菜式，毫无新意。”①

3. 缺乏团结共赢的长远眼光，同行恶性竞争严重，中餐沦为廉价美食

由于很多经营者都满足于小富即安的状态，在经营思路和发展观念上趋于保守。特别是一些聚集在唐人街的中餐馆不论在菜色变化、装潢设计还是经营规

① 《成昨日黄花风光不再　纽约中餐业如何突破困局?》，中国新闻网，2007年11月22日，http：//www. chinanews. com/hr/kong/news/2007/11－22/1084827. shtml。

模、经营方式上都存在“搭便车”、“一窝蜂”的跟进心态，加上一些既无资本又无厨艺的新移民不做任何市场分析地扎堆走捷径，结果使得中餐馆的类型趋同；随着中餐馆的日益增多，加之其他国家餐馆陆续涌向美国，中餐馆的市场份额更是受到冲击。

在这种情况下，为了生存，同行间的恶性竞争就不可避免。恶性竞争不仅拉低了整个中餐的价格，而且一味地以低价吸引客源，造成菜品质量和口味都无法保证，中餐的“文化品位”和“国际形象”更是荡然无存。这种价格竞争形成了恶性循环，中餐馆最初是以堂吃为主的高档请客场所，竞争的加剧造就了外卖店，外卖店以其价廉量足的优势急速拉低了中餐的价格，使得堂吃的档次日渐降低，而最近几年出现的中餐自助更是将这种低价实惠发挥得淋漓尽致。而且中餐的这种竞争还在某种程度上拉低了亚洲其他餐馆（如日餐、韩餐、东南亚餐）的价位，使得中餐馆乃至亚洲餐在美国的市场竞争力受到削弱，产业影响力大不如前。

4. 资金实力有限，抗风险能力弱，硬件条件有待提升

家庭经营观念和社会地位问题使得大多数中餐馆无法也不打算去吸纳其他渠道的资金，以扩大中餐馆的规模，因此不仅竞争无力，而且赢利能力也难有提升。华人中餐馆一般多分布于唐人街，服务对象主要为华人，经济来源少，经营单一，资金短缺成为中餐业无法做大做强最现实的问题。而且由于餐馆的员工大都是家族内的人，因此管理上不可能靠制度，往往感情因素起主导作用，口头指挥多过规章制度，这种无管理制度的状况使得餐馆的抗风险能力弱。一旦遇到美国经济波动或者中餐行业性事件时，中餐馆就会陷于惨淡的状况，曾经在曼哈顿华埠和皇后区法拉盛刮起的“关门风”，最主要的原因就是华人餐馆经营者无力承担飞涨的房租而被迫关门歇业。

资金的匮乏还使得华人中餐馆档次普遍偏低，固然恶性竞争拉低了价格，但是单从美国华人中餐馆的店面规模、装修装潢、环境卫生以及服务档次来看，真正知名上档次的中餐馆凤毛麟角。

5. 餐饮行业传统认识带来的不自信使得中餐丧失核心内涵

海外华人中餐馆完全靠华人移民个体力量推动，缺乏社会和国家层面的支持，中餐馆经营的经济目的大于一切，因此在经营上谈不上推广和坚持中华饮食文化。中国虽有“民以食为天”的名句，但传统上一般认为餐饮业主要是伺候人的，除了能养家糊口外，难成气候，在这种传统的认识下，海外中餐馆经营者很少有把餐饮业当做家族事业来经营的，中餐馆仅仅被当做资本积累的初级环节和过程，这也是中餐没能发展出知名品牌的最根本原因。

此外，美国经济强大带来的文化影响使华人萌生了对中华饮食文化的不自信，因此“入乡随俗”地更改或放弃中餐传统味道和技法，一味迎合美国人的口味和饮食习惯以追求短期的客源和经济利益，自动放弃了依靠中华饮食文化而建立起来的核心竞争力。

更令人担忧的是，在华人中餐馆逐步放弃中餐特色只能进行中低端经营时，一些亚洲国家的移民甚至美国本地人却看到中餐头顶的光芒，开始经营各类味道怪异、风格混搭的中餐馆，将中华饮食文化的内涵与特色演绎成融合不同文化体系的混合体，原汁原味的中国本土餐饮味道丧失殆尽。长此以往使得中华饮食文化不仅得不到正确权威的推广，而且更无力在国外与根深蒂固的西餐体系分庭抗礼。

三　美国中餐业发展的投资环境及市场环境

美国中餐业发展面临的症结性问题让我们看到美国中餐馆先天不足的一面，这也是进军美国市场的国内大型餐饮集团在经营、发展过程中需要规避和纠正的问题。但是由于其发展的外部环境不同于国内，除了增强自身实力，提高自身管理水平外，在投资美国中餐业时，充分了解美国餐饮业发展面临的宏观经济环境和市场环境非常有必要。所谓“知己知彼，百战不殆”，前期充分的信息准备和市场考察对于避免海外餐饮扩张走弯路有重要的意义。

（一）宏观经济环境

受欧债危机影响以及美国国内房地产市场低迷拖累，自 2009 年以来，美国经济增速明显放缓，尽管根据美联社及联合国的相关报道①，美国经济在 2011 年第三季度就已经恢复到金融危机前的水平，前三季度美国国内生产总值同比分

① 《2011：世界经济警示录》，http：//stock. jrj. com. cn/2011/12/30152611949367. shtml；《美国经济：2011 华丽收尾，2012 不容乐观》，http：//qnck. cyol. com/html/2011 - 12/28/nw. D110000qnck_20111228_ 3 -27. htm。

别增长 0.4%、1.3%、2.0%，特别是第四季度，美国经济增长率出人意料地超过 3%。但是美国的高失业率依然不容乐观，2011 年美国失业率高达 9.1%。经济学家普遍预计未来很长一段时间，美国经济增长乏力，财政赤字严峻，发展前景不容乐观。

然而，2011 年美国餐饮业表现不俗，成为拉动美国经济增长的重要引擎。根据全美餐馆协会发布的数据①，2011 年全美餐饮收入为 6040 亿美元，餐饮网点 96 万个，餐饮收入占整个食品行业收入的比重高达 49%，占美国国内生产总值的比重约为 4%，餐饮行业从业人员占美国劳动力人口的 10%。在美国经济低迷的背景下，餐饮行业表现突出，增速远高于美国 GDP 增速，同比 2010 年增长了 3.6%。餐饮业成为拉动经济增长、增加就业的典型行业，餐饮业每消费 1 美元将对整个美国经济产生 2.5 美元的产出，餐饮销售收入中每增加 100 万美元，就能新增加 34 个工作岗位，餐饮行业以 1280 万从业人员的规模成为全美第二大私营行业。

此外，根据全美餐馆协会的调查与预测，88% 的美国人喜欢到餐厅就餐，在 2011 年的所有餐饮业主中，有 80% 是新进入餐饮行业的，处于事业起步阶段。未来 5 年美国餐饮行业依然保持着不低于 2% 的增速，在未来 10 年，餐饮行业将新增加 130 万个经营网点。从餐饮经营者的角度来看，根据 NRA 对 2012 年餐饮经营者的调查显示②，多数餐饮经营者对 2012 年的餐饮销售额和利润持乐观态度。64% 的受访者认为 2012 年的销售额预计能有 30% 的增长，58% 的受访者认为 2012 年会比 2011 年有所改善。

因此，从当前美国经济的发展现状来看，亟须外部投资和消费的刺激，而且餐饮业的强劲发展态势和吸纳就业的功能，使得未来美国餐饮业发展在投资政策上将有较大的优化空间，在激烈的餐饮市场环境中将产生更多的商机。从投资时机和市场环境来看，目前是餐饮业的最佳进场时间。

（二）政治法律环境

以前的华人中餐馆从业者由于语言的障碍以及文化的差异，往往只知道埋头

① 根据全美餐馆协会（www.restaurant.org）发布的数据整理。

② 《NRA 调查表明多数餐饮经营者看好销售》，http://www.c-r-n.com/Jin_e/ContentDetail.aspx?id=519254985。

打工搞经营，在他们看来，自己经营的“吃”无关政治等敏感问题，只要埋头肯干，就能一分辛苦一分收获，甚至对当地社会法律法规知之不多。结果在这种思路下，中餐发展越来越尴尬，而且经常会因为不了解相关法律政策规定被处罚，甚至被告上法庭，目前华人中餐馆最常被罚的原因是卫生不合格、厨具不规范、雇工不当等，出现这些问题往往是因为经营者不按当地法律法规经营或者存在侥幸心理。这种处罚事件往往不是个案，严重影响到华人中餐馆的整体对外形象和美国人对华人的社会地位评价。

不管是从维护社会形象还是从促进中餐馆健康发展来看，了解当地法律法规，并运用法律法规保护自身合法权益都非常有必要。从目前中餐馆经营运行的角度来看，有关食品、卫生、税务、劳动权益、海关、员工雇用等相关法规和政策都会直接影响中餐馆的经营。

1. 严谨而完备的法律体系

美国人的法律法规意识非常强，因此在开办餐馆时，熟悉相关法律法规非常必要，经营者不仅要请专业的律师负责相关的法律文书起草与审核，而且自身也要树立遵守法律法规的良好意识。目前来看，与餐饮业有关的法规包括租（建）房许可、房屋使用目的许可、营业执照、消防许可、废物处理许可、卫生许可、酒类销售许可、空气和水源环保许可等。

在美国开餐馆的基本程序是：选址后按照消防、建筑、卫生等法规，设计施工建筑图，然后到城市建筑部门审批，盖章同意后施工，施工后由建筑、卫生、消防部门验收，通过后到城市商业部办理经营执照就可以开始营业。经营中只有消防和卫生部门每半年和每季度来检查一次，其中卫生部门检查非常严格。

另外，美国有完备的税收制度，美国餐饮业税率高，有的州税率高达6.25%，美国的税收制度可谓是全世界最复杂且严谨的了，对主动报税纳税意识要求高，尽管不会每次核查，但一旦发现问题将予以重罚。美国有些州通过了工作场所全面禁烟的《无烟法案》，一旦触犯，不但吸烟者要受到处罚，餐馆经营者也将被罚款1000美元。此外，美国对特殊餐饮原材料的进口也有相应的限制，特别在移民政策上的限制，这对中餐人才的引进与培养造成一定障碍。

2. 食品安全政策

美国出台了大量关于食品安全的法律法规，制定了非常具体的标准及监管程序，使食品质量的各环节监管、疾病预防和事故应急反应都有法可依。

美国对餐馆的卫生安全要求非常严格，违反的处罚力度也很大。要求所有餐厅从业人员必须持证上岗，对于餐厅的卫生2～3月检查一次，每次检查非常仔细、苛刻。而且餐厅按A、B、C、D进行分级，不同的级别对餐厅的客源量影响较大。如果是连锁餐饮企业，美国食品药物管理局（FDA）还会派人对中央厨房的管理进行监督；食物一旦处于非冷藏状态4个小时就要倒掉；包装和运输环节也不能出现差错。在美国做大型的餐饮连锁店比简单的自营店要困难许多，对食品安全的要求更高。

3. 雇工及用工政策

美国对雇用员工有严格规定，而且为了保障劳动者的合法权益，对员工工资、社会保险、福利待遇、休息时间等方面都进行了规定。譬如说美国法律明确规定，雇主不得对雇员有任何种族、宗教、年龄和性别的歧视，员工也有相应的集体谈判工资和工作条件的权利。在这种环境下，员工的劳动权益保护意识也很强。

目前，美国法律规定正式雇工每小时工资不得低于8美元，从2012年开始，旧金山的每小时工资达到10.24美元。对于连锁企业而言，美国的法律要求卫生安全监督从包装、配送、储藏、烹饪和处理厨房垃圾的各个环节都要有专人负责。这对于重视烹饪技巧和服务的中餐企业而言，将面临巨大挑战，同等经营面积的中餐厅比西餐厅将雇用更多的员工，需要支付的人工成本更高。而且由于美国移民政策的限制，不管是从国内带厨师、服务员过去，还是雇用当地的华裔或者美国人，都将增加相应的成本。目前洛杉矶中餐厅的主厨月工资为3000～4000美元，人工成本大约占到中餐馆总收入的近50%。

另一方面，由于目前华人中餐馆价格竞争激烈，为了节省成本，许多华人中餐馆就偷偷雇用非法移民作为廉价劳工，因为他们工资要求不高，更不敢谈什么福利。而且源源不断的非法移民，在人生地不熟的环境中，也倾向于选择中餐馆作为落脚站。目前华人中餐馆的非法雇工问题比较严重，这种问题一旦被查或者被内部人举报，餐馆将面临严厉的处罚，基本上一旦被发现，中小中餐馆只能关门了事。

（三）社会治安环境

美国现有华人约360万，占美国总人口的1.2%。华人是亚裔移民中最大的群体，占亚裔人口总数的近1/4。但华人遭遇人身安全问题的几率非常高，成为美国华人圈比较突出的现象。与许多少数族裔相比，华人体格较弱，喜欢随身携带大量现金，这导致华人容易成为犯罪分子袭击的目标，特别是金融危机后，大部分华人仍有工作，而且收入不错，容易遭到其他少数族裔的妒忌，往往成为小偷、劫匪的目标。

中餐馆是华人在美生存的重要支柱产业，很多中餐馆经营者已经跻身美国中产阶级的行列，比较富有。在中餐馆开到美国各个角落的时候，华人餐馆被故意找麻烦，被抢劫、被污蔑以及外卖郎和餐馆老板被打被杀的事件也随之增多。在只是出现抢劫或财产被盗等不伤及人身安全的问题时，很多华人由于语言障碍或者维权意识缺失，往往不愿意报案，采取息事宁人的处理办法。由于远在异国他乡，都或多或少有些胆小怕事的心理，不愿招惹更多的麻烦，出现问题时大多抱着自保的心态。最典型的案例是 2010 年 5 月 16 日发生在纽约的中国留学生姚宇被奸杀案，警方调阅监控录像发现，嫌犯当街将姚宇拖进巷内时，有两三名华人一直在旁驻足围观，但随即转身离去。

也正是因为华人群体之间缺乏团结合作的精神，加上与地方政府以及社区交流沟通不畅，导致出了问题即使采取法律手段解决时，地方政府也会抱着歧视的态度，只表态并不真正解决问题，结果吃亏的还总是华人自己。

此外，从目前中餐馆盗抢劫杀事件发生的区域来看，开在白人居住区的餐馆相对安全，发生抢劫的地方一般都是非洲裔居住的社区，例如纽约的布碌仑某些非洲裔社区，特别是那些菜式简单、仅靠价格吸引人、没有语言优势和专业厨师的中餐馆，出于成本考虑往往会选择在治安不好的区域，盗抢案件发生几率非常高。

因此，在海外经营中餐馆，保护自身生命财产安全非常重要，在选址时要考虑到所在地区社会治安环境对中餐馆经营的影响。同时要加强与地方政府的沟通协调，密切与社区其他居民的关系，尽快融入当地社会和社交圈，特别是同胞之间要发扬互助团结精神，创造一个安全稳定的经营环境。

（四）社会文化环境

美国是典型的移民国家，美国文化是多种文化融合的产物，美国社会文化最核心的特点是独立、平等与民主。体现在饮食文化上则表现为多元化和包容性，在美国的饮食传统上，没有什么“民族菜肴”的概念，这个移民国家不断地接受着新的口味，新的菜肴，容纳新的饮食习惯。在这样多元的饮食文化环境中，食客们永远都有新的选择机会，餐饮经营者们总能寻找到合适的切入点。但是美国社会主要由欧美国家移民组成，在饮食偏好及习俗上更接近于西方，与中餐特别是正统中餐的饮食习惯有许多不同之处。例如，美国主流餐饮通常餐位较少，就餐时较为安静，灯光很暗，而正统中餐却讲究大开间、大台面，就餐时谈笑风生，灯火通明。因此，中餐经营者在这一点上要调整思路。

此外，由于文化与沟通的问题，美国人一直因为一些传闻对中餐存在着较深的偏见和误解。英国学者乔治·罗伯茨在其著作《东食西渐》[①] 中说，几个世纪以来，西方人一直固执地相信中国人无所不吃，特别是中国人吃被欧洲人当成宠物的猫、狗时“没有一丝迟疑”，仿佛中国人是以吃猫、狗和老鼠为生。这种固执的偏见一直都存在，2007 年纽约主流电视台无中生有地报道纽约中餐馆“鼠肉”事件就曾引起华人中餐馆不小的震动。而且随着中美关系的变化，作为华人就业集聚最多的中餐馆往往也会成为美国主流媒体借机攻击的对象，往往会出现借中餐馆打击和污蔑中国及中国文化的负面报道，严重影响中餐馆的健康发展。

因此，在美国经营中餐馆不仅要充分了解当地人的饮食习惯，尊重当地的文化传统，而且要有维权保护意识，加强沟通交流，有责任为树立正确的中国饮食文化和传统文化观念而努力。近些年每逢春节、元宵节，华人社区都会组织大型的舞龙、舞狮等传统文化表演，越来越多的美国华人开始认识到文化传播的重要性，开始自觉地以文化的力量去为自己争取更好的生存环境和树立更加积极的形象。

（五）行业发展环境

美国餐饮业的行业发展环境往往取决于行业协会组织发挥的作用以及行业协会组织在美国社会文化以及经济生活中的话语权和影响力。

美国行业法规健全，协会作用突出。美国餐饮行业的协会很多，如餐饮协会、快餐协会、厨师协会、汉堡协会、服务协会等，美国的 50 个州有的有餐饮协会，有的与饭店旅馆协会相合并。在企业日常经营中协会的作用非常突出。美

① 乔治·罗伯茨：《东食西渐》，杨东平译，当代中国出版社，2008。

国餐饮行业最大的协会是全美餐馆协会（NRA），成立于1919年，共有3.8万多个企业会员，会员覆盖美国各州。每年5月在芝加哥举行的全美规模最大的餐饮设备用品技术博览会就是由该协会主办的，展览面积达6万平方米，8.7万个企业参展，在世界各国已很有名气，全美餐馆协会被企业公认为是促进行业成员利益的保护组织。企业以协会为家，可获得行业信息、政策咨询与指导，帮助反映有关问题，结交同行业企业等。

华人中餐业在发展的过程中，为了加强行业话语权，在政策或法律上争取合法权益，同时也是出于中国人地域或者籍贯的小团体抱团的传统心理，美国有很多中餐协会和华人华侨社团，其中中餐行业协会最多，既有全美范围的，也有地域性的。美国中餐协会是目前美国中餐业中影响力最大的行业协会，在维护中餐馆权益、提供行业信息和法律援助、厨师培养以及与内地厨艺交流等方面作出了卓有成效的贡献。2010年，美国中餐协会还与美国中餐厨师会、中美餐饮行业联谊会联合，在广东厨艺职业培训学院设立了国内首个美国中餐厨师训练基地。[①] 其他有一定影响力的中餐协会还包括华侨餐馆业协会、华盛顿中餐协会以及2012年1月刚成立的注册于纽约州的美国华人餐饮业协会。[②]

除了专业的中餐行业协会外，一些地域性协会或者文化交流协会，也对维护华人权益、增强沟通与加强交流发挥着重要作用。如美国华人华侨协会、美中文化协会、美国中国商会、美中旅游交流协会、美中文化交流协会。此外，还有一些以中国地域或者省份划分的协会或者同乡会，如大西南旅美华人协会、美国福建同乡会、美国南加州中国大西北同乡会等。

① 《广东设国内首个美国中餐厨师训练基地》，侨报网，http：//news. usqiaobao. com/2010 - 12/03/content_ 661299. htm。

② 《美国华人餐饮业协会纽约成立　为美中餐产业链提供帮助》，侨报网，http：//chinese. usqiaobao. com/2012 - 01/10/content_ 1212071. htm。

B.29

英国餐饮业发展情况

中国烹饪协会

由于经济不景气，近几年英国服务业、制造业、零售业大多走下坡路，使得英国人外出就餐频次明显降低。最新调查显示，英国人外出就餐，快餐成首选。经济衰退加上接踵而至的可支配收入减少，使得数百万英国家庭削减奢侈消费支出，特别是外出就餐消费支出。这一趋势令人们选择廉价食品，特别是汉堡和炸鸡。英国2011年进入快餐店消费人次达到55.4亿人次，而人们外出就餐总次数为110亿人次。这意味着目前快餐占总外出就餐份额的50.4%，而两年之前这一比率仅为47.3%。某市场分析人士表示，这体现出“降级消费”，快餐现在已经变得相当便宜，消费者离开餐馆和酒吧，更多地选择快餐连锁店。

英国统计局《2010年度商业调查报告》显示，2010餐饮业营业额接近500亿英镑，达到499.28亿英镑，比2009年增长了0.14%，增速有所放缓。从业人员有所减少，餐饮企业更是锐减了1000多家。

表1　英国餐饮业基本情况（2008~2010年）

项　　目	年　份	企业数量(个)	营业额(百万英镑)	从业人员数(千)
住宿餐饮业	2008	136504	67674	1971
	2009	129110	65439	1926
	2010	127844	67610	1895
餐饮业	2008	120779	50141	1578
	2009	113953	48318	1532
	2010	112769	49928	1503
餐厅和流动餐饮服务	2008	63368	22452	753
	2009	61192	22728	741
	2010	61387	22666	712
宴会及其他餐饮服务	2008	7536	7539	263
	2009	7048	6743	210
	2010	7031	7721	245
饮料及酒水服务	2008	49875	20150	562
	2009	45713	18848	581
	2010	44351	19541	546

资料来源：英国统计局，http：//www.statistics.gov.uk，Annual Business Survey，2010 Provisional Results。

随着生活节奏的加快，人们对遍布街头巷尾的快餐连锁店再熟悉不过了。在英国，几家大型的连锁超市集团纷纷看重餐饮市场，有计划地开展三明治速食业务，然后进军餐饮行业，标志着超市品牌向新领域扩张。它们利用自身强大的品牌优势和价格优势，强势地占领市场。类似“新鲜厨房”这样的快餐速食店将迅速在英国全国范围内流行开来。而英国其他几家大型连锁超市也都将业务拓展至餐饮行业，纷纷开始经营三明治速食连锁店和快餐连锁店。大型的超市集团通常利用自身的品牌效应和强大的供应链优势，使旗下的这些连锁快餐店“物美价廉”，颇具竞争优势。

一　2012 年英国餐饮业发展特点

英国利兹海德食品研究协会（Leatherhead Food Research）对 2012 年食品和饮料行业趋势进行了预测，该协会认为以下 10 大趋势将会主宰 2012 年的食品和饮料行业。①

（一）健康与保健

该协会表示，近年来“健康与保健”成为食品与饮料行业的主导趋势，这个趋势将继续延伸至 2012 年。2013 年食品与饮料企业将把减盐、减糖以及健康声称列为首要任务。

（二）可持续发展

2012 年企业将继续沿着提高生产效率与供应效率向更加注重伦理道德的方向迈进。这包括减少包装计划、更加注重道德采购政策、减少食品里程（消费者与食物原产地之间的距离）等。

（三）便利性

上班族繁忙而无序的生活方式要求饭菜不能过于麻烦，因此企业开发“即食饭菜”便可迎合这一趋势。

① 《英国 2012 年食品和饮料行业趋势报告》，http：//www. c－r－n. com/jin_ e/ContentDetail. aspx?id＝519030359。

（四）改善口味

食品要减盐、减糖、减脂肪，这就使得改善口味成为迫切需要。例如用柠檬香草、大蒜、姜的混合物以及海藻作为咸味增强剂。

（五）传统工艺食品

由于越来越多的消费者认为远离工业制成食品有利于自身健康，因此厂家会强调产品的健康功效并推广用传统工艺加工而成的食品。

（六）“天然食品”的需求量继续增长

目前，厂家对于“天然食品”的宣传力度略有下降，大型跨国公司将权衡成本与回报的比重以更好地开发“天然食品”。

（七）开发廉价超值食品

消费者家庭预算减少将迫使零售商购进更多的“物有所值”商品，这就要求厂家尽力降低产品的成本。相反，一些“廉价奢侈品”也会出现，例如餐包与超值包。

（八）消费者将更加注重原产地

2012 年，消费者将更加注重食品的产地以及来源。这将会从两方面影响企业，一方面消费者更加注重当地产的肉类、蔬菜、水果等产品；另一方面食品中的外来原料会在包装上体现得更加明显。

（九）开发满足特定需求的保健配料

随着人们工作年限的延长以及人们对积极健康生活方式的追求，生产厂家开发满足特定需求的保健配料便成为迫切需要。

（十）厂家继续追求含蓄的食品声称

食品监管政策的变化会影响生产商定位其产品的方式。向消费者提供产品信息时，厂家仍将继续追求含蓄的表达方式（例如颜色、外观、措辞等）。

B.30
法国餐饮业发展情况

中国烹饪协会

法国全国统计和经济研究所公布，法国 2011 年第四季度经济环比增长 0.2%，全年经济增长 1.7%，略低于政府预期的 1.75%。2011 年第四季度，作为法国经济增长主要动力的家庭消费支出增长放缓，但固定资产投资增长加速；出口增长加速，而进口增长放缓，外贸平衡对经济增长贡献加大，但商业库存变化拖累经济增长。此外，法国工业生产增长加速，特别是航空制造和焦化冶炼行业反弹拉动较大。

但是，受欧元区经济危机的影响，法国经济依然很脆弱。不仅失业率高涨，而且通货膨胀严重，食品价格上涨迅猛，2011 年 11 月法国食品价格同比 2010 年上涨了 3.2%。在内忧外患的局面下，餐饮业表现低迷，仅有快餐市场增长迅猛。

快餐市场呈现快速增长趋势，根据法国专业咨询公司的研究报告，法国快餐市场近 6 年来呈快速增长趋势，销售额增长近 60%。法国快餐业约占该国餐饮市场的 40%，其中三明治的年销售额达 64 亿欧元，占比为 20%。2004 年法国快餐市场销售额为 197 亿欧元，而 2010 年销售额则高达 312 亿欧元。在法国，52% 的消费者是在包括三明治店、快餐连锁店和酒吧在内的传统快餐店消费快餐，24% 在大型超市内的快餐店消费快餐，17.5% 从面包店和供应商处购买快餐，2% 在加油站内的便利店购买，另有 4.5% 从自动售货机购买。

法国快餐市场快速增长的原因在于快餐服务正朝内容多样化、包装环保化和饮食健康化发展。另外，国际金融危机也促使一部分传统餐饮的顾客转向快餐饮食。此外，快餐市场近两年出现的一个新趋势是，一些运营商将传统正餐简化后，做成带包装、方便携带的正餐，通过微波加热即食，并在一些大型超市和休闲场所提供简单就餐场所。

此外，连锁餐厅是法国餐饮市场主流。统计显示，尽管法国人在情感和文化上更倾向于各具特色的餐馆，但连锁餐厅目前已占据法国餐饮市场1/5的份额。截至2011年上半年，法国吉拉咨询事务所最新统计显示，尽管连锁餐厅数量只占法国各类餐馆总数的4%，但却以每年100亿欧元（约合1040亿元人民币）的总收入占据市场份额的1/5。麦当劳以1200家餐厅的数量稳坐法国连锁餐厅第一把交椅；法国有近800家以烤肉为主题的本土连锁餐厅，其中包括水牛餐厅327家，短稻草餐厅228家，小河马餐厅150家。业内人士称，连锁餐厅近年在法国发展迅猛，比如，卖热狗的赛百味2010年时在法国只有57家分店，2011年已增至260家。

B.31
德国餐饮业发展情况

中国烹饪协会

德国没有统一的“德国菜”，但是有许多具有地方特色的菜肴，从基尔的西鲱到巴伐利亚的甜芥白香肠。对于德国的美食烹饪者来说，地方特色也举足轻重。2005 年，餐饮方面的《米其林指南》表扬了近 200 家餐馆及其中的烹饪明星。“米其林”烹饪明星最密集的地区当属黑森林的拜厄斯布劳恩。德国各类餐厅云集。Gasthaus 是指具有大众食堂气氛、乡间小镇居民经常光顾的餐厅。此类餐厅大都供应腊肠、面包等简单的食物，此外也供应其他肉类美食。想喝饮料可到 Weinkeller 或 Bierstube，这些店也提供一些简餐。

根据德国联邦统计局统计，2011 年 12 月德旅馆及餐饮业销售额同比名义增长 4.5%，实际增长 2.6%；环比名义增长 0.3%，实际增长 0.4%。其中旅馆业销售额同比名义增长 5.2%，实际增长 3.4%；餐饮业销售额同比名义增长 2.2%，实际与 2010 年同期齐平。2011 年全年德国旅馆及餐饮业销售额名义增长 3.8%，实际增长 2.4%。但是经济危机和通货膨胀使得餐饮从业人员的工资水平很低。在各类行业中，仅有工业和采矿等行业实际工资收入跑赢了通胀率，其他大部分行业包括餐饮业都被物价甩在身后，全职工人月平均工资毛收入为

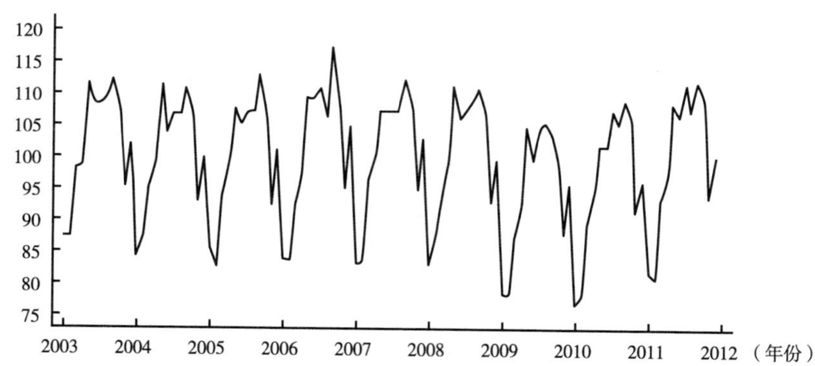

图 1　住宿餐饮业营业额相对值（以 2005 年 =100 为参照值）

3322欧元，最低的是餐饮业，仅有1944欧元。但是在吸纳就业方面，餐饮行业依然发挥着巨大作用，德国的餐饮行业2010年共吸收149万人就业，其中41.4%（61.7万人）是兼职，57.8%是妇女，42.5%是15~34岁的年轻人。

表1　2007~2008年德国餐饮业基本情况

年　　份	类　　型	营业额(百万欧元)	从业人数(千人)
2007	餐馆和流动餐饮服务	22249	672
	饮料及饮品服务	5186	185
	合　计	27435	857
2008	餐馆和流动餐饮服务	22027	664
	饮料及饮品服务	4778	170
	合　计	26805	834

资料来源：德国联邦统计局，http：//www. destatis. de/。

B.32

荷兰餐饮业发展情况

中国烹饪协会

荷兰是世界美食聚集地。在荷兰，不仅能吃到荷兰特色的食品，而且世界各地的美食在荷兰都能找得到。荷兰人的饮食虽不复杂，但是却有一个特点，就是非常讲究营养。在荷兰的饮食中，土豆一直是主要的原料，它和肉类及蔬菜一起，可以做出各种各样的口味不同的菜肴。由于低热能、富含多种维生素和微量元素，土豆在欧美享有“第二面包”的称号。深受喀尔文教派影响的荷兰人，永远相信工作为先，享乐其次，就连荷兰人自己也说：法国人为吃而活，我们荷兰人，则是为活而吃。

荷兰餐饮业主要包括社会餐饮、酒店餐饮，公寓餐饮、野营基地餐饮、汽车旅行餐饮等，而中餐算是比较高档的餐饮。

根据荷兰中央统计局的数据，自 2009 年以来，餐饮业表现不错，一直处于增长态势，2009 年餐饮业实现营业收入 138.96 亿欧元。2010 年餐饮业营业额增幅达到 0.6%，由于相对较低的欧元汇率使得荷兰对欧元区以外的人更具吸引力，旅游者的涌入带动了餐饮业的发展。截至 2011 年第三季度，餐饮业营业额同比增长 3.1%，增幅低于前两个季度，前两个季度餐饮业营业额同比增幅均超

表 1　2009 年荷兰餐饮业基本情况

单位：百万欧元

	营业收入	运营成本
住宿和餐饮业	18919	17066
餐饮业	13896	12400
餐馆	7895	7021
饭馆	5070	4631
小吃店、冰淇淋店	2825	2390
食堂及其他供餐场所	2757	2485
酒吧	3244	2894

资料来源：荷兰中央统计局，http://www.cbs.nl/。

过6%。增长主要受益于价格的上涨，而销售量同比增长仅为0.5%。其中，酒吧营业额同比明显下降，这是酒吧营业额连续四个季度增长以来的首次下降。7月和8月，酒吧营业额同比下降0.7%，价格同比上涨3.3%，销售量则同比下降3.8%。此外，第三季度自助餐厅营业额增长最快，同比增幅达6%；酒店和餐馆营业额平均同比增长3.5%。

B.33

日本餐饮业发展情况

中国烹饪协会

一 日本餐饮业基本概况

近几年，由于国内经济低迷，加上2011年核辐射的影响，日本餐饮更加注重食品安全和营养健康。选料精当、制作精心、成品精致、营养均衡、清淡少油，成为饮食消费的主流；日系餐饮总量稀少，大体可以分为日式料理、拉面、快餐连锁等。其中，以便宜、快捷、方便为主题的日本风格的快餐店种类繁多，形式多样。有以站立即食的荞麦面、乌冬面、饭团等日本传统美食为主打产品的快餐店，也有松屋、吉野家等日本全国性的快餐连锁店。

根据日本食品服务协会的餐饮产业市场动向调查结果显示，2011年7月，所有餐饮店的营业额比上年同期增加0.4%，日本大地震后首次出现增长。大众餐厅的营业额同比增加2.0%，烤肉店则大幅减少14.3%。快餐类餐饮店整体营业额减少0.2%，但牛肉盖浇饭等日式快餐、面食及冰激凌销售情况良好，均超过了上年同期。到2011年10月，餐饮业营业额较上年同期增加了0.5%。从行业种类来看，快餐店的营业额增加1.4%。除了早餐很受欢迎的汉堡包连锁店销势颇佳以外，陆续推出新店的面食类店铺的营业额也同比增加。牛肉盖浇饭等日式快餐店2010年推出新品后销势大好，2011年因基数效应同比减少。大众家庭餐厅营业额与上年持平，客流虽有所增加但食品单价降低。受放射性铯污染牛肉问题影响一直苦战的烤肉店，营业额跌幅减小，从9月的12%缩至7.5%。

此外，从日本统计局的月度数据来看，自2008年以来，日本餐饮业单店营业额呈下降趋势，尽管销售成本和运营成本也有所减少，但不足以弥补工资上涨以及经济衰退的影响，单店毛利降幅较大。此外，从2011年前两个季度的数据来看，物价上涨明显，行业工资呈下降趋势。营业额增长后劲有限。

表 1　日本餐饮业基本数据（单店平均）

单位：千日元

年份	销售额	销售成本	毛利润	运营成本	工资	从业人员数(个)
2006	8964	3675	5289	3392	944	2.93
2007	9406	3829	5578	3679	1095	3.02
2008	9939	4028	5911	3910	1199	3.15
2009	9016	3656	5359	3637	1024	2.96
2010	8707	3580	5127	3548	1078	2.99
2011 年 1～3 月	2060	845	1215	854	267	3.04
2011 年 4～6 月	2128	872	1256	862	256	3.01
2011 年 7～9 月	2192	899	1293	847	251	3.01

资料来源：日本统计局，http：//www.stat.go.jp/english/，根据月度数据整理而成。

二　日本餐饮运行特点

（一）经济低迷及震灾影响，餐饮企业破产成风

调查公司帝国数据库的统计结果显示，2011 年 1～11 月日本破产（负债 1000 万日元以上）的餐饮企业达 648 家，创下 2000 年有可比数据以来的新高。破产企业中居酒屋占三成左右，“寿司店”和“咖啡馆”的破产数量也创下了历史新高。负债 50 亿日元以上的大型企业破产为零，负债低于 5000 万日元的小型企业占总数的八成。受经济低迷和震灾影响，餐饮企业业绩不济。由于餐饮业入行门槛低、行业间竞争渐趋激烈，宴会和应酬需求减低和更多人选择自带午餐，不少餐饮店经营持续面临“寒冬”。

（二）国内竞争加剧，降价和寻求海外机会成为新出路

零售业和餐饮业原本是典型的内需型产业，但由于日本少子化等因素的影响，国内市场在不断萎缩，而亚洲等新兴经济体的旺盛需求给日本的服务型行业

提供了新的生机。日本零售业和餐饮业正在加大海外投资力度。2011 年，日本主要 5 家连锁便利店在海外新增店铺数约 2500 个，是日本国内的 1.5 倍。快餐连锁店吉野家、居酒屋连锁经营店 Watami 等餐饮业也加快了亚洲地区布局的步伐。

此外，国内行业竞争异常激烈，以快餐来看，日本两大快餐企业吉野家和松屋纷纷开展降价促销活动，各类牛肉饭套餐降幅超过 10%，价格已经降至 2009 年的水平。

B.34

新加坡餐饮业发展情况

中国烹饪协会

一 新加坡餐饮业基本概况

作为国际化水准相当高的新加坡，以马来、印度等为代表的东南亚美食只是其餐饮特征之一，来自中餐、西餐、日本料理等多元的世界美食同样是新加坡美食版图的重要成员。新加坡餐饮汇集了当地的风味和来自世界各地的佳肴，有中国菜、马来菜、泰国菜、印尼菜、印度菜、西餐、快餐等。由于历史的原因，新加坡在饮食方式和习惯方面融合了马来族和华人的烹调特色，其中最具代表性的菜是“娘惹食物”。

新加坡的美食领域每天都在上演新的戏码，六家由“米其林”星级厨师掌勺的餐厅落户于即将开张的 Marina BaySands，已经开幕的圣陶沙名胜世界正在成为新的热门寻味去处，乌节路新商场纷纷加重了美食的部分，更多有创意的美食场所也在不断涌现出来。在竞争如此激烈的环境下，餐厅只有不断提升自身标准才能留住顾客——食物、服务、环境，三者缺一不可。除此之外，“可持续发展”也将适用于餐饮业，这包括食品的新鲜度、储藏时间、运输距离等。

新加坡统计局 2011 年公布的《经济调查系列：饮食服务业 2010》数据显示，2010 年餐饮业营业收入 62.40 亿美元，同比 2009 年增长了 10.6%，单店营业收入从 2009 年的 9 万美元增加到 9.55 万美元。营业利润为 5.03 亿美元，同比 2009 年增长了 12.6%，单店营业利润增长了 8.4%，达到 8.11 万美元。创造的附加产值达到 220.7 亿美元，增长了 11.2%，单店附加产值达到 35.61 万美元，增长了 7.1%。

2010 年餐饮业从业人员达到 91264 人，从业态来看，餐馆是餐饮业的主体市场，从业人员达到37200人，平均每1个企业有16名从业人员。从企业机构来看，快餐单店从业人员数达到35人，其中27人为兼职人员。

表1 新加坡餐饮业关键指标

项　目	2009年	2010年	增幅(%)
企业数量(个)	5969	6197	3.8
从业人员数(个)	89563	91264	1.9
营业收入(百万美元)	5640	6240	10.6
运营成本(百万美元)	5371	5918	10.2
营业利润(百万美元)	446	503	12.8
附加值(百万美元)	1985	2207	11.2

表2 新加坡餐饮业各业态基本情况

业　态	企业数量(个)	从业人员(个)	营业收入(百万美元)	附加值(百万美元)
餐厅	2261	37163	2320	865
快餐店	376	13159	803	245
饭馆及其他供餐场所	304	5793	711	302
其他	3257	35150	2406	795

资料来源：根据新加坡统计局（http://www.singstat.gov.sg/），《经济调查系列：饮食服务业2010》数据重新整理。

二 新加坡餐饮业运行特点

（一）“制造浪漫”

根据著名餐饮专家Joseph Baum及Michael Whiteman的分析，餐厅的气氛能够大大影响客人的就餐心情以及食欲，甚至能够影响他们的点菜决定。因此，打造出卫生、温馨的用餐环境非常必要，而这一切需要从细节处入手，比如，盘子要尽量干净到闪闪发光；甜品应该造型新颖、颜色鲜艳；食物的分量最好能提供一人份、双人份、多人份等多种选择。

（二）注重营养

食物的营养成为人们日益注重的话题，为了吸引越来越挑剔的食客，“儿童营养配方”、“有机食材”等都将成为餐厅的特色，甚至菜量的多少以及对食物的过敏反应也会出现在菜单上。在菜品的食材方面，餐厅越发注重选用当地的食材，不必远距离运输，新鲜感才更有保证，而“手工制作”也成为时下流行的卖点：腊肠是厨师亲手包扎，酱菜是独家秘方，面包来自手工作坊，蜂蜜采自附近农场，这些说法即便只是噱头，消费者也是绝对受用。其他一些有可能出现在菜单上的新式营养菜品还包括各种稀有海鲜及民族食品，但是做法会趋于简单，以保证食物的原汁原味，分量和价钱也会随之降低。

（三）新式炸鸡翅

新加坡从来不拒绝任何国际化的食物，炸鸡翅便是其一。显然，它的营养性遭到很多美食家诟病，但是新式的炸鸡翅做法会堵住他们的嘴。

比如韩式炸鸡翅，外部包裹的淀粉少而均匀，在油里炸过两次后能够获得格外松脆的口感。酱汁更是新式炸鸡翅的杀手锏，除了传统的番茄酱、烤肉酱外，专为东南亚食客所调制的酸辣口味的鱼酱、柠檬草酱都赋予了炸鸡翅别具一格的口味，而与之搭配的蔬菜汤则用来提升鸡翅的营养。

（四）热狗更“热”

提到热狗，人们便会想到美式快餐，这种便宜、便捷的食物在后经济危机时代将会更“热”。注重创新的餐厅将发明各种新鲜口味的热狗来挑战食客的味蕾，肉豆蔻、桂皮、芥末都会出现在那两片面包中间，而夹着咖喱的泰式热狗，夹着泡菜的韩式热狗其实也有美味的口感，只要你勇于尝试。

（五）无添加

防腐剂、添加剂、人工色素，我们的身体已经和这些东西打了多年的交道，现在一些聪明的餐厅知道如何避免这些对人体不利的元素，他们使用的“新佐料”包括植物甾醇（能降低胆固醇）、抗氧化剂（有助于提高免疫力）、维生素（增强人体活力）、胶原蛋白（有美容功效），然而，多数号称“健康食品”的产品都有言过其实之嫌，作为消费者的我们还需要擦亮眼睛，尤其是一些号称能控制体重的“低热量”食物或者以“富含微量元素”自居的饮品，还是对它们不要期望太高吧。

（六）网络名声

在网络发达的今天，“顾客是上帝”这句话应该得到加倍重视。相比美食家及媒体的宣传，大众在网络上发表的评论更是对选择餐厅有决定性的作用，而这些被发布在网上、以光速散播开的评价是餐饮老板无法操控的。因此，餐饮业的标准必须日益提高，以满足挑剔的消费者的需求，稍有差池就可能被迅速放大。除此之外，既然顾客们动动手机就能获得所有关于餐厅地址、推荐菜品、用餐感受、优惠活动等的多种信息，餐厅的公关会更加注重利用网络打造品牌，树立起餐厅的“网络名声”。

（七）全方位发展

经济危机使餐饮业的竞争更加残酷，为了争夺客源，餐厅间甚至不得不“克隆”彼此的招牌菜，以扩大优势吸引更多客户。比如比萨店开始引入汉堡和鸡翅，面包店同时出售咖啡和奶茶，美式快餐连锁店也提供中式套餐，在 2010 年，更多的餐厅会推出早餐、下午茶的活动，以塞满客流较少的这两段时间档。而为了“全方位发展”，餐厅也会辟出一块 Lounge 作为酒吧区或者甜品区，物美价廉的纸杯蛋糕将继续大行其道。然而，餐厅的“全方位发展”也会产生负面效应，就是模糊了品牌原本的特色，因此还是有部分高档餐厅和酒店会坚持自己的细分市场，走少而精的路线。

（八）拓宽市场

虽然 2010 年餐饮业有了复苏迹象，但毕竟人们大部分时间还是会在家里吃饭，因此，一些聪明的餐饮品牌开始涉足餐厅以外的市场。味千拉面从很久以前就开始在超市出售袋装拉面，今后会有更多的店家有样学样，把印有自己 Logo 的食品摆在超市货架上出售，就连星巴克也计划生产速溶咖啡了。如果不能让更多的消费者走进餐厅，那么就索性让厨师走进大家的厨房，这不失为一个拓宽市场的好办法。

B.35
中国香港地区餐饮业发展情况

中国烹饪协会

香港是世界公认的美食天堂，有着800多万人口的都市，云集着1万多家大大小小的餐馆，是餐饮业高度发达的地区之一。2011年香港餐饮业总收入为893亿港元，其中中式餐馆收益占到50%。餐饮联业协会主席黄家和形容其是“创历史新高”，与2010年比较，从收益价值来看，增长了6.4%，从数量来看增长了1.0%。食肆购货总值为327亿港元，较2010年上升10.9%。

按食肆类别分析，2011年杂类饮食场所的总收益以价值计，较2010年上升7.7%，以数量计则上升0.7%。中式餐馆的总收益以价值计上升7.2%，以数量计则上升1.8%。快餐店的总收益以价值计上升7.0%，以数量计则上升2.2%。至于酒吧的总收益，2011年与2010年比较，以价值计上升5.8%，以数量计则上升2.6%。2011年与2010年比较，非中式餐馆的总收益以价值计上升4.4%，但以数量计则下跌1.2%。

表1　2010年第一季度至2011年第四季度的食肆收益及食肆购货价值

单位：百万港元

食肆类别	2010年				2011年			
	第一季度	第二季度	第三季度	第四季度	第一季度	第二季度	第三季度	第四季度
中式餐馆	10049	9559	10219	11064	10786	10238	10968	11838
非中式餐馆	5895	5586	5795	5867	6159	5754	6000	6246
快餐店	3504	3479	3609	3595	3657	3724	3838	3958
酒吧	335	354	328	367	352	378	352	383
其他饮食场所	1100	1069	1067	1116	1167	1147	1153	1221
食肆总收益	20883	20047	21018	22009	22121	21241	22312	23646
食肆购货总价	7232	7017	7327	7887	8186	7757	8026	8704

资料来源：香港特区政府统计处：《食肆的收入及购货额按季统计调查报告2011年第四季》。

表 6　2010 年第一季度至 2011 年第四季度按食肆类别分类划分的食肆收益价值指数（2004 年 10 月至 2005 年 9 月期内的平均指数 =100）

食肆类别	2010 年				2011 年				
	第一季度	第二季度	第三季度	第四季度	第一季度	第二季度	第三季度	第四季度	合计*
中式餐馆	152.6 (+6.7)	145.1 (+6.1)	155.2 (+6.5)	168.0 (+6.3)	107.2 (+6.3)	101.8 (+7.3)	109.0 (+7.3)	117.7 (+7.0)	102.8 (+1.8)
非中式餐馆	157.6 (+2.8)	149.4 (+1.5)	155.0 (+2.5)	156.9 (+4.2)	107.6 (+4.5)	100.5 (+3.0)	104.8 (+3.5)	109.1 (+6.5)	99.0 (-1.2)
快餐店	140.6 (+5.5)	139.7 (+5.6)	144.9 (+6.3)	144.3 (+5.8)	104.6 (+4.4)	106.5 (+7.0)	109.8 (+6.4)	113.2 (10.1)	103.2 (+2.2)
酒吧	130.6 (+4.8)	138.0 (+5.4)	128.0 (+6.0)	143.3 (+6.2)	103.2 (+5.0)	110.8 (+6.7)	103.4 (+7.4)	112.3 (+4.2)	103.5 (+2.6)
其他饮食场所	135.8 (+2.0)	132.0 (+2.1)	131.8 (+3.6)	137.8 (+6.0)	108.9 (+6.1)	107.0 (+7.3)	107.6 (+8.1)	113.9 (+9.5)	101.3 (+0.7)

注：(1)　* 为临时数据；

(2) 所有食肆统计数字按照《香港标准行业分类 2.0 版》编制。

资料来源：香港特区政府统计处：《食肆的收入及购货额按季统计调查报告 2011 年第四季》。

B.36
中国澳门地区餐饮业发展情况

中国烹饪协会

根据澳门特区统计暨普查局的统计资料，截至2011年4月（第六次人口普查），澳门区内人口为55.23万人，其中就业人口约有33.54万人，就业人口主要集中在文娱博彩及其他服务业，约占到就业人口的46%，其中住宿餐厅酒楼及同类场所的就业人口占到13.7%。

旅游博彩业是澳门主要的经济动力之一，其中包括作为澳门最大直接税来源的博彩业，及其他如酒店、饮食、零售等行业，对推动澳门经济的发展相当重要。

随着高端连锁餐饮店及博彩业餐饮机构不断落户澳门，澳门餐饮业市场格局日益多元化，汇聚了中西各种美食风味，是名副其实的国际美食胜地。据不完全统计，餐馆包括地道中式酒楼（粤菜系）、海鲜火锅、上海菜馆；葡国餐厅、泰国风味餐厅；新加坡、马来西亚及印度美食，日式料理、寿司小食；韩国烧烤餐厅等。餐饮业格局的新变化提升了澳门饮食业的素质。

表1　澳门餐饮业主要数据分析

指　标	单　位	2009年	2010年	变动率(%)
饮食店及街市熟食档	数目	1615	1648	2.0
在职员工		19738	22172	12.3
营业额及其他收益	千澳门元	4789736	5505820	15.0
员工支出		1525287	1807103	18.5
购货支出		1792232	2102441	17.3
经营费用		1113714	1262591	13.4
增加值总额		1891561	2156840	14.0
固定资本形成总额		250178	217241	-13.2

注：饮食业调查的统计范围是包括在2010年领有营业执照的酒楼、餐厅、食肆、饮品店及街市熟食档，但不包括由酒店经营的餐饮场所和设施，亦不包括街边摊档。

资料来源：澳门特区统计暨普查局《饮食业调查2010》。

根据澳门统计暨普查局《饮食业调查2010》显示，2010年有营业的饮食店铺及街市熟食档共1648间，较2009年增加33间，包括1586间饮食店铺及62间街市熟食档。2010年在职员工为22172人，较2009年增加2434人，增幅为12.3%。饮食业的营业额及其他收益为55.1亿澳门元，总支出为51.7亿澳门元，按年分别上升15.0%及16.7%。反映行业对经济贡献的增加值总额上升14.0%，为21.6亿澳门元；而固定资本形成总额则减少13.2%，为2.2亿澳门元。

（1）场所及在职员工数目。2010年有营运的饮食店铺有1586间，较2009年增加16间；在职员工为22055名，增加12.2%；其中有薪酬员工20726名，占总数的94.0%。按场所类型分析，2010年饮食店铺以食肆为主，共1252间（占总数的78.9%）；在职员工共14614名，按年增加15.8%；其中13508人（92.4%）为有薪酬员工。按场所规模统计，82间有10名或以上员工的场所共雇用16781名有薪酬员工，按年增幅达16.6%。少于10名员工的小型店铺有804间，有薪酬员工为3945名，较2009年增加3.8%。

（2）收益及支出。饮食店铺的营业额及其他收益为54.9亿澳门元，较2009年上升14.9%；其中食肆（34.1亿澳门元）和酒楼及餐厅（17.7亿澳门元）的收益占总数的94.4%。饮食店铺的支出总额为51.6亿澳门元，较2009年增加16.7%；按支出项目统计，购货（20.9亿澳门元）、员工支出（18.1亿澳门元）和经营费用（12.6亿澳门元）分别上升17.3%、18.4%和13.3%。

按场所规模分析，在职员工少于10人的小型店铺占场所总数的一半，而营业额及其他收益（11.0亿澳门元）及支出（10.0亿澳门元）仅分别占20.1%及19.3%。另一方面，有50名或以上在职员工的大型场所58间，营业额及其他收益（13.4亿澳门元）及支出（12.7亿澳门元）分别占总数的24.4%及24.6%。

（3）增加值总额及固定资本形成总额。2010年饮食店铺的增加值总额为21.5亿澳门元，较2009年上升13.9%；固定资本形成总额则下跌13.2%，为2.2亿澳门元。

B.37 中国台湾地区餐饮业发展情况

中国烹饪协会

一 台湾餐饮业基本概况

餐饮产业是台湾重要的服务产业，尤其在面临全球不景气的压力下，餐饮业是民众最基本的内需产业，近年来两岸推动观光交流，对台湾餐饮来说是利多机会，美食业已成为一项重要的时尚产业。面对国际化、多元化的竞争压力，台湾餐饮的创新、品质、管理及特色就显得尤其重要。通过企业文化的落实与永续经营的概念，持续建立品牌价值及跨区域发展机会，都将成为未来餐饮产业的重要方向。

随着国际化趋势的发展，近年来，台湾连锁加盟产业海外投资的比例逐渐升高，部分本土自创品牌的餐饮企业已经在大陆开店，如仙踪林、永和豆浆、鼎泰丰、一茶一坐、王品集团等都是台湾连锁企业进军海外市场的最佳典范。因此，

表 1　2011 年台湾批发零售及餐饮业情况

单位：亿元新台币，%

月份	批发、零售及餐饮业	增幅	餐饮业增幅
1	12179	13.67	15.83
2	10393	4.74	2.45
3	11975	7.44	3.80
4	11736	4.87	8.22
5	11705	3.80	4.94
6	12145	5.25	8.80
7	12381	4.61	8.79
8	12113	4.70	5.47
9	12247	4.32	10.09
10	12286	1.79	11.70
11	11575	-0.95	8.91
12	11919	-0.49	6.49
合计	142654	—	—

资料来源：根据台湾“经济部”统计处发布的月度数据整理而成，http：//www. stat. gov. tw。

对于属于海岛型经济的台湾而言，以台湾作为产业技术的转移输出中心，通过品牌授权、人才及原料输出成为台湾连锁加盟进军海外的成功模式之一。

根据台湾“经济部”统计处调查资料显示，2011 年批发、零售及餐饮业营业额达 142682 亿元新台币，较 2010 年增加 4.4%，其中以餐饮业增幅（7.9%）最大。如依第四季度状况观察，批发、零售及餐饮业营业额整体增长幅度只有 0.2%，其中批发业减少 1.8%，零售业增 4.8%，餐饮业增幅达 9.0%。

二　台湾餐饮业运行特点

（一）市场布局基本完整，新增空间较小

台湾人口增长不快，城乡建设速度趋缓，餐饮市场布局已较完整，适合多数消费者的风格和口味已基本满足需求，餐饮投资空间很小，如硬性挤入风险较大。虽然餐饮企业生存环境较好，但发展空间已不大。

（二）注重大众品牌培育，采取多种方式推广

品牌培育对于台湾餐饮企业并不是起个百姓望尘莫及的名字和做几个媒体广告，而是在精准定位的基础上，营造对客人心理距离、情感、口味、视觉等多方的喜爱、黏着和影响。餐厅大到餐盒、手提袋小到餐纸、牙签袋、筷子套、杯垫等不仅每店都有，且设计、印制、用纸都很精美，品牌宣传寓于实用之中。

（三）小吃市场化经营，企业小贩品种丰富

小吃是台湾餐饮的一大特色，集南北风味、主副食品，成为人们休闲、宵夜、餐间的重要补充。由于小吃业主都是小本经营，故大都是在政府管理下市场化经营，小吃夜市在台各地都有，几乎成了旅游和休闲的标志，当地客人和外来游客都很喜欢，政府对卫生安全、现场管理、食材进入等都十分关注，夜市管理得井井有条，很少发生卫生、安全、价格等问题。

（四）员工讲究职业道德，管理人员综合素质较高

台湾餐饮业员工和管理人员、厨师大都自觉遵守职业道德，管理者在与不在

都能履职，特别是企业管理人员综合素质较高，工作认真细致，处理服务问题具有较高水准，带领中层干部形成企业的骨干团队对于保证企业赢利和发展起到很大作用。

究其原因，主要有四点，一是受日本统治时期的文化影响，严谨认真的处事作风深入人心；二是普遍的高学历教育，使他们文化素质和修养均好：三是社会风气倡导互敬、互爱，友善服务。四是顾客对服务要求较高，致使员工和干部工培养了认真对待的风气。

附　　录

Appendix

B.38

《商务部关于"十二五"期间促进餐饮业科学发展的指导意见》

商服贸发〔2011〕438号

各省、自治区、直辖市、计划单列市及新疆生产建设兵团商务主管部门：

改革开放30多年来，我国餐饮业发展经历了起步阶段、数量型发展阶段、规模化发展阶段和品牌建设阶段，初步形成了投资主体多元化、经营业态多样化、经营方式连锁化、品牌建设特色化、市场需求大众化的发展新格局。当前我国餐饮业呈现出蓬勃发展的良好态势，据测算，截至2010年底，全国餐饮业企业约40万家，从业人员超过2200万人，零售总额达17635.5亿元。但同时，餐饮业发展也面临着法规建设滞后、市场秩序有待规范、结构失衡、产业化程度偏低、浪费严重和食品安全有待加强等问题亟待解决。为贯彻落实国家"十二五"规划纲要关于大力发展生活性服务业的有关要求，促进餐饮业科学发展，现提出以下指导意见：

一　指导思想及工作目标

（一）指导思想

以科学发展观为指导，坚持以人为本，在传承、创新的基础上，大力发展品牌化餐饮、绿色餐饮和节约型餐饮，统筹城乡餐饮发展，拓展现代经营方式，提高产业集聚度，逐步形成各类餐饮业态互为补充、相互渗透，高、中、低档餐饮协调发展，中外餐饮相互融合，区域餐饮特色鲜明，大众化餐饮较为普及的现代化餐饮发展新格局，不断满足人们日益增长的餐饮服务需求，为全面建设小康社会、构建和谐社会作贡献。

（二）工作目标

力争在“十二五”期间，餐饮业保持年均16%的增长速度，到2015年零售额突破3.7万亿元；培育一批地方特色突出、文化氛围良好、社会影响力大、年营业额10亿元以上的品牌餐饮企业集团；全国餐饮业吸纳就业人口超过2700万人；在全国各大中城市全面推进早餐工程，建设一批主食加工配送中心和固定门店式标准化早餐网点；开展餐饮服务食品安全百千万示范工程建设，创建数百个餐饮服务食品安全示范县（含县级市、区）、数千条安全示范街和数万个安全示范单位（店、食堂）；规范一批快餐品牌，初步形成以大众化餐饮为主体，各种餐饮业态均衡发展，总体发展水平基本与居民餐饮消费需求相适应的餐饮业发展格局。

二　工作任务

（一）提高餐饮规范化水平

建立健全餐饮业标准体系，加大餐饮业行业标准的推广实施力度，全面提升行业标准化水平，有条件的地区要建立餐饮业标准化培训、推广、示范中心。按照行业发展特点，分别从规范企业主体行为、从业人员行为、行业服务行为等环节入手，制订或修订相关标准，加快形成餐饮行业的标准体系。对已经制订的标准，各地要加强宣传和贯彻落实工作。

（二）优化餐饮业发展结构

积极实施餐饮产业聚集战略，在对传统菜系改良、创新的基础上，推动餐饮集聚化发展。结合各地餐饮消费特点，形成辣文化餐饮集聚区，北方菜餐饮集聚区，淮扬菜餐饮集聚区，粤菜餐饮集聚区和清真菜餐饮集聚区。结合城市发展需求，在中心城市建设一批美食街。在城市商务区，依托大型餐饮企业，建设集餐饮、娱乐、休闲于一体的餐饮服务实体。在居民社区，建设各具特色、老少皆宜的餐饮门店。

（三）推动餐饮规模化发展

加强纵向与横向的餐饮协作，鼓励资本运作，推进餐饮业集约化生产，加快餐饮企业集团化、规模化步伐。大力推广现代管理模式，加快发展连锁经营、网络营销、集中采购、统一配送等现代流通方式；加快发展加盟连锁和特许连锁，积极引进世界知名的餐饮连锁公司，促进我国传统餐饮业的改造。大力发展特色餐饮、快餐送餐、餐饮食品等多种业态的连锁经营。培育一批跨区域、全国性的餐饮连锁示范企业，扶持餐饮企业做大做强。

（四）实施早餐示范工程

在中心城市新建或改造主食加工配送中心，支持餐饮龙头企业按照《主食加工配送中心建设规范》要求，建设或改造部分主食加工配送中心，有效增强其加工配送及质量保障能力。进一步增强主食加工配送中心的研发、生产、检验和配送功能，丰富配送品种，扩大配送范围，在满足早餐配送的基础上，积极探索中式快餐和大众化餐饮的配送模式。依托主食加工配送中心按照《早餐经营规范》和《固定门店式餐饮网点建设规范》要求，新建、改造、提升现有的室内早餐店，建设标准化固定早餐门店，在经营早餐的基础上积极向中式快餐和大众化餐饮方向拓展。

（五）大力发展节约型餐饮

贯彻落实《国务院办公厅关于进一步加强节约粮食反对浪费工作的通知》

（国办发［2010］7号）要求，开展多种形式的社会倡议活动，大力推进餐饮企业节约化经营，引导消费者合理消费。切实做好节能工作，继续抓好减少使用一次性筷子等工作。在饭店、酒店等餐饮场所倡导绿色餐饮，实施绿色照明工程。建立健全餐饮操作规程和质量控制体系，提倡6S管理（整理、整顿、清扫、安全、清洁和素养）。

（六）回收利用餐厨垃圾

加强餐厨废弃物收运管理，建立餐厨垃圾排放登记制度。配合有关部门制订和完善餐厨废弃物管理办法，督促餐饮企业做到餐厨垃圾分类收集放置，日产日清，严禁乱倒乱堆餐厨废弃物；严厉打击非法收运餐厨废弃物的行为；禁止将餐厨废弃物交给不具备资质的单位或个人处理；鼓励和支持企业探索适宜的处理技术及管理模式，推进餐厨废弃物资源化利用和无害化处理。

（七）加强饮食安全工作

各地商务主管部门要贯彻落实《商务部关于加强餐饮食品安全工作的通知》（商服贸函〔2011〕731号）。建立健全餐饮企业信用体系，引导企业开展规范经营、诚信经营。严格餐饮企业采购环节管理，建立食品和原材料的采购追溯制度。规范餐饮市场秩序，重点加强卫生、质量等方面的规范化管理。建立健全企业、消费者、政府部门和新闻媒体四位一体的监督管理体系，促进餐饮业健康有序发展。实施农餐对接。为发挥餐饮业在提高农业生产的组织化程度中的作用，保证餐饮原材料的安全，鼓励大型餐饮企业建立农产品生产基地和采购基地，建立餐饮企业主要原材料固定的供货渠道，探索农业种植与餐饮的合作模式。与本地区食品安全监督管理部门加强合作，共同推进餐饮服务食品安全百千万示范工程，建设一批示范单位，树立一批先进典型，推广一批先进经验。

（八）提升餐饮品牌化水平

保护和弘扬老字号餐饮品牌，积极引导老字号开拓创新。鼓励支持老字号餐饮企业开拓特许经营业务，进一步提高企业知名度。继续做好全国酒家酒店等级评定工作，将等级评定与提升餐饮服务业素质、实施品牌战略相结合，促进国家级酒家酒店的品牌化发展。培育一批拥有知识产权和知名品牌、具有国际竞争力的大型餐饮企业集团，帮助餐饮企业加大品牌形象宣传，加强知识产权保护，推动品牌经营理念和连锁经营等现代流通方式在全行业普及。将企业品牌培育与餐饮菜系、菜品创新和技术进步紧密结合，发挥名店、名菜、名师的品牌叠加效应。

（九）积极推动中华餐饮文化“走出去”

把中华餐饮文化的优良传统与世界先进的餐饮文化结合起来，吸收国外先进的经营理念、先进技术，建设有中国特色的现代化餐饮，提升中餐国际竞争力。重点引导有实力、品牌效应好的中国餐饮企业“走出去”，开拓国际餐饮市场。

三　保障措施

（一）加强法规制度建设

加快研究制订餐饮业管理的行政法规、部门规章，建立健全行业法规体系。要制订餐饮业发展规划，并将其纳入城市商业网点规划。健全餐饮标准体系建设，尽快制订一批餐饮业国家标准和行业标准。开展餐饮创新理论研究，深入研究行业发展过程中面临的新情况、新问题，有针对性地提出解决措施。

（二）营造餐饮业良好发展环境

各地商务主管部门要加大协调力度，积极会同当地发展改革委、财政、税务、工商、质检、卫生、市政、交管等部门，研究制订促进餐饮业发展的政策措施。要落实好餐饮企业在农副产品采购、吸纳下岗工人再就业和技术创新等方面的优惠政策；落实连锁经营企业实行总部统一办理工商注册登记、简化经营审批手续等政策；在用地选址、网点规划、工商登记、卫生监管、财政支持、税收优惠、减免收费以及便利运输等方面，为大众化餐饮经营企业创造良好条件；集中设立成规模的餐饮基地，实现规模化的餐饮原辅料基地和产业化基地建设；要推动尽快实现餐饮企业用水、用电、用气享受与工业企业同等优惠；对大众化餐饮企业用水适用居民用水价格；通过建立重点餐饮企业联系制度，在舆论宣传、政策导向、市场开发、技术引进、扶持上市等方面予以帮助。加大餐饮舆论宣传，形成加快餐饮业特别是大众化餐饮发展的舆论氛围。加强典型引导，推广餐饮先进经验。广泛宣传节约型餐饮，引导科学饮食、健康消费。

（三）加大投入支持力度

要积极运用财政资金，支持全国性餐饮产业化基地、餐饮原料基地、餐饮工业化基地和餐饮人才基地的建设；支持餐饮企业技术创新，建设餐饮公共服务设施；支持以改善民生为核心的早餐工程、城市中心厨房建设，鼓励餐饮企业发展连锁经营，开展集中采购和统一配送。商务部将利用境外经贸合作区建设的有利条件和有关政策，根据境外经贸合作区功能配套的需要，采取有效措施鼓励具备条件的餐饮企业到境外经贸合作区内建店设点，在为园区服务和累积经验的基础上，进一步拓展所在国餐饮服务市场。支持符合条件的餐饮企业通过银行贷款、发行股票债券、上市融资等多渠道筹措资金。积极搭建中小餐饮企业融资平台，协调中小企业发展专项资金给予中小餐饮企业重点资助或贷款贴息补助。加大对粮油生产企业和个人、规模化养殖户的信贷支持力度，创新担保方式，扩大抵押品范围，强化餐饮产业链建设。

（四）充分发挥协会作用

充分发挥餐饮行业协会等中介组织的作用，支持行业协会在加强行业自律、维护企业利益、沟通行业信息、加强业务交流、推广先进技术以及人员培训等方面做好工作。加强餐饮标准和规范的贯彻落实。认真贯彻实施《早餐经营规范》等餐饮业国家标准和行业标准，进行贯标达标培训和检查验收。

（五）完善行业统计体系

各地商务主管部门要用好国家统计局发布的现有行业统计数据，定期整理、分析，形成报告，及时掌握本地区行业发展动态。同时，建立并完善本地区的行业统计信息管理系统，督促有关企业及时、准确报送相关信息，探讨建立更翔实、更具时效性的行业统计指标、形成与国家统计局互补的统计体系。

（六）加强诚信体系建设

切实做好行业管理工作，贯彻落实相关行业标准，通过规范企业经营行为，促进行业健康发展。加快推进行业信用体系建设，扩大企业覆盖面，引导企业诚信经营。积极推动开展行业信用评价，推行信用分类管理，不断完善信用评价和发布制度，提升企业诚信意识和信用管理水平。

商务部

二〇一一年十一月十六日

B.39 《商务部关于加强餐饮食品安全工作的通知》

商服贸函〔2011〕731号

各省、自治区、直辖市、计划单列市及新疆生产建设兵团商务主管部门：

近年来，一些餐饮企业出现食品安全问题，不仅影响了人民群众的身体健康，也损害了餐饮业服务民生的形象。为切实保障餐饮食品安全，加强餐饮企业自律，推动餐饮业持续健康发展，现就有关工作通知如下：

一 加强政策贯彻落实，引导企业诚信经营

各地商务主管部门要深入贯彻落实《国务院办公厅关于印发2011年食品安全重点工作安排的通知》（国办发〔2011〕12号）和国家食品药品监督管理局《关于印发2011年餐饮服务食品安全重点工作安排实施方案的通知》（国食药监食〔2011〕180号）等关于餐饮服务食品安全工作的要求，采取切实措施，确保餐饮服务领域食品安全。配合当地食品药品监督管理局加强食品添加剂综合治理，打击违法违规生产经营食品添加剂的行为；配合做好餐饮消费环节专项整治和专项检查，保证农家乐旅游点、小型餐饮店铺等食品安全高风险单位的卫生质量安全；加强企业卫生和食品卫生安全管理，推进餐饮企业诚信体系建设，健全餐饮企业诚信不良记录收集、管理、通报制度和行业退出机制，完善激励和惩罚政策措施；加强餐饮企业和个体从业人员信用分类监管，充分发挥餐饮行业协会在行业自律中的作用，引导企业诚信经营。

二 加强采购管理，严把餐饮服务入口安全关

餐饮企业要按照职责加强采购管理，建立合格供应商管理制度，采购食品原

料、添加剂等相关产品应索证索票、进货查验、详细记录。各地商务主管部门要督促企业到证照齐全的食品生产经营单位进行采购，索取、留存购物凭证，并如实记录产品的名称、规格、数量、生产批号等采购信息；鼓励餐饮企业建立电子记录，提高采购管理信息化水平，逐步实现全程可追溯；严禁餐饮企业使用不合格的食品原料和添加剂。

三 加强原材料使用管理，严防不合格食材上餐桌

餐饮企业要确保各种原料、辅料、调料的使用严格执行国家标准，加强对原材料的管理，严禁使用可能对人体健康有害的原料；要认真执行国家有关规定，控制食品添加剂的使用范围和使用量，严禁使用地沟油等餐厨废弃油脂；严禁火锅类餐饮企业使用不符合规定的食用油和添加剂。

四 加强过程控制，严把餐饮食品加工质量关

各地商务主管部门要指导餐饮企业按照相关法律法规要求，建立健全餐饮操作规程和质量控制体系，提倡“6S”管理（即整理、整顿、清扫、安全、清洁和素养），完善岗位责任制度，将卫生安全和质量管理贯穿于原料采购、加工制作、运输储存、餐具清洗和消毒等各个环节，确保加工过程、菜品传送过程无污染，确保储存场所清洁卫生、物品存放科学。有条件的餐饮企业要加快信息化步伐，以信息化推动过程管理现代化、精准化。

五 加强餐厨废弃物管理，建立和完善相关制度

各地商务主管部门要进一步规范餐厨废弃物处置，加强餐厨废弃物收运管理，建立餐厨垃圾排放登记制度。配合有关部门制订和完善餐厨废弃物管理办法，督促餐饮企业做到餐厨垃圾分类收集放置，日产日清，严禁乱倒乱堆餐厨废弃物；严厉打击非法收运餐厨废弃物的行为；禁止将餐厨废弃物交给不具备资质的单位或个人处理；鼓励和支持企业探索适宜的处理技术及管理模式，推进餐厨废弃物资源化利用和无害化处理。

六 加强品牌企业建设，发挥好引领示范作用

要将早餐示范工程建设作为切入点，因地制宜，加快大众化餐饮发展，不断优化餐饮业结构。早餐示范工程试点省市，要在不断提升主食加工配送中心功能、加快固定门店式网点建设的基础上，积极实施品牌战略，通过规模化、连锁化、标准化发展加快形成一批大众化餐饮品牌，做服务民生、保障安全、诚信经营的表率。承担主食加工配送中心建设任务的企业，要把好产品质量关，严禁生产、使用、销售危害人民群众身体健康的食品。尚未纳入试点的省市，也要根据当地市场需求，积极探索培育大众化餐饮品牌的新模式。中高端餐饮企业，要着力在优化管理、提升文化等方面下工夫，逐步形成一批运作规范、辐射面广、品牌效应好、竞争力强的区域性和全国性餐饮品牌企业，争当特色经营、优质服务、科学管理的模范，带动行业发展。

七 加强标准体系建设，提高规范化发展水平

充分发挥餐饮协会作用，通过加强标准体系建设，推动行业规范化发展。要重点针对餐饮业经营管理中的薄弱环节，抓紧制订和修订餐饮服务员服务规范、餐饮业食品添加剂使用及管理等相关标准，更有力地规范企业经营行为，确保餐饮食品安全和服务质量；对于已经出台的多项国家和行业标准，要确保得以严格执行；积极鼓励有条件的品牌餐饮企业制订和执行比国家和行业标准更严格的企业标准。

八 加强信息报送和舆论宣传，多途径监督引导行业发展

各地商务主管部门要做好信息报送工作，及时报告餐厨废弃油脂监管整治以及相关食品安全工作进展情况，主动、及时、全面地将本地区食品安全工作信息报商务部；要加强与新闻媒体沟通，密切关注互联网舆情，及时回应社会关切，做好舆论引导和宣传工作；加大对餐饮企业的监督检查力度，联合相关职能部门

对当地餐饮企业进行不定期排查，杜绝饮食安全问题发生；充分发挥媒体、社会的监督作用，设置专门的举报电话或电子信箱，及时了解餐饮安全动态，做到防微杜渐；支持协会组织和社会各界开展多种形式、内容丰富的餐饮安全宣传活动，制定行业节约自律公约，编印食品安全宣传手册，引导消费者增强安全意识；增强信息透明度，扩大公众知情权，对有危害食品卫生安全行为的餐饮企业要及时公开曝光。

商务部

二〇一一年八月二十三日

B.40

《关于实施餐饮服务食品安全监督量化分级管理工作的指导意见》

国食药监食〔2012〕5号

各省、自治区、直辖市及新疆生产建设兵团食品药品监督管理局，北京市卫生局、福建省卫生厅：

为进一步加强餐饮服务食品安全管理，落实餐饮服务单位食品安全主体责任，提高餐饮服务食品安全监管效能和水平，根据《食品安全法》、《食品安全法实施条例》、《餐饮服务许可管理办法》、《餐饮服务食品安全监督管理办法》等法律、法规、规章的有关规定，现就实施餐饮服务食品安全监督量化分级管理工作提出如下指导意见：

一　指导思想

深入贯彻科学发展观，大力践行科学监管理念，全面落实餐饮服务食品安全责任，以诚信经营和规范操作为重点，坚持日常监管与量化分级相结合，动态考评与年度考评相结合，统一要求与因地制宜相结合，全面加强餐饮服务食品安全监督量化分级管理，努力提高餐饮服务单位食品安全管理水平。

二　实施原则

坚持“依法行政、全面覆盖、公开透明、量化评价、动态监管、鼓励进步”的原则，积极推进餐饮服务食品安全监督量化分级管理；严格依照食品安全法律法规等要求，对取得餐饮服务许可证的各类餐饮服务单位开展食品安全监督量化分级管理；建立科学规范的评定标准和程序，及时向社会公示餐饮服务单位食品安全监督量化分级情况，接受社会监督，确保公开、公平和公正；鼓励餐饮服务单位加强食品安全管理，提高餐饮服务食品安全等级，鼓励监管部门合理配置监管资源，努力提高监管效能和水平。

三　主要内容

（一）评定范围

对持《餐饮服务许可证》的餐饮服务单位，包括餐馆、快餐店、小吃店、饮品店、食堂、集体用餐配送单位和中央厨房等，进行餐饮服务食品安全等级评定。

（二）评定依据

评定依据为《食品安全法》、《食品安全法实施条例》、《餐饮服务许可管理办法》、《餐饮服务食品安全监督管理办法》、《餐饮服务许可审查规范》、《中央厨房许可审查规范》和《餐饮服务食品安全操作规范》等法律、法规、规章和规范性文件。

（三）评定项目

评定项目主要包括：许可管理、人员管理、场所环境、设施设备、采购贮存、加工制作、清洗消毒、食品添加剂和检验运输等。

（四）等级划分

餐饮服务食品安全监督量化等级分为动态等级和年度等级。

动态等级为监管部门对餐饮服务单位食品安全管理状况每次监督检查结果的评价。动态等级分为优秀、良好、一般三个等级，分别用大笑、微笑和平脸三种卡通形象表示。

年度等级为监管部门对餐饮服务单位食品安全管理状况过去 12 个月期间监督检查结果的综合评价，年度等级分为优秀、良好、一般三个等级，分别用 A、B、C 三个字母表示。

（五）评定标准

1. 动态等级

餐饮服务食品安全监督动态等级评定，由监督人员按照《餐饮服务食品安全监督动态等级评定表》（见附件1）进行现场监督检查并评分。评定总分除以检查项目数的所得，为动态等级评定分数。检查项目和检查内容可合理缺项。

评定分数在9.0分以上（含9.0分），为优秀；评定分数在8.9分至7.5分（含7.5分），为良好；评定分数在7.4分至6.0分（含6.0分），为一般。评定分数在6.0分以下的，或2项以上（含2项）关键项不符合要求的，不评定动态等级。

2. 年度等级

餐饮服务食品安全监督年度等级评定，由监督人员根据餐饮服务单位过去12个月期间的动态等级评定结果进行综合判定。

年度平均分在9.0分以上（含9.0分），为优秀；年度平均分在8.9分至7.5分（含7.5分），为良好；年度平均分在7.4分至6.0分（含6.0分），为一般。

3. 不予评级情形

对新办《餐饮服务许可证》的餐饮服务单位，在《餐饮服务许可证》颁发之日起3个月内，不给予动态等级评定；在《餐饮服务许可证》颁发之日起4个月内，完成动态等级评定。

对造成食品安全事故的餐饮服务单位，要求其限期整改，并依法给予相应的行政处罚，6个月内不给予动态等级评定，并收回餐饮服务食品安全等级公示牌（见附件2和3），同时监管部门加大对其监督检查频次，6个月期满后方可根据实际情况评定动态等级。

动态等级评定过程中，发现餐饮服务单位存在严重违法违规行为，需要给予警告以外行政处罚的，2个月内不给予动态等级评定，并收回餐饮服务食品安全等级公示牌，同时监管部门加大对其监督检查频次，2个月期满后方可根据实际情况评定动态等级。

（六）评定程序

1. 等级评定

由监管部门选派2名执法人员进行现场检查。检查人员按照《餐饮服务食品安全监督动态等级评定表》检查内容，对被检查餐饮服务单位食品安全管理状况进行量化评定，并由检查人员和被检查餐饮服务单位食品安全管理人员签字。

2. 监督频次

动态等级评定为优秀的，原则上 12 个月内至少检查 1 次；评定为良好的，原则上 6 个月内至少检查 1 次；评定为一般的，原则上 4 个月内至少检查 1 次。具体检查频次和间隔由各省（区、市）食品药品监管部门确定。

3. 等级公布

各省（区、市）食品药品监管部门可从附件 2 和 3 中选择其中之一样式，作为本地餐饮服务食品安全等级公示形式。餐饮服务食品安全等级公示牌应摆放、悬挂、张贴在餐饮服务单位门口、大厅等显著位置，严禁涂改、遮盖。

监管部门应在监督检查餐饮服务单位后的 15 个工作日内，公示其动态等级评定结果，并将其作为餐饮服务单位食品安全监管信用信息进行管理。

4. 等级调整

动态等级评定为较低等级的，餐饮服务单位可在等级评定 2 个月后向属地监管部门申请等级调整，经评定达到较高动态等级的，监管部门调整动态等级。

四　工作要求

（一）加强组织领导

实施餐饮服务食品安全监督量化分级管理制度是践行科学监管理念，强化餐饮服务食品安全管理，促进餐饮服务食品安全责任落实的积极探索。各地食品药品监管部门要高度重视，切实加强组织领导，不断完善工作机制，积极稳妥推进实施。对实际工作中遇到的问题，要深入研究，科学分析，及时解决，确保餐饮服务食品安全监督量化分级管理工作的顺利实施。

（二）细化具体要求

省级食品药品监管部门应结合本地实际情况，制定具体实施方案，细化评定内容和要求，并统一公示样式，进一步增强工作的可操作性。

（三）强化人员培训

各地食品药品监管部门要对餐饮服务食品安全监管人员组织开展专题培训，使监管人员充分认识开展餐饮服务食品安全监督量化分级管理工作的重要意义，准确掌握餐饮服务食品安全等级评定标准和要求，统一评定尺度。

（四）严格等级评定

省级食品药品监管部门要制定餐饮服务食品安全监督量化分级管理工作纪律，确保执法人员在等级评定过程中客观、公正；对于餐饮服务单位有关等级评定工作的投诉和意见，要及时核实、认真处理。

（五）加大宣传公示

各地食品药品监管部门要加大对餐饮服务食品安全监督量化分级管理工作的宣传力度，采取多种方式，向餐饮服务单位宣传餐饮服务食品安全监督量化分级管理工作的重要意义、评定标准、工作程序和有关要求，及时向社会公布餐饮服务食品安全等级，动员社会各界参与监督。

（六）注重信息应用

各地食品药品监管部门要根据本地餐饮服务食品安全监督量化分级管理情况，分析判断本地区餐饮服务食品安全形势，查找监管薄弱环节，有针对性地加强餐饮服务食品安全监管，不断提高监管效能和水平。

附件： 1. 餐饮服务食品安全监督动态等级评定表（略）

2. 餐饮服务食品安全等级公示牌样式一（略）

3. 餐饮服务食品安全等级公示牌样式二（略）

国家食品药品监督管理局

二〇一二年一月六日

B.41
《2012 年餐饮服务食品安全重点工作安排》

2012 年餐饮服务食品安全监管工作的总体思路是：全面贯彻国务院食品安全委员会第四次全体会议和全国食品药品监管工作会议精神，深入贯彻科学发展观，大力践行科学监管理念，以“完善监管体系、创新监管机制、落实监管责任、提高监管效能”为主线，大力推动监管机制和方式创新，不断强化行政监管、技术支撑和社会监督，全面落实餐饮服务食品安全责任，进一步提高餐饮服务食品安全监管水平。

一 深化餐饮服务食品安全治理整顿

（一）继续深化食品非法添加和滥用食品添加剂专项治理

各地要继续加强对提供自制火锅底料、自制饮料和自制调味料等餐饮服务单位的监管，严厉打击添加罂粟壳、罂粟粉、苏丹红、抗生素等非食用物质的违法行为；加大对餐饮服务单位超范围、超剂量使用食品添加剂问题的治理，严格规范食品添加剂采购、贮存、使用行为；加大对餐饮服务单位落实食品添加剂备案、公示、承诺以及宣传材料张贴等要求的监督检查，对未按规定张贴、未及时备案公示、未公开承诺的，责令其限期整改，并加大监督检查频次；全面排查和严厉整治带有行业共性的“潜规则”问题，坚决防范区域性、系统性食品安全风险。国家局配合有关部门完善餐饮服务环节食品添加剂使用标准，并开展监督检查。

（二）深化重点品种综合治理

各地要继续做好乳制品、食用油、肉类、酒类、食品添加剂、调味品等重点品种的综合治理。加大对餐饮服务单位重点品种采购索证索票、进货查验、台账记录等管理制度落实情况的监督检查，严查餐饮服务单位采购和使用无合法生产资质、标识标注不规范以及来源不明的食品；严厉打击餐饮服务单位使用不符合食品安全标准的食醋、酱油、料酒、食盐等调味品行为，对监督检查中发现不合格的非自制食品，依法予以处理，并及时通报有关部门；积极参与食品安全追溯体系建设。

（三）深化学校食堂餐饮服务食品安全治理

各地要联合教育行政部门，以中小学和托幼机构食堂为重点单位，以食品安全管理人员配备、从业人员健康检查和培训、加工制作行为规范等为重点内容，深入开展学校食堂餐饮服务食品安全治理；督促和指导学校食堂深入开展自查和互查，全面排查食品安全隐患，严格落实食品安全主体责任；与有关部门联合，对中小学校园周边餐饮服务单位开展食品安全风险隐患排查，重点清理无餐饮服务许可、无从业人员健康证明、卫生条件不达标等的餐饮服务单位。年底前各类学校食堂全面启动餐饮服务食品安全监督量化分级管理，全部配备专职食品安全管理人员。

（四）深化旅游景区餐饮服务食品安全治理

各地要联合旅游行政管理部门，加大对节假日、节庆活动和重大活动旅游高峰期间餐饮服务单位的监督检查，严查旅游景区餐饮服务单位无证经营、超范围经营行为；督促餐饮服务单位全面落实餐饮服务食品安全操作规范，严禁采购和使用病死、毒死或者死因不明的禽、畜、兽、水产动物及其制品和超过保质期的食品；严格规范食品添加剂使用；大力推进旅游景区餐饮服务单位监督量化分级管理，力争年底前红色旅游景区餐饮服务单位全部实现监督量化分级管理。

（五）开展餐饮服务单位餐用具专项整治

各地要以餐用具采购使用、清洗消毒情况为重点，深入开展餐用具专项整治。对自行清洗消毒的餐饮服务单位，严查餐用具清洗消毒规范情况、设施设备使用和维护情况等。加大对餐饮服务单位餐用具的监督抽检力度；严厉惩处采购和使用不合格餐用具、自行清洗消毒不符合规范等行为。

（六）扩大小餐饮食品安全整规试点

各地要在地方政府的统一领导下，积极推进小餐饮整规试点，努力实现提升一批、规范一批、淘汰一批的治理目标；进一步扩大整规试点范围，力争各地达到10%的县区开展整规试点，卫生城市、文明城市全面开展整规试点。国家局加强对小餐饮整规试点工作的督导，各地要组织开展小餐饮整规工作经验交流。

二　严打餐饮服务食品安全违法违规行为

各地要加大案件稽查力度，从餐饮服务食品安全日常监管、专项整治、事故处置、投诉举报等工作中及时发现案件线索，同时加大飞行检查力度，对隐瞒餐饮服务食品安全问题、故意逃避监管、造成严重人身伤亡等各类违法违规行为，依法从重处罚；要全面排查和严厉查处餐饮服务环节使用“地沟油”、含“瘦肉精”肉制品、利用病死畜禽加工制作食品等严重违法犯罪活动；完善涉嫌犯罪案件移送程序，加强行政执法和刑事司法的有效衔接。国家局强化对重点案件的调查取证、行为认定、法律适用、案件移送等工作的督查督办；制定加强餐饮服务食品安全稽查工作指导意见，进一步规范餐饮服务食品安全稽查工作。

三　加强农村义务教育学生营养改善计划餐饮安全监管

各地要在地方政府的统一领导下，与教育行政等有关部门联合，确定不同供餐模式的准入条件和管理要求，严把供餐准入关；与学校食堂、供餐单位、托餐家庭等签订餐饮安全责任书，落实餐饮服务食品安全主体责任；对学校、供餐单位、托餐家庭等分批分类开展餐饮服务食品安全知识培训，不断提高其食品安全意识和风险防控能力；加强日常监督检查，严查食品采购、贮存、加工制作、配送、分餐、留样等各环节以及相关从业人员健康检查等情况，对存在食品安全隐患的，责令限时整改，对整改仍不符合要求的，取消其准入资格。国家局参与制定农村义务教育学生营养改善计划食品安全保障管理办法，组织开展监管人员相关培训，加大对各地落实情况的监督检查。

四 加快建立餐饮服务单位监管信用档案

各地要按照《餐饮服务单位食品安全监管信用信息管理办法》要求，研究制定餐饮服务单位食品安全监管信用档案建设进度安排。年底前，要完成学校食堂（含托幼机构食堂）、集体用餐配送单位、中央厨房、大型以上（含大型）餐馆、供餐人数 500 人以上的机关及企事业单位食堂食品安全监管信用档案的建立。对纳入不良信用记录名单的餐饮服务单位，要加大监督检查频次，降低量化分级等级，并向社会曝光。鼓励各地采取先进的技术手段建立健全餐饮服务食品安全监管信息信用系统，不断提高监管信息科学化管理水平。国家局适时开展监管信用档案建立情况的监督检查。

五 有序推进餐饮服务食品安全监督量化分级管理

各地要按照《关于实施餐饮服务食品安全监督量化分级管理工作的指导意见》的要求，制定具体实施方案，细化评定内容和要求，统一公示样式，严格等级评定，加大宣传力度，加快推进餐饮服务单位食品安全监督量化分级管理。年底前要分批分期完成学校食堂（含托幼机构食堂）、集体用餐配送单位、中央厨房、大型以上（含大型）餐馆、供餐人数 500 人以上的机关及企事业单位食堂等的监督量化分级管理工作。国家局将适时召开量化分级管理工作推进会，加大对各地开展情况的监督检查。

六 全面推进餐饮服务食品安全示范工程建设

各地要按照《关于餐饮服务食品安全百千万示范工程建设指导意见的通知》要求，加快示范县、示范街、示范店建设，力争到年底实现每个城市至少有两条示范街，每个区县有一定数量的示范店。要加强对示范单位挂牌后的监督检查，确保示范工程建设质量和水平。要定期向社会公布示范工程建设成果，组织监管部门之间、餐饮服务单位之间交流学习示范建设经验。国家局组织开展首批国家餐饮服务食品安全示范县遴选，加大对各地示范工程建设情况的指导和检查。

七　进一步推动食品安全主体责任落实

各地要积极探索落实餐饮服务单位食品安全主体责任的机制和方式方法，督促餐饮服务单位建立健全并严格落实各项餐饮安全管理制度；加快配备专兼职食品安全管理人员，严格执行从业人员每年不少于40小时的培训制度；严格执行餐饮服务单位专（兼）职食品安全管理人员配备要求，重点检查学校食堂（含托幼机构食堂）、集体用餐配送单位、中央厨房、大型以上（含大型）餐馆、供餐人数500人以上的机关及企事业单位食堂的专职食品安全管理人员配备情况；督促餐饮服务单位严格执行《餐饮服务食品安全操作规范》、《餐饮服务食品采购索证索票管理规定》等要求，全面加强内部管理，建立健全食品安全管理制度，认真开展餐饮安全风险排查，对发现的问题及时进行整改；鼓励和支持餐饮服务单位采用危害分析和关键控制点（HACCP）、“五常法”、“六T法”等先进的管理制度。

八　强化餐饮服务食品安全监管能力建设

（一）加快餐饮服务食品安全监管体系建设

各地要继续按照“职能要尽快交接、队伍要尽快组建、制度要尽快完善、责任要尽快落实”的要求，积极争取地方党委、政府支持，进一步健全餐饮服务食品安全监管体系；加强对监管人员分级分类培训，拓展培训范围，创新培训方式，增强培训工作的针对性和有效性。国家局出台餐饮服务食品安全监管信息化建设指导意见，推进各地建立餐饮服务食品安全监管信息平台。积极探索餐饮服务食品安全社会监督机制，建立餐饮服务食品安全社会监督员队伍，广泛动员社会各界参与餐饮服务食品安全监督。

（二）完善餐饮服务食品安全监管制度机制

国家局继续完善餐饮服务食品安全监管制度，出台餐饮服务食品安全监督量化分级管理、餐饮服务食品安全飞行检查办法、农村餐饮消费安全指导意见等制度；组织研究餐饮服务食品安全标准体系框架，协调有关部门开展餐饮服务食品安全国家标准制修订工作，指导各地开展餐饮服务食品安全地方标准的制修订工作。国家局深入开展调研，认真分析当前餐饮服务食品安全监管形势，针对突出问题和薄弱环节，积极创新监管机制和方式方法，努力提高监管科学化水平。

（三）强化餐饮服务食品安全技术支撑能力

各地要进一步推动餐饮服务食品检验机构资质认定及食品检验相关参数认证扩项工作，力争年底实现地市级药品检验所全部取得食品检验资质；按照有关规定，加快餐饮服务食品安全执法执勤用车配备。国家局组织开展餐饮服务食品安全检验设备装备能力达标情况评价工作；推进餐饮服务食品安全快速检测方法认定工作，公布第一批餐饮服务食品安全快速检测方法名单，启动第二批快速检测方法认定工作；组织开展餐饮服务食品安全监督抽检和调查评价工作，加大检验结果的应用力度；积极参与国家食品安全风险监测工作。

（四）完善餐饮服务食品安全应急管理机制

各地要完善餐饮服务应急信息报告制度，规范突发事件信息报告工作。加快建立舆情分析和快速反应机制，及时、准确、规范发布信息，正确引导舆论。健全餐饮服务食品安全信息报送体系，细化完善信息报送时限、程序、责任等方面的要求。国家局制定餐饮服务重大食品安全事故应急预案，建立健全应急管理制度，进一步明确餐饮服务应急管理职责，加快推进构建餐饮服务食品安全事故应急管理体系。

（五）加强重大活动餐饮服务食品安全保障

各地要按照《重大活动餐饮服务食品安全监督管理规范》要求，加大与相关部门沟通，制定餐饮安全保障工作方案和食品安全事故应急预案，明确重大活动中餐饮安全监管部门、主办单位、餐饮服务单位的食品安全责任，做好重大活动餐饮服务食品安全事前、事中、事后的监督检查工作，确保重大活动餐饮安全。国家局对重大活动餐饮服务食品安全监管工作进行监督检查。

九　广泛开展餐饮服务食品安全宣传教育

各地要认真贯彻落实《全国餐饮服务食品安全宣传教育纲要（2011～2015)》，配合全国食品药品安全科普行动计划（2011～2015）的实施，围绕餐饮服务食品安全重点工作加大宣传教育力度，创新宣传教育方式，拓宽宣传教育渠道，强化宣传教育效果。组织开展第三届餐饮服务食品安全知识竞赛，配合开展食品安全宣传周活动。强化餐饮服务单位食品安全管理人员食品安全知识培训，指导开展餐饮服务从业人员培训。

十　工作要求

（一）规范监督执法行为

各地要按照依法行政的要求，完善餐饮服务食品安全监管行为规范，严格餐饮服务许可和监管工作流程及要求，加强行政执法监督，严肃查处执法中的不作为、不到位和乱作为等失职渎职行为。

（二）强化监管绩效考核

各地要进一步完善餐饮服务食品安全监管绩效考核标准和方式，将过程考核与结果考核相结合，全面组织开展层级绩效考核。要突出对依法履行职责、完善监管制度、创新监管机制、落实监管责任等方面的绩效考核，确保各项监管任务得到有效落实。考核结果要及时向地方政府通报并向上级监管部门报告。

（三）加强监管信息报送

各地应分别于2012年6月30日、12月15日之前，以书面和电子邮件形式向国家局报告重点工作进展情况，重点报送机构改革进展情况、专项治理取得的成效、监管中的突出问题及解决措施和建议等。重要情况和信息及时报告。

中国皮书网

发布皮书研创资讯，传播皮书精彩内容
引领皮书出版潮流，打造皮书服务平台

栏目设置：

- □ 资讯：皮书动态、皮书观点、皮书数据、 皮书报道、皮书新书发布会、电子期刊
- □ 标准：皮书评价、皮书研究、皮书规范、皮书专家、编撰团队
- □ 服务：最新皮书、皮书书目、重点推荐、在线购书
- □ 链接：皮书数据库、皮书博客、皮书微博、出版社首页、在线书城
- □ 搜索：资讯、图书、研究动态
- □ 互动：皮书论坛

www.pishu.cn

中国皮书网依托皮书系列“权威、前沿、原创”的优质内容资源，通过文字、图片、音频、视频等多种元素，在皮书研创者、使用者之间搭建了一个成果展示、资源共享的互动平台。

自2005年12月正式上线以来，中国皮书网的IP访问量、PV浏览量与日俱增，受到海内外研究者、公务人员、商务人士以及专业读者的广泛关注。

2008年10月，中国皮书网获得“最具商业价值网站”称号。

"皮书"起源于十七八世纪的英国，主要指官方或社会组织正式发表的重要文件或报告，并多以白皮书命名。在中国，"皮书"这一概念被社会广泛接受，并被成功运作、发展成为一种全新的出版形态，则源于中国社会科学院社会科学文献出版社。

皮书是对中国与世界发展状况和热点问题进行年度监测，以专家和学术的视角，针对某一领域或区域现状与发展态势展开分析和预测，具备权威性、前沿性、原创性、实证性、时效性等特点的连续性公开出版物，由一系列权威研究报告组成。皮书系列是社会科学文献出版社编辑出版的蓝皮书、绿皮书、黄皮书等的统称。

皮书系列的作者以中国社会科学院、著名高校、地方社会科学院的研究人员为主，多为国内一流研究机构的权威专家学者，他们的看法和观点代表了学界对中国与世界的现实和未来最高水平的解读与分析。

自20世纪90年代末推出以经济蓝皮书为开端的皮书系列以来，至今已出版皮书近800部，内容涵盖经济、社会、政法、文化传媒、行业、地方发展、国际形势等领域。皮书系列已成为社会科学文献出版社的著名图书品牌和中国社会科学院的知名学术品牌。

皮书系列在数字出版和国际出版方面也是成就斐然。皮书数据库被评为"2008～2009年度数字出版知名品牌"；经济蓝皮书、社会蓝皮书等十几种皮书每年还由国外知名学术出版机构出版英文版、俄文版、韩文版和日文版，面向全球发行。